JN059953

歴史総合，
日本史探究

2025

実戦攻略
大学入学共通テスト問題集

【全体概観】

・従来の共通テストに比して大問数は変更なし。但し設問数は増加している（32→34）。

・資料読解を必要としない，単純知識問題の割合は減少しており，基礎知識を用いて資料を読みとる作業は従来以上にスピーディーに行う必要がある。

・大問ごとの出題範囲と配点は以下の通り。

大問	内容	2023年度本試験との対応	2023年度本試験の配点	試作問題の配点
第１問	歴史総合分野	新設	なし	25点
第２問	テーマ史	第１問	18点	15点
第３問	古代	第２問	16点	15点
第４問	中世	第３問	16点	15点
第５問	近世	第４問	16点	15点
第６問	近現代	第５問，第６問	12点＋22点	15点

⇒上記の通り，歴史総合分野が25点分加わったことで従来の出題分野（第２問〜第６問）が圧縮された。

・歴史総合分野は「地理総合，歴史総合，公共」で用いられている大問のうちの一つと共通（もう一つは「歴史総合，世界史探究」と共通）であり，日本史受験生に特別配慮した問題ではない。

・時代別にみると，従来の第２問〜第４問にあたる前近代史の配点がそれぞれわずかに減少した。一方，従来の第５問・第６問にあたる近現代史の配点が著しく減少しているように見えるが，これは歴史総合分野が25点分加わったためであり，むしろ近現代史はさらに重視されるようになったとみてよい。

・そのため，近現代史の学習を怠ることなく，またその際には同時期の世界の動きとリンクさせながら（＝歴史総合を意識しながら）学習することが必要となる。

【設問内容】

・基本的な出題内容は従来の共通テストと変化はないが，【全体概観】でも述べたように資料読解問題の比率が高まっているため，資料読解の前提となる盤石な基礎知識を必要とする。

・資料読解問題においては，基本史料と呼べるもの（＝教科書に掲載されている基本的なレベルのもの）が一部見受けられるが，ほとんどが未見の史資料であり，盤石な知識を用いた「現場思考」が試される。

・史資料の単純な読み取りの他，複数の史資料を時代順に並べ替えたり，そこから高校生が考察した内容のメモなどを読みとらせたりなどの手続きを踏ませるものも多い。

【対策】

・提示された図版から基礎知識を用いてこれを読みとり，正解肢を選ぶ訓練が必要となる。資料読解問題は①統計資料問題，②図版資料問題，③文献資料問題に大別されるが，本書の「タイプ別類題解説」の項を参照してアプローチの方法を学んでほしい。

・複数の史資料を速く正確に読み取り，情報を取捨選択することが肝要である。一通り基礎知識のインプットが終わったら，まずが本書の「資料読解編」に掲載されている問題の演習を行い，試作問題や従来の共通テスト過去問にあたってほしい。

【試作問題と従来の共通テストとの比較】

	大問数	解答数	資料数
2021年度第１日程	6	32	17
2022年度	6	32	20
2023年度	6	32	23
試作問題	6	34	34

※共通テストはすべて日本史Ｂ・本試験

※資料とは図版，写真，史料，メモ，レポート，パネル，グラフ，年表を含む

⇒使用資料数が著しく増加していることから，上記の【対策】を参考に演習を積んで備えよう。

（例題1）歴史総合分野（試作問題第1問より，→p.231）

問5　佐藤さんの班は，海外への航路の拡大に興味を持ち，下線部ⓔについて，大阪商船の主な定期航路を時期別に示した**図2**を見つけた。**図2**について述べた文として最も適当なものを，後の①～④のうちから一つ選べ。

図2

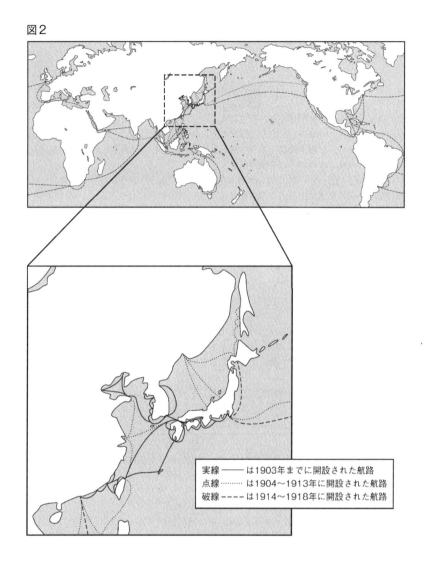

実線 ——— は1903年までに開設された航路
点線 ········ は1904～1913年に開設された航路
破線 ----- は1914～1918年に開設された航路

①　1903年までの定期航路は，当時の日本が領有していた植民地の範囲にとどまっていたと考えられる。
②　南樺太は，日本の領土となったので，定期航路に加えられたと考えられる。
③　1913年以前の中南米諸国への移民は，移民先まで定期航路を利用していたと考えられる。
④　第一次世界大戦中にスエズ運河が開通したことによって，ヨーロッパまで定期航路を延ばしたと考えられる。

★ここで必要な知識は…
①日本が植民地として台湾・朝鮮を獲得した年代
②日本が南樺太を領有した年代＝ポーツマス条約の内容
③中南米諸国への航路に関する読み取り
④スエズ運河の開通に関する年代
⇒歴史総合の教科書で言及されているものについては日本史分野・世界史分野問わず年代知識は必須
⇒年代を「覚える」だけでなく，それを組み合わせて資料（本問の場合は地図）を読みとる訓練が必要！

（例題２）複数の資料を検討する問題（試作問題第３問より，→p.236）

解説シート

展示番号２　藤原宮跡出土木簡

【木簡に書かれている文字】
・（表）□於市□遣糸九十斤　　　　　　蝮王 猪使門
　　　　　　　　〔沽カ〕
・（裏）□月三日大属従八位上津史岡万呂
　　　　（注）□は欠損により読めない文字，〔沽カ〕は墨の跡により「沽」と推定されることを示す。

【解説】
　「沽」は「売る」という意味であり，この木簡は，ある月の３日に，ある役所の大属（役所に属（主典）が複数いる場合，その上位の者）であった津史岡万呂という人物が，市において糸90斤（約54kg）を売るように担当者に指示したものと推測される。奈良時代の古文書によれば，役所が市で必要なものを調達していたことが分かるので，この場合も，糸を売却して他の物品を入手していたのだろう。年の記載がないが，官職と位階の表記から，この木簡は大宝令の施行後に書かれたものであることが分かる。大宝令では，京に官営の市が設けられ，市司がそれを監督した。
　「蝮王」は門の名で，蝮王門と猪使門はいずれも藤原宮の門である。おそらく担当者はこれらの門を通って藤原宮内の役所から糸を運び出し，京内の市で売ったのであろう。

（「藤原宮木簡一　解説」奈良文化財研究所蔵より作成）

ラナさんのメモ

【調べたこと】
　解説シートにある津史岡万呂は，どのような人物だったのか。
・津氏は百済からの渡来人を先祖とする氏族。ⓐ百済からは，古墳時代以来，多くの人々が日本列島にやって来た。
・史は，文筆を掌った渡来系の氏族に与えられた姓。
・藤原京時代の役所では，木簡や紙の文書が仕事で多用されたため，岡万呂のような文筆の才能がある渡来人の子孫が役人になり，糸などの物品の管理をしていたのだろう。

【疑問点】
　渡来人の子孫は，どのような経緯で律令制下に役人として活躍するようになったのか。また，この役所の糸は，どのような経緯で藤原京にもたらされ，この役所は，糸を売る代わりに何を入手していたのだろうか。

(2)　ラナさんたちは，この木簡に見える糸の売買について，**解説シート**を基に話し合い，意見を出し合った。次の意見**あ～え**について，最も適当なものの組合せを，後の①～④のうちから一つ選べ。

　あ　この糸は，部民制によって諸国から藤原京に運ばれたのだろう。
　い　この糸は，大宝令制によって諸国から藤原京に運ばれたのだろう。
　う　役所で仕事に用いる紙や墨を入手するため，市で糸を売ったのだろう。
　え　役人に支給するための明銭を入手するため，市で糸を売ったのだろう。

　①　あ・う　　　　②　あ・え　　　　③　い・う　　　　④　い・え

★ここでは，解説シート・ラナさんのメモの２つの資料を比較検討し，
　1　解説シートから「糸を売却して他の物品を入手していた」こと
　2　ラナさんのメモから「藤原京時代の役所では，木簡や紙の文書が仕事で多用されたため，岡麻呂のような文筆の才能がある渡来人の了孫が役人になり，糸などの物品の管理をしていた」ことを読みとる。

⇒そのうえで，
　3　「律令制下では調として絹・絁・糸・布や海産物などの各地の産物の一種を一定量納めることが規定されていた」という知識と，
　4　「役所で仕事に用いる紙や墨を入手するために市で糸を売っていたこと」という，資料からの推測を用いて正解を導く！

（例題3）図版資料を読みとる問題（試作問題第6問より，→p.246）

問4　第二次世界大戦直後の写真である**パネル2**と，**解説文2**についてのレイさんの疑問**あ・い**を検証したい。
あ・いと，それぞれについて検証するために最も適当と考えられる方法**W〜Z**との組合せとして正しいものを，後の①〜④のうちから一つ選べ。

パネル2

(National Archives photo no. 111-SC-215790)

解説文2

> α市内を撮影した写真。背景には戦争で焼けたビルが見える。中央は占領軍の憲兵。丸太を運んでいる様子もうかがわれる。

疑　問
　あ　向かって右端の人は日本の警察官で，占領軍の憲兵と協力して交通整理をしている。二人が同時にこれに従事しているのはなぜだろうか。
　い　向かって左端の人は運搬に従事している。どうしてこのような手段で，なぜ丸太を運んでいるのだろうか。

最も適当と考えられる方法
　W　マッカーサーを中心として実施された統治のあり方を，α市の実態に即して具体的に調べてみる。
　X　日本の防衛に寄与するとされた条約に基づく，日米行政協定の実施のあり方を，α市の実態に即して具体的に調べてみる。
　Y　当時，道路の舗装がどの程度行われていたか，α市とその周辺で公職追放がどの程度行われたかを調べてみる。
　Z　当時，トラックなどの車両がどの程度使用されていたか，α市とその周辺の空襲による被害はどの程度だったかを調べてみる。

①　あ−W　　　い−Y　　　②　あ−W　　　い−Z
③　あ−X　　　い−Y　　　④　あ−X　　　い−Z

★ここでは，「疑問」の内容から「パネル2」のどの部分に注目すべきかを判断し，これに対応する知識を用いて設問に解答する。
　あ　「第二次世界大戦直後の写真」という設問文の内容から，日本に対する占領が間接統治方式で行われたことを想起する。
　い　丸太が運搬されているのは空襲などで家屋が崩壊したのでその建築用材であることを想起する。
　　　→それが牛によって運搬されている理由として考えられるのは「舗装されていない道路を通る必要があったため」であるのか，もしくは「戦災などの理由で車両が使用できなくなったため」などであるが，これを選択肢の内容に即して判断していく。

　⇒W・X：対日占領に関する知識と日米行政協定に関する年代知識で検討する。
　　Y・Z：考えられる二つの理由（上記）と選択肢の内容を比較検討し，「公職追放」は本件と関係のないことが判断できれば，正解を導き出せる。

1 日本列島最古の文化

(1) 更新世の日本

1 人類の誕生

a.（❶　　　　）…約600〜700万年前にアフリカで誕生

b.氷河時代，（❷　　　　）石器を用いた（❸　　　　）時代

2 旧石器時代の日本と大陸

a.日本列島は，大陸と陸続きだった（氷河時代のため，海水面は現在より100メートル以上低い）

b.動物や人類の往来が可能　化石人骨…静岡県浜北・沖縄県白保竿根田原洞穴・沖縄県（❹　　　　）

(2) 旧石器時代

1 （❺　　　　）遺跡：群馬県　相沢忠洋が石器の剝片を発見→明治大学が調査

2 後期旧石器時代の遺跡（前期旧石器時代については不明）

3 石器：日本特有の石器製作技法の出現

・局部磨製石斧　　・ナイフ形石器　　・尖頭器　　・（❻　　　　）…組み合わせ式石器

2 縄文時代の社会と文化

(1) 縄文文化の成立

1 特色　a.狩猟・漁労・採集　　　b.食物の煮炊きの為の（❼　　　　）の使用

c.（❽　　　　）石器の使用　　d.中小動物をとらえる為の（❾　　　　）の使用

2 時期区分：約1万5000年前から紀元前4世紀までの約1万3000年間

3 定住化の進展：集落の形成（❿　　　　）住居の建築・丸木舟の製作に適した磨製石斧の発達

4 漁労の活発化

a.（⓫　　　　）の発達（釣針・銛）　　b.網漁法の発達　　c.貝の採取

5 気候の温暖化・湿潤化：東日本では落葉広葉樹林が広がり，植物資源が豊富（木の実・根茎類）

(2) 縄文時代の生活

1 集落の形成

a.竪穴住居…中央には（⓬　　　　）・5〜6人が生活　環状集落の形成（十数軒の竪穴住居）

b.（⓭　　　　）の形成…貝殻・食物の残りかす・土器・人骨・獣骨

2 交易

a.石器原料…和田峠・白滝などの（⓮　　　　），二上山などのサヌカイト

b.装身具用石材…ヒスイ（硬玉）

(3) 縄文時代の社会と習俗

1 （⓯　　　　）な社会

墓の構造や副葬品の状況から貧富の差や階級差はほとんどないと考えられる

2 アニミズム：自然物崇拝　ゆたかな収穫を祈願

a.女性の特徴を示す（⓰　　　　）　　b.男性の特徴を示す（⓱　　　　）

3 習俗

a.装身具の発達…土製・石製耳飾り，玉類，貝輪，漆塗り櫛

b.入れ墨の風習（土偶の顔の線刻や刺突模様の表現から類推）…社会的立場・集団の違いを表現

c.（⓲　　　　）…通過儀礼（成人・婚姻など）

4 共同墓地の成立（縄文前期）

a.土坑墓・四肢を折り曲げる（⓳　　　　）

b.貝輪などの装身具や叉状研歯をもつ人骨＝指導者・呪術者など特別な能力を持つ人々の存在

3 弥生時代の社会と文化

(1) 弥生文化の成立

1 秦・漢の成立（紀元前3世紀）：漢は朝鮮に楽浪郡など4郡設置

2 弥生文化の成立（紀元前4世紀頃）：九州北部中心

a.（⓴　　　　）農業　　b.（㉑　　　　）（青銅器・鉄器）の使用　　c.弥生土器の使用

(2) 水稲農業の発達

1 水田：低湿地の小規模な（㉒　　　　）

② 灌漑・排水路の整備：福岡県板付遺跡，静岡県登呂遺跡

③ 木製農具・（㉓　　　　）による穂首刈り・鉄器の普及→収穫量の多い乾田の拡大（弥生後期）

④ 北海道と沖縄（琉球諸島）では採集経済社会が継続→北海道では続縄文文化　沖縄では貝塚文化

(3) 弥生時代の生活と習俗

① ムラ　a．（㉔　　　　）集落…防御的機能：吉野ヶ里遺跡

　　　　b．高地性集落…山頂・丘陵上に営まれた防御的集落

　　　　c．高床倉庫…収穫の共同管理

② 墓　　a．木棺墓・箱式石棺墓・甕棺墓・壺棺墓　　b．周囲に溝をめぐらせた（㉕　　　　）・墳丘墓

③ 道具　a．弥生土器　b．磨製石斧（前・中期）→鉄製工具（後期）

(4) 階級社会の形成

① 地域集団の形成と首長の出現：中小河川の水系ごとに

　　a．共同作業の指揮（農作業・水利）　　b．祭祀の主宰　　c．他集団との交易や争い

② 階級差・身分の発生：「小国の王」

　　a．岡山県（㉖　　　　）墳丘墓…大型墳丘墓　強大な首長の存在

　　b．青銅祭器の分布：祭祀を共通にする地域連合の成立（1～2世紀）

　　　　九州北部：銅剣・銅矛・銅戈　　　近畿：（㉗　　　　）

4 小国の分立と邪馬台国

(1) 小国の分立

① 『（㉘　　　　）』地理志：紀元前1世紀頃　百余国　楽浪郡に遣使

② 『（㉙　　　　）』東夷伝　a．57年　倭奴国王…光武帝より（㉚　　　　）授与

　　　　　　　　　　　　　　b．107年　倭王帥升…安帝に生口160人献上

　　　　　　　　　　　　　　c．桓・霊の間（2世紀）倭国大乱

③ 小国の分立（紀元前1世紀頃～紀元後1世紀頃）

(2) 邪馬台国

① 後漢の滅亡（220年）→三国時代（魏・呉・蜀）

② 『（㉛　　　　）』倭人伝：倭の30余国が遣使　諸国による（㉜　　　　）を中心とした連合体の形成

　　a．女王（㉝　　　　）…呪術王・宗教的権威による政治　　b．身分制（王・大人・下戸・生口）

　　c．諸制度…統治組織・租税・刑罰　　d．卑弥呼，魏に遣使（239年）「（㉞　　　　）」の称号

　　e．卑弥呼の死・男王の即位→女王（㉟　　　　）（台与）の即位，晋に遣使（266年）

③ 邪馬台国論争（所在地をめぐる論争）：九州説と近畿説

5 古墳の出現とヤマト政権の成立

(1) 古墳の出現（3世紀中頃）…ヤマト政権を中心とする広域政治連合に参加した首長や有力層の墳墓

① 古墳時代（3世紀後半～7世紀）　前期・中期・後期の三期区分

② 古墳の形：（㊱　　　　）・前方後方墳・円墳・方墳など

③ 前期古墳（3世紀中頃～4世紀後半）…葺石でおおわれ，（㊲　　　　）が墳丘頂上部をめぐる

　　a．埋葬施設…（㊳　　　　）石室・粘土槨

　　b．副葬品…銅鏡，玉類（勾玉・管玉），碧玉製腕飾り，鉄製武器・農工具

　　c．被葬者…司祭者的性格

④ 中期古墳（4世紀末～5世紀）：巨大前方後円墳　大王の権力強大化　大阪平野拠点

　　a．（㊴　　　　）古墳（伝応神天皇陵），（㊵　　　　）古墳（伝仁徳天皇陵）

　　b．副葬品…鉄製甲冑・刀剣の著しい増大，馬具，冠，金銀の装身具（大陸系技術）

　　c．被葬者…軍事指導者的性格　大陸の技術や文化に関心

(2) ヤマト政権と朝鮮・中国

① 高句麗（前1世紀）：朝鮮北部支配　「（㊶　　　　）碑」（414年）：碑文に高句麗と倭の交戦記事

② 朝鮮半島

　　a．馬韓→百済（4世紀）　b．辰韓→（㊷　　　　）（4世紀）　c．弁韓→加耶諸国（小国分立状態続く）

③ 『宋書』倭国伝

　　a．（㊸　　　　）の朝貢（5世紀）…讃→珍→済→興→武

　　b．倭王（㊹　　　　）の上表（478年）　武王＝ワカタケル大王？・雄略天皇？

6 ヤマト政権の展開と政治の進展

(1) ヤマト政権の発展と古墳の変貌

  ① ヤマト政権の勢力拡大：関東から九州に至る地域を統制

  ② （㊺　　　　）の乱：筑紫国造（君）磐井の反抗

  ③ 古墳の小型化：5世紀後半から小古墳の増加（直径10m程度の円墳や方墳）

    a．（㊻　　　　）…小古墳が10〜100基程度　　b．群集墳築造の背景…有力農民層の台頭

  ④ 後期古墳（6〜7世紀）

    a．埋葬施設…（㊼　　　　）石室（大陸系文化）の一般化

    b．副葬品…馬具・装身具と須恵器・土師器などの日常の飲食器が増加

(2) ヤマト政権の支配体制…氏姓制度

  ① （㊽　　　　）：ヤマト政権に直接関与する豪族の血縁集団（大和・河内の豪族中心）

    a．氏上…氏の代表者　　b．氏人…氏の構成員

  ② （㊾　　　　）：大王から氏に与えられる称号。ヤマト政権内の地位・職掌などを示す

  ③ 伴造・部と国造

    a．伴造…ヤマト政権の職務を分担する氏

    b．（㊿　　　　）…直接生産に従事する人々

      ・品部…ヤマト政権に属する部　　・名代・子代…大王家に属する部　　・部曲…豪族に属する部

    c．（51　　　　）…王族の所領

    d．田荘…豪族の所領　　e．（52　　　　）・県主…主に地方豪族が任命された地方官

7 古墳時代の生活と文化

(1) 大陸文化の摂取と生活様式の変化

  ① （53　　　　）・金属工芸・製陶・建築・土木工事

  ② （54　　　　）の伝来

  ③ 渡来人の組織化：部（錦織部・韓鍛冶部・鞍作部・陶部など）

  ④ （55　　　　）の生産：半地下式の窯

  ⑤ 農業生産力の向上：（56　　　　）農工具の普及

(2) 信仰の諸相

  ① （57　　　　）や易・暦・医の伝来

  ② （58　　　　）の伝来：百済の聖明王（聖王）から公伝（538年説と552年説）

  ③ 固有信仰：自然崇拝

    a．禊・祓　　b．（59　　　　）・太占の法　　c．神話の成立　『帝紀』『旧辞』

〔解答〕❶猿人　❷打製　❸旧石器　❹港川　❺岩宿　❻細石器　❼土器　❽磨製　❾弓矢　❿竪穴
⓫骨角器　⓬炉　⓭貝塚　⓮黒曜石　⓯平等　⓰土偶　⓱石棒　⓲抜歯　⓳屈葬　⓴水稲　㉑金属器
㉒湿田　㉓石包丁（石庖丁）　㉔環濠　㉕方形周溝墓　㉖楯築　㉗銅鐸　㉘漢書　㉙後漢書　㉚金印
㉛魏志　㉜邪馬台国　㉝卑弥呼　㉞親魏倭王　㉟壱与　㊱前方後円墳　㊲埴輪　㊳竪穴式　㊴誉田御廟山
㊵大仙陵　㊶好太王（広開土王）　㊷新羅　㊸倭の五王　㊹武　㊺磐井　㊻群集墳　㊼横穴式　㊽氏　㊾姓
㊿部　51屯倉　52国造　53機織　54漢字　55須恵器　56鉄製　57儒教　58仏教　59盟神探湯

8

■ 問題演習

❶ 次に掲げる①〜⑦の時代に関連する各文の正誤を判定し，正文なら○，誤文なら×を記しなさい。

【①日本列島最古の文化】

(1) 旧石器時代の人々は，石を打ち欠いただけの石器を用いたが，この時代の終わりには細石器とよばれる小型の石器も用いるようになった。 [　]

(2) 寒冷な氷期と温暖な間氷期がくりかえし訪れた。氷期には日本列島は大陸と陸続きになることもあった。 [　]

【②縄文時代の社会と文化】

(3) 縄文時代になると，海進により水産資源の開発・利用がすすみ，釣針や魚網などの漁具が発達した。 [　]

(4) 縄文時代になると，弓矢が出現し，動きのはやい動物の捕獲が容易となった。 [　]

(5) クラークは，東京大学で生物学を講義したが，大森貝塚を発見して考古学の発達にも貢献した。 [　]

(6) 縄文時代の人々は，狩猟・採集の生活を送り，獲物を追って移動していたため，集落を形成することはなかった。 [　]

(7) 黒曜石の交易が広く行われ，石器の材料として産地から遠く離れた所でも使われた。 [　]

(8) 縄文時代の風習や儀礼には，抜歯や屈葬などがあった。 [　]

【③弥生時代の社会と文化】

(9) 大陸文化の影響によって，水稲農業と金属器の使用を特色とする新しい文化が九州北部におこった。 [　]

(10) 弥生時代には，貯蔵用の壺，食物を盛る高坏（高杯）など，さまざまなかたちの土器がつくられた。 [　]

(11) 北海道と沖縄の両方に，弥生文化とともに稲作が定着した。 [　]

(12) 低湿地を利用した湿田が開かれ，鋤・鍬などの木製農具が使われ始めた。 [　]

(13) 弥生時代には，集落の中に，竪穴住居とともに，高床式の倉庫が営まれるようになった。 [　]

(14) 弥生時代前期には，中国から平形銅剣・広鋒銅戈が伝えられ，武器として使用された。 [　]

(15) 地上に大石を置く支石墓が造られた。 [　]

【④小国の分立と邪馬台国】

(16) 見晴らしのよい山頂や丘に，戦いに備えたと思われる高地性集落が出現した。 [　]

(17) 卑弥呼の記述は，『漢書』地理志に倭の王として邪馬台国を支配していた，とある。 [　]

(18) 弥生時代の日本について触れた中国の歴史書には，「生口」の献上など，奴隷的身分の存在を示す記述が見られる。 [　]

(19) 『後漢書』東夷伝は，当時の争乱の状況を「倭国大いに乱れ，更相攻伐して歴年主なし」と記している。 [　]

(20) 倭国では大きな争乱が起こり，しばらく収まらなかったが，諸国が共同して女性の王をたて，約30国からなる連合体をつくった。 [　]

(21) 卑弥呼は呪術を用い，宗教的権威によって政治を行った。 [　]

(22) 卑弥呼は夫の補佐を得て国の統治を行った。 [　]

(23) 邪馬台国では，身分は王族と大人に二分されていた。 [　]

(24) 邪馬台国では，租税の制度があった。 [　]

(25) 卑弥呼の宗女壱与（台与）も邪馬台国の女王になった。 [　]

【⑤古墳の出現とヤマト政権の成立】

(26) 前期古墳は，平野部に盛り土をして築かれるという特徴がある。 [　]

(27) 前期古墳には，銅鐸や鏡・玉類などの呪術的な宝器や装飾品が副葬品として埋納された。 [　]

(28) 前期古墳の被葬者は，その副葬品から司祭者的な性格を持っていたことが知られる。 [　]

(29) 前期古墳の代表的なものとして，高松塚古墳がある。 [　]

(30) 古墳の表面には樹木が植えられ，家屋や人物などをかたどった円筒埴輪がならべられた。 [　]

(31) 中期古墳には，古墳に銅鏡や碧玉製腕飾りなどが副葬されていることから，首長が武人的性格をもっていたことが知られる。 [　]

(32) 前方後円墳には濠がめぐらされ，周囲には殉死した奴婢や家人の群集墳が築造された。 [　]

(33) 誉田御廟山古墳や大仙陵古墳などの巨大な古墳が河内平野に造られた。 [　]

(34) 5世紀の甕棺墓の副葬品は，馬具・甲冑や大量の鉄製武器が主となっている。 [　]

(35) 好太王（広開土王）碑文によると，倭が新羅・百済の領有をめぐって高句麗と戦った。 [　]
(36) 倭の五王が次々に中国の南朝に使者を送り，「親魏倭王」の称号や銅鏡などを与えられた。 [　]
(37) 倭王武の名は出土した遺物の銘文によると，獲加多支鹵大王である。 [　]
(38) 『宋書』倭国伝には，倭王武が宋王朝に上表文を送り，高い称号を得ようとしたと記している。 [　]
(39) ヤマト政権の最高首長が5世紀に天皇の称号を用いていたことは，江田船山古墳出土大刀の銘文などによって知られる。 [　]
(40) 東国の豪族を埋葬した稲荷山古墳から，「ワカタケル大王」と読める文字が刻まれた鉄剣が出土した。 [　]
(41) 大王の名を記した刀剣が，埼玉県や熊本県から出土している。 [　]
(42) 「天皇」の語が見える江田船山古墳出土大刀銘が有名である。 [　]
(43) 「ワカタケル大王」と読める稲荷山古墳出土鉄剣銘が有名である。 [　]
(44) 巨大な前方後円墳が現れるが，奈良県の高松塚古墳もその一つである。 [　]
(45) 墳丘墓とよばれる古墳群が，近畿地方を中心に広がった。 [　]
(46) 大仙陵古墳をはじめとする巨大な前方後円墳が造られた。 [　]

【⑥ヤマト政権の展開と政治の進展】
(47) 後期古墳には横穴式石室が普及し，棺をおさめる玄室とそれに通じる羨道がつくられた。 [　]
(48) 古墳時代には，朝鮮半島から渡来した人々によって，土師器と呼ばれる灰色で硬質の土器の生産が行われた。 [　]
(49) 硬質で灰色の須恵器は，朝鮮半島から伝えられた技術でつくられた。 [　]
(50) ヤマト政権に服属した地方豪族には，直や君などの姓が与えられた。 [　]
(51) 中央豪族たちには臣・連などの姓が与えられた。 [　]
(52) ヤマト政権の政治は，中央豪族の有力者である大臣・大連を中心として進められたが，大臣は蘇我氏などから，大連は大伴氏などから任用された。 [　]
(53) 大伴氏や物部氏などが伴造として伴を率い，軍事を職務として分担した。 [　]
(54) ヤマト政権はそれまでの地方豪族を没落させ，中央から国造を派遣して地方を支配した。 [　]
(55) 国造のなかには，大王家に直属する初期荘園の管理を行う者もいた。 [　]
(56) ヤマト政権は部曲を遣わして，地方の屯倉を耕作させた。 [　]
(57) ヤマト政権は，各地に直轄地である屯倉を配置し，地方豪族への支配を強めた。 [　]
(58) ヤマト政権は，大王やその一族への奉仕をしたり貢物をおさめたりする者を，名代・子代とした。 [　]
(59) 王権を強化するため，直轄民として名代・子代が設置された。 [　]

【⑦古墳時代の生活と文化】
(60) 天皇（大王）や首長は，秋の収穫に感謝して，新嘗の祭りを執り行った。 [　]
(61) 身についたけがれや罪悪をはらいのけるための呪術的な風習として，太占の法や盟神探湯などが行われるようになった。 [　]
(62) 穀物の豊作を祈り収穫を感謝する祭りや，太占の法・盟神探湯などの呪術的風習も行われた。 [　]
(63) 古墳時代には，西日本では，集落の支配者である豪族は，高床式の住居に居住するようになるが，農民は竪穴住居に居住していた。 [　]
(64) ヤマト政権は，漢字を外交・行政文書に使用する必要から，東漢氏や西文氏など文筆に巧みな渡来系氏族を重用した。 [　]
(65) 機織の技術を伝えたのは，渡来系氏族の葛城氏である。 [　]
(66) 渡来人の中には，秦氏などの始祖とみなされる人々もいた。 [　]
(67) ヤマト政権は，朝鮮半島から渡来した人々の先進的な技術を，国内の支配体制の整備に利用した。 [　]
(68) 朝鮮半島からの渡来人が，文字による記録の作成に当たった。 [　]
(69) 文字を用いて，朝廷の記録や蔵の出納にあたる人々もいた。 [　]
(70) 渡来人中の技術者の多くは，部とよばれる集団に構成された。 [　]
(71) 臣や連の姓が与えられた人々のほとんどは，渡来人であった。 [　]
(72) 技術を伝えた渡来人は，陶部・韓鍛冶部などとして組織された。 [　]

第2章 律令国家の形成

1 古代国家の形成

（1） 6世紀の朝鮮半島と倭

512年 （❶　　　　）金村が加耶4県を百済に割譲→540年　失脚→562年　新羅，加耶諸国の主要部を領有

527年　筑紫国造（君）（❷　　　　），新羅と結託し反抗

538 or 552年　百済からの仏教導入に際し，崇仏・排仏論争（蘇我稲目 VS 物部尾輿）

587年　蘇我馬子 VS 物部守屋→馬子，守屋を滅ぼして崇峻天皇を擁立

（2） 推古朝の外交と内政

1⃣ 推古天皇の即位：馬子の崇峻天皇暗殺（592年）後に即位，最初の女性天皇

（❸　　　　）（聖徳太子）が政治を補佐（593年）。馬子と協調して国政改革に着手

2⃣ （❹　　　　）の制定：603年，徳・仁・礼・信・義・智を大・小に分け，冠の色や飾りにより区別

3⃣ 憲法十七条の制定：604年，官吏の服務規定。儒教・仏教などの思想を取り入れて役人の心構えを示す

4⃣ 遣隋使の派遣：607年，小野妹子を隋の煬帝のもとに派遣し，中国王朝に従属しない外交・文化の摂取を展開。608年，留学生の高向玄理や留学僧の旻・南淵請安らの随行（←『隋書』倭国伝・『日本書紀』に記載）

5⃣ 国史の編纂：620年，『天皇記』・『国記』などを編纂（645年の乙巳の変で焼失し残存せず）

6⃣ 仏教の奨励：法隆寺の建立（607年），『（❺　　　　）』（法華経・勝鬘経・維摩経の注釈書）の撰定

（3） 7世紀の東アジアと大化の改新

1⃣ 隋を滅ぼして（❻　　　　）が建国→律令にもとづく強力な中央集権体制を構築
　　　　　　　　　　　　　　　　→高句麗・百済・新羅も対抗して国力を強化

2⃣ 蘇我氏の強大化：蝦夷・入鹿父子，山背大兄王一族を襲撃し滅ぼす（643年）

3⃣ 乙巳の変：645年，蝦夷・入鹿の滅亡→孝徳天皇即位，中大兄皇子（皇太子），阿倍内麻呂（左大臣），蘇我倉山田石川麻呂（右大臣），（❼　　　　）（内臣），旻・高向玄理（国博士）。初の年号は大化。飛鳥板蓋宮から難波宮へ遷都。

4⃣ 改新の詔：公地・公民の原則，地方行政区画である「評」の整備と軍事・交通の整備，戸籍（6年ごと）・計帳（毎年）の作成と班田収授の法の実施，新しい税制（租・庸・調制など）

5⃣ 東北遠征：渟足柵・磐舟柵の構築（647・648年，現新潟県北部），阿倍比羅夫の蝦夷征討（658年）

6⃣ 改新後の半島情勢：（❽　　　　），唐と結び，百済・高句麗を滅亡させる（660・668年）。676年に半島統一

7⃣ 白村江の戦い：663年，唐・新羅連合軍に敗北。その後，大宰府北方に水城，朝鮮式山城の大野城を築く

（4） 律令国家成立期の政治

1⃣ 近江大津宮遷都：667年→近江令の制定：668年，天智天皇・中臣（藤原）鎌足編，現存せず

2⃣ （❾　　　　）の作成：670年，全国規模の戸籍で，永久保存とされたが現存せず

3⃣ 壬申の乱：672年，大海人皇子 VS 大友皇子
　　→大海人皇子が勝利，飛鳥浄御原宮で即位し天武天皇となる（673年）

4⃣ 天武天皇の政治：皇親政治，飛鳥浄御原令の編纂開始（681年），八色の姓（真人・朝臣・宿禰・忌寸・道師・臣・連・稲置）の制定（684年），国史の編纂→『古事記』（712年）・『日本書紀』（720年）へと継承，都城の建設→後の（❿　　　　）

5⃣ 持統天皇の政治：飛鳥浄御原令の実施（689年），庚寅年籍の作成（690年），（❿　　　　）へ遷都（694年）

2 飛鳥文化・白鳳文化

（1） 飛鳥文化

1⃣ 文化の時期・特色：6世紀末から7世紀前半　初の仏教中心の文化　国際色豊か

2⃣ 木造建築　法隆寺金堂・五重塔

3⃣ 仏像彫刻　北魏様式→左右対称　（例）法隆寺金堂釈迦三尊像：（⓫　　　　）作
　　　　　　　南朝様式→流れるような天衣　（例）法隆寺百済観音像・中宮寺半跏思惟像

4⃣ 絵画・工芸　法隆寺（⓬　　　　）須弥座絵・中宮寺（⓭　　　　）

5⃣ 渡来人　（⓮　　　　）―百済僧，暦法・天文・地理・遁甲方術などの伝授
　　　　　　曇徴―高句麗僧，紙・墨・絵の具の製法の伝授

（2） 白鳳文化

1⃣ 文化の時期・特色：7世紀後半　初唐文化や朝鮮半島の文化の影響→多様で活気に満ちた文化

2⃣ 国家仏教の形成：大官大寺（のちの大安寺）・（⓯　　　　）などの官寺の建立

③　建築　薬師寺東塔
④　彫刻　薬師寺金堂薬師三尊像・薬師寺東院堂聖観音像・興福寺（❶⑥　　　　）元山田寺本尊
⑤　絵画　法隆寺金堂壁画（1949年焼損）→文化財保護法成立（1950年）・（❶⑦　　　　）古墳壁画（1972年発見・奈良県）
⑥　文学　漢詩文の隆盛　和歌の形式の確立（短歌や長歌など）→額田王・柿本人麻呂などの万葉歌人

3 律令制度

律令制度…律は刑法，令は一般法令
　①　律令の完成：大宝律令（701年，刑部親王ら撰）→養老律令（718年，藤原不比等ら撰，757年施行）
　②　官制：中央…二官八省一台五衛府　神祇官と太政官　太政官のもとに行政を分担する八省を配置
　　　　　　国・地方：五畿七道，国・郡・里制，左右京職・摂津職・大宰府
　③　官制の特色：四等官制（長官・次官・判官・主典），（❶⑧　　　　）制，蔭位の制
　④　司法制度：五刑（笞・杖・徒・流・死）・八虐（天皇・尊属などに対する罪）
　⑤　身分制度：良民・賤民（五色の賤＝陵戸・官戸・公奴婢・家人・私奴婢）
　⑥　税制：6年ごとに戸籍を作成→戸籍にもとづいて班田収授→租を国府に納める
　　　　　　毎年（❶⑨　　　　）を作成→成人男性に調・歳役（または（❷⓪　　　　））・雑徭などが課税　京へ運ぶ運脚
　⑦　その他の負担：兵役→成年男性は各地の軍団に兵士として配属，その一部は衛士や防人に
　　　　　　　　　　労役→50戸につき2人を3年間京に徴発する（❷①　　　　）

4 奈良時代の政治

　①　710年代：平城京遷都（710年），出羽国・大隅国設置（712・713年），養老律令の制定（718年・藤原不比等，施行は757年・藤原仲麻呂）
　②　貨幣鋳造：和同開珎の鋳造（708年）→蓄銭叙位令（711年）　平城京の東市・西市でも銭を用いた交易
　③　720年代：長屋王，（❷②　　　　）を施行（724年），多賀城築城（724年），長屋王の変（729年）
　④　730年代：藤原四子の死去（737年，疫病），橘諸兄，玄昉・吉備真備を登用
　⑤　740年代：大宰府で藤原広嗣の乱（740年），橘諸兄政権，聖武天皇による恭仁京・難波宮・紫香楽宮への相次ぐ遷都，国分寺・国分尼寺建立の詔（741年），（❷③　　　　）造立の詔（743年），墾田永年私財法の制定（743年）→初期荘園の発生
　⑥　750年代：藤原仲麻呂（恵美押勝）が政権掌握，橘奈良麻呂の変，養老律令の施行
　⑦　760年代：恵美押勝の乱（764年），孝謙太上天皇の信任により道鏡の専権（太政大臣禅師・法王）
　⑧　770年頃：藤原百川らが道鏡を宇佐八幡信託事件で失脚させる（769年）→光仁天皇（天智系）即位
　⑨　外交：唐の冊封を受けずに朝貢　新羅と関係悪化　中国東北部の（❷④　　　　）とはたびたび使節を交換

5 天平文化

　①　歴史・地理：『日本書紀』（720年，舎人親王ら撰進），『古事記』（712年，太安万侶が筆録）
　　　　　　　　　『風土記』（713年，各地の伝説・地理・産物の調査記録）
　②　文芸：『万葉集』（8世紀後半，万葉仮名表記），『懐風藻』（751年）
　③　学問：（❷⑤　　　　）（中央の律令官人の養成機関），国学（郡司の子弟の教育機関）
　　　　　　（❷⑥　　　　）（石上宅嗣の私設図書館）
　④　仏教：鎮護国家の思想→南都六宗による学派仏教　鑑真（日本で最初の戒壇），行基（社会事業）
　⑤　建築：（❷⑦　　　　）宝庫（校倉造），東大寺法華堂，唐招提寺金堂・講堂
　⑦　彫刻：乾漆像（東大寺法華堂不空羂索観音像・興福寺阿修羅像・唐招提寺鑑真和上像）
　　　　　　塑像（東大寺法華堂日光・月光菩薩像・同執金剛神像）
　⑧　絵画：正倉院鳥毛立女屏風・薬師寺吉祥天像

〔解答〕 ❶大伴　❷磐井　❸厩戸王　❹冠位十二階　❺三経義疏　❻唐　❼中臣鎌足　❽新羅　❾庚午年籍　❿藤原京　⓫鞍作鳥（止利仏師）　⓬玉虫厨子　⓭天寿国繡帳　⓮観勒　⓯薬師寺　⓰仏頭　⓱高松塚　⓲官位相当　⓳計帳　⓴庸　㉑仕丁　㉒三世一身法　㉓大仏　㉔渤海　㉕大学　㉖芸亭　㉗正倉院

問題演習

1 次に掲げる①～⑤の時代に関連する各文の正誤を判定し，正文なら○，誤文なら×を記しなさい。

【①古代国家の形成】

(1) 大伴金村らが，継体天皇を大王に擁立した。 [　]

(2) 国造のなかには，出羽の磐井のように反乱を起こすものもいた。 [　]

(3) 厩戸王（聖徳太子）が任じられたという推古朝の摂政は，令外官の一つとして置かれた。 [　]

(4) 推古朝では，豪族を官僚として編成するために，官位相当の制が定められた。 [　]

(5) 推古朝では，世襲による氏姓制度とは異なり，個人の功績や才能を評価する冠位十二階の制度が定められた。 [　]

(6) 唐・新羅により滅ぼされた百済を復興するため，朝鮮半島に出兵した。 [　]

(7) 中大兄皇子は防衛のために，九州に水城を築いた。 [　]

(8) 白村江の戦いでの敗戦の直後，朝鮮半島から渡来した人の指導のもとに，防衛のため多賀城など朝鮮式山城とよばれる諸城が築かれた。 [　]

(9) 白村江の戦い以後の朝鮮半島情勢を意識した防衛策として，奈良盆地に水城が築かれた。 [　]

【②飛鳥文化・白鳳文化】

(10) 若草伽藍跡の発掘により，現存の法隆寺の伽藍は創建時のものであると判明した。 [　]

(11) 法隆寺金堂の釈迦三尊像は隋の文化の影響を強く受けている。 [　]

(12) 法隆寺金堂の釈迦三尊像は，百済の聖明王から贈られたものである。 [　]

(13) 飛鳥時代には，法隆寺金堂釈迦三尊像の作者と伝えられる鞍作鳥（止利仏師）などの仏師が活躍した。 [　]

(14) 法隆寺金堂壁画は，中国初唐文化の影響がおよんだころの作品で，天寿国繍帳とともに白鳳文化を代表する作品の一つである。 [　]

(15) 大官大寺は，7世紀後半に建立された代表的な官立の寺院である。 [　]

(16) 京のなかに大官大寺や薬師寺などの大寺が造られた。 [　]

(17) 権力者の病気平癒・供養のため，藤原京に官寺の薬師寺が建立された。 [　]

【③律令制度】

(18) 令は，犯罪とそれに対する刑罰について定めた法典である。 [　]

(19) 大宝律令は刑部親王らによって編纂された。 [　]

(20) 治部省は，刑罰に関する政務を担当した。 [　]

(21) 位田は，軍事的功績に応じて支給された。 [　]

(22) 七道の諸国には，交易を管理するために東西の市司を設けた。 [　]

(23) 調・庸・雑徭は，良民の一員である官人にも賦課された。 [　]

(24) 奈良時代には桑の栽培と養蚕が行われ，絹が租として徴収された。 [　]

(25) 兵役に徴集された者の一部は，都や北九州の警備にあたった。 [　]

(26) 調とは，麻布などの各地の特産物を，地方の役所に納めるものである。 [　]

【④奈良時代の政治】

(27) 藤原不比等没後に政界を主導した橘諸兄を自殺に追い込んだ事件は，不比等の4子による策謀であった。 [　]

(28) 長屋王には，平城宮内に広大な邸宅が与えられた。 [　]

(29) 藤原四子のうち，宇合の系統の北家は，広嗣が反乱をおこしたため没落した。 [　]

(30) 聖武天皇は藤原広嗣の乱に動揺したため，都を離れて東の伊勢・美濃などを転々とし，また恭仁・難波・紫香楽と，次々に都を移した。 [　]

(31) 国分寺・国分尼寺建立の詔は，国ごとに盧舎那大仏を造立するよう定めた聖武天皇の命令である。 [　]

(32) 大仏造立の詔にもとづき，東大寺に阿弥陀如来像が造られた。 [　]

(33) 藤原氏は，大化の改新に功績のあった中臣鎌足に，藤原朝臣の氏姓が与えられて成立し，その子藤原仲麻呂は律令編纂などに大きな役割を果たした。 [　]

【⑤天平文化】

(34) 日本の仏教は，南北朝の大陸文化に強い影響をうけた結果，8世紀後半以後，国家仏教的性格を強め，鎮護国家思想の成立をみた。 [　]

(35) 遣唐使にともなわれて渡来した鑑真は，奈良に薬師寺を建てた。 [　]

(36) 平城京に営まれた興福寺は，藤原氏の氏寺として藤原氏一族や天皇の信仰も篤く，都が平安京に遷ってからのちも大きな勢力を保った。 [ ]

2 (1) 朝鮮半島に関連して述べた次の文のⅠ～Ⅲについて，古いものから年代順に正しく配列したものを，一番下の選択肢①～⑥のうちから一つ選べ。
Ⅰ 倭国の朝鮮半島出兵の動きに対して，筑紫の磐井が反乱をおこした。
Ⅱ 倭国は百済を救援するために出兵したが，唐・新羅の連合国に敗北した。
Ⅲ 倭国の王が中国の南朝に朝貢して，朝鮮半島諸国に対して優位な立場に立とうとした。 [ ]

(2) 奈良時代の政変に関して述べた次の文Ⅰ～Ⅲについて，古いものから年代順に正しく配列したものを，一番下の選択肢①～⑥のうちから一つ選べ。
Ⅰ 橘奈良麻呂らが藤原仲麻呂の打倒をめざしたが，事前に発覚して失敗した。
Ⅱ 玄昉と吉備真備の排斥を唱えた藤原広嗣が大宰府で反乱を起こしたが，鎮圧された。
Ⅲ 左大臣長屋王が，謀反の疑いをかけられ，自殺に追い込まれた。 [ ]

(3) 律令国家が地方で行った事業に関して述べた次の文Ⅰ～Ⅲについて，古いものから年代順に正しく配列したものを，一番下の選択肢①～⑥のうちから一つ選べ。
Ⅰ 東北地方の蝦夷との戦争のなかで，北上川の上流に志波城を築いた。
Ⅱ 諸国に国分寺・国分尼寺の建立を命ずる詔が出された。
Ⅲ 官道（駅路）に沿って駅家を設けることが律令に定められた。 [ ]

(4) 古代の人の移動に関して述べた次の文Ⅰ～Ⅲについて，古いものから年代順に正しく配列したものを，一番下の選択肢①～⑥のうちから一つ選べ。
Ⅰ 滅亡した百済や高句麗から，多くの人々が移住した。
Ⅱ 渤海との間で，外交使節が往来した。
Ⅲ 朝鮮半島から，五経博士や暦博士・医博士などが交代で派遣された。 [ ]

(5) 倭国の大王（天皇）に関して述べた次の文Ⅰ～Ⅲについて，古いものから年代順に正しく配列したものを，一番下の選択肢①～⑥のうちから一つ選べ。
Ⅰ 初の女性天皇が即位し，甥の厩戸王がその政治を助けた。
Ⅱ 物部守屋を滅ぼした人物が，さらに在位中の大王を暗殺した。
Ⅲ 大伴金村らが，継体天皇を大王に擁立した。 [ ]

(6) 海外から伝えられる高度な知識や技術に関して述べた次の文Ⅰ～Ⅲについて，古いものから年代順に正しく配列したものを，一番下の選択肢①～⑥のうちから一つ選べ。
Ⅰ 留学生として派遣された吉備真備が，中国からさまざまな最新の知識を伝えた。
Ⅱ 百済の聖明王（聖王）によって，はじめて公式に仏典や仏像が伝えられた。
Ⅲ 小野妹子に随行した留学生高向玄理らが，中国の最新の政治制度などを学んで帰った。 [ ]

(7) 古代の皇位継承に関連して述べた次の文Ⅰ～Ⅲについて，古いものから年代順に正しく配列したものを，一番下の選択肢①～⑥のうちから一つ選べ。
Ⅰ 墾田永年私財法を発布した男性の天皇が，皇位を娘に譲った。
Ⅱ 東大寺大仏の開眼供養を行った女性の天皇が譲位し，太上天皇となった。
Ⅲ 大宝律令を施行した男性の天皇の死後，その母親が皇位についた。 [ ]

《選択肢》
① Ⅰ－Ⅱ－Ⅲ ② Ⅰ－Ⅲ－Ⅱ ③ Ⅱ－Ⅰ－Ⅲ
④ Ⅱ－Ⅲ－Ⅰ ⑤ Ⅲ－Ⅰ－Ⅱ ⑥ Ⅲ－Ⅱ－Ⅰ

第3章 古代の国家・社会の変容　　▶▶ 要 点 整 理

1 律令国家体制再編期の政治と社会

(1) 桓武朝の政治

1. 造営事業：長岡京の造営（784年）を推進するも造長岡宮使藤原種継暗殺事件（785年）などで造営中止
（❶　　　　　　）の造営（794年）を推進するも，藤原緒嗣の建議（菅野真道との相論）で造営中止（805年）

2. 農民負担の軽減：班田を6年から12年に，雑徭半減（60日から30日に），公出挙利稲を5割から3割へ

3. 軍制改革：軍団制から健児制（郡司の子弟で弓馬に長けた者を採用）へ

4. 地方政治の粛正：(❷　　　　　　)（国司交替時の不正の防止・監督，令外官の一つ）の設置

5. 蝦夷征討：征夷大将軍坂上田村麻呂（797〜803年）…胆沢城築城（802年）・志波城築城（803年）

(2) 嵯峨朝の政治

1. 平城太上天皇の変（810年）：藤原仲成・薬子が平城太上天皇の重祚と平城京への還都を画策するも失敗
→藤原冬嗣（北家）の台頭，式家の衰退

2. (❸　　　　　　)の設置（810年）：朝廷の機密文書を扱う機関で令外官の一つ。冬嗣が蔵人頭に任命される

3. 検非違使の設置（816年頃）：京職・弾正台に代わり京中の警察・軍事・裁判を担当。令外官の一つ

4. 法制の整備：(❹　　　　　)格式の制定（820年），『令義解』（清原夏野ら），『令集解』（惟宗直本）

(3) 弘仁・貞観文化

1. 平安新仏教：最澄（天台宗・比叡山延暦寺），空海（真言宗・高野山金剛峰寺・東寺・綜芸種智院）
神仏習合思想の理論化　神宮寺など

2. 大学別曹：(❺　　　　　)（藤原氏）・学館院（橘氏）・弘文院（和気氏）・奨学院（在原氏・源氏・平氏など）

3. 勅撰漢詩集：『凌雲集』・『文華秀麗集』（嵯峨朝），『経国集』（淳和朝）

4. 書道：三筆（嵯峨天皇・空海「風信帖」・橘逸勢，唐風・男性的で力強い書体）

5. 密教絵画：神護寺・教王護国寺（東寺）両界曼荼羅

6. 彫刻：一木造・深く彫られた衣文…観心寺如意輪観音像・神護寺薬師如来像・薬師寺僧形八幡神像

2 摂関政治の成立と支配体制の転換

(1) 摂政・関白のはじまり

1. 藤原冬嗣：平城太上天皇の変（810年）の直前に蔵人頭に任命され，左大臣に任命される（825年）

2. 藤原良房：冬嗣の子。娘明子が清和天皇を産み，外戚（外祖父）として権力を掌握
842年　承和の変：伴健岑・橘逸勢らを排斥→良房，太政大臣に就任（857年）
858年　清和天皇即位→良房，実質的に摂政の役割
866年　(❻　　　　)の変：伴善男ら失脚→良房，正式に摂政に就任

3. 藤原基経：良房の養子，関白として国政を掌握
884年　陽成天皇廃位，光孝天皇即位→基経，実質的に関白の役割
887〜88年　(❼　　　　)の紛議：「阿衡」の文言に関わり，橘広相失脚→基経，正式に関白に就任

4. 寛平の治：宇多天皇親政。菅原道真を登用。遣唐使の停止（894年）

5. 延喜の治：(❽　　　　)天皇親政（897〜930年）
藤原時平・道真を左・右大臣に登用。時平の讒言により道真を大宰権帥に左遷（901年）
延喜の(❾　　　　)（902年，時平が中心的な役割）。最後の班田・造籍を企図
延喜格式の編纂（907・927年，律令制度を補則したもの）。
「意見封事十二箇条」（914年，三善清行による律令と地方政治の再建策の建言）

6. 天暦の治：村上天皇（醍醐天皇の子）親政（946〜67年）乾元大宝の鋳造（本朝〈皇朝〉十二銭の最後）

7. (❿　　　　)の変（969年）：関白藤原実頼（忠平の子），源満仲（経基の子）の密告により左大臣源高明を大宰権帥に左遷→摂政・関白の常置化

8. 摂関政治：外戚政治（天皇の外祖父として天皇を後見）。藤原北家の官位独占化，荘園寄進の集中

9. 摂関全盛期
藤原道長（御堂＝法成寺殿）…後一条天皇ら三代にわたり外祖父，日記に『御堂関白記』
藤原頼通（宇治殿）…後一条天皇ら三代にわたり摂関，宇治平等院鳳凰堂の建立（1053年）

10. 摂関時代の外交：菅原道真による遣唐使の派遣停止の建議（894年）→以降消極的な外交へ
(⓫　　　　)の入寇（1019年）：女真族が突如として北九州侵攻。大宰権帥藤原隆家（道隆の子）らが撃退

(2) 律令支配の転換

1. 班田農民の階層分化の進展：浮浪・(**⓬**　　　　)・偽籍の横行による班田収授の困難
2. 直営田…大宰府管内に公営田・畿内に官田
3. 国司権限の強化　10世紀初頭，地方行政の権限を受領に集中させる

　　　→課税対象を人から田地（公田）に変え，その面積に応じた官物や臨時雑役を課す

　　　→公田を名と呼ばれる課税単位に再編成。現地の有力農民（田堵）が名の経営と納税を行う（負名）

　　a. (**⓭**　　　　)：国司に任命されても赴任せず，代わりに目代を任国の国衙（留守所）に派遣して国務を処理させ，自らは京に留まり収益だけを得ること

　　b. 受領：仕国に赴任した国司のうち最上級の者を指し，任国で私服を肥やす

　　　　　「尾張国郡司百姓等解」（988年）を契機に解任された藤原元命や「受領は倒る所に土をも摑め」という言葉を発した（『今昔物語集』）藤原陳忠が有名

　　c. 売位売官の制の横行：(**⓮**　　　　)・重任による官位（官職・位階）の取得

(3) 地方の治安悪化と兵乱

　天慶の乱（939〜41年）　土着の軍事貴族の反乱

　　a. (**⓯**　　　　)の乱（939〜40年）：所領紛争から伯父国香を殺害，下総猿島を拠点に関東地方を占領。「新皇」と自称し反乱するも，一族の平貞盛・藤原秀郷（下野押領使）に討伐される

　　b. 藤原純友の乱（939〜41年）：伊予日振島を拠点に伊予・讃岐国府や大宰府を襲撃。源経基・小野好古が討伐

　　c. 滝口の武士：畿内近国の武士が宮中警護の侍として出仕

3 国風文化

(1) 国風文化の進展

1. 和歌：『古今和歌集』（905年，紀貫之ら撰による勅撰和歌集）・『和漢朗詠集』（藤原公任撰）
2. 物語：『竹取物語』（伝奇物語）・『伊勢物語』（歌物語）・『宇津保物語』・『落窪物語』・『(**⓰**　　　　)』（紫式部，光源氏を主人公とする王朝文学）
3. 日記・随筆：『土佐日記』（紀貫之）・『蜻蛉日記』（藤原道綱母）・『枕草子』（清少納言）・『更級日記』（菅原孝標女）
4. 建築：寝殿造（貴族の住宅，白（素）木造）

(2) 仏教の浸透…10世紀以降，西方浄土の阿弥陀仏に極楽往生を祈念。日本は1052（永承7）年が入末法元年

1. 浄土教：空也（市聖，六波羅蜜寺を中心に「南無阿弥陀仏」の称名念仏），(**⓱**　　　　)（恵心僧都，『往生要集』（985年）で極楽往生の理論化）
2. 往生伝の隆盛：慶滋保胤『日本往生極楽記』・三善為康『拾遺往生伝』
3. 浄土教芸術：【建築】法成寺阿弥陀堂（藤原道長）・平等院鳳凰堂（藤原頼通）・日野法界寺阿弥陀堂

　　　　　　　　【彫刻】平等院鳳凰堂阿弥陀如来像…定朝作の（**⓲**　　　　）造

　　　　　　　　【絵画】高野山阿弥陀聖衆来迎図

(3) 貴族・庶民の生活

1. 貴族：【礼服】男性は衣冠・束帯，女性は唐衣と裳の（**⓳**　　　　）

　　　　【普段着】男性は直衣・狩衣，女性は小袿・袴

　　　　【食事】朝夕2食，米を常食（強飯）

　　　　【年中行事と禁忌】新嘗祭・大祓・陰陽道・怨霊思想の隆盛，禁忌として物忌・方違

2. 庶民：【服装】男性は水干や上衣に小袴，女性は小袖の上に短い腰衣

　　　　【食事】朝夕2食と間食，米・麦・粟・稗の粥や蕎麦・栗などを常食

〔解答〕 ❶平安京　❷勘解由使　❸蔵人所　❹弘仁　❺勧学院　❻応天門　❼阿衡　❽醍醐　❾荘園整理令　❿安和　⓫刀伊　⓬逃亡　⓭遙任　⓮成功　⓯平将門　⓰源氏物語　⓱源信　⓲寄木　⓳女房装束（十二単）

■ 問題演習

1 次に掲げる①〜③の時代に関連する各文の正誤を判定し，正文なら○，誤文なら×を記しなさい。

【①律令国家体制再編期の政治と社会】

(1) 仏教を重視する政治が否定されたことにより，奈良の大寺院は，伽藍を山中に移して自らの存続をはかった。 [　]

(2) 政治刷新をめざした桓武天皇は最初平城京から長岡京に遷都したが，その10年後に平安京に遷都した。 [　]

(3) 平安時代初期には勘解由使という令外官が置かれ，国司の交替を監督した。 [　]

(4) 光仁天皇の時代には，律令政治の再建が進められ，東北地方での蝦夷に対する軍事政策は一時中断した。 [　]

(5) 藤原冬嗣は，承和の変に際して初めて設けられた蔵人頭となり，天皇の側近として信任され，皇室と姻戚関係を結んだ。 [　]

(6) 嵯峨天皇の時に置かれた蔵人頭の主要な職務は，朝廷の蔵の管理であった。 [　]

【②摂関政治の成立と支配体制の転換】

(7) 平安時代において摂政・関白の地位は藤原氏が独占した。 [　]

(8) 承和の変で伴健岑・橘逸勢らが謀反をはかったとされ，流罪になった。 [　]

(9) 空海は，嵯峨天皇や橘逸勢とともに三筆と称されている。 [　]

(10) 10世紀初めを最後に，全国的な班田収授が命じられなくなった。 [　]

(11) 藤原道長とその子頼通が権力を握っていた時期が，摂関家の全盛期であった。 [　]

(12) 藤原道長が天皇の外戚として権勢を振るった。 [　]

(13) 遣唐使の派遣がとだえたため，大陸との貿易や人々の往来も行われなくなった。 [　]

(14) 朝廷は畿内に直営の公営田を設置して，租税を確保しようとした。 [　]

(15) 名は，墾田永年私財法の発令によって各地に設けられた。 [　]

(16) 海賊を率いて藤原秀郷らが反乱をおこし，大宰府などを襲撃した。 [　]

(17) 10世紀には，平将門が瀬戸内海の海賊を率いて反乱を起こした。 [　]

【③国風文化】

(18) 末法思想の流行とともに浄土教が広まり，空也は『往生要集』を著した。 [　]

(19) 源信が極楽往生の方法を示した『往生要集』を著し，慶滋保胤が極楽往生の実例を集めた『日本往生極楽記』を編纂した。 [　]

(20) 藤原道長が晩年浄土教を信仰して建立した法成寺は，六勝寺の中でも特に壮麗であったことで知られる。 [　]

(21) 法成寺は，宇治の別荘を寺院に改めたものである。 [　]

(22) 漢字の一部をとった平仮名と，草書体をくずした片仮名が作られた。 [　]

(23) 国交がとだえたことから貴族たちの中国文化への関心は減り，男性貴族も平仮名で日記を書くことが一般化した。 [　]

(24) 平安時代になると平仮名がつくられ，『懐風藻』のような仮名（かな）で書かれた作品があらわれた。 [　]

(25) 藤原頼通が建立した法界寺阿弥陀堂の本尊は，定朝が作った寄木造の阿弥陀如来像である。 [　]

(26) 貴族の邸宅は寝殿造の形式で造られその内部では草木や花鳥風月を主題にした大和絵が屏風などを飾った。 [　]

(27) 三蹟の一人である小野道風が活躍した。 [　]

(28) 藤原行成らの能書家によって，唐風の書が広められた。 [　]

(29) 『源氏物語』は，仮名文字を用いて創作された。 [　]

(30) 光源氏を主人公とする，理想的な貴族の生活を描いた『源氏物語』が生まれた。 [　]

(31) 『土佐日記』以後，宮廷女性らによって多くの仮名（かな）の日記が作られた。 [　]

2 (1) 律令国家の政策に関して述べた次の文Ⅰ〜Ⅲについて，古いものから年代順に正しく配列したものを，一番下の選択肢①〜⑥のうちから一つ選べ。

Ⅰ 坂上田村麻呂が征夷大将軍に任じられた。

Ⅱ 仏教を重んじた称徳天皇は，太政大臣禅師の地位を設けた。

Ⅲ 平城太上天皇の変に先立ち，勅命の伝達にかかわる蔵人頭が任じられた。 [　]

(2) 藤原北家の発展に関連して述べた次の文Ⅰ～Ⅲについて，古いものから年代順に正しく配列したものを，一番下の選択肢①～⑥のうちから一つ選べ。

Ⅰ　光孝天皇の即位に際して，藤原基経がはじめて関白に任じられた。

Ⅱ　藤原時平らの策謀によって，右大臣菅原道真が大宰権帥に左遷された。

Ⅲ　幼少の清和天皇が即位したのち，藤原良房が臣下として摂政をつとめた。　　　　　　[　　]

(3) 10世紀から12世紀にかけての日本の文化に関して述べた次の文Ⅰ～Ⅲについて，古いものから年代順に正しく配列したものを，一番下の選択肢①～⑥のうちから一つ選べ。

Ⅰ　浄土教が流行し，極楽浄土を表現した平等院鳳凰堂が造られた。

Ⅱ　『源氏物語絵巻』や『信貴山縁起絵巻』などの絵巻物が作られた。

Ⅲ　紀貫之らにより，勅撰の和歌集である『古今和歌集』が編まれた。　　　　　　[　　]

(4) 平安時代の政治構造の変化に関して述べた次の文Ⅰ～Ⅲについて，古いものから年代順に正しく配列したものを，一番下の選択肢①～⑥のうちから一つ選べ。

Ⅰ　天皇が幼少のときには摂政，成人したのちには関白をおくことが通例となった。

Ⅱ　院の命令を伝える文書や院庁が出す文書が，荘園の認可などの国政に大きな効力をもつようになった。

Ⅲ　天皇の側近として，天皇の命令をすみやかに太政官に伝える蔵人頭が設けられた。　　　　　　[　　]

(5) 古いものから年代順に正しく配列したものを，一番下の選択肢①～⑥のうちから一つ選べ。

Ⅰ　軍団・兵士の廃止にともない，郡司の子弟などが健児に採用された。

Ⅱ　大宝令の施行をうけて，地方の豪族は郡司として行政にあたった。

Ⅲ　尾張国の郡司が，百姓とともに国司藤原元命の暴政を訴えた。　　　　　　[　　]

《選択肢》

① Ⅰ－Ⅱ－Ⅲ　　　② Ⅰ－Ⅲ－Ⅱ　　　③ Ⅱ－Ⅰ－Ⅲ

④ Ⅱ－Ⅲ－Ⅰ　　　⑤ Ⅲ－Ⅰ－Ⅱ　　　⑥ Ⅲ－Ⅱ－Ⅰ

1 荘園公領制の成立と院政

(1) 開発領主と武士団

① 開発領主の登場：11世紀初頭，大名田堵による大規模開発，開発地として堀・土塁を巡らした屋敷地（堀の内）を構築，荒田・荒地の開発を国衙に申請して私有化（臨時雑役免除）→「開発領主」

② 武士団の形成：開発領主は私領を守り農民を支配するために武装化。開発地の地名を（❶　　　）として名のり，一族・一門や農民を家子・家人・郎党（郎等）・下人・所従として掌握。一家の頭目を（❷　　　）という

③ 国衙機構への進出：11世紀中頃，国衙の在庁官人として行政事務を担当→国衙による行政区画の再編により郡司・郷司・保司などに任命

(2) 荘園公領制の成立

① 荘園の成立：墾田永年私財法（743年）が施行された8世紀中頃以降，初期荘園が成立

② （❸　　　）の権：荘園は元来，輸租田。9世紀中頃以降，有力貴族・寺社は荘園の不輸租田化を中央政府に申請（立券荘号）して公認・許可（太政官符・民部省符→官省符荘，10世紀以降には国司の免判→国免荘）を受け，荘域を確定

③ 不入の権：国司が派遣した検田使・警察権をもつ追捕使などの立ち入りを拒否

④ 中世荘園の登場：10世紀以降，開発領主は国司による荘園への干渉を避けるため，有力貴族・寺社などに土地を寄進して保護を受け，自らは荘官となり土地の経営権を保持した

⑤ 荘園の経営：荘官は田堵（後に名主）・作人・下人・所従などの農民を把握する一方，佃・正作などの給田の経営や年貢・公事・夫役の領主への納入を請け負った

⑥ 荘園公領制：荘園は12世紀前半（鳥羽院政期）に最盛期を迎える。（❹　　　）（実質的に私領化された公領）は国衙支配の基盤として維持・継続。荘園と国衙領で構成される土地制度を荘園公領制という

(3) 院政の成立と社会

① 後三条天皇の即位（1068年）：藤原氏を外戚にもたない。大江匡房らを登用して親政

　a．（❺　　　）の荘園整理令（1069年）：記録荘園券契所（記録所）を設置して証拠文書を審査

　b．宣旨枡（1072年）：公定の枡

　c．一国平均役：内裏の造営費用などのため，一国規模で一律に賦課

② 院政の開始（1086年）：白河天皇は堀河天皇に譲位し，上皇（院）として執政をおこなう

　a．院庁の組織：院・院の近臣・院司。発給文書は（❻　　　）と院庁下文

　b．北面の武士：院の御所の北面に設置された院中警備の武士で，上皇直属。平正盛・忠盛ら

③ 院政期の社会情勢：白河・鳥羽院政以降，院の専制化が進み，やがて天皇と対立

　a．天皇家の荘園群：鳥羽院政期（12世紀初頭）が最隆盛〔八条院領・長講堂領〕

　b．（❼　　　）の制度：上皇や公卿，寺社を知行国主に。知行国主は近親者を国司に任命し国司は代官（目代）を派遣

　c．造寺と社寺参詣：六勝寺…法勝寺（白河院）などの御願寺。熊野・高野詣

　d．僧兵の横暴：「（❽　　　）」…興福寺（春日社の神木），延暦寺（日吉社の神輿）の僧兵による強訴白河上皇の「天下三不如意」（山法師〈延暦寺の僧兵〉を双六の賽・賀茂川の水と並べて思うままにならないものとした）

(4) 東北の動乱と武士の棟梁

① 源氏の東国進出：平忠常の乱（1028〜31年，上総で反乱。源頼信が鎮圧し，源氏の東国基盤の形成）→（❾　　　）合戦（1051〜62年，陸奥の安倍頼時らの反乱。源頼義・義家父子が清原氏の加勢により鎮圧）→後三年合戦（1083〜87年，義家が清原氏の内紛に介入し藤原（清原）清衡を支援）→義家，武士として初めて昇殿。以後，奥州藤原氏の隆盛

② （❿　　　）の乱（1156年）：皇位継承，摂関の地位，武家の棟梁などをめぐる抗争

　【天皇家】後白河（天皇・弟）VS 崇徳（上皇・兄）　【摂関家】忠通（関白・兄）VS 頼長（左大臣・弟）

　【平氏】清盛（甥）VS 忠正（叔父）　【源氏】義朝（子・兄）VS 為義（父）・為朝（子・弟）

　《結果》後白河天皇側の勝利，武士のさらなる台頭を招く

③　平治の乱（1159年）：源平両氏の武家の棟梁をめぐる争い

　　　【院の近臣】藤原通憲（信西）VS 藤原信頼　【武家】平清盛 VS 源義朝

　　　《結果》清盛の勝利→平氏政権の樹立の契機

(5)　平氏政権　初の武家政権であるが，貴族的性格も兼備

①　平家の繁栄：平清盛，武家初の太政大臣（1167年），一門で高位高官を独占→娘徳子，高倉天皇に入内（1172年）→安徳天皇誕生（1178年）→幼少で即位（1180年）。外戚政治

②　経済基盤：30余か国の知行国，全国500余か所の荘園，日宋貿易

③　日宋貿易：輸出…金・硫黄，輸入…宋銭・絹織物・書籍→（⓫　　　　　）の修築と音戸の瀬戸の開削

(6)　院政期の文化

①　宗教：（⓬　　　　　）：日本の神々を仏の化身（権現）とみなす思想

②　文学　歴史物語…『栄華物語』・『大鏡』，軍記物…『将門記』・『陸奥話記』，説話集…『今昔物語集』，歌謡集…『（⓭　　　　　）』（後白河法皇撰，今様）

③　絵画　『伴大納言絵巻』（応天門の変を主題）・『源氏物語絵巻』・『鳥獣戯画』・『（⓮　　　　　）』（厳島神社蔵）

④　建築　中尊寺金色堂（平泉）・白水阿弥陀堂（陸奥）・富貴寺大堂（豊後）

⑤　芸能　田楽

2 鎌倉幕府の成立と朝廷

(1)　治承・寿永の内乱

①　反平氏の動き：鹿ケ谷事件（1177年）→清盛，対立を深めていた後白河法皇を幽閉（1179年）

②　争乱の経過：源頼政，以仁王の令旨を奉じて挙兵するも敗死。源頼朝が北条時政らと挙兵するも石橋山で敗北。源（木曽）義仲が信濃で挙兵（1180年）→義仲が北陸道で平維盛を破り入京，平氏は安徳天皇を奉じて西走

　　　（⓯　　　　　）十月宣旨（1183年）→義経ら，義仲を近江で討伐。摂津一の谷の合戦（1184年）→讃岐屋島の合戦・長門壇の浦の戦いで平氏滅亡（1185年）

(2)　鎌倉幕府の創設

①　幕府組織の成立過程：（⓰　　　　　）（別当に和田義盛，1180年）→公文所（別当に大江広元，1184年）→問注所（執事に三善康信，1184年）→政所（もと公文所，1191年）→奥州藤原氏を攻撃し，滅亡させる（1189年）→征夷大将軍（1192年）

②　地方支配の整備：（⓱　　　　　）（京中の治安維持，1185年）・鎮西奉行（九州御家人の統率，1185年）・奥州総奉行（奥州藤原氏の滅亡後，1189年）

③　守護・地頭の設置（1185年）：大江広元の建議，名目は義経の追討と諸国治安の維持

　　　守護…諸国の治安維持，御家人統制，（⓲　　　　　）（大番催促，殺害人・謀反人の逮捕）

　　　地頭…荘園・国衙領に補任，年貢徴収権・土地管理権・検断権・勧農権，段別五升の兵粮米の徴収権など

④　御恩と奉公：土地の給付を媒介とした主君（鎌倉殿）と従者（御家人）との主従関係により成立

　　　本領安堵…先祖伝来の所領の支配を保証　新恩給与…謀反人などから没収した各地の所領を分与

⑤　幕府の経済基盤：（⓳　　　　　）（鎌倉幕府直轄領）・関東知行国（関東御分国）など

(3)　北条氏の台頭と承久の乱

①　北条氏の台頭：頼朝の死（1199年）→北条政子による頼家の専断停止→梶原景時滅亡（1200年）→比企能員滅亡（1203年）→畠山重忠滅亡（1205年）→和田義盛（侍所別当）滅亡（1213年・和田合戦）

②　源家将軍の断絶：時政，頼家を修禅寺に幽閉，実朝将軍へ（1203年）→頼家暗殺（1204年）→公暁，実朝を暗殺（1219年）→（⓴　　　　　）を将軍に迎え入れる（1226年，摂家〈藤原〉将軍の開始）

③　承久の乱（1221年）：鎌倉幕府の動揺をみてとった後鳥羽上皇は西面の武士を設置→後鳥羽上皇，北条義時追討の院宣を下す→北条泰時・時房が京都を占領→後鳥羽上皇を隠岐，順徳上皇を佐渡，土御門上皇を土佐へ配流，仲恭天皇を廃位し後堀河天皇即位→（㉑　　　　　）を京都に設置。乱後，没収地に新補率法にもとづく地頭（新補地頭）を補任

(4)　執権政治

①　北条泰時の政治：諸国の国衙に命じて大田文を作成→連署の成立（1225年，初代北条時房）→（㉒　　　　　）の設置（1225年）→御成敗式目（貞永式目）の制定（1232年，51か条。裁判の公正・迅速化，先例と道理に基づく内容，追加法を式目追加という）

②　北条時頼の政治：宝治合戦（1247年，三浦泰村一族滅亡）以後，執権政治の独裁化傾向→得宗（北条氏嫡流の当主）専制へ→（㉓　　　　　）衆の設置（1249年，裁判の効率化）→皇族（親王）将軍の下向（1252

年，宗尊親王）

3 朝廷の動向：九条家一門の失脚，後嵯峨上皇が時頼と連携→政治の刷新→上皇の死後，皇統の分裂

4 仏教・外交：時頼→蘭溪道隆を招いて建長寺を創建→幕府は日宋貿易に積極的に関与

3 中世に生きる人々

(1) 中世社会の身分

1 中世社会の身分：公家，侍，百姓，奴婢・下人，非人

2 武士の生活：堀・土塁をめぐらせた（㉔　　　　　）。周辺には佃・正作（直営地）

3 惣領制の展開：惣領（一族の長）から庶子への所領の分割相続。女子にも相続権を付与（一期分）

4 武芸の奨励：主君への奉公→（㉕　　　　）（犬追物・笠懸・流鏑馬）・巻狩など

(2) 諸産業の発達

1 農業技術の進歩：二毛作（畿内・西日本が中心）の普及，刈敷・草木灰，牛馬耕の利用

2 手工業の発達：手工業の発達：鍛冶・鋳物師・土器づくりなどが荘園領主から独立化

3 商業の発達：（㉖　　　　）（定期市）の開設，見世棚（店棚，常設店舗）の出現
座（商工業者の同業組合）の発展，為替制度（割符による遠隔地間取引）の登場

4 貨幣経済の発達：宋銭の流通により代銭納を採用。借上（高利貸業者）の登場

5 交通の発達：交通の要衝に車借・馬借の登場（淀・坂本・木津），問丸（商品の中継や委託販売）

(3) 地頭の荘園侵略…地頭は荘園の経営に干渉，年貢などを横領→荘園領主と対立

1 地頭請：地頭に現地の荘園の管理一切を任せる代わりに荘園領主に定額年貢を納入させる制度

2 下地中分：地頭・荘園領主の所領紛争解決方法で，荘園そのものを折半（地頭方・領家方に二分）

4 蒙古襲来と幕府の衰退

(1) 蒙古襲来

1 アジア情勢：チンギス＝ハン，モンゴル帝国を建設（1206年）→孫のフビライ，国号を元に改める（1271年，都は大都〈現在の北京〉）→（㉗　　　　）の乱（1270～73年）→南宋の滅亡（1279年）

2 文永・弘安の役（元寇）：元が日本に服属・朝貢要求（1268年以降）→北条時宗はこれを拒否，御家人に異国警固番役を賦課→元と高麗軍（約3万）来襲（1274年，「てつはう」・集団戦法に苦戦）→元軍は一時撤退→番役強化・石塁（石築地）構築・長門探題設置（1276年）→東路軍・江南軍に分かれて再来襲（1281年，約14万）→暴風雨により撤退→《結果》貴族層・寺社勢力に神国思想の芽生え，鎮西探題の設置（1293年），惣領制の解体（血縁から地縁へ），御家人の窮乏化を促進，悪党の横行など

(2) 得宗の専制

1 得宗専制体制：（㉘　　　　）（1285年，内管領平頼綱 VS 安達泰盛，安達氏滅亡）→北条氏による守護の独占化傾向（全国28か国）→平頼綱（平禅門）の乱（1293年，執権北条貞時 VS 頼綱，頼綱敗死）

2 御家人社会の変化：御家人の窮乏→惣領制の解体→悪党の出現

3 永仁の（㉙　　　　）（1297年）：貞時による御家人救済策（御家人の所領の質入・売買の禁止，すでに売却した所領を取り戻させる，御家人に対する金銭上の訴訟を受けつけない）→失敗

5 鎌倉文化

(1) 特色…仏教の革新運動，新たな担い手としての武士，日宋間の往来や禅僧の渡来による大陸の新しい文化

(2) 文学

1 学問　（㉚　　　　）（北条実時の設立），有職故実…『禁秘抄』（順徳天皇），古典研究…『万葉集註釈』（仙覚），『釈日本紀』（卜部兼方）

2 思想　『類聚神祇本源』（度会家行，神本仏迹説）

3 歴史　『愚管抄』（慈円，道理・末法思想による歴史観），『吾妻鏡』（鎌倉幕府の歴史書），『元亨釈書』（虎関師錬，日本初の仏教通史）

4 和歌　『山家集』（西行の歌集），『新古今和歌集』（藤原定家ら撰），『金槐和歌集』（源実朝の歌集）

5 随筆　『方丈記』（鴨長明），『（㉛　　　　）』（兼好法師）

6 紀行文　『十六夜日記』（阿仏尼），『東関紀行』（源親行），『海道記』（未詳）

7 説話集　『沙石集』（無住），『古今著聞集』（橘成季），『宇治拾遺物語』（未詳），『十訓抄』（未詳）

8 軍記物　『平家物語』（信濃前司行長？），『源平盛衰記』（未詳），『保元物語』（未詳），『平治物語』（未詳）

(3) 建築・彫刻・絵画・書道・工芸
　① 建築　【大仏様（天竺様）】東大寺南大門　【禅宗様】円覚寺舎利殿　【和様】石山寺多宝塔
　　　　　【折衷様】観心寺金堂
　② 彫刻　東大寺南大門金剛力士像（運慶・快慶ら），興福寺無著・世親像（運慶），東大寺僧形八幡神像（快
　　　　　慶），興福寺天灯鬼・竜灯鬼像（康弁），六波羅蜜寺空也上人像（康勝），明月院上杉重房像
　③ 絵画　【絵巻物】「法然上人絵伝」・「一遍上人絵伝」（円伊），「北野天神縁起絵巻」・「石山寺縁起絵巻」，
　　　　　「平治物語絵巻」，「蒙古襲来絵詞」，「地獄草紙」・「病草紙」・「餓鬼草紙」
　　　　　【頂相（禅僧の肖像画）】「蘭溪道隆像」「明恵上人樹上坐禅図」（成忍）
　　　　　【（㉜　　　　）（武人の肖像画）】「伝源頼朝像」（伝藤原隆信）
(4) 鎌倉仏教
　① 中世の仏教界：依然として顕密仏教が中心→技術・知識の発展を吸収
　　　→顕密仏教は既存の八宗のみが仏法であると主張
　　　→未曾有の内乱とその被害に対する反省から仏教の革新運動が起こる
　② 革新運動の穏健派
　　　貞慶：法相宗・興福寺・「興福寺奏上」　　明恵：華厳宗・高山寺・『摧邪輪』・戒律重視
　　　叡尊：律宗・西大寺・非人救済　　　　（㉝　　　）：真言律宗・極楽寺・北山十八間戸
　　　俊芿：禅宗・泉涌寺，天台・真言・禅・律宗兼学，入宋して戒律・朱子学を学ぶ
　③ 革新運動の急進派
　　　急進派の特徴…選択・専修（念仏・題目・坐禅）・易行，民衆（庶民）仏教
　　　法然：浄土宗・『選択本願念仏集』，「南無阿弥陀仏」を唱える　知恩院が中心
　　　（㉞　　　）：浄土真宗・『教行信証』・『歎異抄』（唯円），悪人正機説（悪人正因説）　本願寺が中心
　　　一遍：時宗・著作焼却，踊念仏・遊行廻国　清浄光寺が中心
　　　日蓮：日蓮（法華）宗・『立正安国論』，「南無妙法蓮華経」の題目唱和　久遠寺が中心
　　　栄西：（㉟　　　）・『興禅護国論』，坐禅・工夫公案　建仁寺が中心
　　　道元：曹洞宗・『正法眼蔵』，只管打坐　永平寺が中心

〔解答〕❶名字　❷物領　❸不輸　❹国衙領　❺延久　❻院宣　❼知行国　❽南都・北嶺　❾前九年
❿保元　⓫大輪田泊　⓬本地垂迹説　⓭梁塵秘抄　⓮平家納経　⓯寿永二年　⓰侍所　⓱京都守護
⓲大犯三カ条　⓳関東御領　⓴九条（藤原）頼経　㉑六波羅探題　㉒評定衆　㉓引付　㉔館　㉕騎射三物
㉖三斎市　㉗三別抄　㉘霜月騒動　㉙徳政令　㉚金沢文庫　㉛徒然草　㉜似絵　㉝忍性　㉞親鸞　㉟臨済宗

問題演習

1 次に掲げる①～⑤の時代に関連する各文の正誤を判定し，正文なら○，誤文なら×を記しなさい。

【①荘園公領制の成立と院政】

(1) 11世紀には，開発領主のなかに国司の圧迫を逃れようとして有力寺院などに田地を寄進する者が現れるようになった。 [　]

(2) 私出挙の返済が免除されることを不輸，検田使の立ち入りを禁じることを不入という。 [　]

(3) 国衙の介入を嫌った領主は，不入の権を得ると，国衙の使いの荘園内への立ち入りを拒否した。 [　]

(4) 記録荘園券契所を設けた後三条天皇は，鳥羽上皇や後白河上皇に寄進された荘園をも整理の対象とした。 [　]

(5) 白河天皇（上皇）は，内裏に北面の武士を置いた。 [　]

(6) 院の命令を伝える文書や院庁が出す文書が，荘園の認可などの国政に大きな効力をもつようになった。 [　]

(7) 源頼義が，前九年合戦に関東地方の武士を動員した。 [　]

(8) 後三年合戦は，出羽の豪族清原氏一族の内紛に源義家が介入したものである。 [　]

(9) 後白河上皇は浄土とみたてた信貴山にしばしば参詣し，その記録として『信貴山縁起絵巻』を作らせた。 [　]

(10) 有力寺院が下級僧侶を僧兵に組織し，神木や神輿を押し立てて，自分たちの要求を通すため朝廷に強訴するようになった。 [　]

(11) 桓武平氏は，伊勢・伊賀や瀬戸内海地方に勢力を伸ばし，院の近臣となっていった。 [　]

(12) 後白河天皇と崇徳上皇の対立に摂関家の内紛が結びついて平治の乱が起こった。 [　]

(13) 「平治物語絵巻」は，12世紀初頭，平清盛と源義家との対立によって起きた平治の乱を題材としている。 [　]

(14) 平清盛が征夷大将軍に任じられ，その後平氏は征夷大将軍を世襲した。 [　]

【②鎌倉幕府の成立と朝廷】

(15) 平清盛が太政大臣にまで昇進したが，やがて平氏は壇の浦で滅亡した。 [　]

(16) 以仁王の令旨によって，諸国の武士に源義仲打倒の兵を挙げることが呼びかけられた。 [　]

(17) 安徳天皇を奉じて都落ちした平家一門は，源頼朝の派遣した軍勢に攻められ，讃岐の屋島で滅亡した。 [　]

(18) 源頼朝は鎌倉に侍所を設置し，京都には朝廷対策のために政所を開設した。 [　]

(19) 地頭は全国の公領のみに置かれた。 [　]

(20) 源頼朝は御家人を統率する侍所を設置し，和田義盛を長官に任じた。 [　]

(21) 承久の乱後，幕府は後鳥羽上皇らを配流し，京都には京都守護に代えて六波羅探題を設置して，朝廷を監視させた。 [　]

(22) 鎌倉幕府における御恩とは，俸禄の米を支給することが主である。 [　]

(23) 鎌倉幕府は御家人を諸国の守護や荘園・公領の地頭とし，東国以外にも支配を広げた。 [　]

(24) 御成敗式目は，後代の武家法制定にも大きな影響を与えた。 [　]

(25) 御成敗式目の適用範囲は，御家人やその所領に関する訴訟に限られた。 [　]

(26) 宝治合戦で三浦泰村が滅んだ。 [　]

(27) 北条時頼によって前将軍九条（藤原）頼経が京都へ送還された。 [　]

【③中世に生きる人々】

(28) 名主は，下人などを使って耕作を行い，小百姓（作人）は名田などの一部を請負耕作して生計を立てていた。 [　]

(29) 荘園領主は，地頭に荘園管理をゆだねるかわりに年貢納入を請け負わせる地下請を行うことがあった。 [　]

(30) 刈敷などの肥料が普及すると，田畑からの収穫が増した。 [　]

(31) 加藤景正は，鋳物師として全国を遍歴した。 [　]

(32) 財貨を扱う市場は，盗難の恐れなどもあって，交通不便な山間僻地に多く設けられた。 [　]

【④蒙古襲来と幕府の衰退】

(33) 高麗は，モンゴルの日本侵攻に従ったが，その直前まで民衆と結んだ三別抄とよばれる軍隊のモンゴル軍に対する抵抗があった。 [　]

(34) モンゴル襲来を機に，北条氏は，京都守護の権限を強化するなど，西国御家人の結集をはかるた

めの政策を打ち出した。 [　]

(35) 幕府は，窮乏してゆく御家人を救済するために，所領の質入れを認めた永仁の徳政令を発布した。 [　]

(36) 御家人の所領相続形態は，永仁の徳政令を契機にして，次第に単独相続から分割相続へと移行していった。 [　]

【⑤鎌倉文化】

(37) 浄土宗・浄土真宗・時宗などの宗派は，念仏を唱えれば極楽往生できると説いた。 [　]

(38) 道元は宋から曹洞禅を伝え，建仁寺を開いた。 [　]

(39) 日蓮は，『興禅護国論』を書いて国難到来を予言したが，秩序を乱すとして弾圧をうけた。 [　]

(40) 明恵（高弁）は，華厳宗を学んで仏教の革新に尽力した。 [　]

(41) 東大寺再建事業における堂舎の再建では，古代の建築様式を忠実に守ることが重視された。 [　]

2 (1) 東国の武士に関係する次の事件Ⅰ～Ⅲについて，古いものから年代順に正しく配列したものを，一番下の選択肢①～⑥のうちから一つ選べ。
　　　Ⅰ　平忠常の乱　　　Ⅱ　後三年合戦　　　Ⅲ　前九年合戦 [　]

(2) 荘園制（荘園公領制）の成立と展開に関して述べた次の文Ⅰ～Ⅲについて，古いものから年代順に正しく配列したものを，一番下の選択肢①～⑥のうちから一つ選べ。
　　　Ⅰ　領主は荘園の管理を地頭にまかせ，年貢納入を請け負わせる契約を結んだ。
　　　Ⅱ　鳥羽上皇のもとに荘園の寄進が集中し，膨大な天皇家領荘園群ができた。
　　　Ⅲ　朝廷は，延久の荘園整理令を発布し，荘園の所有者から証拠文書を提出させた。 [　]

(3) 武士が勢力を拡大する過程で起きた出来事を述べた次の文Ⅰ～Ⅲについて，古いものから年代順に正しく配列したものを，一番下の選択肢①～⑥のうちから一つ選べ。
　　　Ⅰ　源頼信が，関東地方で起こった平忠常の乱を鎮圧した。
　　　Ⅱ　源義朝が，京都での兵乱に東国の武士を動員した。
　　　Ⅲ　源頼義が，前九年合戦に関東地方の武士を動員した。 [　]

(4) フビライ＝ハンに関して述べた次の文Ⅰ～Ⅲについて，古いものから年代順に正しく配列したものを，一番下の選択肢①～⑥のうちから一つ選べ。
　　　Ⅰ　朝鮮半島で，元の支配に抵抗した三別抄が鎮圧された。
　　　Ⅱ　元は，日本に二度目の軍勢を派遣した。
　　　Ⅲ　中国大陸南部を支配していた南宋が滅亡した。 [　]

《選択肢》
①　Ⅰ－Ⅱ－Ⅲ　　　②　Ⅰ－Ⅲ－Ⅱ　　　③　Ⅱ－Ⅰ－Ⅲ
④　Ⅱ－Ⅲ－Ⅰ　　　⑤　Ⅲ－Ⅰ－Ⅱ　　　⑥　Ⅲ－Ⅱ－Ⅰ

第5章 中世の国家・社会の変容　▶▶ 要 点 整 理

1 南北朝の動乱

(1) 鎌倉幕府の滅亡
1. 両統迭立：後嵯峨上皇死後，皇統は二つに分裂（亀山天皇・大覚寺統 VS 後深草天皇・持明院統）
　　　後醍醐天皇（大覚寺統）が即位→天皇親政を開始
2. 討幕計画：正中の変（1324年，日野資朝・俊基ら），元弘の変（1331年）→後醍醐天皇，隠岐へ配流
3. 幕府滅亡：河内国で（❶　　　　）ら挙兵。足利（❷　　　　）は六波羅探題，新田義貞は鎌倉攻略
　　　→幕府滅亡（1333年）

(2) 建武の新政…後醍醐天皇の親政で，「延喜・天暦の治（醍醐・村上天皇の治世）」を理想とする
1. 中央：（❸　　　　）・雑訴決断所・武者所・恩賞方の設置
2. 地方：国司と守護の併置，鎌倉将軍府・陸奥将軍府の設置
3. 足利尊氏の反旗：北条高時の遺児（❹　　　　）らの反乱（中先代の乱，1335年）を契機とする
　　　尊氏が入京し，持明院統の光明天皇を擁立，後醍醐天皇は（❺　　　　）へ脱出→南北朝時代の開始
4. 室町幕府の成立：（❻　　　　）…幕府基本方針17か条（1336年），足利尊氏が征夷大将軍となる（1338年）

(3) 南北朝の動乱…王朝の分裂と足利家の分裂
1. 王朝の分裂：南朝（大覚寺統…後醍醐天皇）吉野　←対立→　北朝（持明院統…光明天皇）京都
2. 足利家の分裂：（❼　　　　）の擾乱（1350〜52年）…尊氏・（執事）高師直　←対立→　直義・直冬

(4) 守護大名の成長
1. 動乱のなかで守護の権力強化：国人を被官化することで，守護大名の領国支配が進む
2. 守護の権限：鎌倉時代の（❽　　　　）三カ条に加え，使節遵行の権限と刈田狼藉を取り締まる権限
3. 半済令：1352年，（❾　　　　）・美濃・尾張の3国に発令される（後に全国的・永続的）
4. 守護請：中央権門貴族は年貢徴収を守護に請け負わせる→守護の荘園侵略が進む

2 室町幕府の政治と外交

(1) 政治拠点の統合と内乱の終息
1. 南北朝の合体：1392年，後亀山天皇（南朝）から後小松天皇（北朝）へ譲位
　　　→政治拠点が京都に　足利（❿　　　　）が京都の室町に花の御所をかまえる
2. 足利義満，太政大臣に就任（1394年）：公武の両権掌握。さらに出家し法皇に準じた待遇を受ける
3. 明徳の乱（1391年）：一族で山陽・山陰11か国を領有する守護（⓫　　　　）を討滅
4. 応永の乱（1399年）：中国地方など6か国を領有する有力守護（⓬　　　　）を討滅

(2) 室町幕府の組織と財政
1. 中央：（⓭　　　　）…将軍補佐，初期は執事と呼称。細川・斯波・畠山氏が担当【三管領】
　　　侍所…軍事・京都警備。所司（長官）は（⓮　　　　）・赤松・一色・京極氏が担当【四職】
2. 地方：（⓯　　　　）…関東8か国と伊豆・甲斐の統轄。「鎌倉公方」には尊氏の子の（⓰　　　　）の子孫が
　　　代々就任。「関東管領」は鎌倉公方の補佐役で，上杉氏が世襲
3. 幕府財政：直轄地が少なく多様な財政基盤
　　a．御料所…幕府直轄地。将軍直臣の奉公衆が管理。年貢・公事・夫役など徴収
　　b．（⓱　　　　）…田畑の段別に課す税。（⓲　　　　）…家屋の棟数に応じて課した税
　　c．土倉役・酒屋役…土倉・酒屋とよばれる金融業者・酒造業者に課せられた税
　　d．関銭・津料…通行税，入港税

(3) 東アジアとの交易
1. 倭寇の発生→明は海禁政策をとる，交易の道をとざされた日本はあらたな対応をせまられる
2. 勘合貿易：1401年…義満，（⓳　　　　）と博多商人の肥富を明に派遣。1404年…朝貢形式の勘合貿易
　　【輸出品】…銅・硫黄・金・刀剣など　　【輸入品】…洪武通宝・永楽通宝などの明銭・生糸など
3. 寧波の乱（1523年）：以降，博多商人と結ぶ大内氏の貿易独占　※細川氏は堺商人と結ぶ
4. 日朝貿易：李成桂が1392年に建国した朝鮮とは，対馬の宗氏の統制のもとで貿易を行う
　　【輸出品】…銅・刀剣・胡椒・香木・薬種など　　【輸入品】…木綿・綿布・大蔵経・人参・米など
　　1419年の応永の外寇（対馬の襲撃事件）と1510年の三浦の乱の影響により日朝貿易衰退

(4) 北方，南方との交易
1. 琉球王国成立（1429年）：中山王の尚巴志が山南（南山）・山北（北山）を統一，都を（⓴　　　　）とする
　　那覇港を中心に東アジア海域において中継貿易を行い繁栄

② 津軽の十三湊：北方地域と畿内を結ぶ日本海交易の北の湊として繁栄
③ 和人による蝦夷地進出→館主として居住して貿易を独占→和人の圧迫に対しコシャマインが蜂起

③ 室町社会の展開と応仁の乱

(1) 産業の発達
　① 二毛作の東国への普及，三毛作の開始。刈敷・草木灰・下肥など自給肥料の普及。牛馬の使用
　② 桑・苧・麻・荏胡麻・藍・楮（和紙の原料）など原料作物と加工品の生産も発展
　③ 各地の特産品　美濃・尾張・加賀・越前・丹後の絹　越前・播磨・土佐・美濃などの和紙　越後の麻など
(2) 商業の発達
　① 六斎市・都市の見世棚（常設店），連雀商人・振売などの行商人や大原女・桂女の出現
　② 馬借・車借・問丸などの運送業者や土倉・酒屋などの金融業者の発達。座の発達
　③ 貨幣経済の伸展：明銭の（❷❶　　　　　）通宝・洪武通宝と私鋳銭が使用された
　　　撰銭が頻発，幕府や戦国大名が撰銭令を出す
(3) 惣村の発展
　　　惣村（惣）：宮座を中心に寄合を持つ自治的な村落　指導者…乙名・年寄・沙汰人。自検断と地下請
(4) 徳政一揆
　① 土一揆：a.（❷❷　　　　　）の土一揆…1428年，近江坂本の馬借が蜂起して徳政要求（徳政一揆）
　　　　　　b. 播磨の土一揆…1429年，守護赤松氏の支配に抵抗
　　　　　　c. 嘉吉の土一揆…1441年，最大級の土一揆
　② 嘉吉の乱：1441年，播磨の守護赤松満祐が6代将軍（❷❸　　　　　）を謀殺。幕府政治の混迷が深まる
(5) 応仁の乱と下剋上の社会
　① （❷❹　　　　　）の乱：1438～39年に起きた鎌倉公方足利持氏の反乱。関東管領上杉憲実は幕府側につく
　② 応仁の乱：1467～77年。8代将軍（❷❺　　　　　）の後継争い
　　　【西軍】義尚（子）・日野富子・山名持豊　←対立→　【東軍】義視（弟）・細川勝元…足軽の登場・下剋上
　③ （❷❻　　　　　）の国一揆（1485年）：国人を中心に三十六人衆による自治（1485～93年）
　④ 加賀の一向一揆（1488年）：守護の富樫政親を倒し，1世紀にわたって門徒・国人が国の自治を行う

④ 室町文化…禅宗の影響を受け武家文化が公家文化と融合。日本文化の源流…能・狂言・茶の湯・生け花

(1) 南北朝文化…初代将軍足利尊氏の時代
　　　歴史書：『増鏡』，北畠親房『（❷❼　　　　　）』，『梅松論』　連歌：二条良基『菟玖波集』，規則書『応安新式』
(2) 北山文化…14世紀後半から15世紀：3代将軍足利義満の時代
　　　禅宗の影響を受けた武家文化と公家文化の融合
　　　文学…漢詩文にすぐれた義堂周信や絶海中津らが五山文学を発展させる→詩文などを五山版として出版
　　　水墨画…明兆・如拙『瓢鮎図』・周文　建築…鹿苑寺金閣
　　　芸能…観阿弥・（❷❽　　　　　）父子　理論書『風姿花伝』
(3) 東山文化…15世紀中頃から16世紀中頃：8代将軍足利義政の時代
　　　枯淡・幽玄の気風　洗練された深みのある文化
　　　建築…書院造と禅宗様の融合建築。慈照寺銀閣・東求堂同仁斎
　　　庭園…枯山水→龍安寺庭園・大徳寺大仙院庭園　水墨画…雪舟『秋冬山水図』
　　　有職故実・古典研究…一条兼良『公事根源』『樵談治要』
(4) 庶民文化…室町時代の終わりから戦国期：民衆の地位向上と芸能の広がり
　　　連歌：宗祇『新撰菟玖波集』・『水無瀬三吟百韻』，宗鑑『犬菟玖波集』
　　　芸能：花道（立花）の池坊専慶，茶の湯の村田珠光
　　　宗教：臨済宗の一休宗純，浄土真宗の（❷❾　　　　　）など
　　　　　　日蓮宗の日親は西日本に勢力伸長　天文法華の乱で延暦寺と衝突
　　　教育：関東管領上杉憲実が足利学校を再興

⑤ 戦国大名の分国経営

(1) 戦国の争乱…戦国大名の群雄割拠
　　　（❸❶　　　　　）…堀越公方を滅ぼして小田原を拠点に　（❸❶　　　　　）…越後の守護代から成長
　　　（❸❷　　　　　）…甲斐を統一→関東の覇権争いに加わる　（❸❸　　　　　）…安芸　陶氏を滅ぼす
　　　分国法…家臣団の統制や農民支配のために戦国大名が制定　（❸❹　　　　　）…自力救済の否定

(2) 都市の発達と町衆

① 城下町：北条氏の（❸❺　　　　）や朝倉氏の（❸❻　　　　）など　寺内町：越前吉崎・摂津石山（大坂）など

　門前町：宇治・山田（伊勢神宮）・長野（善光寺）・坂本（延暦寺）など

② 自治都市：（❸❼　　　　）…36人の会合衆　　博多…12人の年行司　　京都…月行事

③ 町衆による，応仁の乱によって荒廃した京都の復興…祇園祭の再興・『閑吟集』の世界

〔解答〕❶楠木正成　❷高氏（尊氏）　❸記録所　❹北条時行　❺吉野　❻建武式目　❼観応　❽大犯
❾近江　❿義満　⓫山名氏清　⓬大内義弘　⓭管領　⓮山名　⓯鎌倉府　⓰足利基氏　⓱段銭　⓲棟別銭
⓳祖阿　⓴首里　㉑永楽　㉒正長　㉓足利義教　㉔永享　㉕足利義政　㉖山城　㉗神皇正統記　㉘世阿弥
㉙蓮如　㉚北条早雲（伊勢宗瑞）　㉛長尾景虎（上杉謙信）　㉜武田信玄（晴信）　㉝毛利元就
㉞喧嘩両成敗法　㉟小田原　㊱一乗谷　㊲堺

問題演習

❶ 次に掲げる①～⑤の時代に関連する各文の正誤を判定し，正文なら○，誤文なら×を記しなさい。

【①南北朝の動乱】

(1) 鳥羽法皇の死を契機として朝廷では持明院統と大覚寺統に分かれ，皇位を争ったが，これは幕府にとっても大きな政治的問題となった。　［　］

(2) 鎌倉幕府は，正中の変ののち順徳上皇を流罪に処した。　［　］

(3) 後醍醐天皇の新政府は，公家と武家との両者によって構成され，その具体的な政治方針は建武式目として発布された。　［　］

(4) 建武政権は中央に，政務機関として記録所，所領の訴訟などを扱う機関として雑訴決断所などをおいた。　［　］

(5) 建武の新政期には，鎌倉将軍府が置かれ，関東とともに東北地方の統治もその権限とされた。　［　］

(6) 後醍醐天皇は，公家・武家を問わず恩賞を与えなかった。　［　］

(7) 幕府は，観応の擾乱で山名氏を屈服させた。　［　］

(8) 守護は兵粮米確保のために，刈田狼藉の権限を認められていた。　［　］

(9) 守護が，幕府にかわって国内武士の本領安堵を請け負うことを，守護請という。　［　］

【②室町幕府の政治と外交】

(10) 山陰に勢力を伸ばした山名氏は，次第に諸国の守護職を兼帯して強大化し，「六分一殿」とよばれるまでになるが，明徳の乱で同氏の勢力は大きく後退した。　［　］

(11) 足利義満は，明の皇帝によって日本国王に任ぜられた。　［　］

(12) 幕府機構の中心は管領で，細川・畠山・京極の3氏が交代で就任した。　［　］

(13) 室町幕府は関東に鎌倉府を設置し，鎌倉公方にそれを統括させた。　［　］

(14) 室町幕府は朝廷が保持していた京都市中の市政権を吸収し，土倉や酒屋に対して段銭や棟別銭を賦課した。　［　］

(15) 15世紀，室町幕府の将軍は自らを「日本国王」と称し，中国皇帝との間で対等な関係を維持した。　［　］

(16) 日本国王が明の皇帝に朝貢する形式をとる勘合貿易は，幕府財政の大きな負担となった。　［　］

(17) 幕府が発行した勘合を持った船が，日本と明との間を往復した。　［　］

(18) 朝鮮半島では，李成桂が高麗を滅ぼし朝鮮を建国した。　［　］

(19) 倭寇の活動が活発化したので，1419年朝鮮軍は倭寇の本拠地とみなした対馬を攻撃した。　［　］

(20) 琉球の商人が東南アジア・中国・朝鮮・日本をつなぐ中継貿易に活躍し，琉球は東アジアの重要な貿易港となった。　［　］

(21) 15世紀半ば，北海道では，勢力を伸ばし始めた和人に抵抗して，シャクシャインが蜂起した。　［　］

【③室町社会の展開と応仁の乱】

(22) 惣村では預所・下司などの指導者が選出され，日常の村政にあたった。　［　］

(23) 惣村内で責任をもって年貢を徴収する自検断（地下検断）が行われた。　［　］

(24) 中世の惣村において人々は鎮守の神社などに集まって，太占によって結束を誓った。　［　］

(25) 正長の土一揆は，初めての大規模な土民蜂起であり，幕府も徳政令を出した。　［　］

(26) 惣村を形成した地域の人々は，朝廷に徳政令を要求した。　［　］

(27) 永享の乱の戦火で，京都の市中が焼け野原となった。　［　］

(28) 将軍の兄弟が，伊豆の堀越を本拠として公方を称した。 [　]

(29) 応仁の乱後，困窮した公家のなかには，二条良基のように，地方の武士たちに古典などを教える
ことで生計を立てていた者も多かった。 [　]

(30) 二毛作が各地に広まり，畿内では三毛作も行われた。 [　]

(31) 商工業者が座とよばれる同業組合を結成した。 [　]

(32) 六斎市は，毎月6の付く日に開かれる定期市のことをいう。 [　]

(33) 都市鎌倉では，大原女などの女性商人が活躍した。 [　]

(34) 室町時代には酒屋・土倉が高利貸を行った。 [　]

【④室町文化】

(35) 鹿苑寺金閣は，寝殿造と禅宗様を折衷している。 [　]

(36) 二条良基が正風連歌を確立した。 [　]

(37) 五山文学では，絶海中津が出て最盛期を迎えた。 [　]

(38) 能の源流の一つである田楽は，古くから農村の庶民の間で親しまれ，各地の祭礼で演じられた。 [　]

(39) 世阿弥は猿楽能の脚本を集成して，謡曲集の『風姿花伝』をまとめた。 [　]

(40) 一休宗純は，足利義満の外交顧問をつとめた。 [　]

(41) 『四季山水図』の作者尾形光琳は，清の絵画の影響を受けた水墨画を大成した。 [　]

(42) 戦国時代，『御成敗式目』は法典としてだけでなく読み書きの手本としても読まれた。 [　]

【⑤戦国大名の分国経営】

(43) 山城の国人たちは，本願寺の命令を受けて行動していた。 [　]

(44) 浄土真宗の蓮如は，その教えを御文という平易な仮名書き文に書き，門徒組織の講などに送って
信仰を固めさせた。 [　]

(45) 上杉氏は，家臣の武田信玄に関東管領の職を譲った。 [　]

(46) 戦国大名は，寄親・寄子制によって家臣団を拡張した。 [　]

2 (1) 中世の対外関係に関連して述べた次の文Ⅰ～Ⅲについて，古いものから年代順に正しく配列したものを，一番下の選択肢①～⑥のうちから一つ選べ。

Ⅰ 九州にいた懐良親王は，明の皇帝と外交関係を持った。

Ⅱ 大内氏の滅亡により，勘合貿易が断絶した。

Ⅲ 尚巴志が琉球王国を建国し，室町幕府と通交関係を結んだ。 [　]

(2) 中世の人々に関連して述べた次の文Ⅰ～Ⅲについて，古いものから年代順に正しく配列したものを，一番下の選択肢①～⑥のうちから一つ選べ。

Ⅰ 義堂周信が足利基氏に招かれ，禅の指導のために京都から鎌倉へ赴いた。

Ⅱ 将軍足利義尚に連歌を指導した宗祇は，九州から東北までの諸国を遍歴し，旅の生涯を送った。

Ⅲ 挙兵した反幕勢力鎮圧のために，北条時房が軍勢を率いて京都へ向かった。 [　]

(3) 室町時代の戦乱に関して述べた次の文Ⅰ～Ⅲについて，古いものから年代順に正しく配列したものを，一番下の選択肢①～⑥のうちから一つ選べ。

Ⅰ 細川勝元と山名持豊の対立が，大きな戦乱に発展した。

Ⅱ 周防国など6か国の守護を兼任していた大内義弘が，討たれた。

Ⅲ 将軍による守護への弾圧に危機感を抱いた赤松満祐が，将軍を殺害した。 [　]

(4) 中世の流通に関して述べた次の文Ⅰ～Ⅲについて，古いものから年代順に正しく配列したものを，一番下の選択肢①～⑥のうちから一つ選べ。

Ⅰ 平氏が取り組んだ日宋貿易により，宋銭や陶磁器が輸入された。

Ⅱ 建長寺の修造費を調達するため，貿易船が元に派遣された。

Ⅲ 明銭が流入するとともに，粗悪な私鋳銭が広くみられるようになった。 [　]

《選択肢》

① Ⅰ－Ⅱ－Ⅲ　　② Ⅰ－Ⅲ－Ⅱ　　③ Ⅱ－Ⅰ－Ⅲ

④ Ⅱ－Ⅲ－Ⅰ　　⑤ Ⅲ－Ⅰ－Ⅱ　　⑥ Ⅲ－Ⅱ－Ⅰ

第6章　近世の国家・社会の展開　　　　　▶▶ 要 点 整 理

1 織豊政権

(1) ヨーロッパ人の進出とキリスト教

　1　1543年，ポルトガル人が種子島に漂着し，領主（❶　　　　　）に鉄砲を伝える　※一説に1542年

　　　→国産化：和泉の堺，紀伊の根来，近江の（❷　　　　　）が三大生産地

　2　1549年，イエズス会宣教師（❸　　　　　）が鹿児島に渡航

　　　→周防山口の大内義隆や豊後府内の大友義鎮（宗麟）らの保護

　3　宣教師の活躍：a．ガスパル＝ヴィレラ…13代将軍足利義輝の許可で京都に布教

　　　　　　　　　　 b．ルイス＝フロイス…織田信長・豊臣秀吉の許可を受けて布教。『日本史』を著す

　　　　　　　　　　 c．（❹　　　　　）…神学校（コレジオ・セミナリオ）建設・活字印刷術

　4　キリシタン大名：大友義鎮・有馬晴信・大村純忠→（❹　　　　　）の薦めで（❺　　　　　）を派遣

　5　南蛮貿易

　　　→ポルトガル：1550年，平戸・長崎で貿易開始　　　スペイン：1584年，平戸で貿易開始

　　　特徴：貿易とキリスト教布教が一体。キリシタン大名の誕生。中継貿易

　　　貿易：輸出品…銀・刀剣　　　輸入品…生糸・絹織物・鉄砲・火薬

(2) 信長の台頭と統一事業

　1　統一事業：a．1560年　桶狭間の戦い→駿河の今川義元を破る

　　　　　　　　 b．美濃の斎藤氏を滅ぼす→岐阜を本拠とする

　　　　　　　　 c．1568年　足利義昭を奉じて上洛して畿内を平定→義昭を将軍に→1573年室町幕府滅亡

　　　　　　　　 d．1575年　長篠の戦い→甲斐の武田勝頼を破る→翌年から安土城の築城開始

　　　　　　　　 e．1582年　本能寺の変→家臣の明智光秀の謀反にあって自殺

　2　宗教政策：a．仏教弾圧…1570〜80年石山合戦（戦争），1571年比叡山延暦寺焼打ち，1574年伊勢長島の

　　　　　　　　　　一向一揆鎮圧

　　　　　　　　 b．キリスト教保護…京都に南蛮寺建立。安土に神学校（セミナリオ）設立許可

　3　経済政策：a．楽市令を出す（1567年　美濃加納，1577年　安土城下）　 b．関所の撤廃

　　　　　　　　 c．重要都市直轄（堺・大津）　　d．南蛮貿易奨励

(3) 秀吉の天下統一

　1　政治組織：a．五大老…徳川家康・前田利家・毛利輝元・宇喜多秀家・上杉景勝（当初は小早川隆景も）

　　　　　　　　 b．五奉行…石田三成・増田長盛・浅野長政・前田玄以・長束正家

　2　経済政策：a．直轄地（❻　　　　　）＝約220万石，都市（大坂・堺・長崎・伏見・博多）直轄

　　　　　　　　 b．鉱山（佐渡相川金山・但馬生野銀山）の直轄。天正大判鋳造

　　　　　　　　 c．豪商の利用（堺：千利休，小西隆佐　博多：島井宗室，神屋宗湛）

　3　太閤検地：a．1582〜98年実施　「天正の石直し」　・貫高制から石高制へ　・全国統一税制の確立

　　　　　　　　 b．全国の大名に御前帳と国絵図を提出させ，（❼　　　　　）を作成

　4　兵農分離：a．1588年（❽　　　　　）…一揆防止　 b．1591年　身分統制令…兵農・商農分離の確立

　5　宗教政策：a．1587年　バテレン追放令…宣教師に国外退去命令

　　　　　　　　 b．1596年（❾　　　　　）→26聖人殉教

　6　海賊取り締まり：1588年　海賊取締令

　7　朝鮮出兵：a．1592〜93年　文禄の役（壬辰倭乱）…李舜臣や義民軍の抵抗

　　　　　　　　 b．1597〜98年　慶長の役（丁酉倭乱）…秀吉の死で撤退

2 天下統一の完成

(1) 家康の大卜掌握

　1　統一過程：a．1600年　関ヶ原の戦い　東軍…徳川家康中心 VS 西軍…石田三成中心→東軍の勝利

　　　　　　　　 b．西軍諸大名の改易（領地没収）・減封（領地削減）

　　　　　　　　 c．1603年　征夷大将軍となる→江戸幕府開幕

　2　統一事業：a．1605年　将軍職を子の秀忠に譲り自らは（❿　　　　　）として政務を掌握

　　　　　　　　 b．1614〜15年　大坂城で権威を誇る秀吉の遺児豊臣秀頼を大坂の役（大坂冬の陣・夏の陣）

　　　　　　　　　　で攻め滅ぼす→元和偃武を現出

　3　大名統制：a．一国一城令（1615年）

　　　　　　　　 b．武家諸法度…元和令は1615年に（⓫　　　　　）が起草し徳川秀忠の名で公布

(2) 家康の外交と貿易
　①　ポルトガル
　　　1604年　(⓬　　　　　　)…糸割符仲間にポルトガル人がマカオから持ち込む生糸を一括購入させる
　②　スペイン
　　　1610年　スペイン人ドン＝ロドリゴをノビスパン（メキシコ）へ送還。京都商人(⓭　　　　)を派遣
　　　1613年　伊達政宗が支倉常長をスペインに派遣((⓮　　　　　))するも，通商交渉は失敗
　③　朱印船貿易…朱印状（渡航許可書）を持つ朱印船が南方と貿易。東南アジア各地に日本町を形成
　④　オランダ・イギリス
　　　1600年　オランダ船リーフデ号漂着　オランダ人(⓯　　　　)とイギリス人(⓰　　　　)を外交顧問
　　　両国は肥前平戸に商館をひらく

3 近世成立期の文化

(1) 桃山文化
　①　建築　姫路城・松本城・妙喜庵待庵（伝千利休）・西本願寺飛雲閣
　②　絵画　障壁画（濃絵）：(⓱　　　　　)「唐獅子図屛風」・狩野山楽「松鷹図」・長谷川等伯「松林図屛風」
　　　　　　風俗画：南蛮屛風
　③　工芸　高台寺蒔絵
　④　文芸　茶道（千利休が大成）・歌舞伎踊り（出雲の阿国）・人形浄瑠璃・隆達小歌（節）（高三隆達）

4 幕藩体制の成立

(1) 将軍と大名
　①　大名：a．(⓲　　　　)…徳川氏一門　b．譜代…元々徳川の家臣であった大名
　　　　　　c．外様…関ヶ原の戦い以降従った大名
　②　大名の負担：石高に応じた軍役・手伝普請
(2) 家光の政治（1623～51年）
　　　参勤交代の制度化：大名が1年おきに国元から江戸に参勤　武家諸法度寛永令の制定
(3) 家綱の政治（1651～80年）
　①　老臣の補佐：(⓳　　　　)（会津藩主・家光の異母弟）・松平信綱（老中首座）→大老酒井忠清の専横
　②　大名統制の緩和策：由井正雪の乱（1651年）→(⓴　　　　)の禁の緩和（1651年），「寛文の二大美事」（殉死の禁止《1663年》→後に天和令で明文化，証人の制の廃止《1665年》）
　③　都市・経済政策：明暦の大火（1657年）→江戸市中の再建（1658年），玉川上水の開削（1654年）による飲料水と防火用水の確保，非人の取り締まりと行商人の統制
　④　農村政策：(㉑　　　　)による本百姓零細化の防止
　⑤　経済政策：枡の統一と寛永通宝の大量鋳造
　⑥　「名君」の登場：保科正之（陸奥会津・稽古堂）・池田光政（備前岡山・花畠教場・郷学閑谷学校）・徳川光圀（常陸水戸・彰考館）による文治政治の推進
(4) 幕府の組織とその権力基盤
　①　幕府の経済力：a．(㉒　　　　)400万石＋旗本知行地300万石＝700万石
　　　　　　　　　　b．主要都市（江戸・京都・大坂・堺・長崎）と鉱山（佐渡相川・但馬生野・石見大森）直轄
　　　　　　　　　　c．長崎貿易や貨幣鋳造権
　②　幕府の軍事力(㉓　　　　)（旗本〈お目見え以上〉・御家人〈お目見え以下〉）の直属軍
　③　幕府の職制　最高職（非常置）：大老　最高職（常置）：老中　若年寄が補佐
　　　　　　　　　三奉行：寺社奉行・（江戸）町奉行・勘定奉行
　　　　　　　　　大目付：老中の支配下　目付：若年寄の支配下
　④　地方組織　京都所司代：朝廷や西国大名を監視　幕府直轄都市には城代（大坂・京都・駿府），遠国奉行（京都・大坂・伏見・奈良・堺・長崎・山田・日光・佐渡など）　幕領は代官・郡代がおさめる
(5) 藩政
　①　藩：大名家の領地とその支配機構をあわせて藩という
　②　地方知行制：大名は有力家臣に知行地を与えてその支配を認めた
　　　→大名権力の強化に伴い，大名の直轄地から納入される年貢米（蔵米）を俸禄として支給（俸禄制）

(6) 朝廷・寺社の統制
　　① 朝廷：（❷❹　　　　　　）…1615年に（⓫　　　　　）が起草したもの。17か条
　　② 寺社：a．寺院法度…（⓫　　　　　）が起草。宗派ごとに本末制度組織
　　　　　　　b．（❷❺　　　　　）…民衆をいずれかの寺院の檀家に組織して統制。宗門人別帳
　　　　　　　c．諸社禰宜神主法度…1665年，神社の神事・領地・神官を統制
(7) 寛永文化
　　① 建築：日光東照宮陽明門（権現造）・桂離宮（数寄屋造）・修学院離宮
　　② 絵画・思想：（❷❻　　　　　）「風神雷神図屛風」・久隅守景「（夕顔棚）納涼図屛風」　朱子学（藤原惺窩・林羅山）
　　③ 工芸・文学：（❷❼　　　　　）「舟橋蒔絵硯箱」・酒井田柿右衛門「色絵花鳥文深鉢」（赤絵）　仮名草子

5 貿易の統制と対外関係

(1) キリスト教の禁止と鎖国
　　① 禁教政策　1612年　幕領に禁教令→翌年全国に拡大。高山右近ら国外追放　1622年　元和の大殉教
　　② 海外との往来を制限　a．1633年…（❷❽　　　　）以外の日本船の渡航禁止
　　　　　　　　　　　　　　b．1635年…日本人の海外渡航・帰国の全面禁止
　　　　　　　　　　　　　　c．1639年…ポルトガル船の来航禁止
　　　　　　　　　　　　　　d．1641年…オランダ商館を平戸から長崎出島へ移す
　　　　　　　　　　　　　　　　　　　オランダ商館長は幕府にオランダ風説書を提出
　　　　　　　　　　　　　のちに鎖国と称される体制
　　③ 島原の乱（島原天草一揆）　1637〜38年　益田（天草）四郎時貞を盟主とするキリシタン農民一揆
　　④ 絵踏…聖画像を踏ませてキリシタンでないことを表明させる
(2) 朝鮮・琉球と蝦夷地
　　① 朝鮮…1607年以来朝鮮通信使が12回にわたり来日
　　　1609年　（❷❾　　　　）…宗氏と貿易が再開し，釜山の倭館で交易
　　② 琉球
　　　1609年　薩摩藩島津氏が琉球征服。以後将軍代替わりごとに（❸⓪　　　　），琉球国王代替わりごとに謝恩使
　　③ 蝦夷地
　　　商場知行制：幕府が松前氏の蝦夷地交易の独占権を知行として給与する
　　　シャクシャインの蜂起（1669年）…和人の圧迫に対するアイヌの蜂起
　　　場所請負制：交易を特定の商人（場所請負人）に請け負わせ，運上をとる

6 近世社会のしくみ

(1) 近世社会の成立
　　① 武士：苗字・帯刀・切捨御免
　　② 農民
　　　郡代・代官―村方（地方）三役　　　―本百姓　　　　　　　　―水吞百姓（無高百姓）
　　　　　　　　名主（庄屋・肝煎）　　　（高持百姓）　　　　　　隷属農民（名子・被官）
　　　　　　　　組頭（年寄）・百姓代
　　　a．（❸①　　　　）制度による統制：連帯責任，年貢は村請制，結による共同作業，違反者は村八分
　　　b．税：（❸②　　　）〈本年貢〉・小物成・高掛物・国役・助郷役
　　　c．統制：田畑勝手作りの禁・田畑永代売買禁止令・分地制限令・衣食住の統制
　　③ 町人
　　　町奉行―町役人（町年寄・町名主）―町人（地主・家持―地借・店借）
　　　税：（❸③　　　）・冥加・地子　　　職業：商人・職人・日雇い・徒弟制度・のれん分け
　　④ えた・非人…政治的に作られた被差別階級
　　　えた：皮革処理などの職業・牢番・行刑役など，えた頭の支配
　　　非人：罪人処刑業務・乞食・遊芸　身分移動可，非人頭の支配
　　⑤ 都市　三都…最大の消費都市である江戸，天皇や公家が居住する京都，「天下の台所」大坂

〔解答〕 ❶種子島時堯　❷国友　❸フランシスコ＝ザビエル　❹ヴァリニャーノ　❺天正遣欧使節
❻蔵入地　❼検地帳　❽刀狩令　❾サン＝フェリペ号事件　❿大御所　⓫崇伝　⓬糸割符制度　⓭田中勝介
⓮慶長遣欧使節　⓯ヤン＝ヨーステン　⓰ウィリアム・アダムズ（三浦按針）　⓱狩野永徳　⓲一門（親藩）
⓳保科正之　⓴末期養子　㉑分地制限令　㉒幕領　㉓直参　㉔禁中並公家諸法度　㉕寺請制度　㉖俵屋宗達
㉗本阿弥光悦　㉘奉書船　㉙己酉約条　㉚慶賀使　㉛五人組　㉜本途物成　㉝運上

■ 問題演習

❶ 次に掲げる①〜⑥の時代に関連する各文の正誤を判定し，正文なら○，誤文なら×を記しなさい。

【①織豊政権】

(1) 織田信長は，桶狭間の戦いで今川義元を倒した。　［　］

(2) 織田信長の印章は「天下布武」と刻まれており，天下を武力で統一しようとする意思を表している。　［　］

(3) 織田信長は，琵琶湖畔に壮大な天守閣をもつ安土城を築き，家臣たちを集住させ，楽市令によって城下町の商工業の発展をはかった。　［　］

(4) 豊臣秀吉は，石山本願寺の跡地に，城郭風邸宅である聚楽第を造営した。　［　］

(5) ルイス＝フロイスのもたらした活字印刷機を用いて，ローマ字によるキリスト教文学・宗教書の翻訳などが出版された。　［　］

(6) 豊臣秀吉は征服地の武士から武器を取り上げるために，刀狩令を出した。　［　］

(7) 太閤検地は1村ごとに耕地の面積などを調査し，従来の貫高制などを石高制に定めた。　［　］

(8) 太閤検地により決められた石高は，土地の生産力を米の生産量で示すもので，年貢の量を示すものではなかった。　［　］

(9) 太閤検地は一地一作人の原則で耕作者を決め，従来の複雑な土地所有関係を整理した。　［　］

(10) 豊臣秀吉はルソンのポルトガル政庁や台湾などに対して入貢を要求した。　［　］

(11) 豊臣秀吉は倭寇などの海賊行為を禁じ，貿易を奨励した。　［　］

(12) 豊臣秀吉は名護屋に本陣を築き，加藤清正らの大軍を豆満江付近に上陸させた。　［　］

【②天下統一の完成】

(13) 徳川家康は，関ヶ原の戦いの後，全国に通用する貨幣として慶長小判を鋳造させた。　［　］

(14) 方広寺の鐘銘問題がきっかけとなり，禁教令が出された。　［　］

(15) 徳川家康は大坂の役に勝利したのち，征夷大将軍に就任した。　［　］

【③近世成立期の文化】

(16) 織田信長は，仏教に対抗させるためにキリスト教を保護して，東大寺を焼き打ちし，法華一揆を弾圧した。　［　］

(17) 寝殿造が発達し，建物内部の屏風や襖には当時流行した濃絵が描かれるようになった。　［　］

(18) 城郭の内部の襖や壁・屏風は，濃絵と呼ばれる華麗な色彩で描かれた障壁（屏）画で飾られることが多かった。　［　］

(19) 安土城の障壁画を描いた狩野派は，水墨画と大和絵の技法を融合させた。　［　］

(20) 狩野永徳が，障壁画の代表作「唐獅子図屏風」を描いた。　［　］

【④幕藩体制の成立】

(21) 幕領と旗本知行地を合わせると，全国の石高の約半分を占めていた。　［　］

(22) 幕領の年貢徴収は，大目付により行われた。　［　］

(23) 老中は，幕府政務総括の職で，御三家から選任された。　［　］

(24) 若年寄は，若年の旗本が勤める役職で，ある年齢になると老中に昇任した。　［　］

(25) 幕府は200万石に及ぶ幕領のほかに，貨幣鋳造権を握っていた。　［　］

(26) 徳川家康のときに大名の配置を決めたのちは，大名の領地替えはなかった。　［　］

(27) 幕府は禁中並公家諸法度に基づき，公家の邸宅を御所周辺に集中移転させるとともに，その行動を厳しく監視した。　［　］

(28) 幕府は，宗派ごとに本山・末寺の制を整えさせ，寺院を統制した。　［　］

(29) 幕府の御用絵師たちが，屏風に豪華な錦絵を描いた。　［　］

(30) 江戸初期から活躍していた久隅守景は，「納涼図屏風」など，情感ある農村風俗画を描いた。　［　］

(31) 本阿弥光悦が，友禅染の技法を開発した。 [ ]

(32) 薩摩焼・平戸焼・瀬戸焼などは，諸大名によって連れてこられた朝鮮人陶工の手によって始められた。 [ ]

【⑤貿易の統制と対外関係】

(33) 17世紀，長崎はオランダの船や朝鮮の船が渡来し，貿易港として発展した。 [ ]

(34) オランダ商館は，大坂の唐人屋敷，対馬の倭館とも密接な関係を有し，鎖国下の日本における貿易センター的役割を果たした。 [ ]

(35) オランダは，幕末にいたるまで商館を平戸に置き，館員はそこから自由に出歩くことは禁じられたが，貿易を続けることはできた。 [ ]

(36) 徳川将軍の代替わりごとなどに朝鮮通信使が江戸まで派遣され，その沿道各所では詩文のやりとりなど様々な交流がなされた。 [ ]

(37) 琉球を征服した島津氏は，明（のちに清）への朝貢をつづけさせ，琉球での貿易から利益を得ていた。 [ ]

(38) 17世紀前半，薩摩藩は，幕府に海外との往来の制限を命じられ，琉球王国に対して明との貿易を禁じた。 [ ]

(39) 松前氏の先祖は，15世紀半ばに発生したコシャマインの戦いをしずめて勢力を伸ばした蠣崎氏である。 [ ]

(40) 近世において，蝦夷地は，渡島半島南部のアイヌの居住地と，それ以外の和人の居住地に分けられていた。 [ ]

(41) 17世紀になると蝦夷地では，松前藩がアイヌとの交易権を家臣に分与する商場知行制がとられた。 [ ]

(42) オランダ商館長はオランダ風説書を幕府に提出した。 [ ]

【⑥近世社会のしくみ】

(43) 武士や富裕な農民・町人の家では家長の権限が強く，女子の社会的地位も低かった。 [ ]

(44) 村役人は，本百姓の階層に含まれていた。 [ ]

(45) 山野は幕府の直轄地となっていて立ち入ることができなかったので，農民は煮たきなどに必要な炭や薪をもっぱら購入に頼っていた。 [ ]

(46) 入会地の管理については，村は関与できなかった。 [ ]

(47) 本年貢は，田畑・屋敷地をもたない水呑百姓には課されなかった。 [ ]

(48) 小物成とは，山野河海の利用などに対して課されるものである。 [ ]

(49) 町人には，屋敷地をもつ家持と，宅地のみを借りて住んでいる店借，宅地と家屋を借りて住む地借などがあった。 [ ]

2 (1) ヨーロッパ人の日本への来航に関して述べた次の文Ⅰ〜Ⅲについて，古いものから年代順に正しく配列したものを，一番下の選択肢①〜⑥のうちから一つ選べ。
　Ⅰ　オランダ船リーフデ号が豊後国に漂着した。
　Ⅱ　スペイン人が肥前国平戸に来航し，日本との貿易を始めた。
　Ⅲ　種子島に漂着したポルトガル人が鉄砲を伝えた。 [ ]

(2) 江戸時代の儒者と対外関係に関して述べた次の文Ⅰ〜Ⅲについて，古いものから年代順に正しく配列したものを，一番下の選択肢①〜⑥のうちから一つ選べ。
　Ⅰ　水戸藩の会沢安（正志斎）が『新論』を書き，尊王攘夷運動に影響を与えた。
　Ⅱ　木下順庵の門下である雨森芳洲が，対馬藩で対朝鮮外交に尽力した。
　Ⅲ　幕府に登用された林羅山が，外交文書を起草した。 [ ]

《選択肢》
　①　Ⅰ－Ⅱ－Ⅲ　　　②　Ⅰ－Ⅲ－Ⅱ　　　③　Ⅱ－Ⅰ－Ⅲ
　④　Ⅱ－Ⅲ－Ⅰ　　　⑤　Ⅲ－Ⅰ－Ⅱ　　　⑥　Ⅲ－Ⅱ－Ⅰ

1 幕府政治の展開

(1) 綱吉の政治

① 武家諸法度の改正（天和令）→文武・忠孝・礼儀の重視，身分秩序の維持を企図

② 学問の奨励：（❶　　　　）の設置（1684年，渋川春海〈安井算哲〉の登用→貞享暦の作成），歌学方の設置（1689年，北村季吟の登用→『源氏物語湖月抄』），（❷　　　　）の設置（1690年，初代学頭林信篤〈鳳岡〉

③ 側近政治：側用人政治（柳沢吉保らの登用）→将軍の恣意を増幅

④ 仏教の保護：寺社の造営（上野寛永寺・芝増上寺の修復，護国寺の建立，東大寺大仏殿の再建など），（❸　　　　）→「極端な動物愛護令」

⑤ 幕府財政の窮乏：【原因】貢租の伸び悩み・明暦の大火後の江戸再建・鉱山枯渇・綱吉による寺社造営，【対策】荻原重秀の登用→長崎貿易の統制，元禄金銀の鋳造による「出目」（改鋳差益），貿易業者・座商人らへの運上賦課，【結果】通貨の流通の混乱による物価騰貴を招来→財政悪化を増幅

⑥ その他：赤穂事件（1701〜02年，浅野長矩による吉良義央への刃傷事件），富士山の大噴火（1707年）

(2) 正徳の政治（1709〜16年，6代家宣・7代家継治世，側用人間部詮房・侍講新井白石の補佐）

① 政治の是正：生類憐みの令の撤廃（1709年），勘定奉行荻原重秀の罷免（1712年）→正徳金銀の発行（1714年），長崎貿易の制限→（❹　　　　）（正徳新令・長崎新令）（1715年）による金銀の海外流失の防止策（中国・オランダ船の入船・貿易額の制限）

② 制度・典礼の整備：（❺　　　　）創設による朝幕間の融和策（1710年），朝鮮通信使の経費・待遇の削減・簡素化（1711年）→将軍の呼称を「日本国大君」から「日本国王」へと改称し，将軍権威の向上を企図

③ 儒教的徳治主義の限界：白石と譜代大名・旗本との対立深刻化

2 経済の発展

(1) 新田開発の進展と農業の発展

① 新田開発の諸形態：町人請負新田などによる耕地面積の拡大（江戸初期約200万町歩→18世紀前半約300万町歩）

② 農業技術の改良

　a．農具の使用：（❻　　　　）鍬（深耕が可能）・千歯扱・千石簁・唐箕

　b．灌漑用具の使用：竜骨車・踏車（揚水具）

　c．（❼　　　　）の使用：干鰯・油粕・〆粕→農村への貨幣（商品）経済の浸透を助長

　d．農書の普及：（❽　　　　）『農業全書』（17世紀）・大蔵永常『農具便利論』（19世紀）

　e．商品作物栽培：木綿（河内・三河）・養蚕（関東・中部）・青苧（越後・出羽）・藍（阿波）・紅花（出羽）・菜種（近江・摂津・河内）茶（山城・駿河）など→特産品・地域分業の成立

(2) 諸産業の発達

① 林業：檜（木曽）・杉（出羽秋田・大和吉野），備長炭（紀伊）←幕府・藩の保護

② 漁業：（❾　　　　）漁法による大規模網漁（地引網・船引漁・定置網），九十九里浜の鰯漁，紀伊・土佐・肥前の捕鯨，蝦夷地の鮭・鰊・昆布漁と俵物（いりこ・ほしあわび・ふかのひれ）

③ 製塩業：瀬戸内海沿岸の十州塩，揚浜法から入浜法へ

④ 鉱業：金山（佐渡・伊豆）・銀山（石見・生野・院内）・銅山（別子・阿仁・足尾）の開発

(3) 手工業の発展

① 発展の要因：諸産業の発達，都市の発達，国産品の奨励→特産物生産の発達→専売制の採用

② 生産形態：都市職人を中心とした手工業（17世紀初頭）→問屋制家内工業から工場制手工業へ（マニュファクチュア，18世紀後半以降）

③ 特産物と特産地：木綿織物（河内・和泉・三河・尾張），小倉織，久留米絣，絹織物（丹後・桐生・足利），麻織物（奈良晒・近江麻・越後縮），染物（京都友禅・尾張有松絞），陶磁器（京焼・加賀九谷焼）

(4) 交通の発達…参勤交代制度の確立（1635年），諸産業の発達，商品流通の活発化

① 陸上：五街道・脇街道の整備。宿駅・一里塚・飛脚（大名・継・町飛脚）制度・助郷（伝馬）役

② 交通規制：関所の設置（東海道…箱根・新居，中山道…碓氷・木曽福島，甲州道中…小仏，日光・奥州道中…栗橋），架橋の禁止（相模川・多摩川・大井川など）

③ 海上交通：（❿　　　　）（大坂〜江戸，菱垣廻船・樽廻船），東廻り航路（陸奥荒浜〜江戸，河村瑞賢の開発），西廻り航路（出羽酒田〜大坂，河村瑞賢の開発，北前船の活躍）

④ 河川交通：淀川・利根川・最上川，水路開発（角倉了以の高瀬川・富士川の開発）
(5) 商業の発達
　① 流通の仕組み：蔵物（年貢米・特産物などの貢納物）…蔵元・掛屋・（⓫　　　　）が蔵物を預かり売却
　　　→武士は売却代金を受領，納屋物…一般商人の荷物
　② 商業組織の発達：商人の分化…問屋（荷受・荷積・廻船）・仲買・小売・行商（棒手振），（⓬　　　　）の
　　　結成…同業者組合（原材料の仕入れ・商品販売・価格協定，大坂・二十四組問屋，江戸・十組問屋），運
　　　上・冥加・御用金の納入
(6) 貨幣制度・金融
　① 貨幣鋳造：金貨（金座で鋳造，大判・小判・一分金，計数貨幣，東日本で流通〈金遣い〉），銀貨（銀座
　　　で鋳造，丁銀・豆板銀，秤量貨幣，西日本で流通〈銀遣い〉），銭（銭座で鋳造，単位は文，計数貨幣），
　　　藩札（幕府の許可のもとで，藩内でのみ通用）
　② 両替商の発展：貨幣交換・預金・貸付・手形振出・為替の業務
　　　両替商…本両替（金銀両替・金融，大坂の鴻池・天王寺屋，江戸の三井），銭両替
　　　庶民金融…頼母子講・無尽講など

３ 元禄文化と学芸の発展

　① 特徴　　上方中心の町人文化
　② 文学　　俳諧：貞門派→談林派→蕉風の俳諧　（⓭　　　　）『奥の細道』
　　　　　　小説：仮名草子，浮世草子（井原西鶴：好色物…『（⓮　　　　）』，『好色一代女』，武家物…『武道伝
　　　　　　　　来記』『武家義理物語』），町人物…『日本永代蔵』『世間胸算用』）
　　　　　　脚本：近松門左衛門（時代物…『国姓（性）爺合戦』，世話物…『（⓯　　　　）』，『冥途の飛脚』・『心
　　　　　　　　中天網島』など）
　③ 儒学　　京学…室鳩巣　陽明学…中江藤樹・熊沢蕃山
　　　　　　古学…山鹿素行『聖教要録』，荻生徂徠『政談』（古文辞学派）
　④ 文学　　契沖『万葉代匠記』・北村季吟『源氏物語湖月抄』
　⑤ 歴史　　林羅山・林鵞峰『（⓰　　　　）』，水戸藩『大日本史』，新井白石『読史余論』
　⑥ 自然科学　貝原益軒『大和本草』，稲生若水『庶物類纂』，関孝和『発微算法』，渋川春海（安井算哲）「貞
　　　　　　　享暦」，吉田光由『塵劫記』
　⑦ 絵画　　（⓱　　　　）「紅白梅図屏風」「燕子花図屏風」…琳派，菱川師宣「見返り美人図」，住吉具慶「洛中
　　　　　　洛外図巻」
　⑧ 工芸　　尾形光琳「八橋蒔絵螺鈿硯箱」，（⓲　　　　）「色絵藤花文茶壺」，宮崎友禅　友禅染，円空
　⑨ 建築　　東大寺大仏殿，善光寺本堂

４ 幕藩体制の動揺と幕政の改革

(1) 幕藩体制の動揺
　① 社会の変化：17世紀後半以降の商品（貨幣）経済の発展，農民の階層分化の進展
　② 都市での商品需要の増大：幕府や藩の財政悪化
(2) 享保の改革（1716〜45年）：8代将軍（⓳　　　　）（「米将軍」・「米公方」）の幕政改革
　① 封建道徳の強調：武士には武芸奨励（鷹狩り・水練），民衆には室鳩巣『六論衍義大意』を推奨
　② 財政改革：倹約令の発令，新田開発の奨励，検見取法から（⓴　　　　）の採用，上米の制
　③ 人材の登用：足高の制（1723年）―大岡忠相・神尾春央・田中丘隅・青木昆陽らの人材登用
　④ 訴訟事務軽減策：（㉑　　　　）の制定
　⑤ 農政振興策：殖産興業（朝鮮人参・甘蔗（砂糖きび）などの栽培奨励），飢饉・凶荒策（青木昆陽を登用
　　　　　　　　して甘藷（サツマイモ）栽培を普及），質流地禁止令
　⑥ 商業統制策：享保・元文金銀の鋳造，株仲間の消極的公認，大坂堂島の米相場の公認
　⑦ 民政安定策：目安箱の設置（1721年），町火消・小石川養生所の設置，（㉒　　　　）の制定
　⑧ 改革の意義：将軍権力の回復，幕府財政の再建に一定の成果
　⑨ 改革の結末：享保の飢饉（1732年）→江戸で最初の打ちこわしの発生，相次ぐ百姓一揆の発生
(3) 田沼政治（1760〜86年）：10代将軍家治のもとで老中田沼意次が実権を掌握
　① 商業統制策：株仲間の積極的公認→運上・冥加の賦課，（㉓　　　　）（計数銀貨）の鋳造，座の設立（銅・
　　　　　　　　鉄・真鍮・朝鮮人参）
　② 貿易統制策：長崎貿易の振興→銅・俵物による決済の推奨

③　開拓事業：印旛沼・手賀沼の干拓→洪水で中止

　　④　蝦夷地の開発：工藤平助『赤蝦夷風説考』の進言により最上徳内らを千島探検に派遣，ロシアとの交易
　　　　　を企図

　　⑤　結果：賄賂政治の横行，株仲間の独占化による物価騰貴，（❷　　　　）の噴火（1783年）による天明の飢
　　　　　饉→奥羽地方に大量の餓死者・病死者→百姓一揆・打ちこわしの頻発→意次失脚（1786年）

(4) 百姓一揆と打ちこわし

　　①　背景：年貢増徴策，天災による飢饉（享保・天明・天保），商品（貨幣）経済の農村への浸透による本百
　　　　　姓経営の解体と幕府・藩財政の悪化

　　　　ａ．商人への借財（大名貸）による藩経営の維持

　　　　ｂ．半知（家臣団の知行地の半減化），借上・借知・上米（家臣への俸禄削減策）

　　　　ｃ．蔵米で生計を立てる旗本・御家人の生活困窮→相対済し令・棄捐令，御家人株の譲渡，内職

　　②　百姓一揆の形態

　　　　ａ．17世紀末：惣百姓一揆・全藩一揆（全農民の参加，藩領全体に波及，筑後久留米一揆）

　　　　ｂ．19世紀：世直し一揆（幕末の武州一揆・奥州信夫・伊達（信達）郡一揆・「ええじゃないか」など）

　　　　ｃ．打ちこわし：18世紀以降，都市貧民が米屋・酒屋・豪商などを襲撃

　　　　ｄ．（❷　　　　）：18世紀以降，村役人の不正追及・新旧交代要求

　　　　ｅ．国訴：摂津・河内・和泉３か国約1000か村の農民らが，木綿・綿実油の自由販売・干鰯肥料の値下
　　　　　げを要求，これらは合法的な訴願運動で，流通の自由化を求めた

(5) 寛政の改革：11代将軍家斉のもとで老中首座松平定信の幕政改革

　　①　直参救済策：棄捐令（旗本・御家人の借財の一部破棄）

　　②　農村復興策：旧里帰農令（帰途の駄賃を与えて帰村を奨励）

　　③　飢饉対策：（❷　　　　）・社倉・義倉の設置（穀物の備蓄）

　　④　社会政策：人足寄場（無宿人を収容し職能を身に付けさせる施設）の設置，七分金積立法（凶荒備蓄）

　　⑤　学問の統制：柴野栗山らの登用

　　　　　　　　　　（❷　　　　）の禁（聖堂学問所では朱子学を正学とし，古学・折衷学などを異学として排斥）

　　⑥　出版統制：山東京伝（洒落本作家）・恋川春町（黄表紙作者）・蔦屋重三郎（出版元）らを処分

　　⑦　海防策：林子平『三国通覧図説』・『（❷　　　　）』の発禁処分→子平獄死，ロシア使節ラクスマンの来航
　　　　　（1792年）を契機に内海（江戸湾）の防備を強化

　　⑧　結果：倹約の強制や厳しい統制→世人の反発を招来，尊号一件（1789年，光格天皇の実父閑院宮典仁親
　　　　　王への太上天皇宣下を拒絶）→朝幕間の協調関係の崩壊，将軍家斉との衝突→定信，老中を辞任
　　　　　（1793年）

⑤ 欧米列強の接近と天保の改革

(1) 欧米列強の接近

　　①　ロシア　ａ．（❷　　　　）：根室に来航，大黒屋光太夫の送還を名目に通商を要求するも幕府は拒否

　　　　　　　　ｂ．レザノフ：（❸　　　　）に来航し通商要求するが，幕府拒否

　　　　　　　　ｃ．ゴローウニン事件（1811〜13年）

　　②　イギリス　フェートン号事件：英軍艦フェートン号，長崎湾内侵入。長崎奉行が引責切腹
　　　　　　　　　　→その後もイギリス船の接近やまず→幕府は（❸　　　　）を発令

(2) 北方探検

　　①　最上徳内・近藤重蔵らによる蝦夷地調査

　　②　間宮林蔵，樺太から黒竜江河口を探検→海峡を発見

(3) 文化・文政時代…11代将軍（❸　　　　）が子の家慶に将軍職を譲った後も大御所として実権掌握

　　①　財政問題：家斉の浪費と幕府の支出増大→貨幣改鋳と商人への御用金賦課で対応

　　②　治安維持対策：関東取締出役，ついで寄場組合を設置

(4) 内憂外患の深まり

　　①　国内：天保の飢饉を受け，全国的に一揆や打ちこわしの発生
　　　　　　もと大坂町奉行所与力の（❸　　　　）が大坂で武装蜂起（大塩の乱）

　　②　対外関係：モリソン号事件の発生（米商船モリソン号を撃退）
　　　　　　　　　　→異国船打払い政策を批判した渡辺崋山・高野長英を処罰（蛮社の獄）

(5) 天保の改革と藩政改革

　　①　天保の改革：12代将軍家慶のもとで老中首座水野忠邦の幕政改革

a．財政安定：倹約令，（**㉞**　　　　）…江戸・大坂周辺の地を幕領とする計画　諸大名・旗本の反対で水野は失脚

b．商業政策：株仲間解散令　江戸での物価高騰の原因を株仲間による流通独占と判断

c．農村復興：人返しの法

d．開拓事業：印旛沼開拓

e．海防政策：西洋砲術採用・天保の薪水給与令

f．出版統制：為永春水（人情本）・柳亭種彦（合巻）処罰

② 藩政改革　　a．薩摩藩：（**㉟**　　　　）登用。負債整理・黒砂糖専売・琉球密貿易など

b．佐賀藩：藩主鍋島直正。均田制・本百姓体制・陶磁器の専売・反射炉・軍備の近代化

c．水戸藩：藩主徳川斉昭。会沢安（著作『新論』）・藤田東湖を採用，弘道館設立。保守派の反対で失敗

d．長州藩：（**㊱**　　　　）登用。紙・蠟の専売，下関に越荷方，負債整理

e．福井藩：藩主松平慶永（春嶽）。橋本左内・由利公正を登用

f．土佐藩：「おこぜ組」，緊縮財政で再建

6 近世文化の成熟と変容

① 特徴　江戸中心の爛熟した町人文化

② 文学　洒落本：（**㊲**　　　　）『仕懸文庫』，人情本：為永春水『春色梅児誉美』，滑稽本：（**㊳**　　　　）『東海道中膝栗毛』，黄表紙：恋川春町『金々先生栄華夢』，合巻：柳亭種彦『偐紫田舎源氏』，読本：曲亭（滝沢）馬琴『南総里見八犬伝』，俳諧：小林一茶『おらが春』，川柳：柄井川柳『誹風柳多留』

③ 演劇　竹田出雲『仮名手本忠臣蔵』・鶴屋南北『東海道四谷怪談』

④ 教育　藩校，郷学：閑谷学校（岡山），庶民：寺子屋

⑤ 美術　浮世絵：喜多川歌麿（美人画），東洲斎写楽（役者絵），葛飾北斎『富嶽三十六景』，（**㊴**　　　　）『東海道五十三次』　文人画：蕪村・池大雅『十便十宜図』，谷文晁・渡辺崋山　洋画：司馬江漢『不忍池図』，平賀源内『西洋婦人図』

⑥ 民衆宗教　中山みき　天理教，川手文治郎　金光教，黒住宗忠　黒住教

⑦ 医学　（**㊵**　　　　）・前野良沢ら『解体新書』，大槻玄沢『蘭学階梯』，稲村三伯『ハルマ和解』ドイツ人シーボルトが長崎で鳴滝塾を設立し医学，博物学などを教育

⑧ 科学　（**㊶**　　　　）「エレキテル」

⑨ 天文　高橋至時　寛政暦，志筑忠雄『暦象新書』

⑩ 測量　（**㊷**　　　　）『大日本沿海輿地全図』

⑪ 蘭学　緒方洪庵の学塾（**㊸**　　　　），三浦梅園「条理の学」

⑫ 心学　石田梅岩，手島堵庵，中沢道二

⑬ 国学　荷田春満『創学校啓』，本居宣長『古事記伝』，塙保己一『（**㊹**　　　　）』，平田篤胤

⑭ 封建批判　安藤昌益『自然真営道』

⑮ 地方文化　越後出雲崎の禅僧良寛，（**㊺**　　　　）『北越雪譜』

⑯ 民間信仰　お蔭参り

⑰ 尊王論　宝暦事件（1758年，竹内式部），明和事件（1767年，山県大弐）などで弾圧

⑱ 経世論　本多利明『経世秘策』，海保青陵『稽古談』，佐藤信淵『経済要録』

〔解答〕　**❶**天文方　**❷**湯島聖堂　**❸**生類憐みの令　**❹**海舶互市新例　**❺**閑院宮家　**❻**備中　**❼**金肥　**❽**宮崎安貞　**❾**上方　**❿**南海路　**⓫**札差　**⓬**株仲間　**⓭**松尾芭蕉　**⓮**好色一代男　**⓯**曽根崎心中　**⓰**本朝通鑑　**⓱**尾形光琳　**⓲**野々村仁清　**⓳**徳川吉宗　**⓴**定免法　**㉑**相対済し令　**㉒**公事方御定書　**㉓**南鐐二朱銀　**㉔**浅間山　**㉕**村方騒動　**㉖**囲米　**㉗**寛政異学　**㉘**海国兵談　**㉙**ラクスマン　**㉚**長崎　**㉛**異国船打払令（無二念打払令）　**㉜**徳川家斉　**㉝**大塩平八郎　**㉞**上知令　**㉟**調所広郷　**㊱**村田清風　**㊲**山東京伝　**㊳**十返舎一九　**㊴**歌川（安藤）広重　**㊵**杉田玄白　**㊶**平賀源内　**㊷**伊能忠敬　**㊸**適塾（適々斎塾）　**㊹**群書類従　**㊺**鈴木牧之

問題演習

1 次に掲げる①～⑥の時代に関連する各文の正誤を判定し，正文なら○，誤文なら×を記しなさい。

【①幕府政治の展開】

(1) 柳沢吉保によって，印旛沼の干拓工事が試みられた。 [ ]

(2) 古文辞学派の代表的人物荻生徂徠は，柳沢吉保や徳川吉宗に仕えて『読史余論』を著した。 [ ]

(3) 勘定吟味役荻原重秀は，幕府財政を立て直すため，慶長金銀より質の劣る元禄金銀を鋳造させた。 [ ]

(4) 徳川綱吉は生類憐みの令を出して，犬をはじめとする鳥獣の保護を命じた。 [ ]

(5) 幕府は，諸藩での藩札発行に対応して，全国共通の統一紙幣を発行した。 [ ]

(6) 前田綱紀は閑谷学校を設け，教育の振興をはかった。 [ ]

(7) 将軍徳川綱吉は，湯島聖堂を建てて，林信篤（鳳岡）を大学頭に任じた。 [ ]

(8) 新井白石は，慶長小判と同じ品質の金銀を鋳造させた。 [ ]

(9) 新井白石は新たに閑院宮家を創設し，朝廷との協調をはかった。 [ ]

【②経済の発展】

(10) 江戸時代には，米の増産をはかるために，商人資本を活用して開発が行われた。 [ ]

(11) 町人が出資して開発を行う町人請負新田は，農村の荒廃を促進したために，近世中期には全面的に禁止された。 [ ]

(12) 備中鍬の普及により，脱穀作業が効率的になった。 [ ]

(13) 畿内にもたらされた鰊の〆粕は，九十九里浜からの干鰯とともに，綿・菜種などの商品作物生産を発展させた。 [ ]

(14) 宮崎安貞は農書『庶物類纂』を著した。 [ ]

(15) 朱色の染料に用いる藍が，出羽最上地方で作付された。 [ ]

(16) 木綿をはじめ，たばこ・紅花・藍等の商品作物は，畿内の特産品となっていった。 [ ]

(17) 地引網などの網を用いた漁法が，各地に広まった。 [ ]

(18) 高機で高級絹織物を生産する技術は，近世を通して西陣が独占していた。 [ ]

(19) 中山道には，品川から大津まで53の宿駅があり，五街道のうち最も宿駅が多かった。 [ ]

(20) 南海路を廻船が定期的に運航して，物資輸送を行った。 [ ]

(21) 樽廻船は，大坂～江戸間の物資輸送に当たった。 [ ]

(22) 都市には，円滑な流通のため，江戸日本橋の青物市場，大坂堂島の米市場などの市場が設けられた。 [ ]

【③元禄文化と学芸の発展】

(23) 紅白梅図屏風などを描いた尾形光琳は，菱川師宣の画法を取り入れ，洗練された装飾的表現をとった。 [ ]

(24) 尾形光琳は，絵画のみならず，蒔絵の分野でも「八橋蒔絵螺鈿硯箱」などの名作を残した。 [ ]

(25) 新井白石の学問の師は京学の系統をひく木下順庵で，同門には室鳩巣や柴野栗山らがいた。 [ ]

(26) 『聖教要録』を著した山鹿素行は，積極的な貿易拡大を説いた。 [ ]

(27) 近松門左衛門は，『武家義理物語』などの作品で，義理と人情の葛藤を描いた。 [ ]

【④幕藩体制の動揺と幕政の改革】

(28) 享保の改革の上米の制をきっかけに，諸藩は幕府に米を上納するため，大坂に蔵屋敷を置くようになった。 [ ]

(29) 徳川吉宗は上米の制を実施し，かわりに諸大名の参勤交代の制をゆるめた。 [ ]

(30) 徳川吉宗は，長崎貿易による金の輸入量が激減したため，享保金銀より質の劣る元文金銀を鋳造させた。 [ ]

(31) 浅間山噴火を一因とする飢饉により，百姓一揆や打ちこわしが起こった。 [ ]

(32) 貧窮した都市住民の中には，米の安売りなどを要求して，米屋や質屋を打ちこわす惣百姓一揆を起こすものがいた。 [ ]

(33) 田沼意次は運上・冥加などの営業税をとるために，株仲間の公認をすすめた。 [ ]

(34) 田沼時代に幕府は，株仲間を解散して朝鮮人参座を設けさせた。 [ ]

(35) 田沼意次は，ほしあわびなどを詰めた俵物を，清へ輸出することを奨励した。 [ ]

(36) 寛政の改革で，刑罰の基準として，公事方御定書が編纂された。 [ ]

(37) 松平定信は，凶作にそなえ，各地に米穀を蓄えさせる囲米を命じた。 [ ]

(38) 松平定信は，飢饉にそなえて米穀を貯蔵する社倉・義倉を各地に設けさせた。 [ ]

⑶9　松平定信は，旧里帰農令を出して，江戸に流入した人々の帰農を奨励した。　　　　　　[　]

【⑤欧米列強の接近と天保の改革】
⑷0　大黒屋光太夫は，漂着してロシアから送還された後に，『赤蝦夷風説考』を著した。　　　[　]
⑷1　関東農村の治安維持をはかるために，関東取締出役が設置された。　　　　　　　　　　[　]
⑷2　ロシア使節レザノフが，通商を求めて長崎に来航した。　　　　　　　　　　　　　　　[　]
⑷3　ロシア使節レザノフは，通商を拒否され，ロシア軍艦が紛争を起こした。　　　　　　　[　]
⑷4　間宮林蔵に命じて，樺太とその対岸の探検をさせた。　　　　　　　　　　　　　　　　[　]
⑷5　近藤重蔵に命じて，千島の探検をさせた。　　　　　　　　　　　　　　　　　　　　　[　]
⑷6　天保の飢饉で困窮した人々によって，甲斐国などでは大規模な一揆が引き起こされた。　[　]
⑷7　『春色梅児誉美』を著した人情本作家の為永春水は，天保の改革期に，風俗を乱したという理由で
　　処罰された。　　　　　　　　　　　　　　　　　　　　　　　　　　　　　　　　　　[　]
⑷8　1841年に幕府は，物価の引き下げ策として株仲間の解散を命じた。　　　　　　　　　　[　]
⑷9　薩摩藩では，藩主島津斉彬が集成館と称する直営工場群を建設し，新たな産業の導入と軍事改革
　　をすすめた。　　　　　　　　　　　　　　　　　　　　　　　　　　　　　　　　　　[　]

【⑥近世文化の成熟と変容】
⑸0　鈴木春信は，多色刷りの華麗な版画である錦絵によって文明開化の様相を描き，人気を集めた。[　]
⑸1　円山応挙は，錦絵の創出に主導的役割を果たした。　　　　　　　　　　　　　　　　　[　]
⑸2　賀茂真淵の弟子荷田春満は，『万葉集』などの研究を進めた。　　　　　　　　　　　　[　]
⑸3　西川如見は，中国・東南アジア・ヨーロッパなど世界各地域の産物を記した『華夷通商考』を著
　　した。　　　　　　　　　　　　　　　　　　　　　　　　　　　　　　　　　　　　　[　]
⑸4　杉田玄白らは，西洋医学の解剖書『ターヘル＝アナトミア』を翻訳した。　　　　　　　[　]
⑸5　シーボルトは，長崎郊外に鳴滝塾を開き，杉田玄白ら多くの弟子を育成した。　　　　　[　]

2 ⑴　18世紀末から19世紀前半の都市の治安について述べた次の文Ⅰ～Ⅲについて，古いものから年代順に正
　　しく配列したものを，一番下の選択肢①～⑥のうちから一つ選べ。
　　　Ⅰ　幕府は，江戸の石川島に人足寄場を設け，無宿人を収容した。
　　　Ⅱ　大坂町奉行所の元与力で，陽明学者の大塩平八郎が乱を起こした。
　　　Ⅲ　幕府は，関東取締出役を設け，犯罪者の取締りにあたらせた。　　　　　　　　　　[　]

　⑵　近世の印刷物に関して述べた次の文Ⅰ～Ⅲについて，古いものから年代順に正しく配列したものを，一
　　番下の選択肢①～⑥のうちから一つ選べ。
　　　Ⅰ　宣教師が伝えた活字印刷術によって，天草版（キリシタン版）が造られた。
　　　Ⅱ　『日本永代蔵』などの，浮世草子とよばれる小説が著された。
　　　Ⅲ　喜多川歌麿が，多色刷の浮世絵版画（錦絵）の絵師として活躍した。　　　　　　　[　]

　⑶　近世後期に起きた，海難事故の漂流民の送還に関して述べた次の文Ⅰ～Ⅲについて，古いものから年代
　　順に正しく配列したものを，一番下の選択肢①～⑥のうちから一つ選べ。
　　　Ⅰ　ロシア人レザノフが，陸奥国石巻を出港した廻船の漂流民を，長崎に送還した。
　　　Ⅱ　日本人漂流民を乗せて来航したアメリカ商船モリソン号が，異国船打払令によって砲撃された。
　　　Ⅲ　ロシア人ラクスマンが，伊勢国白子を出港した廻船の漂流民を，根室に送還した。　[　]

　⑷　異国船の日本来航，またはそれへの対応に関して述べた次の文Ⅰ～Ⅲについて，古いものから年代順に
　　正しく配列したものを，一番下の選択肢①～⑥のうちから一つ選べ。
　　　Ⅰ　イギリス軍艦フェートン号が長崎に侵入した。
　　　Ⅱ　アヘン戦争の情報を受けた幕府により，薪水給与令が出された。
　　　Ⅲ　異国船打払令（無二念打払令）が出された。　　　　　　　　　　　　　　　　　　[　]

　⑸　西洋の学問に関連して，西洋の情報の摂取に関して述べた次の文Ⅰ～Ⅲについて，古いものから年代順
　　に正しく配列したものを，一番下の選択肢①～⑥のうちから一つ選べ。
　　　Ⅰ　杉田玄白らが西洋の解剖書を翻訳し，『解体新書』を著した。
　　　Ⅱ　幕府の天文方に，翻訳のための蛮書和解御用がおかれた。
　　　Ⅲ　漢訳洋書のうち，キリスト教にかかわらないものの輸入が認められた。

(6) 江戸時代の学問に関して述べた次の文Ⅰ～Ⅲについて，古いものから年代順に正しく配列したものを，一番下の選択肢①～⑥のうちから一つ選べ。

Ⅰ 太宰春台が，諸藩が活発に商業活動を行うべきであると主張した。

Ⅱ 工藤平助が，蝦夷地開発とロシアとの交易を主張した。

Ⅲ 林子平が幕府の海防策を批判し，幕府に弾圧された。

(7) 18世紀以降の幕府の政治に関して述べた次の文Ⅰ～Ⅲについて，古いものから年代順に正しく配列したものを，一番下の選択肢①～⑥のうちから一つ選べ。

Ⅰ 棄捐令を出して，札差に旗本・御家人に対する貸金を放棄させた。

Ⅱ 貧民の療養施設として，小石川養生所をつくった。

Ⅲ 株仲間を積極的に公認し，運上・冥加を徴収した。

《選択肢》

① Ⅰ－Ⅱ－Ⅲ   ② Ⅰ－Ⅲ－Ⅱ   ③ Ⅱ－Ⅰ－Ⅲ

④ Ⅱ－Ⅲ－Ⅰ   ⑤ Ⅲ－Ⅰ－Ⅱ   ⑥ Ⅲ－Ⅱ－Ⅰ

1 イギリス産業革命

(1) 産業革命の前提条件

  ① マニュファクチュアの発達や大西洋における三角貿易の展開→資本の蓄積へ

  ② 第2次囲い込み（エンクロージャー）→豊富な余剰労働力の確保

  ③ 国内で産出される鉄や石炭→豊富な鉱物資源・エネルギー資源

(2) 技術革新とエネルギー革命

  綿工業部門…ジョン＝ケイの飛び杼（1733年），ジェニー紡績機→アークライトの水力紡績機（1769年）

  ミュール紡績機（1779年），（❶   ）が蒸気機関を改良（1769年）→動力としての実用化

(3) 産業社会の成立

  ① 都市に人口が集中→イギリス中西部の（❷   ），リヴァプールなどの大都市が成立

  ② 劣悪な労働条件と長時間労働・低賃金労働などの労働問題の発生→資本家と労働者の対立発生

  ③ 1810年代，手工業者や労働者が（❸   ）運動（機械打ちこわし運動）をおこす

2 アメリカ独立革命

(1) 北米植民地の成長と抗争

  ① 北部では商工業が発達，南部では黒人奴隷を使用したプランテーションがさかん

  ② 財政難となったイギリスは植民地への課税を強化し，（❹   ）を発布（1765年）

    →植民地側は「（❺   ）」を主張して反対

  ③ （❻   ）発布（1773年）…東インド会社に植民地での茶の独占販売権を与える

    →植民地側は猛反対し，（❼   ）が発生

(2) アメリカ独立戦争

  ① 1775年，両者間に武力衝突が発生し，独立戦争勃発

    →（❽   ）が総司令官に任命される

  ② （❾   ）が『コモン＝センス』を出版（1776年）

    →7月4日に（❿   ）が公布→ジェファソンらが起草，独立運動の高揚へ

  ③ イギリスを牽制したいフランス・スペインの協力も得て植民地側が優勢

    →（⓫   ）の締結により，イギリスはアメリカの完全独立を承認（1783年）

(3) 革命の意義と課題

  ① 人民主権，連邦主義，（⓬   ）を基礎とする合衆国憲法が採択（1787年）

  ② 1789年に連邦政府が発足し，（❽   ）が初代大統領に就任

3 フランス革命とナポレオン帝政

(1) 旧体制の危機

  ① 旧体制（アンシャン＝レジーム）の矛盾…免税特権を持つ第一身分（聖職者）・第二身分（貴族）と第三身分（平民）が対立

  ② ブルジョワ（商工業市民層）の台頭と啓蒙思想の普及

(2) 革命の勃発

  ① 1789年に国王ルイ16世は三部会招集→議決方法をめぐる対立が発生

  ② 第三身分は（⓭   ）を結成→（⓮   ）襲撃（7月14日）で，革命が勃発

  ③ ラ＝ファイエットらが起草した（⓯   ）を発表（8月26日）

  ④ ヴェルサイユ行進で国王夫妻をパリに連行

  ⑤ 1791年憲法の制定（9月3日）と立法議会の成立（10月1日）

  ⑥ 1792年，対外戦争を行う一方，国民公会が成立→第一共和政の開始，ルイ16世の処刑

  ⑦ 1794年7月（⓰   ）でロベスピエール失脚。1795年憲法の制定

(3) ナポレオンの帝政

  ① 1795年，総裁政府の成立→安定せず

  ② 軍人ナポレオン＝ボナパルトが（⓱   ）で総裁政府を打倒（1799年）→統領政府が成立

  ③ 1804年に民法典（ナポレオン法典）の公布。皇帝就任→第一帝政の開始

  ④ 1812年（⓲   ）遠征の失敗など，諸国民の抵抗→ナポレオンの退位決定

4 ウィーン体制

(1) ウィーン体制
  1. ウィーン会議の開催（1814〜15年）…オーストリア外相（**⑲**　　　）が主宰
     →基本原則は（**⑳**　　　）と勢力均衡
  2. オーストリア，プロイセン，ロシア，イギリスは（**㉑**　　　）を結成し，ウィーン体制の維持をはかる

(2) 自由主義・ナショナリズム（国民主義，民族主義）・社会主義
  1. 自由主義・ナショナリズムにもとづく運動…ドイツ，イタリア，ロシア，スペイン，ポルトガルなどで発生
     →いずれも鎮圧される
  2. ラテンアメリカ諸国の独立（1810年代〜1820年代）とオスマン帝国からの（**㉒**　　　）の独立
     →国際的承認も得て，ウィーン体制は動揺

(3) 1848年の革命
  1. パリで（**㉓**　　　）…第二共和政が成立→社会主義者を含む臨時政府は男性普通選挙などを実現
  2. ウィーンでは（**㉔**　　　）が起き，メッテルニヒは亡命→ウィーン体制の崩壊
  3. ベルリンでは三月革命が起き自由主義内閣が成立

5 19世紀のイギリスとフランス

(1) 政治経済の改革
  1. イギリスでは二大政党による議会政治の展開…トーリー党は保守党に，ホイッグ党は（**㉕**　　　）に改称
  2. フランスではナポレオン3世による第二帝政…クリミア戦争，アロー戦争，インドシナへの進出
     第二帝政の崩壊…メキシコ遠征の失敗，（**㉖**　　　）での大敗により退位
     →パリは陥落し，臨時政府が成立→民衆が蜂起して自治政府（パリ＝コミューン）が成立
     →第三共和政の確立

(2) 市民社会と社会主義
  1. 市民層を基盤とする文化→コンサートホール・オペラ劇場・美術館・博物館など
     →1851年，イギリスでは（**㉗**　　　）開催
  2. 社会主義思想：労働者階級の貧困や社会問題の改革を求める
     →オーウェン，サン＝シモン，フーリエらによる協同社会の構想
     →（**㉘**　　　）とエンゲルスはこれらを空想的社会主義と批判。1848年，『共産党宣言』を発表

6 イタリア・ドイツの統一

(1) イタリアの統一
  1. サルデーニャ王国の首相（**㉙**　　　）が近代化政策を展開。クリミア戦争への参加
  2. （**㉚**　　　）は千人隊（赤シャツ隊）を率いて両シチリア王国を占領し，サルデーニャ王に献上
     →（**㉛**　　　）を国王とするイタリア王国の成立（1861年）

(2) ドイツの統一
  1. プロイセン首相ビスマルクは，鉄血政策を宣言
  2. プロイセン＝オーストリア戦争（普墺戦争）（1866年）でオーストリアに勝利
  3. プロイセン＝フランス戦争（普仏戦争）（1870〜71年）でフランス軍を圧倒
     →ヴェルサイユ宮殿でヴィルヘルム1世はドイツ皇帝に即位。（**㉜**　　　）の成立（1871年）
  4. ドイツに敗北したオーストリア
     →1867年にハンガリーの自治を認める→同君連合の（**㉝**　　　）の成立

7 東方問題と19世紀のロシア

(1) 東方問題
     東方問題…ヨーロッパ諸国によるオスマン帝国の分割をめぐる中東・バルカン半島への進出と干渉

(2) クリミア戦争
     （**㉞**　　　）（1853〜56年）…ロシアがギリシア正教徒保護を口実にオスマン帝国に開戦
                →ロシアは敗北：パリ条約

(3) ロシアの大改革
  1. アレクサンドル2世は改革に着手→（**㉟**　　　）（1861年）の発布。のち専制政治を強化

② （**㊱**　　　　）運動の展開…知識人による農民への啓蒙
　　→政府による弾圧→テロリズムに走る→アレクサンドル２世暗殺（1881年）へ
(4) ロシア＝トルコ戦争
① パン＝スラヴ主義を唱えるロシアはオスマン帝国に対し宣戦布告→（**㊲**　　　　）勃発（1877～78年）
　　→ロシアはオスマン帝国を破り，バルカン半島に勢力を拡大
② （**㊳**　　　　）締結によりルーマニア，セルビア，モンテネグロの独立。ブルガリアを保護下に置く
　　→ビスマルクの調停でベルリン会議（1878年）が開かれ，ベルリン条約を締結し，ブルガリアの領土縮小

8 アメリカの発展と分裂

(1) 西部進出と産業化
① （**㊴**　　　　）（1812～14年）の後は国内産業（木綿産業）が発達。経済的な自立へ
② アメリカ合衆国大統領モンローのモンロー宣言（1823年）→ヨーロッパとアメリカの相互不干渉を主張
③ 西部への領土拡大…ルイジアナ購入（1803年），テキサス併合（1845年），カリフォルニア獲得（1848年）
(2) 南北戦争
① 南北の対立…奴隷制反対と保護貿易を主張する北部と奴隷制存続と自由貿易を主張する南部の対立
② （**㊵**　　　　）が大統領に当選すると南部11州は合衆国を離脱し，南北戦争（1861～65年）勃発
③ 北部は（**㊶**　　　　）の制定（1862年）で西部の支持を集める
　　→南部の首都を陥落させ，南北戦争終結
(3) 奴隷制廃止と人種主義
① 奴隷解放宣言（1863年）の発布→1865年には憲法修正第13条として明文化
② 南北戦争後，北部の経済的支配力が強化され，南部大農場は解体
③ 大陸横断鉄道が完成し，西部移民の増加→フロンティアの消滅と急速な工業化が進む

9 世界市場の形成

(1) パクス＝ブリタニカ
① 産業革命の波及
　　a．ドイツ…炭鉱を拠点に工業地帯形成　ルール地方での鉄鋼業を中心とした産業革命
　　b．フランス…北東部を中心に繊維産業が発展するが工業化の進展はゆるやか
　　c．アメリカ…アメリカ＝イギリス戦争時に機械化が進展　南北戦争後に産業革命進展
　　d．ロシア・日本…国家主導で産業革命進展
② 大分岐…工業化が進んだヨーロッパに対してアジアでは経済成長に停滞
　　→18世紀まで経済面で優位にたっていたアジアはヨーロッパに遅れをとる
③ パクス＝ブリタニカ…19世紀のイギリスは経済的に他地域を圧倒→「世界の工場」
　　一方，アジア・ラテンアメリカ・アフリカはモノカルチャー経済へ再編
(2) 世界の緊密化
① 交通革命　a．蒸気機関車…スティーヴンソンが実用化　b．蒸気船…フルトンが発明
② スエズ運河の開発
③ 情報のネットワーク化
　　a．電信がモールスによって発明
　　b．大西洋を横断する海底ケーブルが開通
　　c．万国郵便連合設立（1874年）

10 イスラーム世界の改革と再編

(1) オスマン帝国の改革運動
① 19世紀　エジプトの自立とバルカンの独立運動→帝国の衰退とヨーロッパ諸国間の対立
② タンジマート…法治主義にもとづく近代化改革
③ 1876年（**㊷**　　　　）憲法公布→1877年ロシア＝トルコ戦争が起こると翌年議会は閉鎖・憲法も停止
(2) アラビア半島のイスラーム運動
　　イスラーム改革運動→イスラーム社会の堕落を批判してワッハーブ王国を建設
(3) エジプト・イランの改革
① 1798年のナポレオンのエジプト遠征（イギリスの通商ルート遮断のため）→（**㊸**　　　　）の台頭
　　a．エジプト総督就任（1805年）　b．政府独占の対外貿易〈中央集権化と殖産興業・富国強兵〉

② （⑧　　　　）…オスマン帝国の指示によって，ワッハーブ王国を滅ぼす（1818年）

③ 1869年のスエズ運河開通時には，外債累積による国家財政窮迫

　　→1875年にスエズ運河会社の持ち株をイギリスに売却（イギリスによるエジプトの経済的従属化の進行）

④ イラン

　　ａ．カージャール朝：19世紀前半にロシアとイギリスの侵略→不平等条約

　　ｂ．1890年，タバコ専売利権がイギリス人に譲渡→（⑭　　　　）運動

🔟🔟 南アジア・東南アジアの改革と再編

（1）インドの植民地化

① 18世紀　ムガル帝国では，地方領主層の自立化がすすむ→列強の進出

② イギリス東インド会社が1757年の（⑮　　　　）の戦いで，フランスに支援されたベンガル太守軍を破る

　　→インドにおけるイギリスの優位，直轄地支配の拡大，1765年にベンガルの徴税権を獲得

　　（東インド会社は貿易会社から統治機関へ）

（2）インド大反乱

① 1857年に東インド会社のインド人傭兵（⑯　　　　）が反乱→幅広い層の人々が連帯した大規模の反乱

② インド大反乱の結果，1858年にムガル皇帝を廃位＝ムガル帝国滅亡，東インド会社を解散

　　→インドは本国政府の直接統治下に

③ 1877年にイギリス領インド帝国成立…（⑰　　　　）女王がインド皇帝を兼ねる

　　→イギリスは民主主義的統治を示そうとインド国民会議を創設（のちにインドの民族運動を主導）

（3）東南アジアの植民地化とタイの近代化

① インドネシア

　　ａ．17世紀前半，ジャワ島にオランダが進出

　　ｂ．1830年に（⑱　　　　）をはじめる：コーヒー・サトウキビ・タバコ・藍などの輸出用作物の栽培の強制

　　ｃ．20世紀初めにスマトラ島のアチェ王国を滅ぼす→オランダ領東インドの形成

② フィリピン

　　ａ．17世紀はじめにスペイン領：マニラ麻・タバコの栽培地

　　ｂ．18世紀以後，サトウキビ・マニラ麻・タバコ・コーヒーなど輸出向け商品作物の生産奨励→新興地主・知識人の中からスペインの支配に抵抗する人々が現れる

　　ｃ．アメリカ＝スペイン戦争（1898年）…勝利したアメリカはその後，フィリピンを植民地化

③ マレー半島南部と北ボルネオ：イギリスは，インド支配を進めながら隣接するビルマやマレー半島に進出

　　フランス領インドシナ連邦：ベトナム・カンボジア・ラオス

④ タイ（シャム）

　　ベトナムから西進するフランスと，インド・ビルマから東進するイギリスとの緩衝地域

　　ラーマ5世（チュラロンコン大王）が近代化改革を推進

　　→東南アジアで植民地化を免れた唯一の国

〔解答〕　❶ワット　❷マンチェスター　❸ラダイト　❹印紙法　❺代表なくして課税なし　❻茶法
❼ボストン茶会事件　❽ワシントン　❾トマス＝ペイン　❿独立宣言　⓫パリ条約　⓬三権分立
⓭国民議会　⓮バスティーユ牢獄　⓯人権宣言　⓰テルミドール9日のクーデタ
⓱ブリュメール18日のクーデタ　⓲ロシア　⓳メッテルニヒ　⓴正統主義　㉑四国同盟　㉒ギリシア
㉓二月革命　㉔三月革命　㉕自由党　㉖プロイセン＝フランス戦争（普仏戦争）　㉗万国博覧会　㉘マルクス
㉙カヴール　㉚ガリバルディ　㉛ヴィットーリオ＝エマヌエーレ2世　㉜ドイツ帝国
㉝オーストリア＝ハンガリー帝国　㉞クリミア戦争　㉟農奴解放令　㊱ナロードニキ
㊲ロシア＝トルコ戦争（露土戦争）　㊳サン＝ステファノ条約　㊴アメリカ＝イギリス戦争　㊵リンカン
㊶ホームステッド法　㊷ミドハト（オスマン帝国）　㊸ムハンマド＝アリー　㊹タバコ＝ボイコット
㊺プラッシー　㊻シパーヒー　㊼ヴィクトリア　㊽政府（強制）栽培制度

■ 問題演習

❶ 次に掲げる①～⑪の時代に関連する各文の正誤を判定し，正文なら○，誤文なら×を記しなさい。

【①イギリス産業革命】【②アメリカ独立革命】【③フランス革命とナポレオン帝政】

(1) イギリスで産業革命がおこった要因の一つは，大西洋三角貿易による資本の蓄積であった。　[　]
(2) 蒸気機関を導入した飛び杼の発明により，綿製品の生産が増大した。　[　]
(3) 産業革命の結果，マンチェスター・リヴァプール・バーミンガムなどの大都市が発展した。　[　]
(4) 1773年，北米植民地で茶法が制定されると，植民地側は「代表なくして課税なし」と反発した。　[　]
(5) アメリカ独立戦争のさなか，トマス=ペインは『コモン=センス』を発表した。　[　]
(6) 1783年にロンドン条約が結ばれて，アメリカ合衆国の独立が承認された。　[　]
(7) 合衆国憲法は人民主権，連邦主義，三権分立を基礎として制定された。　[　]
(8) 第三身分のブルジョワ（商工業市民層）は啓蒙思想の影響を受け，旧体制を批判した。　[　]
(9) 1789年，第三部会での議決方式をめぐる対立をきっかけに，第三身分は立法議会を結成した。　[　]
(10) 総裁政府は第一共和政を宣言し，国王ルイ16世を処刑した。　[　]
(11) 政治の実権をにぎったナポレオンは，1804年に民法典（ナポレオン法典）を制定した。　[　]

【④ウィーン体制】【⑤19世紀のイギリスとフランス】【⑥イタリア・ドイツの統一】

(12) オーストリアのメッテルニヒが主宰したウィーン会議は，自由主義と勢力均衡を基本原則とした。　[　]
(13) ラテンアメリカ諸国やギリシアの独立はウィーン体制を動揺させた。　[　]
(14) フランスでは1848年の二月革命によって臨時政府が成立し，男性普通選挙などを実現した。　[　]
(15) 19世紀のイギリスでは，労働党と保守党による二大政党制が確立した。　[　]
(16) 第二帝政崩壊後，パリで樹立された自治政府（パリ=コミューン）は第三共和政を確立した。　[　]
(17) マルクスとエンゲルスは，1848年に『共産党宣言』を発表した。　[　]
(18) カヴールは両シチリア王国を占領し，サルデーニャ王に献上した。　[　]
(19) プロイセンの首相ビスマルクは鉄血政策を宣言し，軍事力によるドイツの統一を進めた。　[　]
(20) フランスを破ったプロイセンのヴィルヘルム１世が，ヴェルサイユ宮殿でドイツ皇帝に即位した。　[　]

【⑦東方問題と19世紀のロシア】【⑧アメリカの発展と分裂】【⑨世界市場の形成】

(21) クリミア戦争後，アレクサンドル２世は農奴解放令を発布するなどロシアの近代化改革を進めた。　[　]
(22) ロシア=トルコ戦争後，ロシアはベルリン条約を締結してブルガリアを保護下に入れた。　[　]
(23) モンロー宣言は，アメリカとヨーロッパの相互不干渉を主張するものであった。　[　]
(24) アメリカ合衆国では南北の対立が深まり，南部は保護貿易を，北部は自由貿易を主張した。　[　]
(25) 南北戦争のさなか，南部はホームステッド法を制定して西部の支持をとりつけた。　[　]
(26) ロシアでは国家主導，日本では民間主導の形で産業革命が進展していった。　[　]
(27) 他国に先駆けて産業革命を成功させたイギリスは，「世界の工場」の地位を確立した。　[　]
(28) 19世紀にモールスによって電話が発明されると，情報のネットワーク化が急速に進んだ。　[　]

【⑩イスラーム世界の改革と再編】【⑪南アジア・東南アジアの改革と再編】

(29) アブデュルハミト２世はロシア=トルコ戦争を口実にミドハト憲法を停止した。　[　]
(30) スエズ運河を建設したエジプトは財政難となり，スエズ運河会社の株をフランスに売却した。　[　]
(31) イランは19世紀前半にイギリスとフランスの侵略を受け，不平等条約を結ばされた。　[　]
(32) イギリス東インド会社は，プラッシーの戦いでフランスに支援されたベンガル太守軍を破った。　[　]
(33) インド大反乱の結果，ムガル帝国は滅亡し，東インド会社は貿易会社から統治機関となった。　[　]
(34) オランダはジャワ島で政府栽培制度を実施し，輸出用作物の栽培を強制した。　[　]
(35) タイ（シャム）はイギリスとオランダとの緩衝地域として，東南アジアで唯一独立を維持した。　[　]

右余白縦書き：知識問題編

1 アヘン戦争の衝撃

(1) 清の動揺

① 18世紀末　人口増による耕地不足が深刻化→(❶　　　　　) の乱（1796年），清朝の統治能力弱体化

② 農村の秩序を守る地主中心の自衛組織（団練）が力を持つ

③ 清は西洋との貿易を広州1港に限定→イギリスから銀が流出

　　→イギリスは，1793年にマカートニー，1816年にアマーストを派遣して貿易制度の改善を要求するが失敗

　　→インド産アヘンの流入によるアヘンの害毒と銀の大量流出〈経済の混乱・財政悪化〉

④ 1839年に皇帝は，(❷　　　　　) を広州に派遣してアヘンを取り締まる。アヘンの没収・廃棄

(2) アヘン戦争（1840～42年）

① 1840年，アヘン戦争の開戦→1842年に (❸　　　　) 条約…香港島割譲，5港の開港，自由貿易，賠償金

　　→1843年，追加条約…領事裁判権，協定関税，片務的最恵国待遇など不平等な内容

　　→望厦条約〈1844年対アメリカ〉・黄埔条約〈1844年対フランス〉

② 南京条約締結によっても，対中国貿易が期待通りの効果をあらわさない

　　→1856年アロー号事件を口実にフランスと共同出兵〈アロー戦争（1856～60年）〉

③ 1858年に (❹　　　) 条約，1860年に (❺　　　) 条約…天津条約の内容批准

④ ロシアとも国境を画定

(3) 太平天国と洋務運動

① アヘン戦争の敗北…海外で機械によって生産された商品・アヘンの流入

　　→課税強化→(❻　　　　　) がキリスト教の影響を受けた上帝会を組織，儒教を否定

　　→1851年に「滅満興漢」をうたい蜂起し，太平天国を樹立　都：天京（南京）→太平天国軍の北上

② 清朝正規軍は，太平天国軍に対抗する力がない→曾国藩の湘軍・(❼　　　　　) の淮軍などの郷勇が対抗

　　→太平天国は1864年に滅亡

③ 曾国藩・李鴻章らが中心となり，西欧技術を取り入れて富国強兵をはかる（洋務運動を開始）

　　→表面的な近代化「中体西用論」により十分な効果はあがらず

2 開国から倒幕へ

(1) 日本の開国

① ペリー来航（1853年）→老中首座阿部正弘らは翌年の返答を約束→1854年再来航

② 日米和親条約（1854年　(❽　　　　)・箱館の開港，一方的な最恵国待遇の承認）

③ 日米修好通商条約（1858年　米総領事ハリス―大老 (❾　　　　)）←勅許を得ずに調印

　　a．神奈川・新潟・兵庫・長崎の開港　　b．(❿　　　)，協定関税制の承認

④ 貿易の開始

　　a．1859年，横浜・長崎・箱館で貿易開始（横浜中心，(⓫　　　) が最大の相手国）

　　b．【輸出品】(⓬　　　)（全体の約80％を占める），茶　【輸入品】毛織物，綿織物，武器，艦船，綿糸

　　c．五品江戸廻送令…生糸・雑穀・水油・蠟・呉服を開港場に直送せず江戸を経由させて物価騰貴に対応

　　d．改税約書（1866年）…関税率の低下と貿易に関する各種の制限の撤廃

(2) 幕末の政局

① 安政の政局（1858～60年）〈1858年の争点〉 将軍継嗣問題（一橋派vs南紀派）と条約調印問題

　　1858年　大老井伊直弼が将軍継嗣を徳川慶福に決定し条約調印を強行

　　1858～59年 (⓭　　　) で攘夷派・一橋派を弾圧→1860年　桜田門外の変

② 公武合体と尊王攘夷

　　a．公武合体　1862年　和宮降嫁→反発した尊攘派による (⓮　　　) の変

　　　　　　　　　1862年　島津久光の要求による文久の改革（将軍後見職，政事総裁職，京都守護職）

　　b．長州藩の尊王攘夷路線と公武合体路線の対立

　　　　　　　　　1863年　(⓯　　　) の政変…長州藩と尊王攘夷派が京都を追われる

　　　　　　　　　1864年　(⓰　　　) の変，四国連合艦隊下関砲撃事件，第1次長州征討

　　c．薩長同盟と幕府

　　　　　　　　　長州藩：高杉晋作が奇兵隊とともに挙兵し，実権を握り開国・倒幕路線へ

　　　　　　　　　薩摩藩：生麦事件→生麦事件の報復である (⓱　　　)→大久保利通・西郷隆盛の主導で開国路線へ

　　　　　　　　　1866年　(⓲　　　) の成立（坂本龍馬・中岡慎太郎の仲介）・第2次長州征討は幕府軍が敗北

③ 大政奉還と王政復古
　1867年10月　山内豊信（容堂）のすすめで（**⑲**　　　）が大政奉還
　1867年12月　王政復古の大号令…総裁・議定・参与の三職の設置・（**⑳**　　　）で徳川慶喜に辞官納地を
　　　　　　　　命じる
④ 戊辰戦争と新政府の成立
　1868年１月　（**㉑**　　　）の戦い…戊辰戦争開始→４月に江戸開城→1869年５月　箱館戦争…終結

3 明治維新

(1) 新政府の諸政策
　① 新政府の成立　1868年３月　（**㉒**　　　），五榜の掲示
　　　　　　　　　　1868年閏４月　政体書の公布
　　　　　　　　　　1868年９月　明治改元，（**㉓**　　　）の制を定める
　　　　　　　　　　1869年１月　版籍奉還を薩長土肥４藩主が願い出る（６月勅許）
　　　　　　　　　　1869年３月　東京遷都
　　　　　　　　　　1871年（**㉔**　　　）の断行，太政官三院制の開始→薩長土肥藩閥専制体制の確立
　② 軍事制度　　　1871年　８月東京・大阪などに鎮台を設置
　　　　　　　　　　1872年（**㉕**　　　）の公布→徴兵反対一揆（血税一揆）の発生
　　　　　　　　　　1873年　徴兵令の公布→国民皆兵といいながら多くの（**㉖**　　　）規定があった
　③ 四民平等　　　1869年（**㉗**　　　）・士族・（卒）・平民の身分が定められる
　　　　　　　　　　→秩禄処分…家禄奉還（1873年），（**㉘**　　　）証書の発行（1876年）によって士族の没
　　　　　　　　　　落が進行　廃刀令によって士族の帯刀を禁止（1876年）
　④ 地租改正　1873年　地租改正条例の公布…地価の（**㉙**　　　）％を金納→地租改正反対一揆の発生
　⑤ 貨幣・金融制度　1871年（**㉚**　　　）…円・銭・厘の十進法の通貨体系に転換
　　　　　　　　　　　1872年（**㉛**　　　）（渋沢栄一）…民間資本による兌換紙幣の発行をめざす
　⑥ 殖産興業　工業…（**㉜**　　　）（1872年，群馬県）などの官営模範工場の設立
　　　　北海道開発…開拓使の設置
　⑦ 明治初期外交
　　　1871年　日清修好条規…初の対等条約，73年批准
　　　1871〜73年　（**㉝**　　　）の欧米派遣…条約改正交渉は失敗。欧米諸国を視察して帰国
　　　1873年　征韓派（西郷隆盛・板垣退助ら）と内治派（大久保利通・岩倉具視ら）の対立
　　　　　　　→征韓派の辞職（明治六年の政変，征韓論政変）
　　　　　　　→大久保利通（内務卿）を中心とした薩長藩閥政府の体制へ
　　　1874年　（**㉞**　　　）…琉球漂流民殺害事件を口実に出兵。近代最初の対外出兵
　　　1875年　（**㉟**　　　）…日本の軍艦が朝鮮領海を侵犯して朝鮮の砲台と交戦
　　　1876年　日朝修好条規の調印…釜山ほか２港の開港。朝鮮に不利な不平等条約
　⑧ 国境の画定
　　　1872年　琉球藩の設置　→　1879年　沖縄県の設置（琉球処分）
　　　1875年　樺太・千島交換条約，1876年　小笠原諸島の領有宣言
(2) 新政府への批判
　① 自由民権運動
　　　1874年　（**㊱**　　　）…板垣退助，後藤象二郎，江藤新平，副島種臣らが愛国公党を結成し，左院に提出
　　　　　　　（**㊲**　　　）…板垣，片岡健吉らによって土佐で設立
　　　1875年　（**㊳**　　　）…政社の全国組織として大阪で結成
　　　　　　　大阪会議…大久保利通による板垣・木戸の懐柔→（**㊴**　　　）により大審院と元老院設置
　　　　　　　政府は讒謗律・新聞紙条例の制定，出版条例の改正により言論統制を強化
　② 士族の反乱
　　　1874年　佐賀の乱…江藤新平を擁する佐賀の不平士族の反乱→大久保利通による鎮圧
　　　1877年　（**㊵**　　　）…西郷隆盛を擁する私学校派の挙兵

4 文明開化

(1) 啓蒙思想　1873年　(**41**　　　　　)の発足…福沢諭吉・中村正直らが西洋の啓蒙思想を紹介

(2) 神道国教化…天皇を頂点とする神道信仰を国教とする試み

　　　1868年　神仏分離令→廃仏毀釈　1870年　大教宣布の詔　※その後，国教化政策は失敗する

(3) 教育制度と文明開化

　① 初等教育　1872年　(**42**　　　　　)の公布…就学率は低かった　1879年　教育令の制定

　② 高等教育　慶應義塾（福沢諭吉），同志社（新島襄），東京大学の設立

　③ (**43**　　　　　)の採用（明治5年12月3日＝明治6年1月1日）

　④ 開化の風俗…洋服，散切頭，煉瓦造の建築，ガス灯，人力車

〔解答〕　❶白蓮教徒　❷林則徐　❸南京　❹天津　❺北京　❻洪秀全　❼李鴻章　❽下田　❾井伊直弼
❿領事裁判権（治外法権）　⓫イギリス　⓬生糸　⓭安政の大獄　⓮坂下門外　⓯八月十八日
⓰禁門（蛤御門）　⓱薩英戦争　⓲薩長同盟（盟約）　⓳徳川慶喜　⓴小御所会議　㉑鳥羽・伏見
㉒五箇条の誓文　㉓一世一元　㉔廃藩置県　㉕徴兵告諭　㉖免役　㉗華族　㉘金禄公債　㉙3　㉚新貨条例
㉛国立銀行条例　㉜富岡製糸場　㉝岩倉使節団　㉞台湾出兵　㉟江華島事件　㊱民撰議院設立建白書
㊲立志社　㊳愛国社　㊴漸次立憲政体樹立の詔　㊵西南戦争　㊶明六社　㊷学制　㊸太陽暦

■　問題演習

❶　次に掲げる①～④の時代に関連する各文の正誤を判定し，正文なら〇，誤文なら×を記しなさい。

【①アヘン戦争の衝撃】

(1) 中国は，1842年の南京条約で，イギリスにマカオを割譲した。　　　　　　　　　　　　[　　]

(2) アメリカは，中国と黄埔条約を結び，イギリスと同様な権利を得た。　　　　　　　　　[　　]

(3) イギリスは，左宗棠のアヘン取締りを契機に開戦した。　　　　　　　　　　　　　　　[　　]

【②開国から倒幕へ】

(4) 一方的な最恵国待遇が規定されていたため，安政の五か国条約では日本はアジア諸国に対しても，
　　欧米諸国と同等の待遇を与える条約を結んだ。　　　　　　　　　　　　　　　　　　　[　　]

(5) パークスが，日米和親条約調印を要求した。　　　　　　　　　　　　　　　　　　　　[　　]

(6) 日露和親条約では，択捉島と得撫島との間を国境とした。　　　　　　　　　　　　　　[　　]

(7) 井伊直弼が，勅許を得ないまま日米修好通商条約に調印したことは，尊王攘夷運動を高まらせた。[　　]

(8) 開国後，輸出の第一位は生糸で，茶・蚕卵紙などがつづき，輸入品では毛織物・綿織物などが多
　　かった。　　　　　　　　　　　　　　　　　　　　　　　　　　　　　　　　　　　　[　　]

(9) 開港によって綿花の輸出が増大したため，綿織物産地は損害を被った。　　　　　　　　[　　]

(10) 金貨の海外流出を防ぐため，幕府は金貨を改鋳して金の含有率を上げた。　　　　　　　[　　]

【③明治維新】

(11) 王政復古の大号令が，幕府によって発せられた。　　　　　　　　　　　　　　　　　　[　　]

(12) 五箇条の誓文の内容は，天皇が公卿と諸侯を率い，神々に誓う儀式で確認された。　　　[　　]

(13) 新政府は五榜の掲示で徒党や強訴の禁止を解除した。　　　　　　　　　　　　　　　　[　　]

(14) 戊辰戦争に際して，東北地方などの諸藩は奥羽越列藩同盟を結んで新政府軍と戦ったが，敗れた。[　　]

(15) 新貨条例では十進法が採用されず，民衆の経済生活は混乱をきわめた。　　　　　　　　[　　]

(16) 徴兵令の公布により，満20歳に達した男子は例外なく兵役の義務が課されたため，各地で反対の
　　一揆が起こった。　　　　　　　　　　　　　　　　　　　　　　　　　　　　　　　　[　　]

(17) 内務省は，警察行政を管轄した。　　　　　　　　　　　　　　　　　　　　　　　　　[　　]

(18) 政府は土地所有者に地券を発行し，地価の3％が税率として定められた。　　　　　　　[　　]

(19) 地租が物納であったため，地主は米価の変動の影響を受けなかった。　　　　　　　　　[　　]

(20) 樺太・千島交換条約では，千島全島を日本領とし，占守島とカムチャツカ半島との間を国境とし
　　た。　　　　　　　　　　　　　　　　　　　　　　　　　　　　　　　　　　　　　　[　　]

(21) 琉球処分以後も，琉球国王の国王としての地位は保たれた。　　　　　　　　　　　　　[　　]

(22) 政府は，北海道開拓を管轄する機関として，開拓使をおいた。　　　　　　　　　　　　[　　]

(23) 北海道の開拓は，主としてアメリカ人の指導をうけた。　　　　　　　　　　　　　　　[　　]

(24) 政府は，札幌農学校を設けたほか，ロシア式の大農法を移入した。 [　　]

(25) 征韓論争で敗れて下野していた元参議らが，民撰議院設立の建白書を提出した。 [　　]

(26) 三新法では戸籍編成の規則を全国的な制度として統一した。 [　　]

(27) 西南戦争のさなか，立志社の片岡健吉らが，国会開設を求める建白書を提出した。 [　　]

【④文明開化】

(28) 福沢諭吉・西周・森有礼らの結成した明六社は，講演活動を行うとともに『明六雑誌』を発行し，民衆の啓蒙を試みた。 [　　]

(29) 中村正直は国民の啓蒙を意図して，『西国立志編』を訳述した。 [　　]

(30) 学制の公布により，子供を小学校へ就学させることが親の義務となったが，これを要因とする農民一揆や民衆の抵抗はみられなかった。 [　　]

(31) 政府は，国家主義的な教育を重視する目的で教育令を公布し，同時に教育勅語を出した。 [　　]

2 (1) 幕末の動乱にかかわる出来事に関して述べた次の文Ⅰ～Ⅲについて，古いものから年代順に正しく配列したものを，一番下の選択肢①～⑥のうちから一つ選べ。

Ⅰ　薩摩藩と長州藩との間で薩長同盟（連合）が成立した。

Ⅱ　幕府による第1次長州征討が始まった。

Ⅲ　徳川慶喜が大政奉還の上表を朝廷に提出した。 [　　]

(2) 明治時代の議会制度成立の過程に関して述べた次の文Ⅰ～Ⅲについて，古いものから年代順に正しく配列したものを，一番下の選択肢①～⑥のうちから一つ選べ。

Ⅰ　西南戦争のさなか，立志社の片岡健吉らが，国会開設を求める建白書を提出した。

Ⅱ　選挙人資格を，直接国税15円以上を納入する満25歳以上の男性とする法律が制定された。

Ⅲ　明治十四年の政変が起こり，国会開設の勅諭が発せられた。 [　　]

(3) 地方制度の整備に関して述べた次の文Ⅰ～Ⅲについて，古いものから年代順に正しく配列したものを，一番下の選択肢①～⑥のうちから一つ選べ。

Ⅰ　政府は，ドイツ人学者の助言を得て市制・町村制を制定した。

Ⅱ　政府は，それまでの大区・小区制を改めて，郡区町村編制法を制定した。

Ⅲ　政府は，地方民情を政治に反映させるため，最初の地方官会議を開催した。 [　　]

(4) 明治時代における外国文化の摂取に関連して述べた次の文Ⅰ～Ⅲについて，古いものから年代順に正しく配列したものを，一番下の選択肢①～⑥のうちから一つ選べ。

Ⅰ　岩倉具視を全権大使とする遣外使節団が，欧米に向けて出発した。

Ⅱ　多くの外国人教師を指導者として招き，東京大学が開設された。

Ⅲ　条約改正交渉を担った井上馨外相は，外国要人接待の場として鹿鳴館を使用した。 [　　]

(5) 士族の反政府運動に関して述べた次の文Ⅰ～Ⅲについて，古いものから年代順に正しく配列したものを，一番下の選択肢①～⑥のうちから一つ選べ。

Ⅰ　鹿児島の士族が，西郷隆盛を指導者として西南戦争を起こした。

Ⅱ　佐賀士族の指導者に迎えられた江藤新平が，政府に対して反乱を起こした。

Ⅲ　廃刀令の実施に憤激した神風連が，熊本で反乱を起こした。 [　　]

《選択肢》

① Ⅰ－Ⅱ－Ⅲ 　　② Ⅰ－Ⅲ－Ⅱ 　　③ Ⅱ－Ⅰ－Ⅲ

④ Ⅱ－Ⅲ－Ⅰ 　　⑤ Ⅲ－Ⅰ－Ⅱ 　　⑥ Ⅲ－Ⅱ－Ⅰ

第9章 近代国家の形成

1 立憲国家への道

(1) 民権運動の高揚

1880年 （❶　　　　　）の結成。政府は集会条例を制定して弾圧強化

　　　　このころ，政社などが私擬憲法を作成

1881年 （❷　　　　　）払い下げ事件→明治十四年の政変（大隈重信追放，（❸　　　　　）の勅諭）

　　　　→政党の結成（自由党〈1881年〉，立憲改進党〈1882年〉）

1881年～ （❹　　　　　）財政の開始…紙幣整理と増税，（❺　　　　　）の設立（1882年）

　　　　→急激なデフレ（松方デフレ）→民権運動の活力が失われる→激化事件（（❻　　　　　）事件

　　　　〈1882年〉，秩父事件〈1884年〉，大阪事件〈1885年〉）→自由党の解党（1884年）

1886年～ 国会開設を前に民権派の（❼　　　　　）運動がスタート（星亨・後藤象二郎）

1887年 井上外交の批判をきっかけに三大事件建白運動が展開→（❽　　　　　）で弾圧

(2) 難航する条約改正交渉

1876～78年 寺島宗則 税権回復（関税自主権の回復）を主眼→アメリカの合意は得るがイギリス，

　　　　　　　　　　　ドイツが応じず失敗

1882～87年 （❾　　　　　）鹿鳴館に象徴される欧化政策をとり改正交渉を進める

　　　　　　　　　　法権回復（領事裁判権撤廃）主眼　外国人判事任用を条件とするも反対され失敗

1888～89年 大隈重信 外国人判事の任用を大審院に限定する改正案　反対派に襲撃され失敗

1891年 （❿　　　　　）大津事件の発生で外相が辞職して失敗

1894年 陸奥宗光 日英通商航海条約に調印して法権回復に成功（1894年）

1911年 （⓫　　　　　）改正日米通商航海条約に調印して税権完全回復を実現（1911年）

(3) 諸機構の整備

① 国家機構 1884年 （⓬　　　　　）の制定　1885年 内閣制度の開始（初代首相伊藤博文）

② 軍事機構 1878年 参謀本部の設置　1882年 （⓭　　　　　）の公布　1888年 師団制に移行

③ 大日本帝国憲法（1889年2月11日発布）

　ａ．制定過程 伊藤博文の憲法調査→草案起草→枢密院での審議→（⓮　　　　　）として発布

　ｂ．憲法の特徴 統治権をもつ天皇に広範な大権（統帥権，緊急勅令権，宣戦講和の権など）

　　　　　　　　 対等な衆議院・貴族院の二院制，各国務大臣は天皇に対して輔弼責任，法の範囲内での人権

(4) 法典整備

1890年 民法の公布→（⓯　　　　　）→戸主権の強い明治民法の公布1898年

(5) 地方制度の整備

① 地方制度の整備 1888年 （⓰　　　　　）　1890年 府県制・郡制

② 北海道と沖縄

　ａ．北海道 1886年 北海道庁の設置

　　　　　　 1899年 （⓱　　　　　）の制定→アイヌの生活破壊が進む

　ｂ．沖縄 旧慣温存政策がとられ，地方自治や衆議院選挙の実施は遅れる

2 帝国主義と世界分割

(1) むすびつく国家と企業

① 20世紀はじめの技術革新→世界の一体化　第2次産業革命：鉄鋼・機械・化学産業が成長

② 重工業の発達と企業の集中化→（⓲　　　　　）・トラスト・コンツェルンなどにより企業の独占すすむ

③ 銀行資本と産業資本が融合した金融資本の登場

④ 1870年代以降の列強による植民地獲得競争と対外膨張策の展開〈帝国主義〉

(2) アフリカの分割

① アフリカ大陸内部への探検…（⓳　　　　　）やスタンリーらによる探検

② ビスマルクが主催する1884～85年の（⓴　　　　　）会議→アフリカ分割に拍車がかかる

③ 南アフリカ（ブール）戦争後，イギリスは1910年（㉑　　　　　）を成立

④ （㉒　　　　　）の反乱（1881～98年）…ムハンマド＝アフマドによる抵抗運動

　　→イギリスが鎮圧し東スーダン占領

⑤　（㉓　　　　）の発生（1898年）…イギリスのアフリカ縦断政策とフランスのアフリカ横断政策の衝突

（3）太平洋の分割

　① オーストラリア…19世紀中頃の金鉱発見により移民急増→先住民（㉔　　　　　）を圧迫
　　　→オーストラリア連邦の成立（1901）
　② ニュージーランド…19世紀前半以降イギリスの植民地→先住民マオリの抵抗→1907年自治領になる
　③ 日本も日清・日露戦争を経て太平洋をめぐる国際政治に参入

3 議会政治の展開と日清・日露戦争

（1）初期議会…第一議会から第六議会まで　超然主義の政府と民党の激しい対立

　　　1889年　衆議院議員選挙法公布…有権者は直接国税（㉕　　　　）円以上を納める満25歳以上の男性
　　　1890年　第1回総選挙…民党（立憲自由党，立憲改進党）が過半数を占める
　　　　　　　　→第1回帝国議会（第1次山県有朋内閣）…政府は（㉖　　　　），民党は「政費節減，民力休養」
　　　1892年　第2回帝国議会（第1次松方正義内閣）…政府は衆議院を解散→激しい選挙干渉→民党の勝利→
　　　　　　　内閣の総辞職→第2次伊藤博文内閣
　　　1893年〜　外交方針をめぐる対外硬派の攻撃で政府は追い詰められる→日清戦争へ

（2）朝鮮問題

　　　1882年　（㉗　　　　）…閔氏政権に不満をもつ朝鮮兵士の反乱→済物浦条約
　　　1884年　（㉘　　　　）…独立党の金玉均らが日本軍に支援されておこしたクーデタ→失敗
　　　1885年　福沢諭吉は「脱亜論」発表
　　　　　　　（㉙　　　　）…朝鮮出兵の事前通告を日清両国が協定

（3）日清戦争と三国干渉

　　　1894年　（㉚　　　　）の発生→日清両国の朝鮮出兵→日清戦争の開始
　　　1895年　下関条約の調印（日本：伊藤博文・陸奥宗光―清：（㉛　　　　））
　　　　　ａ．朝鮮の独立承認　　ｂ．遼東半島・（㉜　　　　）・澎湖諸島の割譲
　　　　　ｃ．2億両（約3億円）の賠償金　ｄ．沙市・重慶・蘇州・杭州の開市・開港
　　　1895年　三国干渉（露独仏）→遼東半島の返還→日露対立の一因
　　　1895年　台湾総督府の設置…軍事力による植民地支配　土地調査事業　製糖業を振興　米・樟脳などを
　　　　　　　栽培

（4）藩閥政府と政党の提携

　　　1896年　第2次松方正義内閣に進歩党の大隈重信が外相として入閣（松隈内閣）
　　　1898年　自由党と進歩党が合同し第3次伊藤内閣の地租増徴案を否決
　　　　　　　　→第1次大隈重信内閣（（㉝　　　　）内閣）…憲政党を与党とする初の政党内閣
　　　　　　　　→共和演説事件などにより4ヵ月で辞職→憲政党と憲政本党に分裂
　　　1898〜1900年　第2次山県有朋内閣（自由党系の憲政党と提携）
　　　　　　　　　　　ａ．（㉞　　　　）…陸海軍大臣は現役の大将・中将に限る
　　　　　　　　　　　ｂ．（㉟　　　　）…社会運動を取り締まる
　　　　　　　　　　　ｃ．選挙法改正…選挙権の納税資格を10円以上に引き下げ
　　　1900年　（㊱　　　　）の結成（総裁伊藤博文)→桂園時代へ

（5）極東情勢と日英同盟・日露戦争

　　　1898年　ドイツが（㊲　　　　），イギリスが九龍半島・威海衛を租借，ロシアが旅順・大連の租借権と東
　　　　　　　清鉄道の敷設権を獲得
　　　　　　　清では戊戌の変法→西太后ら保守派の反対で改革は失敗＝戊戌の政変
　　　1899年　中国進出をねらうアメリカはジョン＝ヘイが門戸開放宣言を発する
　　　1900年　（㊳　　　　）戦争→北清事変→1901年，ロシア軍の満洲占領→日露対立の深まり
　　　1902年　（㊴　　　　）の成立
　　　1904年　日露戦争の開戦
　　　1905年　旅順陥落，日本海海戦　→　ポーツマス条約（日本：小村寿太郎―ロシア：ウィッテ）
　　　　　　　ａ．日本の韓国支配の承認　　ｂ．旅順・大連の租借権，長春以南の鉄道権譲渡
　　　　　　　ｃ．南樺太の割譲　　　　　　　ｄ．賠償金なし→（㊵　　　　）事件の発生

（6）大陸への膨張

　① 韓国併合　　1905年　桂・タフト協定，第2次日英同盟，第2次日韓協約で（㊶　　　　）が外交権を掌握
　　　　　　　　1907年　ハーグ密使事件→第3次日韓協約→義兵運動が高揚

    1909年 安重根が伊藤博文を暗殺

    1910年 韓国併合条約→（㊷   ）による植民地支配（武断政治）

 ② 満洲支配 1906年 関東都督府の設置，（㊸   ）の設立→1907年 日露協約の締結

（7）桂園時代…桂太郎と西園寺公望が対抗と協調をくりかえしながら交互に政権を担当

 ① 第1次桂，第1次西園寺内閣→軍備拡張 帝国国防方針の制定

 ② 第2次桂内閣 戊申詔書（1908年）→地方改良運動

④ アジア諸民族の独立運動・立憲革命

（1）オスマン帝国とイランの立憲運動

 ① オスマン帝国…1878年，アブデュル＝ハミト2世は（㊹   ）憲法を停止，専制政治を推進

  →1908年の（㊺   ）革命で憲法が復活

 ② イラン…1905年にカージャール朝の専制に反発するイラン立憲革命発生

（2）インドの民族運動

 ① 1885年にイギリスが（㊻   ）を発足→しだいに国民会議派は反英闘争へ

 ② 1905年にベンガル分割令公布

  →これに反対し，国民会議派は1906年カルカッタ大会で英貨排斥・（㊼   ）〈国産品愛用〉・スワラー

  ジ〈自治獲得〉・民族教育の4綱領を決議→イギリスは全インド＝ムスリム連盟の結成を支援

（3）東南アジアの民族運動

 ① インドネシア…1911年（㊽   ）（イスラーム同盟）が成立→オランダにより弾圧

 ② ベトナム…19世紀末に反フランス武装抵抗継続→（㊾   ）らによるドンズー（東遊）運動推進

⑤ 産業革命と社会の変化

（1）産業革命…1880年代後半の企業勃興→産業革命の開始（軽工業から重工業へ）

 ① 繊維産業……1833年，大阪紡績会社が開業し，大規模操業をおこなう

      1890年，綿糸生産高が輸入を上回り，1897年，輸出高が輸入高を上回る

      1890年代半ば，（㊿   ）製糸生産高が座繰製糸を上回る

 ② 重工業………1901年，官営（51   ）の操業開始（大冶鉄山の鉄鉱石，筑豊炭田の石炭）

 ③ 輸送業………1881年，日本鉄道会社の設立。1906年，鉄道国有法の制定（民営鉄道→国営鉄道）

      1885年，（52   ）の成立→外洋航路への展開

 ④ 通貨・金融……1897年の（53   ）への移行や，日本勧業銀行などの特殊銀行の設立

 ⑤ 財閥と寄生地主が経済的支配を確立

（2）社会運動の開始

 ① 労働運動……1897年，（54   ）（高野房太郎，片山潜）の結成

 ② 社会主義運動……社会主義研究会→社会主義協会→（55   ）（ただちに結社禁止処分）

      日露戦争に対する非戦論の主張（幸徳秋水・堺利彦らが（56   ）を作って活動）

      『平民新聞』はのちに日本社会党の機関紙に

      1911年，（57   ）で幸徳秋水・管野スガらが処刑→「冬の時代」

⑥ 近代文化の形成と展開

 ① 教育 1886年 学校令の制定→1890年 （58   ）発布→1903年 国定教科書制度

 ② ジャーナリズム 最初の日刊新聞『横浜毎日新聞』

        政論雑誌『国民之友』（徳富蘇峰），『日本人』（三宅雪嶺らが（59   ）を唱える）

        総合雑誌『太陽』『中央公論』

 ③ 自然科学 長岡半太郎（原子構造），木村栄（Z項），高峰譲吉（アドレナリン），北里柴三郎（ペスト菌）

 ④ 文学 坪内逍遥『小説神髄』（理論書），二葉亭四迷『浮雲』（言文一致体），幸田露伴

  ロマン主義（北村透谷，樋口一葉），自然主義（島崎藤村，田山花袋），夏目漱石，森鷗外

 ⑤ 洋画 工部美術学校，明治美術会，白馬会

 ⑥ 日本画 岡倉天心・フェノロサによる日本美術の再評価→日本美術院の設立

 ⑦ 演劇・音楽 歌舞伎では団菊左時代 新派劇，新劇（文芸協会，芸術座） 唱歌（伊沢修二），滝廉太郎

〔解答〕 ❶国会期成同盟 ❷開拓使官有物 ❸国会開設 ❹松方 ❺日本銀行 ❻福島 ❼大同団結 ❽保安条例 ❾井上馨 ❿青木周蔵 ⓫小村寿太郎 ⓬華族令 ⓭軍人勅諭 ⓮欽定憲法 ⓯民法典論争 ⓰市制・町村制 ⓱北海道旧土人保護法 ⓲カルテル ⓳リヴィングストン ⓴ベルリン ㉑南アフリカ連邦 ㉒マフディー ㉓ファショダ事件 ㉔アボリジナル（アボリジニ） ㉕15 ㉖超然主義 ㉗壬午軍乱（事変） ㉘甲申事変（政変） ㉙天津条約 ㉚甲午農民戦争 ㉛李鴻章 ㉜台湾 ㉝隈板 ㉞軍部大臣現役武官制 ㉟治安警察法 ㊱立憲政友会 ㊲膠州湾 ㊳義和団 ㊴日英同盟 ㊵日比谷焼打ち ㊶統監（府） ㊷朝鮮総督府 ㊸南満洲鉄道株式会社 ㊹ミドハト ㊺青年トルコ（人） ㊻インド国民会議 ㊼スワデーシ ㊽サレカット＝イスラム ㊾ファン＝ボイ＝チャウ ㊿器械 51八幡製鉄所 52日本郵船会社 53金本位制 54労働組合期成会 55社会民主党 56平民社 57大逆事件 58教育勅語 59国粋主義

■ 問題演習

1 次に掲げる①～⑥の時代に関連する各文の正誤を判定し，正文なら○，誤文なら×を記しなさい。

【①立憲国家への道】

(1) 集会条例が制定され，政治結社や集会が取り締まりを受けた。 [　]

(2) 1880年代前半には財政の緊縮と増税がはかられ，不換紙幣の整理がすすめられた。 [　]

(3) 地主の一部や資産家が，負債に苦しむ農民の土地を買い集めた結果，寄生地主が増えていった。 [　]

(4) 幕末期の不平等条約で領事裁判権が規定されたが，それは後に発生したノルマントン号事件に際して大きな問題となった。 [　]

(5) 大隈重信外相は，大審院に限り外国人判事の任用を認める方針で条約改正交渉にのぞんだが，国内の反対の声が強く，交渉の挫折を余儀なくされた。 [　]

(6) 来日中のロシア皇太子が，滋賀県大津で警備中の巡査に斬りつけられる事件が起こった。 [　]

(7) イギリスはロシアの南下政策を警戒して，日本と条約改正交渉を進める方針をとった。 [　]

(8) 日本の関税自主権は1911年，小村寿太郎外相のもとで完全回復した。 [　]

(9) 大日本帝国憲法発布後に，元老院が置かれ，藩閥のリーダーたちは政治的影響力を確保した。 [　]

(10) 大日本帝国憲法のもとでは，統帥権（軍隊の最高指揮権）は内閣の権限に属し，天皇は関与できなかった。 [　]

(11) 大日本帝国憲法では，法律の制定には帝国議会の協賛が必要とされた。 [　]

【②帝国主義と世界分割】

(12) 南アフリカ連邦はフランスに占領され，同国のアフリカ侵略の拠点となった。 [　]

(13) イギリスは，南アフリカ（ブール）戦争でオランダを破った。 [　]

(14) ドイツのベルリンで，列強のアフリカ分割をめぐる会議が開かれた。 [　]

(15) リベリアはイタリアに占領され，第二次世界大戦後に独立を果たした。 [　]

【③議会政治の展開と日清・日露戦争】

(16) 民党系の代議士は，地域社会の租税軽減要求を背景に，帝国議会で「民力休養」を主張した。 [　]

(17) 第1次松方正義内閣は，民党の協力が得られなかったため，総選挙において猛烈な選挙干渉を行った。 [　]

(18) 日清戦争の結果，清は朝鮮への宗主権を放棄し，その独立を認めた。 [　]

(19) 日清戦争後になると，政府と政党のあいだには妥協が進み，政党結成をめざした大隈重信と憲政党の提携によって立憲政友会が結成された。 [　]

(20) 日露戦争の講和条約の調印に反対して，東京の日比谷公園に多数の人々が集まり，内務大臣の官邸や交番などが焼打ちされた。 [　]

(21) 韓国併合後，日本は朝鮮総督府を設置し，漢城を京城と改めた。 [　]

【④アジア諸民族の独立運動・立憲革命】

(22) オスマン帝国では1908年に青年トルコ人革命がおこり，ミドハト憲法を復活させた。 [　]

(23) 1905年，イランではサファヴィー朝の専制政治に反発する立憲革命がおこった。 [　]

(24) ベンガル分割令に抵抗する国民会議派は，スワデーシ（国産品愛用）などの4綱領を決議した。 [　]

(25) 20世紀初頭，インドネシアでは日本に留学生を送るドンズー（東遊）運動が推進された。 [　]

【⑤産業革命と社会の変化】

(26) 大阪紡績会社は，当初は紡績機の原動力として水力を使用した。 [　]

(27) 地主は，小作料として得た収入を，さまざまな企業の株式に投資するようになり，資本主義経済との結びつきを強めた。 [　]

(28) 官営八幡製鉄所は，清の大冶鉄山から安価に鉄鉱石を入手した。 [　]

(29) 明治中期以降，綿作はすっかり衰退し，米作を中心として養蚕を副業とする農業経営が増えていった。 [　]

(30) 平民社の機関紙『平民新聞』が，日露戦争の反戦論を展開した。 [　]

(31) 20世紀初めには社会民主党や日本社会党が結成されるなど，社会主義運動がはじまった。 [　]

【⑥近代文化の形成と展開】

(32) 民権運動の経験者によって書かれた政治小説が多くの読者をえた。その代表的作品に矢野竜渓（龍渓，文雄）の『経国美談』がある。 [　]

(33) 『小説神髄』で知られる坪内逍遥は，文芸協会を結成して演劇改良に努めた。 [　]

(34) 明治期に小学校の教育で唱歌がはじめて採用された。 [　]

(35) 明治期に最初の日刊新聞である『横浜毎日新聞』が創刊された。 [　]

2 (1) 自由民権運動や初期議会に関して述べた次の文Ⅰ～Ⅲについて，古いものから年代順に正しく配列したものを，一番下の選択肢①～⑥のうちから一つ選べ。

Ⅰ　政府は詔勅により，民党の反対を抑え，予算を成立させた。

Ⅱ　第1回帝国議会では，自由党の一部が予算成立に協力した。

Ⅲ　民権派の再結集に対して，政府は超然主義の立場を声明した。 [　]

(2) 日清戦争以前の日朝関係に関連して述べた次の文Ⅰ～Ⅲについて，古いものから年代順に正しく配列したものを，一番下の選択肢①～⑥のうちから一つ選べ。

Ⅰ　伊藤博文と李鴻章との間で天津条約が結ばれ，日清両軍の朝鮮からの撤兵などが定められた。

Ⅱ　日本は江華島事件を機に朝鮮との間で日朝修好条規を結び，朝鮮を開国させた。

Ⅲ　朝鮮で国王の父大院君が閔氏一族から政権を奪おうとし反乱を起こしたが，清の出兵によって失敗に終わった。 [　]

(3) 近代の綿業の歴史に関して述べた次の文Ⅰ～Ⅲについて，古いものから年代順に正しく配列したものを，一番下の選択肢①～⑥のうちから一つ選べ。

Ⅰ　紡績女工などを保護するため，深夜業禁止や年少者就労禁止などを規定した工場法が，さまざまな例外規定を持ちつつも実施された。

Ⅱ　綿糸紡績業は，安価な輸入綿花を使用した機械制大工場生産によって朝鮮・中国への輸出を伸ばし，その結果綿糸輸出量は輸入量を上回った。

Ⅲ　綿糸生産の増大をはかるため臥雲辰致がガラ紡を発明した。 [　]

(4) 地租をめぐる政治動向に関して述べた次の文Ⅰ～Ⅲについて，古いものから年代順に正しく配列したものを，一番下の選択肢①～⑥のうちから一つ選べ。

Ⅰ　地租軽減などを要求する三大事件建白運動が全国に広がった。

Ⅱ　第1回帝国議会において，民党は地租の軽減などを政府に要求した。

Ⅲ　地租改正反対一揆の勃発などにより，政府は地租の税率を引き下げた。 [　]

(5) 韓国（朝鮮）に関して述べた次の文Ⅰ～Ⅲについて，古いものから年代順に正しく配列したものを，一番下の選択肢①～⑥のうちから一つ選べ。

Ⅰ　日本は韓国の内政の指導権を得て，韓国軍を解散させた。

Ⅱ　日本は韓国から外交権を奪い，韓国を保護国とした。

Ⅲ　日本は朝鮮総督府を設置し，漢城を京城と改めた。 [　]

《選択肢》

① Ⅰ－Ⅱ－Ⅲ　　② Ⅰ－Ⅲ－Ⅱ　　③ Ⅱ－Ⅰ－Ⅲ

④ Ⅱ－Ⅲ－Ⅰ　　⑤ Ⅲ－Ⅰ－Ⅱ　　⑥ Ⅲ－Ⅱ－Ⅰ

1 第一次世界大戦

(1) 第一次護憲運動

[1] 大正政変

1912年　陸軍の（❶　　　）増設要求→陸相上原勇作の辞任→第2次西園寺公望内閣総辞職
→第3次桂太郎内閣の成立→第一次護憲運動の展開（「（❷　　　）・憲政擁護」）

1913年　桂内閣総辞職→第1次山本権兵衛内閣の成立

[2] 第1次山本権兵衛内閣

a．軍部大臣現役武官制，現役規定削除

b．1914年　（❸　　　）事件→山本内閣総辞職→第2次大隈重信内閣の成立

(2) 辛亥革命

[1] 清朝の改革…実業の振興，留学生の派遣，科挙の廃止，西洋式軍隊の設立，憲法大綱の準備など

[2] 孫文は東京で（❹　　　）を結成し，三民主義を基調とする4大綱領を採択

[3] 幹線鉄道国有化に反対する四川暴動の発生→武昌の軍隊蜂起で辛亥革命勃発（1911年）
→（❺　　　）の樹立宣言（1912年）

[4] 袁世凱は宣統帝を退位させた→清の滅亡

(3) 第一次世界大戦

[1] 第一次世界大戦（1914〜18年）

a．ドイツの（❻　　）によるフランスの孤立化を図る外交
→ドイツ皇帝ヴィルヘルム2世がロシアとの再保障条約の延長を拒否→露仏同盟の結成（1891年）
→三国協商の成立…英仏協商（1904年），英露協商（1907年）で，英，露，仏はドイツに対抗する勢力形成

b．バルカン問題…バルカン半島は複雑な民族・宗教問題により不安定化→（❼　　）事件（1914年6月28日）→オーストリアはセルビアに宣戦布告

c．1914年　第一次世界大戦の開始→日英同盟を理由に日本も参戦（第2次大隈重信内閣）

d．1917年　石井・ランシング協定…中国における日本の「特殊権益」の承認と領土保全・門戸開放

[2] 二十一か条の要求

1915年　二十一か条の要求（第2次大隈重信内閣→軍閥の（❽　　）政権）

a．山東省の（❾　　）権益の譲渡

b．旅順・大連の租借権，満鉄の鉄道権の権益期限の延長

(4) ロシア革命

[1] ロシア第一革命（1905年）…（❿　　）→革命運動が全国に拡大　（⓫　　）が各地で結成

[2] 三月革命（1917年，ロシア暦では二月革命）…大戦の長期化で人員・物資を総動員。食料不足や労働条件の悪化で反戦気分が高まる→ペトログラードで労働者の食料要求デモがおこり，全市のゼネストに発展する→兵士も呼応し，混乱回避のため皇帝は退位

[3] 十一月革命（ロシア暦では十月革命）…三月革命後，臨時政府とソヴィエトの二重権力が並立

a．臨時政府〈立憲民主党中心，戦争継続〉⇔ソヴィエト〈帝国主義的目的の放棄主張，戦争継続容認〉→レーニンは11月に武装蜂起を実行し，臨時政府打倒

b．「平和に関する布告」〈即時無条件停戦〉と「土地に関する布告」〈土地の私有権廃止〉を採択

c．ブレスト＝リトフスク条約（1918年）…領土を失ってもドイツとの単独講和を優先した

d．革命軍と反革命軍の国内戦→（⓬　　）体制（穀物の強制徴発，私企業の国有化，経済統制）

[4] コミンテルン〈1919年，第3インターナショナル〉…ヨーロッパ諸国での革命の成功を期待する

[5] ソ連邦の成立
ソヴィエト社会主義共和国連邦（ソ連）成立（1922年12月）→ソ連邦憲法発布（1924年）

[6] 1918年　（⓭　　）…イギリス・フランス・アメリカ・日本などによる革命への干渉戦争
→成果なく終わる（1922年撤兵）

(5) 日本の大戦景気

[1] 債務国から債権国へと変化

[2] 工業生産額が農業生産額を上回る

[3] 「船成金」などの成金の輩出

[4] （⓮　　）の設立など中国への資本輸出が進む

(6) 大戦後の日本

   1 米騒動

     1918年　米価騰貴→富山県を皮切りに全国で米騒動が発生→（❺   ）内閣の辞職

   2 社会運動の発展

     （❻   ）（←友愛会），日本農民組合，全国水平社，日本共産党の結成

   3 女性の解放

     （❼   ）らによって青鞜社の結成（1911年）

     市川房枝らによって（❽   ）結成→治安警察法第5条改正求める

   4 大正デモクラシー

     a．天皇機関説…（❾   ）の憲法学説　統治権の主体は法人たる国家→天皇はその最高執行者

     b．民本主義…（❿   ）の主張　政治の目的は民衆の利福，政策の決定は民衆の意向

   5 関東大震災

     1923年　関東大震災の発生→朝鮮人虐殺，無政府主義者大杉栄・伊藤野枝らの殺害

(7) ヴェルサイユ体制とワシントン体制

   1 ヴェルサイユ体制（ヨーロッパの戦後体制）

     1919年　パリ講和会議（ウィルソンの十四か条の原則が基礎）→ヴェルサイユ条約の調印

     a．日本は山東省の旧ドイツ権益を確保し，赤道以北のドイツ領南洋諸島を委任統治領とする

     b．（㉑   ）の設立（常任理事国は日英仏伊）

   2 ワシントン体制（アジアの戦後体制）

     1921～22年　ワシントン会議の開催

     a．四か国条約（英米日仏）…太平洋地域の現状維持を協定→日英同盟の廃棄

     b．ワシントン海軍軍縮条約…（㉒   ）の保有量制限（日本はアメリカ・イギリスの6割）

     c．（㉓   ）条約…中国の主権尊重・領土保全・機会均等・門戸開放

   3 民族解放運動…大戦中，（民族自決）の原則の提起で植民地や従属国に自立の志向が強まる

     a．朝鮮で（㉔   ）（1919年）…日本による韓国併合→武装抗日運動抑圧→「独立宣言」

                                    →日本は武断政治から文化政治に転換〈憲兵警察制度の廃止など〉

     b．中国で（㉕   ）（1919年）…パリ講和会議では二十一か条の要求撤廃が否認→抗議運動高揚

2 政党政治の展開

(1) 原敬内閣（1918～21年）

   1 原敬内閣の成立

     a．1918年　米騒動→寺内正毅内閣総辞職→原敬内閣の成立

     b．立憲政友会を与党とする本格的政党内閣。原は「（㉖   ）」と呼ばれた

   2 原敬内閣

     a．選挙の納税資格を（㉗   ）円以上へと引き下げ

     b．大学令の公布，鉄道網の拡充，八八艦隊建設計画など

(2) 第二次護憲運動

   1 第二次護憲運動

     1923年　虎の門事件→第2次山本権兵衛内閣総辞職→清浦奎吾内閣（非政党内閣）の成立

     1924年　護憲三派（（㉘   ）・立憲政友会・革新倶楽部）の倒閣運動→清浦内閣総辞職

   2 加藤高明内閣（護憲三派内閣）…「（㉙   ）」＝政党内閣の時代の始まり

     1925年　治安維持法の制定…「（㉚   ）の変革」「私有財産制の否定」は10年以下の懲役

     1925年　普通選挙法の制定…25歳以上のすべての男性に納税制限なしで選挙権

(3) 協調外交から積極外交へ

   1 国民革命の進展　※この時期の日本外交は（㉛   ）の協調外交（幣原外交）

     第1次国共合作（1924年）→北伐の開始（1926年，総司令蒋介石）

   2 田中外交（田中義一内閣の積極外交）

     a．国民革命への干渉　（㉜   ）（1927～28年）→東方会議→済南事件

                                 →張作霖爆殺事件（満洲某重大事件）

     b．1928年，不戦条約調印

     c．田中内閣の内政　第1回普通選挙（1928年）→治安維持法の最高刑を死刑に引き上げ

(4) 金融恐慌（1927～28年）

　　　1920年　戦後恐慌の発生→1923年　関東大震災→（㉝　　　　）の処理が進まず金融不安

　　　1927年　金融恐慌の発生→鈴木商店の破綻，台湾銀行の危機→第１次若槻礼次郎内閣総辞職

　　　　　　　　　　　　　　→田中義一内閣が成立，（㉞　　　　）の実施で恐慌を鎮静

(5) 昭和恐慌（浜口雄幸内閣・蔵相井上準之助）

　　　1930年　（㉟　　　　）の実施。世界恐慌の波及→昭和恐慌に突入

(6) ロンドン海軍軍縮条約と統帥権干犯問題（浜口内閣）

　　　1930年　ロンドン海軍軍縮条約（（㊱　　　　）の保有制限）に調印

　　　　　　　　　→海軍軍令部・野党の政友会・右翼などが（㊲　　　　）だとして条約に反対

③ 市民文化の展開

1　思想　吉野作造の民本主義，美濃部達吉の天皇機関説が大正デモクラシーの理論的支柱となる

2　ジャーナリズム　『中央公論』，『改造』，石橋湛山らの『東洋経済新報』，『大阪朝日新聞』

3　学術　西田幾多郎（哲学），津田左右吉（日本古代史），（㊳　　　　）（民俗学），河上肇（経済学）

　　　　（㊴　　　　）（KS磁石鋼），野口英世（感染症），八木秀次（八木アンテナ），理化学研究所

4　文学　白樺派，耽美派，新思潮派，新感覚派，プロレタリア文学の隆盛

5　美術　官展の文展（文部省美術展覧会）に対して在野の二科会が活動　（㊵　　　　）の民芸運動

6　演劇　新劇の芸術座，築地小劇場

7　音楽　声楽の三浦環，作曲・指揮の山田耕筰

8　大衆文化　私鉄の隆盛　百貨店のにぎわい

　　　　　　　モボ・モガの登場　職業婦人の社会進出

　　　　　　　円本，文庫本，週刊誌

　　　　　　　1925年，ラジオ放送の開始

　　　　　　　映画の人気・盛り場浅草の活況

④ 戦間期の世界

(1) 西アジア・南アジアの民族運動

1　西アジアの独立と革命

　　a．パレスティナ…第一次世界大戦中にアラブ人，ユダヤ人に対する多重外交がイギリスによって行われた

　　　　イラク・パレスティナはイギリスの，シリア・レバノンはフランスの（㊶　　　　）

　　　　→現在まで続くパレスティナ問題の原因

　　b．エジプト…イギリスが第一次世界大戦後の自治を約束

　　　　→（㊷　　　　）党のエジプト王国（1922年）…形式的独立，イギリス軍がスエズ駐屯

　　c．アラビア半島…イブン＝サウードがアラビア半島をほぼ統一し，サウジアラビア王国成立（1932年）

　　d．トルコ…セーヴル条約（1920年）で領土喪失→指導者（㊸　　　　）がアンカラに政府樹立

　　　　→スルタン制廃止（1922年），カリフ制廃止（1924年）　※トルコ革命　→トルコ共和国の成立

　　f．イラン〈1935年，国号をイランと改称〉…（㊹　　　　）によるパフレヴィー朝創設（1925年）

2　インドの独立運動

　　a．第一次世界大戦とインド…民族資本家・労働者の増大→イギリス製品が減少。イギリスはインドの

　　　　　　　　　　　　　　　　戦争協力の代償に戦後の自治を約束

　　b．独立運動の展開…約束は反故にされ，弾圧が強まる〈（㊺　　　　）法〉

　　　　→非暴力・不服従運動〈1919年～，指導者：ガンディー〉。1930年には「塩の行進」を行う

　　c．国民会議派ラホール大会（1929年）…完全自治〈（㊻　　　　）〉要求。ネルーの活躍

(2) 東南アジアの民族運動

　　a．インドネシア〈対オランダ〉…（㊼　　　　）共産党設立（1920年），アジア初の共産党，蜂起失敗

　　　　→インドネシア国民党組織（1927年）→指導者スカルノ，独立運動の中心へ

　　b．フィリピン〈対アメリカ合衆国〉…自治承認（1934年），独立準備へ

　　c．ベトナム〈対フランス〉…インドシナ共産党結成（1930年），指導者（㊽　　　　），独立運動展開

　　d．ビルマ〈対イギリス〉…タキン党の独立運動（1930年～），新インド統治法でインドから分離

　　　　　　　　　　　　アウン＝サンらの独立運動へ

　　e．タイ（1939年，国号をシャムから改称）…クーデタで立憲君主国へ

(3) 戦間期の欧米

a．イギリス…戦後大量の失業者が発生し，経済が停滞→労働党への支持が急増→初の労働党内閣

b．フランス…対ドイツ強硬策→ドイツ賠償不履行を理由に（㊾　　　）地方の占領→批判を受け撤退→協調

c．イタリア…期待した領土が得られなかったことからヴェルサイユ条約に不満→（㊿　　　）率いるファシスト党がローマ進軍

d．ドイツ　…ドイツでは1918年11月に労働者・兵士による評議会（レーテ）権力が成立
→その委任により社会民主党による連立政府を組織
→（(51)　　　）憲法の制定〈人民主権，議院内閣制，社会権，強い大統領権限〉
→フランス・ベルギーのルール占領でインフレ激化→（(52)　　　）内閣による新紙幣発行により収束

e．アメリカ合衆国…経済発展〈自動車・電機産業中心〉により大量消費社会の到来，大衆の登場

〔解答〕
❶二個師団　❷閥族打破　❸ジーメンス（シーメンス）　❹中国同盟会　❺中華民国　❻ビスマルク
❼サライェヴォ　❽袁世凱　❾ドイツ　❿血の日曜日事件　⓫ソヴィエト　⓬戦時共産主義
⓭対ソ干渉戦争（シベリア出兵）　⓮在華紡　⓯寺内正毅　⓰日本労働総同盟　⓱平塚らいてう
⓲新婦人協会　⓳美濃部達吉　⓴吉野作造　㉑国際連盟　㉒主力艦　㉓九か国　㉔三・一（独立）運動
㉕五・四運動　㉖平民宰相　㉗3　㉘憲政会　㉙憲政の常道　㉚国体　㉛幣原喜重郎　㉜山東出兵
㉝震災手形　㉞モラトリアム（支払猶予令）　㉟金輸出解禁（金解禁）　㊱補助艦　㊲統帥権干犯
㊳柳田国男　㊴本多光太郎　㊵柳宗悦　㊶委任統治領　㊷ワフド
㊸ムスタファ＝ケマル（ケマル＝アタテュルク）　㊹レザー＝ハーン　㊺ローラット
㊻プールナ＝スワラージ　㊼インドネシア　㊽ホー＝チ＝ミン　㊾ルール　㊿ムッソリーニ
(51)ヴァイマル　(52)シュトレーゼマン

問題演習

1 次に掲げる①～④の時代に関連する各文の正誤を判定し，正文なら○，誤文なら×を記しなさい。

【①第一次世界大戦】

⑴ 立憲同志会を中心にした倒閣運動により，第３次桂太郎内閣は倒れた。［　］
⑵ 憲政会を与党に，第１次山本権兵衛内閣が組織された。［　］
⑶ ドイツでは，第一次世界大戦末期，キール軍港の水兵が戦争続行に反対して反乱を起こした。［　］
⑷ ドイツがイギリスとブレスト＝リトフスク条約を結んだ。［　］
⑸ 日本は，協商国（連合国）側について参戦し，中国にあったロシア租借地を占領した。［　］
⑹ 三月革命（二月革命）が起こると同時に，ソヴィエト社会主義共和国連邦が成立した。［　］
⑺ 三月革命（二月革命）により臨時政府とソヴィエト（評議会）との間に，二重権力状態が発生した。［　］
⑻ 十一月革命（十月革命）によって成立した臨時政府は，無併合・無償金の即時講和を実現した。［　］
⑼ 猪苗代－東京間の長距離送電に成功した。［　］
⑽ 第一次世界大戦のころ，日本では，工業生産額が大幅に増大し，農業生産額を上回った。［　］
⑾ 第一次世界大戦のころ，重化学工業生産額が大幅に増大し，軽工業生産額を上回った。［　］
⑿ 米騒動は，農村や漁村を中心に起こり，都市には広がらなかった。［　］
⒀ 米騒動は，米の安売りなどを求めて起こったが，警察や軍隊によって鎮圧された。［　］
⒁ 第２次大隈重信内閣は，米騒動の収束後まもなく，責任をとり総辞職した。［　］
⒂ 1920年代，日本労働総同盟が，労働争議を指導した。［　］
⒃ 中国では，山東省の旧ドイツ権益の返還を求める民族運動が起こった。［　］
⒄ 第一次世界大戦後にはロシア革命の影響もあり，民族自決の国際世論が盛り上がった。［　］
⒅ 国際連盟が設立され，アメリカとソ連を中心に国際紛争が調停されるようになった。［　］

【②政党政治の展開】

⒆ 原敬内閣は，陸海軍大臣・外務大臣を除き，閣僚に政友会の党員をあてて発足した。［　］
⒇ 原敬内閣は，山東半島の委任統治権を得て，植民地とした。［　］

(21) 原敬内閣は，政友会が関係する汚職事件があいつぎ，世論の反発をかった。 [　]
(22) 原敬内閣は，パリ講和会議に西園寺公望らを送り，ヴェルサイユ条約に調印した。 [　]
(23) 虎の門事件の直後，皇位継承権を明確化するために皇室典範が制定された。 [　]
(24) 普通選挙法は，清浦奎吾内閣の下で成立した。 [　]
(25) 田中義一内閣はモラトリアム（支払猶予令）を発し，金融恐慌を収束させた。 [　]
(26) 田中義一内閣はジーメンス事件関係者を起訴した。 [　]
(27) 金融恐慌に際して，モラトリアム（支払猶予令）が発せられたが，恐慌は鎮静化しなかった。 [　]
(28) 浜口雄幸内閣が断行した金解禁の結果，輸出が増大して景気が回復した。 [　]
(29) 農業恐慌により，東北の農村などで，娘の身売りが増加した。 [　]
(30) ロンドン海軍軍縮条約は若槻礼次郎内閣の時に調印された。 [　]

【③市民文化の展開】
(31) 小林多喜二は社会主義思想の影響をうけて，『蟹工船』を著した。 [　]
(32) 雑誌『太陽』が創刊され，大衆娯楽雑誌として人気を博した。 [　]
(33) この時期の洋食の広がりにより，米の減反政策がとられるようになった。 [　]
(34) 当時の人々に洋食として広がったものの一つに，カレーライスがある。 [　]
(35) この時期の洋装の広がりのなかで，軍隊でもはじめて洋服が採用された。 [　]

【④戦間期の世界】
(36) トルコでは，第一次世界大戦後，スルタン制が廃止された。 [　]
(37) エジプトでは，ドイツ支配下で急激な近代化が試みられた。 [　]
(38) トルコでは，ムスタファ＝ケマル（ケマル＝アタテュルク）が政教分離を実施した。 [　]
(39) フィリピンで，イスラーム同盟（サレカット＝イスラム）が結成された。 [　]
(40) ドイツでは，シュトレーゼマン内閣の下で通貨改革が行われた結果，インフレーションが収まった。 [　]
(41) アメリカ合衆国の女性参政権は，第二次世界大戦の後に実現した。 [　]
(42) 第一次世界大戦中，欧米の参戦国の中には，女性の職場進出が進んだ国もあった。 [　]

2 (1) 選挙権の拡大に関して述べた次の文Ⅰ〜Ⅲについて，古いものから年代順に正しく配列したものを，一番下の選択肢①〜⑥のうちから一つ選べ。
Ⅰ　日本初の社会主義政党が結成され，普通選挙の実現をかかげた。
Ⅱ　第二次護憲運動が展開された。
Ⅲ　選挙権の納税資格が直接国税3円以上に引き下げられた。 [　]

(2) 第一次世界大戦の時期の日本外交に関して述べた次の文Ⅰ〜Ⅲについて，古いものから年代順に正しく配列したものを，一番下の選択肢①〜⑥のうちから一つ選べ。
Ⅰ　シベリア出兵を行った。
Ⅱ　中国政府に二十一か条の要求を行った。
Ⅲ　日英同盟を理由にドイツに宣戦布告した。 [　]

(3) 軍縮の歴史に関して述べた次の文Ⅰ〜Ⅲについて，古いものから年代順に正しく配列したものを，一番下の選択肢①〜⑥のうちから一つ選べ。
Ⅰ　国策の手段としての戦争の放棄を約した不戦条約に調印した。
Ⅱ　補助艦の総保有量（トン数）を英・米の約7割とすることに合意した。
Ⅲ　主力艦保有量（トン数）を英・米の5分の3に制限することに合意した。 [　]

(4) 南アジアの植民地支配や民族運動に関する次の出来事Ⅰ〜Ⅲが，古いものから年代順に正しく配列されているものを，一番下の選択肢①〜⑥のうちから一つ選べ。
Ⅰ　非暴力・不服従運動の開始
Ⅱ　全インド＝ムスリム連盟の結成
Ⅲ　ベンガル分割令の発布 [　]

《選択肢》
① Ⅰ−Ⅱ−Ⅲ　　② Ⅰ−Ⅲ−Ⅱ　　③ Ⅱ−Ⅰ−Ⅲ
④ Ⅱ−Ⅲ−Ⅰ　　⑤ Ⅲ−Ⅰ−Ⅱ　　⑥ Ⅲ−Ⅱ−Ⅰ

1 世界恐慌とファシズム

(1) 世界恐慌と日本への波及

1　1920年代のアメリカの経済的繁栄→過剰生産・過度の（❶　　　　）投機熱

→（❷　　　　）年10月，ニューヨークでの株価暴落→アメリカが恐慌に突入→世界恐慌

2　世界恐慌の影響

a．アメリカ資本，資金の引き上げ→ヨーロッパ諸国や植民地・従属国も巻き込む経済混乱となる

b．アメリカでは農業不況に加え，工業生産力が著しく低下し，失業者が大量に発生した

c．中産階級の没落や労働条件の悪化

→政情不安は（❸　　　　）台頭の要因となる。植民地・従属国の民族運動が高まる

(2) ブロック経済圏の形成

a．1932年のイギリス連邦経済会議〈オタワ会議〉で特恵関税制度の制定→スターリング＝ブロック形成

b．フランスもフラン＝ブロック形成

(3) ニューディール

1　1932年大統領選挙…民主党の（❹　　　　）が大統領に当選

2　（❺　　　　）…全国産業復興法（NIRA）・農業調整法（AAA）・テネシー川流域開発公社（TVA）

3　善隣外交…ラテンアメリカ諸国との関係改善へ。内政干渉策を緩和し，（❻　　　　）を承認（1933年）

(4) スターリン体制

スターリン体制の確立…第2次五か年計画（1932〜37年）によりいっそうの重工業化，農業集団化を推進

(5) ファシズム

ファシズム…カリスマ的なリーダーの強力な指導のもと，国家の統制によって危機打破をめざす

→ナショナリズムを煽る一方，共産主義や議会主義を否定

(6) ヒトラーの支配

a．（❼　　　　）率いるナチ党（国民社会主義ドイツ労働者党）の躍進

→ヴェルサイユ体制打破を訴える→1932年の総選挙でナチ党が第一党に。翌33年にヒトラー内閣樹立

b．国会議事堂放火事件で共産党を弾圧

c．（❽　　　　）法（1933年）を制定，議会の力を奪う。一党独裁体制確立

d．ユダヤ人迫害を強行

(7) ドイツ・イタリアの対外侵略

1　ドイツ→第三帝国…ヒトラーが大統領と首相をかねて総統となり，ヴェルサイユ体制に挑戦

a．国際連盟脱退（1933年）→再軍備宣言，徴兵制を復活

b．ロカルノ条約破棄し，非武装地帯（❾　　　　）に軍事進駐を強行。戦争準備を始める

2　イタリア

a．イタリアのファシスト政権（ムッソリーニ）は（❿　　　　）に侵入（1935年）→翌年併合

b．ドイツとイタリアの接近…日独伊三国防共協定の成立（1937年）

c．（⓫　　　　）…1938年，イギリス・フランス・ドイツ・イタリアでズデーテン地方割譲認める

2 満洲事変

(1) 満洲事変

1　（⓬　　　　）事件（1931年9月18日）：第2次若槻礼次郎内閣不拡大方針

2　関東軍，満洲全土占領　中国が国際連盟に提訴し，（⓭　　　　）調査団が派遣される

(2) 政党政治の崩壊と国際連盟脱退

1　第1次上海事変の開始（1932年1月）

2　「（⓮　　　　）」の建国（1932年3月）：執政（⓯　　　　）

3　（⓰　　　　）事件（1932年5月）：犬養毅首相が暗殺され，斎藤実内閣が成立＝政党内閣の終わり

4　日満議定書の締結（1932年9月）

5　日本の国際連盟脱退通告（1933年3月）　→国際的孤立の道へ

6　関東軍，塘沽停戦協定（1933年5月）

(3) 軍国主義化の進展

1　（⓱　　　　）事件（1933年）：京都帝国大学教授滝川幸辰を休職処分とする事件（刑法学説が共産主義的）

② 天皇機関説事件（1935年）：議会政治の根拠とされていた天皇機関説が国体に反するとして，著者の美濃部達吉を攻撃→岡田啓介内閣による（**⑱**　　　）声明
（4）インフレと重化学工業化
　　① 経済政策：金輸出再禁止→管理通貨制度への移行
　　② 工業水準の回復：1933年に恐慌以前の水準まで回復
　　③ （**⑲**　　　）財閥の成長：重化学工業部門で軍部と結びつき朝鮮・満洲に進出
　　④ 農村復興対策：（**⑳**　　　）運動の推進，産業組合の設立
　　⑤ 東北大凶作（1934年）により農村窮乏の深刻化

③ 日中戦争

（1）二・二六事件
　　① 陸軍の派閥抗争　「国家改造」の路線対立　統制派 VS（**㉑**　　　）派
　　② （**㉒**　　　）事件（1936年2月26日）：（**㉑**　　　）派の青年将校によるクーデタ
　　③ 軍部の政治的発言力の増大（広田弘毅内閣　1936年3月〜37年2月）←軍部大臣現役武官制の復活
　　④ 日独防共協定の締結（1936年）：ソ連を仮想敵国　→日独伊三国防共協定（1937年）
（2）日中戦争の全面化
　　① 満洲事変後の日中関係
　　　　ａ．華北分離工作（1935年）
　　　　ｂ．（**㉓**　　　）事件（1936年）→内戦停止，第2次（**㉔**　　　）の実現（1937年9月）
　　② 日中戦争：「北支事変」から「支那事変」へ
　　　　ａ．（**㉕**　　　）事件（1937年7月7日）…日中両軍の武力衝突
　　　　ｂ．日中戦争の拡大
　　　　　・首都南京占領（1937年12月）→（**㉖**　　　）事件，国民政府重慶移転
　　　　　・第1次（**㉗**　　　）声明（1938年1月）（「国民政府を対手とせず」声明）
　　　　　・第2次（**㉗**　　　）声明（1938年11月）（「東亜新秩序」声明）　→汪兆銘工作
（3）日独伊三国同盟と南進
　　① ソ連との緊張
　　　　ａ．（**㉘**　　　）事件（1939年5月）：満蒙国境紛争　→関東軍大敗
　　　　ｂ．独ソ不可侵条約の締結（1939年8月）
　　② 南進への方針変更
　　　　ａ．ドイツのポーランドへの侵攻により，第二次世界大戦勃発（1939年9月）
　　　　ｂ．南進　日中戦争の長期化　→南進政策：（**㉙**　　　）ルートの遮断・南方資源の確保
　　　　ｃ．日独伊三国同盟（第2次近衛文麿内閣）
（4）戦時体制の強化
　　① （**㉚**　　　）法（1938年4月）→国民徴用令・賃金統制令・価格等統制令（1939年）など制定
　　② （**㉛**　　　）運動（1937年〜）：「挙国一致・尽忠報国・堅忍持久」
　　③ 産業報国会（1938年〜）：企業を労資一体で戦争協力に動員
　　　　→全国連合組織として大日本産業報国会が結成（1940年）
　　④ 大政翼賛会（1940年〜）：「上意下達」の官制組織
（5）文化の統制
　　① 超国家主義の台頭：『（**㉜**　　　）』配布（1937年），『臣民の道』配布（1941年）
　　② 思想と宗教の弾圧
　　　　ａ．第1次・第2次（**㉝**　　　）事件（1937〜38年）
　　　　ｂ．矢内原事件（1937年）…東大教授矢内原忠雄が植民地政策を批判して辞職に追いこまれる

④ 第二次世界大戦とアジア・太平洋戦争

（1）日米交渉
　　① 日米交渉：1941年4月開始するも難航　（日本側）野村吉三郎－（アメリカ側）国務長官ハル
　　② （**㉞**　　　）条約：1941年4月調印（外相（**㉟**　　　），独ソ不可侵条約の締結が契機）
　　③ 独ソ戦勃発（1941年6月）→南北併進方針に変更
　　　　ａ．関東軍特種演習（関特演）の名目で兵力を満洲に集結（1941年7月）
　　　　ｂ．（**㊱**　　　）進駐（1941年7月）

④ アメリカ対日石油禁輸措置（1941年8月）→「（ **㊲** ）包囲陣」と呼ばれる状況に

⑤ 御前会議で対英米戦決意（1941年9月）「帝国国策遂行要領」を決定

⑥ 第3次近衛内閣総辞職（1941年10月）→東条英機陸相が組閣（戦争内閣）

⑦ アメリカ側（ **㊳** ）提出（1941年11月）→日米交渉決裂→御前会議で開戦決定

(2) 開戦と「大東亜共栄圏」

① 開戦：ハワイ（ **㊴** ）攻撃とマレー半島上陸作戦（1941年12月8日）

② 戦局の転換：（ **㊵** ）海戦敗北（1942年6月）→連合軍の反攻

③ ガダルカナル島に米軍上陸（1942年8月），ニューギニア・南太平洋の島々の戦い

(3) 戦局の転換と植民地占領支配の実態

① 戦局の悪化

a.（ **㊶** ）島陥落（1944年7月）：東条内閣総辞職（1944年7月）→小磯国昭内閣の成立

b. 米軍フィリピン・（ **㊷** ）島上陸（1944年10月）→（ **㊷** ）沖海戦（敗北，神風特攻隊の出撃）

c.（ **㊸** ）戦（1945年3月末〜6月）

アメリカ軍の沖縄本島上陸→住民を巻き込んだ唯一の地上戦

日本軍は本土決戦準備の時間かせぎ・捨て石作戦との位置づけ→住民の避難や安全確保は軽視

兵力不足→中学校のなどの男女生徒は鉄血勤皇隊・女子学徒隊（ひめゆり学徒隊など）に編成

d. ドイツ降伏（1945年5月）

・ユダヤ人をポーランドのオシフィエンチム（アウシュヴィッツ）などに収監

→組織的な迫害と大量殺戮（ホロコースト）

・ドレスデン空襲（1945年2月）→ヒトラー自殺（4月）→ドイツ降伏（5月）

② 占領地支配の実態

a.「大東亜共栄圏」…日本によるアジア地域に対する占領支配を美化するスローガン

b. 皇民化政策…日本語使用強制などの同化政策→戦争動員

→抗日運動の展開

(4) 国民生活の破滅

① 総力戦への動員

a.（ **㊹** ）動員（中等学校以上）・女子挺身隊（14歳以上25歳未満の独身女性）

b.（ **㊺** ）（1943年〜）…徴兵を猶予されていた学生の出征

② 生活の破滅

a. 物資の不足…食糧難，配給制，闇取引，買い出し

b. 本土空襲…（ **㊻** ）・建物疎開

(5) 敗戦

a. カイロ宣言（1943年12月）

b.（ **㊼** ）会談→ヤルタ協定（1945年2月）：ソ連の対日参戦を密約

c. ポツダム会談（1945年7月）：（ **㊽** ）宣言（米・英・中の共同宣言として発表）

→日本の無条件降伏を求める

d.（ **㊾** ）投下・ソ連参戦 →御前会議でポツダム宣言受諾決定（1945年8月14日）

〔解答〕❶株式 ❷1929 ❸ファシズム ❹フランクリン＝ローズヴェルト ❺ニューディール ❻ソ連 ❼ヒトラー ❽全権委任 ❾ラインラント ❿エチオピア ⓫ミュンヘン会議 ⓬柳条湖 ⓭リットン ⓮満洲国 ⓯溥儀 ⓰五・一五 ⓱滝川 ⓲国体明徴 ⓳新興 ⓴農山漁村経済更生 ㉑皇道 ㉒二・二六 ㉓西安 ㉔国共合作 ㉕盧溝橋 ㉖南京 ㉗近衛 ㉘ノモンハン ㉙援蔣 ㉚国家総動員 ㉛国民精神総動員 ㉜国体の本義 ㉝人民戦線 ㉞日ソ中立 ㉟松岡洋右 ㊱南部仏印 ㊲ABCD ㊳ハル＝ノート ㊴真珠湾 ㊵ミッドウェー ㊶サイパン ㊷レイテ ㊸沖縄 ㊹勤労 ㊺学徒出陣 ㊻学童疎開 ㊼ヤルタ ㊽ポツダム ㊾原子爆弾

2025 実戦攻略
大学入学共通テスト問題集

歴史総合，日本史探究

解答編

実教出版

| 第1章 | 日本文化のあけぼの・ヤマト政権の成立と古墳文化 |

1

【①日本列島最古の文化】

(1)（○）

(2)（○）

【②縄文時代の社会と文化】

(3)（○）

(4)（○）

(5)（×）モースは，東京大学で生物学を講義したが，大森貝塚を発見して考古学の発達にも貢献した。
→クラークは，札幌農学校の副校長として招聘された農学博士。

(6)（×）縄文時代の人々は，狩猟・採集の生活を送り，獲物を追って移動していた。環状集落などを形成していた。

(7)（○）

(8)（○）

【③弥生時代の社会と文化】

(9)（○）

(10)（○）

(11)（×）北海道と沖縄には，弥生文化は伝わらなかった。（北海道→続縄文文化，沖縄→貝塚文化）

(12)（○）

(13)（○）

(14)（×）弥生時代前期には，中国から平形銅剣・広鋒銅戈が伝えられ，祭器として使用された。

(15)（○）

【④小国の分立と邪馬台国】

(16)（○）

(17)（×）卑弥呼の記述は，『魏志』倭人伝に倭の王として邪馬台国を支配していた，とある。

(18)（○）

(19)（○）

(20)（○）

(21)（○）

(22)（×）卑弥呼は弟の補佐を得て国の統治を行った。

(23)（×）邪馬台国では，身分は下戸・大人，奴婢などに分かれていた。

(24)（○）

(25)（○）

【⑤古墳の出現とヤマト政権の成立】

(26)（×）前期古墳は，平野部に盛り土をして築かれるという特徴がある。

→前期古墳は瀬戸内・畿内の台地上のものであるので誤り。

(27)（×）前期古墳には，銅鐸や鏡・玉類などの呪術的な宝器や装飾品が副葬品として埋納された。
→銅鐸は埋納されていないので誤り。

(28)（○）

(29)（×）前期古墳の代表的なものとして，高松塚古墳がある。→高松塚古墳は終末期なので誤り。

(30)（×）古墳の表面は葺石でおおわれ，家屋や人物などをかたどった形象埴輪がならべられた。

(31)（×）中期古墳には，古墳に甲冑・武具・馬具などが副葬されていることから，首長が武人的性格をもっていたことが知られる。

(32)（×）前方後円墳には濠がめぐらされ，周囲には殉死した奴婢や家人の陪冢が築造された。

(33)（○）

(34)（×）5世紀の前方後円墳の副葬品は，馬具・甲冑や大量の鉄製武器が主となっている。

(35)（○）

(36)（×）倭の五王が次々に中国の南朝に使者を送り，「安東大将軍」の称号や銅鏡などを与えられた。

(37)（○）

(38)（○）

(39)（×）ヤマト政権の最高首長が5世紀に大王の称号を用いていたことは，江田船山古墳出土大刀の銘文などによって知られる。

(40)（○）

(41)（○）

(42)（×）「天皇」の語が見える江田船山古墳出土大刀銘が有名である。
→当該銘文に「天皇」の語は見られない

(43)（○）

(44)（×）巨大な前方後円墳が現れるが，奈良県の高松塚古墳もその一つである。
→高松塚古墳は装飾古墳であるので誤り。

(45)（×）墳丘墓とよばれる古墳群が，近畿地方を中心に広がった。→墳丘墓は古墳ではないので誤り。

(46)（○）

【⑥ヤマト政権の展開と政治の進展】

(47)（○）

(48)（×）古墳時代には，朝鮮半島から渡来した人々によって，須恵器と呼ばれる灰色で硬質の土器の生産が行われた。

(49)（○）

(50)（○）

(51)（○）臣姓の多くは地名にちなむ氏の名をもち，

連姓の多くは職掌にちなむ氏の名をもつ。

(52)（○）

(53)（○）

(54)（×）ヤマト政権はそれまでの地方豪族を国造に任命して地方を支配した。

(55)（×）国造のなかには，大王家に直属する屯倉の管理を行う者もいた。

(56)（○）

(57)（○）

(58)（○）

(59)（○）

【⑦古墳時代の生活と文化】

(60)（○）

(61)（×）身についたけがれや罪悪をはらいのけるための呪術的な風習として，禊や祓などが行われるようになった。

(62)（○）

(63)（○）

(64)（○）

(65)（×）機織の技術を伝えたのは，渡来系氏族の秦氏である。

(66)（○）

(67)（○）

(68)（○）

(69)（○）

(70)（○）

(71)（×）臣や連の姓が与えられた人々のほとんどは，渡来人であった。
　　　→主に中央の豪族に与えられた。

(72)（○）

第2章 律令国家の形成

❶

【①古代国家の形成】

(1)（○）

(2)（×）国造のなかには，筑紫の磐井のように反乱を起こすものもいた。

(3)（×）厩戸王（聖徳太子）が任じられたという推古朝の摂政は，令外官の一つとして置かれた。
　　　→律令制定以前には「令外官」はないので誤り。

(4)（×）推古朝では，豪族を官僚として編成するために，官位相当の制が定められた。→官位相当制は8世紀に定められたものであるので誤り。

(5)（○）

(6)（○）

(7)（○）

(8)（×）白村江の戦いでの敗戦の直後，朝鮮半島から渡来した人の指導のもとに，防衛のため多

賀城など朝鮮式山城とよばれる諸城が築かれた。
　　　→多賀城は朝鮮式山城ではないので誤り。

(9)（×）白村江の戦い以後の朝鮮半島情勢を意識した防衛策として大宰府の北に水城が築かれた。

【②飛鳥文化・白鳳文化】

(10)（×）若草伽藍跡の発掘により，現存の法隆寺の伽藍は創建時のものではなく，再建されたものと判明した。

参考 法隆寺再建

明治中頃まで，法隆寺は「聖徳太子」当時から火災などに遭うことなく創建当時のものがそのまま残されていると考えられてきた。しかし，『日本書紀』にも，670年の記事に「夜半之後，災法隆寺，一屋無余」（夜半之後（あかつき），法隆寺に災（ひつ）けり，一屋（ひとつのいえ）も余ること無し）とみえることなどから，喜田貞吉などの歴史学者が異を唱え，論争となった。1939年，西院境内の若草伽藍跡から四天王寺式伽藍配置の寺院跡が発見されたことにより，「若草伽藍が旧法隆寺で，670年に焼失したあと，現在の法隆寺が再建された」との法隆寺再建論は確実視され，論争は決着したかのように見えた。しかし近年，年輪年代法により，「使用されている木材の伐採が焼失以前に始まっている（心柱については創建以前）」ということがわかり，さらなる検討を要している。

(11)（×）法隆寺金堂の釈迦三尊像は北魏の文化の影響を強く受けている。

(12)（×）法隆寺金堂の釈迦三尊像は，鞍作鳥が制作したものである。

(13)（○）

(14)（×）法隆寺金堂壁画は，中国初唐文化の影響がおよんだころの作品で，高松塚古墳壁画とともに白鳳文化を代表する作品の一つである。

(15)（○）

(16)（○）

(17)（○）

【③律令制度】

(18)（×）律は，犯罪とそれに対する刑罰について定めた法典である。

(19)（○）

(20)（×）刑部省は，刑罰に関する政務を担当した。
　　　→治部省は外交・僧尼を担当した。

(21)（×）位田は，位階に応じて支給された。

(22)（×）平城京には，交易を管理するために東西の市司を設けた。

(23)（×）調・庸・雑徭は，良民の一員である官人

にも賦課された。
→畿内の課丁は，調は半分，庸はすべて免除されたので誤り。

(24)（×）奈良時代には桑の栽培と養蚕が行われ，絹が租として徴収された。→租は収穫の約3％の米。

(25)（○）

(26)（×）調とは，麻布などの各地の特産物を，中央に納めるものである。

【④奈良時代の政治】

(27)（×）藤原不比等没後に政界を主導した長屋王を自殺に追い込んだ事件は，不比等の4子による策謀であった。

(28)（×）長屋王には，平城京内に広大な邸宅が与えられた。

(29)（×）藤原四子のうち，宇合の系統の式家は，広嗣が反乱をおこしたため没落した。

参考 藤原四子

南家：藤原武智麻呂（680～737）：邸宅が平城京の南にあったことに由来

北家：藤原房前（681～737）：邸宅が平城京の北にあったことに由来

式家：藤原宇合（694～737）：宇合が務めた式部卿の官名に由来

京家：藤原麻呂（695～737）：麻呂が務めた京職大夫の官名に由来

(30)（○）

(31)（×）国分寺・国分尼寺建立の詔は，国ごとに国分寺と国分尼寺を建立するよう定めた聖武天皇の命令である。

(32)（×）大仏造立の詔にもとづき，東大寺に盧舎那仏像が造られた。

(33)（×）藤原氏は，大化の改新に功績のあった中臣鎌足に，藤原朝臣の氏姓が与えられて成立し，その曾孫藤原仲麻呂は律令編纂などに大きな役割を果たした。

【⑤天平文化】

(34)（×）日本の仏教は，盛唐文化に強い影響をうけた結果，8世紀後半以後，国家仏教的性格を強め，鎮護国家思想の成立をみた。

(35)（×）遣唐使にともなわれて渡来した鑑真は，奈良に唐招提寺を建てた。

(36)（○）

2

(1) 正解 − ⑤

Ⅲ→421～78年。倭の五王は，朝鮮半島における立場を有利にし，かつ国内支配の安定のために中国南朝に朝貢した。『宋書』倭国伝には倭王武の上表文が掲載されており，それによれば，倭王武は中国南朝に七国諸軍事安東大将軍倭国王の立場を求めたものの，百済を除く六国諸軍事安東大将軍倭王の地位を与えられ，支配権を承認されたことが記されている。

Ⅰ→527年。512年に倭国が影響力をもっていた加耶地域の4県の支配権を，大連大伴金村が百済に譲った。これに反発した新羅は加羅地域に対する圧迫を強めたことから，倭国は「任那」救援軍を派遣しこれを阻止しようとしたが筑紫国造磐井は新羅と結んでこれに抵抗した。この事件は，越前出身の継体天皇のもとヤマト政権の支配が浸透する過程と，弥生時代以来の北九州・朝鮮半島のつながりに軋轢が生じた事件であるといえる。磐井の乱は物部氏らにより鎮圧され，以後大伴氏にかわって物部氏が台頭する契機となった。また，朝鮮半島では562年に新羅が加羅を滅亡に追い込み，ヤマト政権は朝鮮半島における鉄資源の供給地を失った。

Ⅱ→663年。660年に唐・新羅の連合軍が百済を滅亡に追い込んだが，これを発端として百済の亡命貴族が倭国に救援を求めた。倭国は朝鮮半島に軍隊を派遣し，白村江で唐・新羅の連合軍と戦った。敗北した倭国は，亡命百済貴族の指導のもと朝鮮式山城を北九州から畿内にかけて建築したり，大宰府の北に水城を建設したりした。また，水陸交通の便が良い近江大津宮への遷都も行われた。

(2) 正解 − ⑥

Ⅲ→729年。長屋王は天武天皇の孫で左大臣であった。光明子（藤原不比等の娘）を聖武天皇の皇后にしようとする藤原四子と対立し，729年に自殺に追い込まれた（長屋王の変）。これにより光明子が皇族以外で初めて皇后となった。

Ⅱ→740年。藤原広嗣は式家宇合の子。時の橘諸兄政権では，唐への留学経験のある僧玄昉と吉備真備が重用され，藤原氏が遠ざけられていた。広嗣は大宰府で挙兵し，橘諸兄政権の政治顧問である玄昉と吉備真備の排除を目指すも，失敗し斬殺された。

Ⅰ→757年。橘奈良麻呂は橘諸兄の子。諸兄が失脚したのち，光明皇太后の信任を得た藤原仲麻呂（藤原不比等の孫，南家）が権力をもったが，これに反発した奈良麻呂が敗死した。

(3)　正解－⑥

Ⅲ－官道（駅路）に沿って駅家を設けることが律令に定められたのは，律令体制が成立をみた8世紀初頭。701年に大宝律令が編纂され，これによって律と令に基づく律令体制が一応の成立を見た。

Ⅱ－諸国に国分寺・国分尼寺を建立することが命じられたのは741年。聖武天皇は鎮護後国家思想の一環で国ごとに国分寺（金光明四天王護国之寺），国分尼寺（法華滅罪之寺）を建立せよとの詔を当時の都であった山背国恭仁京で発布した。

Ⅰ－志波城の構築は803年。前年の802年には胆沢城が置かれている。797年に征夷大将軍に任じられた坂上田村麻呂が中心となって進めた。

(4)　正解－⑤

Ⅲ－朝鮮半島から儒教の経典を伝える五経博士や暦博士，医博士などが渡来したのは6世紀。

Ⅰ－百済の滅亡は660年，高句麗の滅亡は668年。いずれの国からも日本へ多くの人々が移住した。

Ⅱ－渤海は698年に建国され926年に滅亡した中国東北部に栄えた国。唐・新羅との対立から日本へたびたび朝貢した。

(5)　正解－⑥

Ⅲ→大伴金村が継体天皇を大王に擁立したのは6世紀初頭。大伴金村はこのあと，加耶地域をめぐる外交の失策で失脚した。

Ⅱ→物部守屋を滅ぼし，在位中の大王（崇峻天皇）を殺害したのは蘇我馬子。蘇我馬子はこれにより権力を強めた。

Ⅰ→初の女性天皇とは推古天皇のこと。崇峻天皇の死後，推古天皇が即位し，蘇我馬子と血縁のある厩戸王が協調して政治を行った。

(6)　正解－④

Ⅱ→百済の聖明王（聖王）によってはじめて公式に仏教が伝わったのは6世紀なかごろ。仏教信仰にあつい厩戸王はその注釈書『三経義疏』を著したと伝えられている。

Ⅲ→小野妹子が中国に遣わされたのは7世紀初め。607年に遣隋使として中国にわたった小野妹子は隋の不興を買うも，煬帝は倭との対立を避けて翌年に裴世清を遣わした。その翌年に小野妹子が再派遣された際に高向玄理や旻，南淵請安などの留学生・留学僧を随行させた。

Ⅰ→8世紀初頭，吉備真備は唐へ留学し，その経験から聖武天皇の時代，僧玄昉とともに橘

諸兄政権で登用された。これにより藤原氏の勢力が後退したことから藤原広嗣が大宰府で反乱を起こした。

(7)　正解－⑤

Ⅲ→大宝律令の施行は701年，そのときの天皇は文武天皇である。その子（のちの聖武天皇）は幼く，彼の死後は母の元明天皇が即位した。

Ⅰ→墾田永年私財法の発布は743年，そのときの天皇は聖武天皇。同法は三世一身法（723年）の収公を停止したもの。聖武天皇は娘に譲位し，孝謙天皇とした。

Ⅱ→東大寺の開眼供養を行ったのは孝謙天皇。東大寺開眼供養には父の聖武太上天皇，母の光明皇太后，孝謙天皇が参列した。

第3章　古代の国家・社会の変容

1

【①律令国家体制再編期の政治と社会】

(1)（×）仏教を重視する政治が否定されたことにより，奈良の大寺院は，伽藍を山中に移して自らの存続をはかった。→平城京からの移転を禁じられた

(2)（○）

(3)（○）

(4)（×）桓武天皇の時代には，律令政治の再建が進められ，東北地方での蝦夷に対する軍事政策は一時中断した。

(5)（×）藤原冬嗣は，平城太上天皇の変に際して初めて設けられた蔵人頭となり，天皇の側近として信任され，皇室と姻戚関係を結んだ。

(6)（×）嵯峨天皇の時に置かれた蔵人頭の主要な職務は，天皇の秘書官であった。

【②摂関政治の成立と支配体制の転換】

(7)（○）

(8)（○）

(9)（○）

⑽（○）

⑾（○）

⑿（○）

参考　摂関政治

(1)特徴

・藤原氏の氏長者が摂政・関白に就任
　→天皇との信頼関係をもとに公卿を指導

・公卿会議（陣定）の大半を藤原氏が独占
　→役人の任免権を獲得

・陣定：天皇の諮問に対して議政官が各自の意見を述べる

→国政の形式化・儀式化（年中行事）／地方政治の混乱

・経済基盤：国家的給与（位田・職田など）＋受領の奉仕＋寄進地系荘園

(2)藤原道長（966〜1027）「御堂関白」

「この世をば我が世とぞ思ふ望月のかけたることもなしと思へば」（『小右記』）

(996) 藤原伊周・隆家兄弟を退け，左大臣となる

(1016〜17) 摂政：(1016) 後一条天皇は9歳で即位→翌年，頼通に譲る

(1017〜19) 太政大臣

＊四子入内

彰子（一条天皇）・妍子（三条天皇）・威子（後一条天皇）・嬉子（後朱雀天皇）

→後一条・後朱雀・後冷泉の外祖父

(1022) 法成寺の造営→日記『御堂関白記』

＊藤原道長は関白にはなっていない

(3)藤原頼通（992〜1074）「宇治関白」

(1017〜19) 摂政：後一条天皇

(1019〜68) 関白：後一条・後朱雀・後冷泉天皇

(1053) 平等院鳳凰堂（宇治の別荘を寺院に改めて平等院とし，阿弥陀堂を建立）

(1068) 弟の教通に関白の座をゆずり引退

＊頼通の娘に子はなく，藤原氏との外戚関係をもたない後三条天皇が即位し衰退

⒀（×）遣唐使の派遣がとだえたため，大陸との貿易や人々の往来も行われなくなった。
→遣唐使派遣停止後も民間での交流は活発だった

参考 主な遣唐使

出発年	航路	主な遣唐使・関係者
630	北路？	犬上御田鍬
654	北路	高向玄理
717	南島路？	玄昉・吉備真備・阿倍仲麻呂
737	南島路？	玄昉・吉備真備帰国
752	南島路	藤原清河・吉備真備　鑑真来日
804	南路	空海・最澄・橘逸勢
838	南路	小野篁・円仁
894	中止	菅原道真

⒁（×）朝廷は大宰府に直営の公営田を設置して，租税を確保しようとした。

⒂（×）名は，10世紀の税制改革によって各地に設けられた。

⒃（×）海賊を率いて藤原純友らが反乱をおこし，大宰府などを襲撃した。

⒄（×）10世紀には，藤原純友が瀬戸内海の海賊を率いて反乱を起こした。

【③国風文化】

⒅（×）末法思想の流行とともに浄土教が広まり，源信は『往生要集』を著した。

⒆（○）

⒇（×）藤原道長が晩年浄土教を信仰して建立した法成寺は，六勝寺の中でも特に壮麗であったことで知られる。→六勝寺は院や院の近臣の御願寺の総称であり法成寺は含まれないので誤り。

㉑（×）平等院は，宇治の別荘を寺院に改めたものである。

㉒（×）漢字の一部をとった片仮名と，草書体をくずした平仮名が作られた。

㉓（×）国交がとだえたことから貴族たちの中国文化への関心は減り，男性貴族も平仮名で日記を書くことが一般化した。
→中国文化への関心は維持され，平仮名は主に女流文学で用いられたので誤り。

㉔（×）平安時代になると平仮名がつくられ，『懐風藻』のような仮名（かな）で書かれた作品があらわれた。
→『懐風藻』は漢詩集であるので誤り。

㉕（×）藤原頼通が建立した平等院鳳凰堂の本尊は，定朝が作った寄木造の阿弥陀如来像である。

㉖（○）

㉗（○）

㉘（×）藤原行成らの能書家によって，和風の書が広められた。

㉙（○）

㉚（○）

㉛（○）

2

(1) 正解 − ③

Ⅱ→765年。称徳天皇が太政大臣禅師の地位を設けたのは765年。その地位に任じられたのは称徳天皇の寵愛を受けた法相宗の僧道鏡であった。道鏡は称徳天皇（当時は孝謙太上天皇）の病を秘法で治したことで寵愛を受け，光明皇太后の後ろだてのもと権力を誇っていた藤原仲麻呂を圧倒した。

Ⅰ→797年。坂上田村麻呂が征夷大将軍に任じられたのは797年。桓武天皇は蝦夷征討を進めるなかで東漢氏出身の坂上田村麻呂を令外官（令に規定されていない新たな官職）の一

つである征夷大将軍に任じた。坂上田村麻呂は蝦夷の族長阿弖流為と副族長母礼を服属させ，胆沢城・志波城を設置した。

Ⅲ→810年。平城太上天皇の変に先んじて蔵人頭を設けたのは810年。病気のため三年で退位した平城太上天皇に代わり，弟の嵯峨天皇が即位していたが，藤原式家の仲成・薬子の兄妹が平城太上天皇重祚を企てたのが平城太上天皇の変である。この事件に先んじて嵯峨天皇は天皇の秘書官として機密文書を扱う令外官である蔵人所を設け，その長官である蔵人頭に藤原北家の冬嗣を任じた。

主な令外官

中納言 （705）文武
　大納言と同じ職掌ではあるが，大納言は大臣不在の際に職務の代行が可能であるのに対し，中納言は不可

按察使 （719）元正
　地方行政の監察官として設置　特定国の国司が兼任→近隣数か国を管轄
　（798）に蝦夷征討のための指揮官となる（常設）

参議 （731）聖武　公卿　中納言に次ぐ

内大臣 （777）光仁
　左右大臣が出仕しないときに代わって政務・儀式をおこなう

征夷大将軍（794）桓武
　蝦夷征討のための臨時の最高指揮官

勘解由使 （797）桓武
　国司交替の際の不正や紛争をなくすために引継書類（解由状）を審査

蔵人頭 （810）嵯峨
　天皇の秘書官で機密文書を扱う

検非違使 （816）嵯峨
　犯人検挙，訴訟・裁判など　弾正台・刑部省・五衛府・京職などの権限吸収　室町幕府の侍所に権限を奪われる

押領使 （878）陽成
　暴徒を鎮圧

関白 （884）光孝
　天皇成人時，政務を後見　内覧権をもつ

追捕使 （932）朱雀
　諸国奸盗を追捕

(2)　正解－⑤
Ⅲ→858年（正式には866年）。858年に没した文徳天皇に代わって初めて幼少で即位したのが清和天皇。清和天皇は藤原良房の外孫であ

り，天皇が即位した858年に良房は事実上の摂政となったが，応天門の変で伴善男らを排斥した866年に正式に認められた。摂政とは「政（まつりごと）を摂（と）る」の意で，天皇が幼少のときにその政務を代行する役職を指す。

Ⅰ→884年。光孝天皇は陽成天皇の次の天皇。清和・陽成と幼少即位が続いていたが，陽成天皇はその奇行により廃位され，新たに藤原基経らによって擁立されたのが光孝天皇である。基経はその状況下で初めて関白に任じられた。関白は「関（あずか）り白（もう）す」の意であり，天皇が成人であるときにその政務を後見・補佐する役職を指す。

Ⅱ→901年。醍醐天皇のときの右大臣が菅原道真，左大臣が藤原時平であったが，時平の讒言により菅原道真は901年に大宰府に左遷された。

(3)　正解－⑤
Ⅲ→905年。『古今和歌集』が編まれたのは醍醐天皇の時期。『古今和歌集』は初の勅撰和歌集で八代集の最初。『土佐日記』で知られる紀貫之が仮名序を担当した。

Ⅰ→1053年。平等院鳳凰堂は藤原頼通の宇治の別荘を寺院に改めたもの。阿弥陀如来をまつる阿弥陀堂を鳳凰堂という。仏教では，仏の教え・修行・その効果としての悟りがすべて得られる，釈迦入滅後1,000年間を正法といい，修行が形式化する像法の1,000年を経て，教えも修行の効果も得られない10,000年間の末法が到来すると考えられた。日本では1052年に末法に突入するとされ，従来の密教による現世利益も得られなくなることなどから死後の極楽往生を願う浄土教が流行した。そうしたなかで平等院鳳凰堂をはじめとした阿弥陀堂が各地に建てられた。

Ⅱ→12世紀。『源氏物語絵巻』や『信貴山縁起絵巻』などの絵巻物が作られたのは院政期の12世紀ころ。絵巻物は基本的には詞書と絵からなり，絵巻物を繰っていくことで物語の進行を表現する。ほかに応天門の変を描いた『伴大納言絵巻』なども押さえておこう。

八代集

『古今和歌集』：（905）成立。紀貫之・凡河内躬恒・紀友則らの撰

『後撰和歌集』：（951）成立。大中臣能宣ら梨壺の五人らの撰

『拾遺和歌集』：（998）成立。藤原公任または花山上皇の撰

『後拾遺和歌集』：(1086) 成立。藤原道俊の撰
『金葉和歌集』 ：(1127) 成立。源俊頼の撰
『詞花和歌集』 ：(1151) 成立。藤原顕輔の撰
『千載和歌集』 ：(1187) 成立。藤原俊成 (定家
　　　　　　　　　の父) の撰
『新古今和歌集』：(1205) 成立。藤原定家の撰

(4)　正解-⑤
　　Ⅲ-蔵人頭が設けられたのは810年。平城太上
　　天皇の重祚の策動に先駆け，嵯峨天皇は藤原
　　冬嗣や巨勢野足を蔵人頭，清原夏野らを蔵人
　　とする蔵人所を設けた。彼らは天皇の秘書官
　　として機密文書を扱った。
　　Ⅰ-摂政・関白がほぼ常置されるようになった
　　のは969年の安和の変以降。以前から摂政や
　　関白が置かれることはあったが，醍醐天皇の
　　延喜の治や村上天皇の天暦の治など置かれな
　　い場合もあった。源高明を排斥した安和の変
　　以降は藤原氏を外戚にもたない後三条天皇が
　　即位する1086年まで，摂政・関白はほぼ常置
　　されるようになった。
　　Ⅱ-院の命令を伝える文書は院宣，院庁が下す
　　文書は院庁下文という。これらが大きな効力
　　を持つようになったのは1086年に白河上皇が
　　院政を開始してからである。
(5)　正解-③
　　Ⅱ-大宝令は701年，文武天皇のときに成立し
　　た。郡司はもと地方豪族を中心に任じられ，
　　国司のもとで地方行政にあたった。
　　Ⅰ-軍団を廃止して健児を設置することとした
　　のは792年。桓武天皇による律令再建策の一
　　環である。健児には郡司の子弟で弓馬の巧み
　　なものなどが採用された。
　　Ⅲ-尾張国の郡司と百姓らが国司藤原元命の暴
　　政を訴えたのは988年。『尾張国郡司百姓等
　　解』の史料にある。なお，藤原元命は翌年解
　　任された。

第4章　中世の国家・社会の展開

1

【①荘園公領制の成立と院政】
(1)　(○)
(2)　(×) 田租が免除されることを不輸，検田使の
　　立ち入りを禁じることを不入という。
(3)　(○)
(4)　(×) 記録荘園券契所を設けた後三条天皇は，
　　藤原氏や石清水八幡宮の荘園をも整理の対象と
　　した。

(5)　(×) 白河天皇 (上皇) は，院の御所に北面の
　　武士を置いた。
(6)　(○)

参考　院政
院政：上皇が治天の君として院庁で国政を行う
　　　政治形態
　・院庁：院の家政機関でのちに国政機関に
　・院司：院庁の職員
　・院庁下文：院の所領などに関わる内容で院
　　庁から下達された公文書
　・院宣：上皇に近侍する院司が上皇の意向を
　　受けて，自分を形式上の差出人として発給
　　した文書
＜性格＞
　・院 (院政を行う上皇) による，法や先例に
　　こだわらない私的専制政権
　　→摂関家に抑えられていた中下級貴族 (受
　　　領層) などの支持
　・院近臣：上皇の側近で，受領や乳母の一族
　など
＜経済基盤＞
　・成功・重任による売位売官
　・荘園
　　ex. 八条 (女) 院領 (鳥羽法皇・100カ所)
　　　　長講堂領 (後白河法皇・90カ所)
　　＊このころ，摂関家領荘園群 (殿下渡領)
　　　や大寺社領荘園群 (南都・北嶺) が形成
　・知行国制度：公卿など上級貴族を一国の知
　　行国主に任命してその国の国守 (国司の最
　　上席者) の人選権と収入の大半を与える制
　　度 (貴族の俸禄支給が有名無実化したため
　　その経済的収益を確保する目的)
　　→院は収入の多い国を院分国 (院や女院の
　　　知行国) として院近臣を国守に任命

(7)　(○)
(8)　(○)
(9)　(×) 後白河上皇は，浄土とみたてた信貴山に
　　しばしば参詣し，その記録として『信貴山縁起
　　絵巻』を作らせた。
　　→後白河上皇が参詣したのは熊野三山など，信
　　　貴山縁起絵巻は信貴山朝護孫子寺の霊験を集
　　　めたものであるため誤り。
(10)　(○)
(11)　(○)
(12)　(×) 後白河天皇と崇徳上皇の対立に摂関家の
　　内紛が結びついて保元の乱が起こった。
(13)　(×)「平治物語絵巻」は，12世紀初頭，平清盛

と源義朝との対立によって起きた平治の乱を題材としている。

(14)（✕）平清盛が征夷大将軍に任じられ，その後平氏は征夷大将軍を世襲した。
→清盛は征夷大将軍になっておらず，世襲したのは源氏であるので誤り。

参考 平氏政権
＊初の武家政権であるが同時に貴族的性格を持つ過渡的政権
＜武家的性格＞
・平清盛は武家の棟梁（軍事政権）
・畿内・西国の武士を家人として組織
＜貴族的性格＞
・高位高官の独占：律令制の官僚機構に依存
ex. 1167年　平清盛は太政大臣に就任　平氏一門で公卿16人を占めた
・外戚政策：平徳子（清盛の娘）→高倉天皇の中宮→安徳天皇を出生
・貴族的経済基盤：知行国30余国，荘園500カ所
＜日宋貿易＞
・大輪田泊（兵庫）を修築→瀬戸内海航路を整備→宋船は畿内へ
・音戸の瀬戸（広島湾）の開削
・輸入品：宋銭・陶磁器・茶・書籍・高級織物
・輸出品：金・硫黄・刀剣・木材
＊平氏政権の経済基盤　＊私貿易

【②鎌倉幕府の成立と朝廷】
(15)（○）
(16)（✕）以仁王の令旨によって，諸国の武士に平氏打倒の兵を挙げることが呼びかけられた。
(17)（✕）安徳天皇を奉じて都落ちした平家一門は，源頼朝の派遣した軍勢に攻められ，長門の壇の浦で滅亡した。
(18)（✕）源頼朝は鎌倉に侍所を設置し，京都には警備のために京都守護を開設した。
→政所も鎌倉に設置したので誤り。
(19)（✕）地頭は全国の荘園・公領に置かれた。
(20)（○）
(21)（○）
(22)（✕）鎌倉幕府における御恩とは，所領の支配を保障することが主である。
(23)（○）
(24)（○）
(25)（○）
(26)（○）

(27)（○）
【③中世に生きる人々】
(28)（○）
(29)（✕）荘園領主は，地頭に荘園管理をゆだねるかわりに年貢納入を請け負わせる地頭請を行うことがあった。
(30)（○）
(31)（✕）加藤景正は，鋳物師として全国を遍歴した。
→景正は瀬戸焼の祖であるので誤り。
(32)（✕）財貨を扱う市場は，荘園の中心や寺社の門前など交通の便のよいところにひらかれた。
【④蒙古襲来と幕府の衰退】
(33)（○）
(34)（✕）モンゴル襲来を機に，北条氏は，京都守護の権限を強化するなど，西国御家人の結集をはかるための政策を打ち出した。
→京都守護はこのときにはもうないので誤り。
(35)（✕）幕府は，窮乏してゆく御家人を救済するために，所領の質入れを禁じた永仁の徳政令を発布した。
(36)（✕）御家人の所領相続形態は，永仁の徳政令を契機にして，次第に分割相続から単独相続へと移行していった。

参考 永仁の徳政令
主な内容
・御家人所領の質入・売却禁止
・地頭・御家人に売却した土地→売却後20年（年紀法）に満たない→無償返還
・非御家人・庶民に売却した土地→すべて無償返還
・越訴（再審）の禁止
・対御家人に関する金銭貸借訴訟の不受理
→結果：御家人救済めざすも失敗

【⑤鎌倉文化】
(37)（○）
(38)（✕）道元は宋から曹洞禅を伝え，建仁寺を開いた。　→建仁寺は臨済宗の寺院なので誤り。
(39)（✕）日蓮は，『立正安国論』を書いて国難到来を予言したが，秩序を乱すとして弾圧をうけた。
(40)（○）
(41)（✕）東大寺再建事業における堂舎の再建では，古代の建築様式を忠実に守ることが重視された。
→大仏様など新たな様式が用いられた

2
(1)　正解→②

Ⅰ→1028年。平忠常は桓武平氏の一人で高望王の子孫。上総介・武蔵国押領使であり，1028年に反乱した。源頼信がこれを鎮圧して，源氏が東国に進出する契機となった。

Ⅲ→1051年。前九年合戦は陸奥国俘囚（帰順した蝦夷）の長であった安倍頼時（頼良）の反乱。頼時死後はその子らが反乱を続けた。鎮守府将軍源頼義とその子である義家は出羽国清原武則に参戦を要請し，1062年に鎮圧した。

Ⅱ→1083年。後三年合戦は前九年合戦を源頼義・義家とともに鎮圧した清原氏の内紛。源義家はこれに介入し，鎮圧したが，朝廷は私闘であるとして恩賞は与えなかった。源義家は私財を割き東国武士団に恩賞を与えたため，東国武士団と源氏の関係が強化された。また，東北平泉では奥州藤原氏が繁栄する契機にもなった。

参考 武士の台頭

(1) （939〜40）平将門の乱
　　（939）上野・下野・常陸を攻略
　　　　　→朱雀天皇に対抗：「新皇」の自称
　　（940）平貞盛と下野押領使の藤原秀郷が鎮圧
(2) （939〜41）藤原純友の乱
　　（939）海賊を率いて讃岐国府や大宰府を攻略→伊予国日振島を拠点
　　　＊純友は前伊予掾
　　（941）源経基と小野好古が鎮圧
(3) （969）安和の変
　　（969）為平親王擁立を策動→源満仲の密告→左大臣源高明を左遷
(4) （1019）刀伊の入寇
　　　＊沿海州の女真族（刀伊）の北九州攻撃→藤原隆家が地方武士を率いて撃退
(5) （1028〜31）平忠常の乱
　　（1028）房総半島で反乱
　　（1031）甲斐守の源頼信が追討使→降伏
(6) （1051〜62）前九年合戦
　　（1051）安倍頼時
　　　＊陸奥国俘囚の長の反乱
　　　＊俘囚：朝廷に帰順した蝦夷
　　　　→死後は子が抵抗を続ける
　　（1062）鎮守府将軍源頼義・義家の要請で出羽国清原氏が参戦→鎮圧
(7) （1083〜87）後三年合戦
　　　＊清原氏の内紛に源義家が介入
　　　　→源氏の名声高まる
　　　＊奥州藤原氏は平泉で繁栄

・藤原清衡：中尊寺
・藤原基衡：毛越寺
・藤原秀衡：無量光院
(8) （1107〜08）源義親の乱
　　（1108）平正盛によって鎮圧

(2) 正解→⑥
Ⅲ→11世紀。延久の荘園整理令が出たのは1069年。1068年に即位した後三条天皇は抜本的な荘園整理を目指し，延久の荘園整理令を出して寛徳2（1045）年以降の新しい荘園と券契不明の荘園，国衙の支配に妨げのある荘園を停止させた。これを管掌するために新設されたのは記録荘園券契所であり，職員である寄人には大江匡房ら学者が登用された。これにより石清水八幡宮の荘園34か所中13か所が停止されたほか，藤原頼通の荘園も整理対象となった。

Ⅱ→12世紀。膨大な天皇家領荘園群が形成されたのは12世紀以降。開発領主は国司の圧迫を逃れるため所領を上級貴族などに寄進した（領家）が，それらはさらに上級の貴族や寺社・皇族（本家）などに寄進されることもあった。寄進先には鳥羽上皇のような天皇家や，摂関家，南都北嶺などの大寺社などがあった。

Ⅰ→13世紀。鎌倉幕府が成立すると，朝廷による支配と幕府による支配が並立するいわゆる公武二元支配の状態となった。ここでは，国ごとに国司・守護がおかれ，荘園には荘園領主・地頭が，公領には郡司・地頭が並立しておかれることとなり，しばしばその利権をめぐって紛争が生じた。こうした紛争を防ぐため，荘園領主と地頭はあらかじめ契約を結び，地頭に荘園支配を一任して一定額の年貢納入を請け負わせる地頭請所や，支配地を地頭と荘園領主で分割する下地中分などを行った。

(3) 正解→②
Ⅰ→平忠常の乱は1028年に上総介であった平忠常が起こした反乱。朝廷は源頼信を派遣して，1031年に鎮圧した。

Ⅲ−前九年合戦は1051年にはじまる東北の合戦。陸奥国の蝦夷の俘囚の長である安倍頼時（頼良）が反乱し，頼時死後は息子たちに引き継がれた。源頼義・義家と出羽の豪族清原氏によって鎮圧。

Ⅱ−源義朝が東国の武士を動員した京都での兵乱は1156年の保元の乱，および1159年の平治の乱。保元の乱は崇徳上皇と後白河天皇の院政をめぐる内紛から，平治の乱は源平の棟梁

の争いと院の近臣の争いが重なったもの。義朝は平治の乱で敗北した。

(4) 正解－②

Ⅰ－三別抄は高麗国王の親衛隊。元の支配に抵抗した高麗の民と三別抄であったが，1273年に鎮圧された。翌年，最初のモンゴル襲来である文永の役が起こることとなる。

Ⅲ－南宋が滅亡したのは2度のモンゴル襲来の戦間期にあたる1279年。

Ⅱ－元が日本に二度目の軍勢を派遣したのは1281年の弘安の役。弘安の役では新たに服属した南宋の兵を含む約14万の軍勢で来日するも，台風による暴風雨で阻まれた。

参考 元の成立

・モンゴル（蒙古）帝国（1206〜71）
チンギス＝ハンのモンゴル統一
→金（1115〜1234）を滅ぼす
→中央アジア・東ヨーロッパまで含む史上最大の帝国を建設

・元（1271〜1368）
フビライ：モンゴル帝国第5代皇帝
→元の初代皇帝
（1271）国号を中国風の「元」に改称
首都は大都（現在の北京）

参考 蒙古襲来の影響

・防衛体制の強化→(1293) 鎮西探題を博多に設置（北条一門任命，九州御家人の統括）
・御家人の窮乏：多大な戦費と少ない恩賞→貨幣経済の進展（所領の売却・質入）
・惣領制の解体
分割相続による所領の細分化→嫡子単独相続
血縁的結合→地縁的結合
＊惣領家から庶子の独立化→個別的武装強化
・一期分：女子の分割相続は一代限り
→死後は惣領へ
・幕府による西国支配強化
北条氏の権力集中→得宗の影響力拡大
・神国思想

第5章 中世の国家社会の変容

1

【①南北朝の動乱】

(1)（×）後嵯峨上皇の死を契機として朝廷では持明院統と大覚寺統に分かれ，皇位を争ったが，これは幕府にとっても大きな政治的問題となった。

(2)（×）鎌倉幕府は，承久の乱ののち順徳上皇を流罪に処した。

(3)（×）後醍醐天皇の新政府は，公家と武家との両者によって構成され，その具体的な政治方針は建武式目として発布された。
→建武式目は室町幕府の政治方針なので誤り。

(4)（○）

(5)（×）建武の新政期には，鎌倉将軍府が置かれ，関東とともに伊豆・甲斐の統治もその権限とされた。
→東北地方の統治については，陸奥将軍府の管轄。

(6)（×）後醍醐天皇は，公家・武家を問わず恩賞を与えなかった。→武家を冷遇したので誤り。

(7)（×）幕府は，明徳の乱で山名氏を屈服させた。

(8)（×）守護は兵粮米確保のために，半済を認められていた。

(9)（×）守護が，荘園領主にかわって年貢の徴収を請け負うことを，守護請という。

【②室町幕府の政治と外交】

(10)（○）

(11)（○）

(12)（×）幕府機構の中心は管領で，細川・畠山・斯波の3氏が交代で就任した。

(13)（○）

(14)（×）室町幕府は朝廷が保持していた京都市中の市政権を吸収し，土倉や酒屋に対して酒屋役や土倉役を賦課した。

(15)（×）15世紀，室町幕府の将軍は自らを「日本国王」と称し，中国の冊封体制に組み込まれた。

(16)（×）日本国王が明の皇帝に朝貢する形式をとる勘合貿易は，大きな収益となった。

(17)（×）明の皇帝が発行した勘合を持った船が，日本と明との間を往復した。

(18)（○）

(19)（○）

(20)（○）

(21)（×）15世紀半ば，北海道では，勢力を伸ばし始めた和人に抵抗して，コシャマインが蜂起した。

【③室町社会の展開と応仁の乱】

(22)（×）惣村では乙名・沙汰人などの指導者が選出され，日常の村政にあたった。

(23)（×）惣村内で責任をもって年貢を徴収する地下請・百姓請が行われた。

(24)（×）中世の惣村において人々は鎮守の神社などに集まって，一味神水によって結束を誓った。

(25)（×）正長の徳政一揆は，初めての大規模な土民蜂起であり，幕府も徳政令を出した。
→徳政令は出ていない

⒀（×）惣村を形成した地域の人々は，幕府に徳政令を要求した。

⒄（×）応仁の乱の戦火で，京都の市中が焼け野原となった。

⒅（○）

⒆（×）応仁の乱後，困窮した公家のなかには，一条兼良のように，地方の武士たちに古典などを教えることで生計を立てていた者も多かった。

⒇（○）

㉛（○）

㉜（×）六斎市は，毎月６の付く日に開かれる定期市のことをいう。→月に６回開かれる

㉝（×）都市京都では，大原女などの女性商人が活躍した。

㉞（○）

【④室町文化】

㉟（○）

㊱（×）宗祇が正風連歌を確立した。

㊲（○）

㊳（○）

㊴（×）世阿弥は能の理論書である『風姿花伝』をまとめた。

㊵（×）一休宗純は，足利義満の外交顧問をつとめた。→一休宗純は東山文化期の人物。

㊶（×）『四季山水図』の作者雪舟は，明の絵画の影響を受けた水墨画を大成した。

㊷（○）

【⑤戦国大名の分国経営】

㊸（×）山城の国人たちは，本願寺の命令を受けて行動していた。
　　　→平等院に集会して自治を決定したので誤り。

㊹（○）

㊺（×）上杉氏は，家臣の長尾景虎に関東管領の職を譲った。

㊻（○）

2

⑴　正解－②

Ⅰ→1371年。明は九州の懐良親王に倭寇禁圧を要求し，日本国王に封じた。しかし翌1372年，九州探題今川貞世によって九州の南朝勢力が一掃されたことから長くは続かなかった。

Ⅲ→1429年。沖縄島では南山・中山・北山の三山が並立していたが，そのなかの中山王である尚巴志がこれらを統一し，琉球王国を成立させた。琉球王国は中国の冊封を受け，朝貢貿易を行い，また室町幕府とも通交関係を結んだ。

Ⅱ→1551年。1523年の寧波の乱以降日明貿易を独占していた大内氏であったが，大内義隆が陶晴賢に滅ぼされて勘合貿易が断絶した。

参考 日明貿易

　日明貿易は足利義満が明（1368～1644）の冊封をうけ，中国皇帝に対する朝貢とこれに対する返礼の形をとる貿易である。明はその成立当初から北虜南倭（北からの異民族の侵入と南（東）からの倭寇）に苦しめられていた。倭寇は日本人を中心とする武装商人団であり，これの禁圧が急務であった。そこで明は，冊封体制の再構築と倭寇禁圧を目的に，室町幕府は足利義満の地位の国際的認知と朝貢貿易による利益獲得を目的に，互いに国交を開くこととなった。

　貿易は明の皇帝が発行する勘合を用いて，倭寇と区別する形で行われた。勘合は中国の寧波で査証され，北京で交易がなされた。

　1401年に遣明船を派遣し「日本准三后某」を名乗った国書を提出し，翌年足利義満は「日本国王源道義」に冊封された。さらに翌年に「日本国王臣源」の国書を送り，そのうえで1404年より勘合貿易が開始された。４代将軍義持のときに朝貢形式は屈辱的であるとして一時中断したが，６代将軍義教のときに貿易の利に着目して再開，最盛期となった。

　貿易は当初幕府船が独占していたが，幕府の権威が衰退してくると大名・寺社の名義船などさまざまな船がみられるようになった。やがて堺商人と結んだ細川氏，博多商人と結んだ大内氏が派遣を争うようになり，1523年の寧波の乱で大内氏が独占することとなった。1551年，大内義隆が家臣の陶晴賢に殺害されると，貿易は断絶した。

⑵　正解－⑤

Ⅲ→13世紀。北条時房は北条義時の弟であるから「挙兵した反幕勢力」とは承久の乱（1221年）における後鳥羽上皇方の軍勢であるとわかる。北条時房は甥の泰時とともに京都に攻め上り，後鳥羽上皇方に圧勝して承久の乱を鎮圧した。北条泰時・時房は京都守護に代わり新たに設置された六波羅探題の長官となった。

Ⅰ→14世紀。義堂周信は夢窓疎石の弟子。足利基氏に招かれて鎌倉円覚寺に下った。足利基氏が初代鎌倉公方であることがわかれば14世紀と判断できる。

Ⅱ→15世紀。足利義尚は足利義政と日野富子との間に生まれた子。応仁の乱ののち９代将軍

となったことを考えれば15世紀のことと判断できる。

(3) 正解－④

Ⅱ－周防国など6カ国の守護を兼任していた大内義弘が討たれたのは1399年の応永の乱。大内義弘は鎌倉公方足利満兼らと呼応して和泉国堺で反乱したが，足利義満により鎮圧された。

Ⅲ－赤松満祐が6代将軍足利義教を殺害したのは1441年の嘉吉の乱。これにより代始め徳政を求める嘉吉の土一揆が発生し，幕府は初めて徳政令を発布した。

Ⅰ－細川勝元と山名持豊の対立が発展した大きな戦乱とは応仁の乱のこと。1467年，細川・山名の勢力争い，将軍継嗣争い，畠山・斯波の管領家の家督相続争いが重なって起こったのが応仁の乱である。10年以上も継続し，和睦後も各守護家での争いは続いた。

(4) 正解－①

Ⅰ－平氏が日宋貿易に取り組んだのは12世紀後半。1167年に太政大臣に就任した平清盛は，その後高位高官を平氏で独占し，荘園・知行国や民間貿易である日宋貿易を経済基盤とする平氏政権を確立した。

Ⅱ－建長寺の修造費を調達するための貿易船，建長寺船が派遣されたのは13世紀末。日元貿易は日宋貿易と同じく民間の私貿易であり，寺社の修造費を得る目的で派遣される寺社造営料唐船がたびたび派遣された。

Ⅲ－明銭が流入したのは日明貿易が盛んとなった15世紀。皇朝（本朝）十二銭以来の統一貨幣を持たない日本は，宋銭・元銭・明銭などの輸入銭や米や布などを商品と交換していた。なかでも明銭は多く流入し，標準貨幣となったが，一方で粗悪な私鋳銭や悪銭も流通した。

第6章 近世の国家・社会の展開

❶

【①織豊政権】

(1)（○）

(2)（○）

(3)（○）

(4)（✕）秀吉は，石山（大坂）本願寺の跡地に，城郭風邸宅である聚楽第を造営した。

→石山本願寺の跡地に建てられたのは大坂城

(5)（✕）ヴァリニャーノのもたらした活字印刷機を用いて，ローマ字によるキリスト教文学・宗

教書の翻訳などが出版された。

(6)（✕）豊臣秀吉は全国の農民から武器を取り上げるために，刀狩令を出した。

(7)（○）

(8)（○）

(9)（○）

(10)（✕）豊臣秀吉はゴアのポルトガル政庁や台湾などに対して入貢を要求した。

(11)（○）

(12)（✕）豊臣秀吉は名護屋に本陣を築き，加藤清正らの大軍を釜山に上陸させた。

【②天下統一の完成】

(13)（○）

(14)（✕）方広寺の鐘銘問題がきっかけとなり，大坂の役が起こった。

(15)（✕）徳川家康は大坂の役に勝利したのち，征夷大将軍に就任した。

→大坂の役は1614～15年，征夷大将軍就任は1603年

【③近世成立期の文化】

(16)（✕）織田信長は，仏教に対抗させるためにキリスト教を保護して，延暦寺を焼き打ちし，一向一揆を弾圧した。

(17)（✕）寝殿造が発達し，建物内部の屏風や襖には当時流行した濃絵が描かれるようになる。

→寝殿造は平安時代の邸宅様式であるので誤り。

(18)（○）

(19)（○）

(20)（○）

【④幕藩体制の成立】

(21)（✕）幕領と旗本領を合わせると，全国の石高の約4分の1を占めていた。

(22)（✕）幕領の年貢徴収は，代官により行われた。

(23)（✕）老中は，幕府政務総括の職で，譜代大名から選任された。

(24)（✕）若年寄は，老中補佐の職で譜代大名から選任される。

(25)（✕）幕府は400万石に及ぶ幕領のほかに，貨幣鋳造権を握っていた。

(26)（✕）徳川家康のときに大名の配置を決めたのちは，大名の領地替えはなかった。

→転封（領地移転）も行われたので誤り。

(27)（○）

(28)（○）

(29)（✕）江戸幕府の御用絵師たちが，屏風に豪華な錦絵を描いた。

→錦絵は多色刷りの浮世絵　御用絵師によるものではないので誤り。

(30)（○）

(31)（×）宮崎友禅が，友禅染の技法を開発した。

(32)（×）薩摩焼・平戸焼・瀬戸焼などは，諸大名によって連れてこられた朝鮮人陶工の手によって始められた。→瀬戸焼は鎌倉時代なので誤り。

【⑤貿易の統制と対外関係】

(33)（×）17世紀，長崎はオランダの船や朝鮮の船が渡来し，貿易港として発展した。
→朝鮮とは対馬の宗氏を介して貿易したので誤り。

(34)（×）オランダ商館は，大坂の唐人屋敷，対馬の倭館とも密接な関係を有し，鎖国下の日本における貿易センター的役割を果たした。
→唐人屋敷は長崎，倭館は釜山に設けられた

(35)（×）オランダは，幕末にいたるまで商館を平戸に置き，館員はそこから自由に出歩くことは禁じられたが，貿易を続けることはできた。
→1641年に長崎の出島に移転した

(36)（○）

(37)（○）

(38)（×）17世紀前半，薩摩藩は，幕府に海外との往来の制限を命じられ，琉球王国に対して明との貿易を禁じた。
→貿易は継続させたので誤り。

(39)（○）

(40)（×）近世において，蝦夷地は，渡島半島南部の和人の居住地と，それ以外のアイヌの居住地に分けられていた。

(41)（○）

(42)（○）

参考 「鎖国」にいたる過程

1612年	幕府直轄領に禁教令。
1613年	禁教令を全国に拡大。
1614年	高山右近らをマニラ・マカオに追放。
1616年	中国船以外の外国船の寄港地を，平戸と長崎に制限。
1623年	イギリスが商館を閉鎖。
1624年	スペイン船の来航禁止。
1631年	奉書船制度の開始。
1633年	奉書船以外の海外渡航禁止。
1635年	日本人の海外渡航・帰国の全面禁止。
1637年	島原の乱の発生。
1639年	ポルトガル船の来航禁止。
1641年	オランダ商館を出島に移す。

参考 「鎖国」

ドイツ人医師，エンゲルト・ケンペル（1651〜1716）の『日本誌』の掲載論文（「日本国において自国人の出国・外国人の入国を禁じ，又此国

の世界諸国との交通を禁止するにきわめて当然なる理」）を，1801年に志筑忠雄が（元のタイトルが長すぎるのもあって）「鎖国論」と抄訳したのが「鎖国」の初出である。

「鎖国」というと外国との関わりが完全にシャットアウトされたような印象を受けるが当然そうではない。江戸幕府は「四つの口」−長崎口・対馬口・薩摩口・松前口の外交ルートがあり，オランダ，中国，朝鮮，アイヌとの貿易を行っていた。

さらに，江戸の人びとにも西洋の文物は受容され，彼らはキリスト教の知識も有していた。「鎖国」とはかけはなれた実態である。

【⑥近世社会のしくみ】

(43)（○）

(44)（○）

(45)（×）山野は幕府の直轄地となっていて立ち入ることができなかったので，農民は煮たきなどに必要な炭や薪をもっぱら購入に頼っていた。
→入会地と呼ばれる共同利用地から採取した

(46)（×）入会地の管理については，村は関与できなかった。→共同で管理した

(47)（○）

(48)（○）

(49)（×）町人には，屋敷地をもつ家持と，宅地のみを借りて住んでいる地借，宅地と家屋を借りて住む店借などがあった。

2

(1) 正解−⑥
Ⅲ→1543年。中国人倭寇王直のものとされる船で種子島に漂着したポルトガル人から，島主種子島時堯が鉄砲を2丁購入した。
Ⅱ→1584年。スペイン人が平戸に来航して日本との貿易を開始したが，スペインはカトリック国（旧教国）であったため，1624年に来航禁止となった。
Ⅰ→1600年。リーフデ号は豊後臼杵湾に漂着した東洋探検船。同船に乗船していたウィリアム＝アダムズとヤン＝ヨーステンはのちに家康の外交顧問に任じられた。

参考 旧教国と新教国

旧教国とは主にカトリックを信仰するポルトガル・スペインを指し，その人たちは「南蛮人」と呼ばれた。一方新教国とは主にプロテスタントを信仰するイギリス・オランダを指し，その人たちは「紅毛人」と呼ばれた。新教とは，腐

敗した旧教に対して聖書中心主義などを唱えて宗教改革を行った勢力（新教）をいう。新教の勢いますなか，旧教側もその革新を余儀なくされ，対抗宗教改革の一環としてアジア布教を開始した。

　旧教国は貿易と布教を一体と考えるのに対し，新教国は貿易と布教を分離して考えることから，儒教道徳に基づく厳格な身分制度を設けた江戸幕府からすれば，新教国のほうが交易相手としてふさわしいということとなる。

(2)　正解－⑥

　　Ⅲ→17世紀前半。藤原惺窩に師事していた林羅山は，師の推薦により徳川家康に仕え，その後4代将軍徳川家綱までの侍講を務めた。幕府の政治や外交にも参与し，3代将軍家光のときには武家諸法度寛永令の起草も行った。

　　Ⅱ→17世紀後半。雨森芳洲は朱子学者木下順庵の門下。朝鮮語・中国語を修得しており，対馬藩に仕えて対朝鮮外交も担当した。

　　Ⅰ→19世紀。会沢安（正志斎）は水戸学者で藤田幽谷の門下。『新論』では尊王攘夷論と国防を説いた。

参考 武家諸法度

武家諸法度：幕府が発布した大名統制の基本法で将軍の代替わりごとに発布

＊7代将軍徳川家継と15代将軍徳川慶喜は発布していない

(1615) 元和令

　　　　（②秀忠　＊家康主体で立案・発令）

　　　　起草者：金地院崇伝（以心崇伝）

・新規築城の禁止と修理の届出制

・私婚の禁止など

(1635) 寛永令（③家光）

　　　　起草者：林羅山

・参勤交代の制度化

・五百石以上の大船建造禁止

(1663) 寛文令（④家綱）

・キリスト教禁止の明文化「耶蘇宗門の儀，国々所々に於て弥堅く禁止すべきこと」

・不孝者処罰「不孝の輩之あるに於ては，罪科に処すべき事」

(1683) 天和令（⑤綱吉）

・殉死の禁・末期養子の禁緩和の明文化

(1710) 宝永令（⑥家宣）

　　　　起草者：新井白石　＊漢文→和文

・大名遵守事項の具体化など

(1717) 享保令（⑧吉宗）

＊以後，天和令に差し戻しこれを踏襲

＊（1853）⑬家定のとき大船建造禁止規定を廃止

第7章 近世の国家・社会の変容

1

【①幕府政治の展開】

(1)（×）田沼意次によって，印旛沼の干拓工事が試みられた。

(2)（×）古文辞学派の代表的人物荻生徂徠は，柳沢吉保や徳川吉宗に仕えて『政談』を著した。

(3)（○）

参考 元禄金銀

〈背景〉幕府財政の窮乏

①金銀産出量の減少

②貿易赤字の拡大　＊（1685）定高貿易仕法による貿易制限（清：6000貫目　蘭：3000貫目）

③大寺社の造営・修築→護国寺（桂昌院）・護持院（隆光）造営，東大寺大仏再興

④江戸城・江戸市街の復興費用（明暦の大火）

〈概要〉勘定吟味役荻原重秀の献策（翌年勘定奉行に昇進）

　　　　慶長小判より金の含有量を大幅に減少させた元禄小判を発行（86.8%→57.4%）

　　　　出目（改鋳差益）＝500万両（当時の幕府収入は77万両前後）

(4)（○）

(5)（×）幕府は，諸藩での藩札発行に対応して，全国共通の統一紙幣を発行した。

　　　→全国統一の紙幣は発行されていないので誤り。

(6)（×）池田光政は閑谷学校を設け，教育の振興をはかった。

(7)（○）

(8)（○）

(9)（○）

【②経済の発展】

(10)（○）

(11)（×）町人が出資して開発を行う町人請負新田は，農村の荒廃を促進したために，近世中期には全面的に禁止された。→禁止されていないので誤り。

(12)（×）備中鍬の普及により，脱穀作業が効率的になった。

　　　→備中鍬は深耕用の農具

(13)（○）

(14)（×）宮崎安貞は農書『農業全書』を著した。

→『庶物類纂』の著者は稲生若水。

⒂（×）朱色の染料に用いる紅花が，出羽最上地方で作付けされた。

⒃（×）木綿をはじめ，たばこ・紅花・藍等の商品作物は，畿内の特産品となっていった。
→紅花は出羽，藍は阿波の特産品なので誤り。

⒄（○）

⒅（×）高機で高級絹織物を生産する技術は，近世を通して西陣が独占していた。
→北関東にも伝播した

⒆（×）中山道には，品川から大津まで53の宿駅があり，五街道のうち最も宿駅が多かった。
→53宿あるのは東海道，最も宿駅が多いのは中山道

⒇（○）

(21)（○）

(22)（×）都市には，円滑な流通のため，江戸日本橋の魚市場，大坂堂島の米市場などの市場が設けられた。

【③元禄文化と学芸の発展】

(23)（×）「紅白梅図屏風」などを描いた尾形光琳は，菱川師宣の画法を取り入れ，洗練された装飾的表現をとった。
→菱川師宣は浮世絵師なので誤り。

(24)（○）

(25)（×）新井白石の学問の師は京学の系統をひく木下順庵で，同門には室鳩巣や柴野栗山らがいた。
→柴野栗山は木門派ではないので誤り。

(26)（×）『聖教要録』を著した山鹿素行は，朱子学を批判した。

(27)（×）近松門左衛門は，『武家義理物語』などの作品で，義理と人情の葛藤を描いた。
→『武家義理物語』は井原西鶴の浮世草子。近松門左衛門の作品は『曽根崎心中』など。

【④幕藩体制の動揺と幕政の改革】

(28)（×）享保の改革の上米の制をきっかけに，諸藩は幕府に米を上納するため，大坂に蔵屋敷を置くようになった。
→蔵屋敷は諸藩が年貢米を換金する施設

(29)（○）

(30)（×）徳川吉宗は，米価を上昇させるため享保金銀より質の劣る元文金銀を鋳造させた。

(31)（○）

(32)（×）貧窮した都市住民の中には，米の安売りなどを要求して，米屋や質屋を打ちこわす打ちこわしを起こすものがいた。

(33)（○）

(34)（×）田沼時代に幕府は，株仲間を奨励して朝

鮮人参座を設けさせた。

(35)（○）

(36)（×）享保の改革で，刑罰の基準として，公事方御定書が編纂された。

(37)（○）

(38)（○）

(39)（○）

【⑤欧米列強の接近と天保の改革】

(40)（×）大黒屋光太夫が，漂着してロシアから送還された後に，『赤蝦夷風説考』を著した。
→『赤蝦夷風説考』の著者は工藤平助

(41)（○）

(42)（○）

(43)（○）

(44)（○）

(45)（○）

(46)（○）甲斐国などで引き起こされた大規模な一揆とは郡内騒動のこと。

(47)（○）

(48)（○）

(49)（○）

【⑥近世文化の成熟と変容】

(50)（×）鈴木春信は，多色刷りの華麗な版画である錦絵によって文明開化の様相を描き，人気を集めた。→鈴木春信は宝暦・天明期の人物

(51)（×）鈴木春信は，錦絵の創出に主導的役割を果たした。
→円山応挙は西洋画や中国画の技法を取り入れ，写実的でわかりやすい画風を確立した人物。

(52)（×）荷田春満の弟子賀茂真淵は，『万葉集』などの研究を進めた。

(53)（○）

(54)（○）

(55)（×）シーボルトは，長崎郊外に鳴滝塾を開き，高野長英ら多くの弟子を育成した。

2

⑴ 正解−②

Ⅰ→1790年。幕府は無宿者に対する授産のため，江戸の隅田川河口の石川島に人足寄場を設置した。

Ⅲ→1805年。関東取締出役は私領と幕領が入り組んだ関東周辺の治安維持強化を狙った役職。八州廻りともいう。

Ⅱ→1837年。大坂町奉行元与力で陽明学者の大塩平八郎は，商人と結託した大坂町奉行の江戸廻米優先策に対して「救民」を掲げて蜂起した。

(2)　正解－①
　　Ⅰ→16世紀後半。天草版がつくられたのは宣教
　　　師が続々と来日していた時期。1590年にヴァ
　　　リニャーノが活字印刷機を伝え，100点以上が
　　　刊行された。
　　Ⅱ→17世紀後半。『日本永代蔵』は井原西鶴に
　　　よる浮世草子で町人物。井原西鶴は，もとは
　　　談林派の俳人であったが，仮名草子を発展さ
　　　せて浮世草子を確立した。ほかに『好色一代
　　　男』などの好色物や『武家義理物語』などの
　　　武家物も知られる。
　　Ⅲ→18世紀後半。錦絵とは多色刷りの浮世絵の
　　　こと。18世紀後半の時期に鈴木春信が確立し
　　　た。
(3)　正解－⑤
　　Ⅲ→1792年。ラクスマンが漂流していた商人大
　　　黒屋光太夫を根室に送還し，通商を求めた。
　　　現地の担当者は通商を拒否したものの，長崎
　　　の入港許可証を交付した。
　　Ⅰ→1804年。ラクスマンに交付した入港許可証
　　　をもって長崎に来航したのがレザノフ。中
　　　国・オランダ以外とは通商しないことが「祖
　　　法」であると伝えられ，翌年退去した。
　　Ⅱ→1837年。アメリカ商船モリソン号が漂流民
　　　を乗せて通商交渉のために来航したが，浦賀
　　　と山川でそれぞれ異国船打払令に基づいて砲
　　　撃された。
(4)　正解－②
　　Ⅰ→1808年。ナポレオン戦争でのオランダの敗
　　　北を背景に，オランダ船を追ってイギリス軍
　　　艦のフェートン号が長崎に侵入し，薪水・食
　　　料を強奪して退去した。これを受けて警護を
　　　担当していた長崎奉行の松平康英は引責自害
　　　した。
　　Ⅲ→1825年。度重なるイギリス船の狼藉を受け
　　　て発布されたのが異国船打払令。同法では
　　　清・オランダ船以外は二念（＝ためらい）な
　　　く砲撃するとした。
　　Ⅱ→1842年。1840年から42年の南京条約締結ま
　　　で続いたアヘン戦争を受け，日本は異国船打
　　　払令を緩和し，1806年の文化の撫恤令に戻す
　　　対応をした。これが天保の薪水給与令である。
(5)　正解－⑤
　　Ⅲ→漢訳洋書の輸入制限を緩和したのは1720
　　　年。将軍は8代徳川吉宗である。吉宗はこれ
　　　により実学を奨励し，野呂元丈・青木昆陽に
　　　オランダ語を習得させた。
　　Ⅰ→杉田玄白や前野良沢らが『解体新書』を著
　　　したのは1774年，田沼時代である。本書はド

イツ人が記した解剖書の蘭訳『ターヘル＝ア
ナトミア』の日本語訳で，杉田玄白はその苦
心談などを『蘭学事始』に著した。
　　Ⅱ→蛮書和解御用の設置は1811年，蘭書の翻訳
　　　のため，天文方の外局として設けられた。蛮
　　　書和解御用はその後，天文方から独立して洋
　　　学所，その後1856年に蕃書調所となった。
(6)　正解－①
　　Ⅰ→太宰春台は蘐園学派の儒学者で元禄時代に
　　　活躍した。荻生徂徠の門人。1729年には『経
　　　済録』を刊行し，幕藩体制の改善策を示した。
　　Ⅱ→工藤平助が『赤蝦夷風説考』を著したのは
　　　1783年。同書では蝦夷地の開発とロシアとの
　　　交易を主張し，田沼意次に献上された。工藤
　　　平助は仙台藩の江戸詰めの医師。
　　Ⅲ→林子平が幕府の海防策を批判したのは寛政
　　　の改革の時期。林子平は1791年，『海国兵談』
　　　を著し，ロシアの南下を警告して幕府の海防
　　　策を批判して翌年に処罰された。
(7)　正解－④
　　Ⅱ→小石川養生所が設置されたのは8代将軍徳
　　　川吉宗のとき。幕府の薬園内に設置された無
　　　料の医療施設。目安箱への投書がきっかけで
　　　設置された。目安箱の目安とは訴状のこと。
　　Ⅲ→株仲間を積極的に公認し，営業税である運
　　　上・冥加を徴収したのは田沼時代。田沼意次
　　　は年貢米以外での収入を模索し，このほか鉄
　　　座・真鍮座を創設して専売制を強化したり，
　　　南鐐二朱銀を発行して金銀通貨の一本化を試
　　　みたりした。
　　Ⅰ→棄捐令とは，債務のある旗本・御家人の救
　　　済のため札差への借金を破棄させた法令で
　　　1789年，寛政の改革で発令された。札差に
　　　1784年以前の借金は破棄させ，それ以後のも
　　　のについては低利で年賦償還とした。

世界史特集　近代世界の形成と世界の一体化

【①イギリス産業革命】【②アメリカ独立革命】
【③フランス革命とナポレオン帝政】
(1)（○）
(2)（×）蒸気機関を導入した飛び杼の発明により，
　　綿製品の生産が増大した。
　　→飛び杼には蒸気機関は用いられていない。
(3)（○）
(4)（×）1765年，北米植民地で印紙法が制定され
　　ると，植民地側は「代表なくして課税なし」と
　　反発した。
(5)（○）

(6)（×）1783年にパリ条約が結ばれて，アメリカ合衆国の独立が承認された。

(7)（○）

(8)（○）

(9)（×）1789年，第三部会での議決方式をめぐる対立をきっかけに，第三身分は国民議会を結成した。

⑽（×）国民公会は第一共和政を宣言し，国王ルイ16世を処刑した。

⑾（○）

【④ウィーン体制】【⑤19世紀のイギリスとフランス】
【⑥イタリア・ドイツの統一】

⑿（×）オーストリアのメッテルニヒが主宰したウィーン会議は，正統主義と勢力均衡を基本原則とした。

⒀（○）

⒁（○）

⒂（×）19世紀のイギリスでは，自由党と保守党による二大政党制が確立した。

⒃（×）第二帝政崩壊後，パリで樹立された自治政府（パリ＝コミューン）は第三共和政を確立した。
→第三共和政が確立したのは自治政府（パリ＝コミューン）が臨時政府によって鎮圧された後。

⒄（○）

⒅（×）ガリバルディは両シチリア王国を占領し，サルデーニャ王に献上した。

⒆（○）

⒇（○）

【⑦東方問題と19世紀のロシア】
【⑧アメリカの発展と分裂】【⑨世界市場の形成】

(21)（○）

(22)（×）ロシア＝トルコ戦争後，ロシアはサン＝ステファノ条約を締結してブルガリアを保護下に入れた。

(23)（○）

(24)（×）アメリカ合衆国では南北の対立が深まり，南部は自由貿易を，北部は保護貿易を主張した。

(25)（×）南北戦争のさなか，北部はホームステッド法を制定して西部の支持をとりつけた。

(26)（×）ロシアでは国家主導，日本では民間主導の形で産業革命が進展していった。
→日本でも国家主導で産業革命が進展した。

(27)（○）

(28)（×）19世紀にモールスによって電信が発明されると，情報のネットワーク化が急速に進んだ。

【⑩イスラーム世界の改革と再編】
【⑪南アジア・東南アジアの改革と再編】

(29)（○）

(30)（×）スエズ運河を建設したエジプトは財政難となり，スエズ運河会社の株をイギリスに売却した。

(31)（×）イランは19世紀前半にイギリスとロシアの侵略を受け，不平等条約を結ばされた。

(32)（○）

(33)（×）インド大反乱の結果，ムガル帝国は滅亡し，東インド会社は貿易会社から統治機関となった。
→ムガル帝国の滅亡後，イギリスは東インド会社を解散し，インドを本国政府の直接統治下においた。

(34)（○）

(35)（×）タイ（シャム）はイギリスとフランスとの緩衝地域として，東南アジアで唯一独立を維持した。

第8章 明治維新

1

【①アヘン戦争の衝撃】

(1)（×）中国は，1842年の南京条約で，イギリスに香港を割譲した。

(2)（×）アメリカは，中国と黄埔条約を結び，イギリスと同様な権利を得た。
→アメリカと中国が結んだのは望厦条約，フランスと中国が結んだのが黄埔条約。

(3)（×）イギリスは，林則徐のアヘン取締りを契機に開戦した。

【②開国から倒幕へ】

(4)（×）安政の五か国条約では一方的な最恵国待遇が規定されていたため，日本はアジア諸国に対しても，欧米諸国と同等の待遇を与える条約を結んだ。→アジア諸国には認めていない

(5)（×）ペリーが，日米和親条約調印を要求した。

(6)（○）

(7)（○）

(8)（○）

(9)（×）開港によって生糸の輸出が増大したため，絹織物産地は損害を被った。

⑽（×）金貨の海外流出を防ぐため，幕府は金貨を改鋳して金の含有率を下げた。

【③明治維新】

⑾（×）王政復古の大号令が，薩摩・長州らによって発せられた。

⑿（○）

⒀（×）新政府は五榜の掲示で徒党や強訴を禁止した。

⒁（○）

⒂（×）新貨条例では十進法が採用されず，民衆の経済生活は混乱をきわめた。→十進法を採用した

⒃（×）徴兵令の公布により，満20歳に達した男子は例外なく兵役の義務が課されたため，各地で反対の一揆が起こった。
→広範な免役規定があった

⒄（○）

⒅（○）

⒆（×）地租が物納であったため，地主は米価の変動の影響を受けなかった。→金納

⒇（×）琉球処分以後も，琉球国王の国王としての地位は保たれた。→華族に列せられた

㉑（○）

㉒（○）

㉔（×）政府は，札幌農学校を設けたほか，アメリカ式の大農法を移入した。

㉕（○）

㉖（×）戸籍法では戸籍編成の規則を全国的な制度として統一した。

㉗（○）

【④文明開化】

㉘（○）

㉙（○）

㉚（×）学制の公布により，子供を小学校へ就学させることが親の義務となったが，これを要因とする農民一揆や民衆の抵抗はみられなかった。
→学制反対一揆

㉛（×）政府は，国家主義的な教育を重視する目的で教育令を公布し，同時に教育勅語を出した。
→教育令は地方の自主性を大きく認めたものであり，1879年公布，教育勅語が出されたのは1890年。

2

⑴　正解－③
Ⅱ－幕府による第1次長州征討は1864年。約1か月前に行われた禁門の変を理由として，公武合体派が多数を占めるようになった朝廷は幕府に対し長州藩の征討を命じ，幕府が応じた。
Ⅰ－薩摩藩と長州藩との間で薩長同盟（盟約）が成立したのは1866年。土佐の坂本龍馬・中岡慎太郎らの仲介で達成された。これにより薩摩藩の大久保利通は幕府の第2次長州征討

には不参加を表明した。
Ⅲ－徳川慶喜が大政奉還の上表を朝廷に提出したのは1867年。

⑵　正解－②
Ⅰ→1877年。西南戦争は最大にして最後の士族反乱。西郷隆盛と私学校の生徒らを中心に行われた。その間，立志社の社長片岡健吉らを中心に国会開設を求める「立志社建白」が出された。
Ⅲ→1881年。明治十四年の政変で即時国会開設を主張する大隈重信が政府を去ると，伊藤博文を中心とする藩閥政府は10年以内に国会を開設するという国会開設の勅諭を発した。
Ⅱ→1889年。選挙人資格を直接国税15円以上を納入する，満25歳以上の男子とする法律は衆議院議員選挙法。1889年2月に発布された大日本帝国憲法には衆議院と貴族院を設置する旨が示されていたため，衆議院議員を公選するための法律が必要となった。最初に公布されたこの衆議院議員選挙法は上記のように財産制限が厳しく，全人口の1.1%のみが選挙権を有した。

参考 和暦から西暦への直し方
　　明治十四年の政変など，元号（和暦）で示される歴史用語は多い。しかし，多くの受験生は平成・令和はまだしも明治・大正・昭和の元号表記に不慣れなのではないか。
　　ここで，和暦から西暦への直し方を記しておくので，受験勉強の参考にしてほしい。
　　和暦から西暦に直す際には，各元号の「元年（＝1年）」をヒントに，これから－1した年代を足せばよい。
すなわち，
　■明治＋1867／大正＋1911／昭和＋1925
　このような計算を行えば，容易に西暦に修正することができる。
　　念のため，各元号で代表的な西暦年をも押さえておけばなおよいだろう。
　■明治6年＝1873年（明六社など）
　　大正12年＝1923年（関東大震災など）
　　昭和20年＝1945年（日本の敗戦など）

整理 選挙制度の変遷
　　ここで頻出分野である選挙制度の変遷について整理しておこう。
（1889）直接国税15円以上納入する満25歳以上の男子（黒田）
（1900）直接国税10円以上納入する満25歳以

の男子（山県Ⅱ）
(1919) 直接国税3円以上納入する満25歳以上
の男子（原）
(1925) 満25歳以上の男子（加藤）
＊男性普通選挙実現
(1945) 満20歳以上の男女（幣原）
＊男女普通選挙実現
(2015) 満18歳以上の男女（安倍Ⅲ）

(3) 正解－⑥
Ⅲ→1875年。明治政府が最初の地方官会議を開催したのは1875年。同年2月の大阪会議において木戸孝允が主張したのがきっかけ。
Ⅱ→1878年。郡区町村編制法は1871年の戸籍法による大区・小区制を改めて府県の地方行政区画を定めた。
Ⅰ→1888年。時の内務大臣山県有朋とドイツ人顧問のモッセが中心となって整備された。
(4) 正解－①
Ⅰ→1871年。岩倉具視らを中心とする遣外使節団が出発したが、全権委任状の不備を指摘され、本来の目的であった条約改正の予備交渉はできなかった。
Ⅱ→1877年。東京大学は東京開成学校、東京医学校を統合した国立大学。1886年に大学令が公布されると帝国大学となり、1897年に京都帝国大学の開学とともに東京帝国大学へ改称された。
Ⅲ→1883年ころ。鹿鳴館はイギリス人コンドルの建築の官営国際社交場。井上馨はここで舞踏会を開催し、欧化政策をすすめたために彼の外交姿勢は鹿鳴館外交と称される。鹿鳴館が井上外交の特徴の一つとわかれば時期の判定はたやすい。

参考 条約改正交渉の流れ
(1871～73) 岩倉使節団
＊全権委任状の不備により失敗
(1876～79) 寺島宗則（外務卿）
＊イギリスの反対により失敗
(1882～87) 井上馨（外務卿→外務大臣）
＊鹿鳴館外交
→ノルマントン号事件で批判
＊失敗
(1888～89) 大隈重信（外務大臣）
＊外国人判事任用問題
→大隈重信、国権派団体の攻撃を受け辞任 ＊失敗
(1890～91) 青木周蔵（外務大臣）

＊イギリスの態度軟化
→大津事件で引責辞任
(1894) 陸奥宗光（外務大臣）
→日英通商航海条約調印
→領事裁判権撤廃・関税自主権一部回復
最恵国待遇双務化
→発効は（1899）＊日清戦争後
(1911) 小村寿太郎（外務大臣）
→改正日米通商航海条約調印
→関税自主権完全回復
＊満期改正調印

(5) 正解－④
Ⅱ→江藤新平が佐賀の乱を起こしたのは1874年。征韓論者が明治六年の政変で敗れ、下野したのが背景。これを徹底鎮圧したのが内務卿の大久保利通。
Ⅲ→神風連が反乱を起こしたのは1876年。廃刀令は1876年に出されたもので、同年の秩禄処分とともに士族の特権を最終的に消滅させるものであった。これにより士族反乱はさらに激化した。
Ⅰ→西南戦争は西郷隆盛らによる最大にして最後の士族反乱であり、1877年に起きた。西郷隆盛が開いた私学校の生徒らが西郷を擁して蜂起したものである。西南戦争中のできごととして木戸孝允の病死、片岡健吉らの立志社による「立志社建白」の却下などがある。

参考 自由民権運動の流れ
(1) 士族民権の時代
→士族反乱と民権運動の同時展開）
(1874) 愛国公党結成（東京）＊征韓派中心
→民撰議院設立建白書
(1874) 佐賀の乱（江藤新平）／台湾出兵
／立志社結成
(1875) 大阪会議
→漸次立憲政体樹立の詔／讒謗律・新聞紙条例
(1877) 西南戦争
(2) 豪農民権の時代（武力闘争→言論闘争）
(1877) 立志社建白→却下
(1880) 国会期成同盟→私擬憲法の作成
／集会条例
(1881) 北海道開拓使官有物払い下げ事件
(1881) 明治十四年の政変→国会開設の勅諭
(3) 農民民権の時代
→衰退、憲法制定、国権論台頭

(1881) 自由党結成
(1882) 立憲改進党結成
　　　＊松方財政によるデフレ
　　　→（1882〜86）激化事件相次ぐ
(1885) 内閣制度確立
(1886) 大同団結運動
(1887) 三大事件建白運動／保安条例
(1888) 枢密院設置
(1889) 大日本帝国憲法
(1890) 第一回帝国議会

参考 不平士族による反乱
(1874) 佐賀の乱
(1876) 廃刀令
(1876) 秩禄処分
(1876) 神風連の乱（熊本）：太田黒伴雄が攘夷
　　　論を唱え熊本鎮台襲撃
(1876) 秋月の乱（福岡）：宮崎車之助らが征韓
　　　を要求して挙兵
(1876) 萩の乱（山口）：前参議前原一誠が挙兵
(1877) 西南戦争（鹿児島）：私学校生徒，士族
　　　らが西郷を擁して反乱
　　　＊私学校：西郷隆盛が開いた学校
　　　＊（1877）木戸孝允病死

第9章 近代国家の形成

1

【①立憲国家への道】
⑴ （〇）
⑵ （〇）
⑶ （〇）
⑷ （〇）
⑸ （〇）
⑹ （〇）
⑺ （〇）
⑻ （〇）
⑼ （×）元老院は大日本帝国憲法発布前の1875
　　年，大阪会議のあとに設置された。
⑽ （×）統帥権は天皇に直属し，議会や内閣はこ
　　れに関与できなかった。
⑾ （〇）
【②帝国主義と世界分割】
⑿ （×）南アフリカ連邦はイギリスに占領され，
　　同国のアフリカ侵略の拠点となった。
⒀ （×）イギリスは，南アフリカ（ブール）戦争
　　でブール人を破った。
⒁ （〇）
⒂ （×）リビアはイタリアに占領され，第二次世

界大戦後に独立を果たした。
【③議会政治の展開と日清・日露戦争】
⒃ （〇）
⒄ （〇）
⒅ （〇）
⒆ （×）立憲政友会は伊藤博文と憲政党（旧自由
　　党）の提携によって結成された。
⒇ （〇）
㉑ （〇）
【④アジア諸民族の独立運動・立憲革命】
㉒ （〇）
㉓ （×）1905年，イランではカージャール朝の専
　　制政治に反発する立憲革命がおこった。
㉔ （〇）
㉕ （×）20世紀初頭，ベトナムでは日本に留学生
　　を送るドンズー（東遊）運動が推進された。
【⑤産業革命と社会の変化】
㉖ （×）大阪紡績会社は，当初は紡績機の原動力
　　として蒸気力を使用した。
㉗ （〇）
㉘ （〇）
㉙ （〇）
㉚ （〇）
㉛ （〇）
【⑥近代文化の形成と展開】
㉜ （〇）
㉝ （〇）
㉞ （〇）
㉟ （〇）

2

⑴ 正解−⑥
　Ⅲ→1889年。超然主義とは，政府は議会・政党
　　の動向に関わりなく独自に政策を実行すると
　　いう黒田清隆ら藩閥政府の姿勢を表現したこ
　　とば。1889年に鹿鳴館に地方官を召集して黒
　　田が述べた演説に由来する。
　Ⅱ→1891年。第一回帝国議会が行われたのは
　　1890年11月から翌年3月にかけて。本問では
　　予算が成立したとあるので1891年のこととわ
　　かる。このような毎年行われる議会を通常議
　　会といい，原則前年の11月から長くて翌年の
　　3月頃まで行われ，4月からの予算執行に間
　　に合わせるのが通例。第一回通常議会では政
　　府による自由党の切り崩しによって軍拡予算
　　が成立した。
　Ⅰ→1893年。「詔勅」による予算成立は1893年2
　　月まで行われた第四議会である。議会運営に
　　苦慮した政府は明治天皇より「軍艦建造費に

皇室経費を一部流用する」旨の詔勅を出させ, これにより民党の妥協を引き出したもの。これ以後, 議会における対立は予算をめぐる対立ではなく条約改正をめぐる対立へと変化していった。

(2) 正解－④

Ⅱ→1876年。江華島事件で日本は朝鮮に対し武力をもって開国を迫り, 朝鮮において政権を握っていた閔氏政権と日朝修好条規を締結した。本条約は日本の領事裁判権や無関税特権を認めた朝鮮にとって著しく不平等なものであった。

Ⅲ→1882年。朝鮮国王の父大院君が反乱を起こしたのは1882年の壬午軍乱。このとき清は閔妃政権を援助し, 大院君を天津に連行してこれをおさめた。以後閔氏政権は清に接近することとなる。

Ⅰ→1885年。天津条約は1884年におこった甲申政変(事変)の後処理をめぐる日清間の条約。朝鮮からの日清両軍の撤兵や, 今後朝鮮に出兵する際には相互に事前通告を行うなどの取決めがなされた。

(3) 正解－⑥

Ⅲ→1877年。綿糸生産の増大をはかるために臥雲辰致がガラ紡を発明したのは1877年。第一回内国勧業博覧会で最高の賞を受賞した。

Ⅱ→1897年。綿糸輸出が輸入を上回ったのは1897年。この年は金本位制が確立した年でもあり, 通貨価値が安定してインドからの綿花輸入やイギリスからの紡績機械輸入に有利であったことも背景にある。この年を紡績業における画期の年として覚えておこう。

Ⅰ→1916年。工場法は12歳未満の者の就業禁止や深夜業禁止を規定した初の労働者保護立法。工場法が制定されたのは1911年であるが, 渋沢栄一ら資本家によって反対されていた。1916年に施行されたのは大戦景気のなかで日本は空前の好景気に見舞われており, 資本家らの反対がやんだ事情がある。

参考 金本位制の変遷

(1871) 新貨条例:建前は金本位制, 実際は金銀複本位制

(1897) 金本位制確立(松方Ⅱ)→国際金本位体制参加

(1917) 金輸出禁止(寺内)→欧米列強にならい金輸出禁止→金本位体制離脱
第一次大戦による金流出をさけるため
＊1920年代に欧米は復帰, 日本は不可

(1930) 金輸出解禁(浜口)→金本位体制復帰
蔵相は井上準之助

(1931) 金輸出再禁止(犬養)
蔵相は高橋是清 兌換停止→金本位制離脱→管理通貨制度

(4) 正解－⑤

Ⅲ－地租改正反対一揆が自由民権運動と結びついて広汎化するのを恐れた政府は1877年に地租を3％から2.5％に軽減した。「竹槍でドンとつきだす2分5厘」といわれた。

Ⅰ－言論の自由, 地租軽減, 外交失策の挽回が掲げられた三大事件建白運動は1887年の反政府運動。これに対して政府側は保安条例を発し, 民権派570人を皇居外3里に追放した。

Ⅱ－第1回帝国議会は1890年11月より開始された。1889円に行われた第一回総選挙の結果, 立憲自由党・立憲改進党の民党勢力は171, 対する大成会などの政府支持政党, 吏党勢力は129と劣勢であった。「主権線・利益線」の確保のために大幅な軍事予算を通したい政府と「経費節減・民力休養」を掲げる民党が激しく対立したが, 政府による自由党土佐派の切り崩しにより軍拡予算は成立した。

参考 初期議会

初期議会とは, 第一議会から第六議会までをいう。

(1)第一議会(1890.11～91.3)－山県内閣
・政府→超然主義,「主権線・利益線」防衛のための大幅な軍事予算
・民党→議会の多数派であり予算審議権を武器に「経費節減・民力休養」を主張
・政府による自由党土佐派の買収→予算成立

(2)第二議会(1891.11～12)－松方内閣
・樺山資紀海相による蛮勇演説
→民党の非難→初の衆議院解散
＊第二回総選挙→またもや民党圧勝

(3)第三特別議会(1892.5～92.6)－松方内閣
・民党→品川内相による選挙干渉を非難

(4)第四議会(1892.11～93.2)－第二次伊藤内閣
・民党→軍艦建造費などを含む軍事予算の全額削除を要求
・政府→天皇に上奏→建艦詔勅(軍艦建造に皇室経費の一部流用など)→民党, 妥協

(5)第五議会(1893.11～12)－第二次伊藤内閣
＊詔勅による予算成立で予算をめぐる対立から条約改正をめぐる対立へ変化
・民党→自由党は準与党的性格
立憲改進党は吏党の国民協会などと

対外硬派連合を結成
＊第三回総選挙
(6)第六特別議会（1894.5〜6）−第二次伊藤内閣
・朝鮮において甲午農民戦争

(5)　正解−③
Ⅱ−1905年11月に結ばれた第2次日韓協約の内容。日本は韓国から外交権を奪い保護国とした。また翌年，漢城に韓国統監府をおき，初代統監には伊藤博文が着任した。
Ⅰ−第3次日韓協約の内容。日本は韓国の内政の指導権を得，さらに秘密協定で韓国軍を解散させた。これにより義兵運動が高揚した。
Ⅲ−韓国併合条約の内容。寺内正毅第3代韓国統監と李完用首相との間で結ばれた条約。これにより日本は朝鮮の統治権を掌握し，植民地とした。支配の拠点として朝鮮総督府をおき，第3代韓国統監であった寺内正毅が初代総督に就任した。

参考 朝鮮植民地化の過程
（1904.2）日露戦争開戦
（1904.2）日韓議定書
→日本軍は中立国である韓国の首都漢城を占領し軍事行動の自由確保
（1904.8）第1次日韓協約
→韓国は日本政府推薦の財政・外交顧問を任用
（1905.9）ポーツマス条約調印
（1905.11）第2次日韓協約
→日本が韓国の外交権を掌握
→保護国化
→（1906.3）漢城に韓国統監府
　＊初代統監に伊藤博文が着任
（1907.6）ハーグ密使事件
→韓国皇帝が第2回万国平和会議に密使を派遣
→外交権を奪われた韓国の密使は参加拒絶
（1907.7）韓国皇帝が退位をせまられた
（1907.7）第3次日韓協約および秘密協定
①内政権の掌握→韓国の内政は韓国統監指導下
②秘密協定により韓国軍隊の解散
→義兵運動や愛国啓蒙運動高揚
（1909.10）伊藤博文が安重根により殺害
（1910.8.22）韓国併合条約
　統治権を掌握し植民地化
→（1910.8）朝鮮総督府（初代総督に寺内正毅）

第10章 両大戦間の日本

1

【①第一次世界大戦】
(1)（×）立憲政友会・立憲国民党を中心にした倒閣運動により，第3次桂太郎内閣は倒れた。
(2)（×）立憲政友会を与党に，第1次山本権兵衛内閣が組織された。
(3)（○）
(4)（×）ロシア（ソヴィエト政権）がドイツなどとブレスト＝リトフスク条約を結んだ。
(5)（×）日本は，協商国（連合国）側について参戦し，中国にあったドイツ租借地を占領した。
(6)（×）十一月革命（十月革命）が起こると同時に，ソヴィエト政権が成立した。
(7)（○）
(8)（×）ソヴィエト政権は，無併合・無償金の即時講和を実現した。
(9)（○）
(10)（○）
(11)（×）1938年には，重化学工業生産額が大幅に増大し，軽工業生産額を上回った。
(12)（×）米騒動は，農村や漁村を中心に起こり，都市には広がらなかった。
　　　→報道をきっかけに都市にも広がった
(13)（○）
(14)（×）寺内正毅内閣は，米騒動の収束後まもなく，責任をとり総辞職した。
(15)（○）
(16)（○）
(17)（○）
(18)（×）国際連盟が設立され，アメリカとソ連を中心に国際紛争が調停されるようになった。
　　　→国際連盟にはアメリカは不参加，ソ連も当初は非加盟
【②政党政治の展開】
(19)（○）
(20)（×）原敬内閣期には，山東半島の旧ドイツ権益を継承した。
(21)（○）
(22)（○）
(23)（×）虎の門事件の直後，皇位継承権を明確化するために皇室典範が制定された。
　　　→皇室典範は1889年
(24)（×）普通選挙法は，加藤高明内閣の下で成立した。
(25)（○）
(26)（×）山本権兵衛内閣はジーメンス事件関係者を起訴した。

⑵⑺（×）金融恐慌に際して，モラトリアム（支払猶予令）が発せられたが，恐慌は鎮静化しなかった。→鎮静化した

⑵⑻（×）浜口雄幸内閣が断行した金解禁の結果，輸出が増大して景気が回復した。
→犬養毅内閣での金輸出再禁止の結果

⑵⑼（○）

⑶⑽（×）ロンドン海軍軍縮条約は浜口雄幸内閣の時に調印された。

【③市民文化の展開】

⑶⑴（○）

⑶⑵（×）雑誌『キング』が創刊され，大衆娯楽雑誌として人気を博した。

⑶⑶（×）この時期の洋食の広がりにより，米の減反政策がとられるようになった。
→減反政策は1970年代

⑶⑷（○）

⑶⑸（×）この時期の洋装の広がりのなかで，軍隊でもはじめて洋服が採用された。
→軍隊の洋装は明治初期

【④戦間期の世界】

⑶⑹（○）

⑶⑺（×）エジプトでは，イギリス支配下で急激な近代化が試みられた。

⑶⑻（○）

⑶⑼（×）インドネシアで，イスラーム同盟（サレカット＝イスラム）が結成された。

⑷⑩（○）

⑷⑴（×）アメリカ合衆国の女性参政権は，1920年に実現した。

⑷⑵（○）

❷

⑴　正解－②

Ⅰ→1901年。日本初の社会主義政党は社会民主党。安部磯雄や片山潜，幸徳秋水などによって結成された。労働運動弾圧を目的とした治安警察法の適用を受け，結成直後に結社禁止となった。

Ⅲ→1919年。選挙権の納税資格が直接国税３円以上と引き下げられたのは1919年，原敬内閣のときであった。原は平民宰相として国民の絶大な人気のもと，帝国議会に議席をもつ初めての総理大臣として初の本格的な政党内閣を組織したが，普通選挙には冷淡であった。

Ⅱ→1924年。第二次護憲運動は清浦奎吾内閣に対する反発から普選断行，貴族院改革，行財政整理を訴えておこった運動。第一次護憲運動に比して政党主体で国民的な運動とはなら

なかったが，このあと成立した加藤高明内閣においては普通選挙法が成立した。

⑵　正解－⑥

Ⅲ→1914年。日本は山東省のドイツ権益などを狙って，日英同盟を口実に第一次世界大戦へ，連合国側として参戦した。

Ⅱ→1915年。第一次世界大戦中，袁世凱政権へ向けて山東省の旧ドイツ権益の継承や福建省など沿岸の他国への不割譲を求めた二十一か条の要求を行った。袁世凱は中国の政治・財政・軍事顧問に日本人を採用することなどを要求した第五号を除いて受諾した。この日は５月９日であり，国恥記念日とされた。

Ⅰ→1918年。1917年に発生したロシア革命に干渉するため，アメリカ・イギリス・フランス・日本はシベリアに出兵することとした。この発表後，大戦景気中での物価騰貴，夏であり季節的に米が品薄であったこと，シベリア出兵を見込んだ米の買い占め・売り惜しみなどを背景に富山県で米騒動が起こり，これが全国に波及した。時の寺内正毅内閣は軍隊を用いてこれを鎮圧した。

⑶　正解－⑤

Ⅲ→1922年。主力艦保有数を英米の５分の３とすることを決定したのはワシントン海軍軍縮条約。同条約は10年間継続されるものとされ，建造中の主力艦も破棄を余儀なくされた。

Ⅰ→1928年。国策の手段としての戦争の放棄を約したのは不戦条約。同条約では「人民ノ名ニ於テ」の部分が天皇主権をとる大日本帝国憲法との関係で問題となり，日本はこの部分のみ不適用であることを表明した。

Ⅱ→1930年。補助艦の総保有量を英米の約７割とする条約はロンドン海軍軍縮条約。統帥機関である海軍軍令部の反対を押し切って調印されたことから統帥権干犯問題がおこり，これを背景に時の首相であった浜口雄幸が右翼に狙撃される事件が起こった。

⑷　正解－⑥

Ⅲ→1905年。ベンガル分割令はインド総督カーゾンが出した法令で，ベンガル州を二つに分割するもの。ヒンドゥー教徒の多い西ベンガルとイスラーム教徒の多い東ベンガルとを分割しようとしたが，激しい反対を受けて撤回された。

Ⅱ→1906年。イギリスの支援で結成されたムスリム政治団体であり，このため結成当初は対英協調路線をとっていたものの，のちに民族運動に参入することとなった。

Ⅰ→1919年。ガンディーが非暴力・不服従の理念を掲げて運動を始めたのは1919である。サティヤーグラハともいう。

第11章 十五年戦争と日本

1

【①世界恐慌とファシズム】

(1)（○）

(2)（×）昭和恐慌では米作農家は長期の不振にあえいだが、アメリカの景気回復を基礎に生糸輸出が継続的に増大したため、養蚕農家はほとんど打撃を受けなかった。
→世界恐慌の影響もあり対米生糸輸出が大幅に減少し養蚕農家は大打撃を受けた

(3)（○）

(4)（×）ナチ党政権は、ソ連との間で再保障条約を結んだ。
→再保障条約は1890年

(5)（○）

(6)（○）

(7)（○）

【②満洲事変】

(8)（○）

(9)（×）第2次若槻礼次郎内閣は、不拡大声明を出した。

(10)（○）

(11)（○）

(12)（○）

(13)（○）

(14)（×）張学良の主張に影響を与えた八・一宣言は、中国共産党が発した。

【③日中戦争】

(15)（○）

(16)（×）日中両国が全面戦争に突入すると日本政府はただちに中国に宣戦布告し、大軍を派遣して戦線を拡大した。
→日米開戦まで宣戦布告はされていない

(17)（×）斎藤実内閣に続いた岡田啓介内閣時代、国民精神総動員運動などを通じて軍部の政治的発言力はさらに高まった。
→国民精神総動員運動は近衛内閣期

(18)（×）近衛文麿は首相として東亜新秩序声明を発表した。

(19)（○）

(20)（×）日ソ間ではノモンハン事件が発生し、そこでの敗北により、日本国内では北進論が後退した。

(21)（○）

(22)（×）アメリカの廃棄通告によって日米通商航海条約が失効した後、日本は資源を求めてフランス領インドシナ北部に出兵した。

【④第二次世界大戦とアジア太平洋戦争】

(23)（○）

(24)（○）

(25)（×）アメリカ軍は、東京大空襲を完了すると、サイパン島上陸作戦を開始した。
→サイパン上陸は1944年、東京大空襲は1945年

(26)（○）

(27)（○）

(28)（○）

2

(1)　正解－⑥

Ⅲ→1942年6月。対英米開戦後、約半年間は日本軍が快進撃を行っていたとされるが、このミッドウェー海戦以後戦局は激変した。

Ⅱ→1943年11月。米・英・中のローズヴェルト、チャーチル、蔣介石がエジプトのカイロで会談し、日本に対する徹底抗戦などを約した。

Ⅰ→1945年8月。広島に8月6日、長崎には8月9日にアメリカの原子爆弾が投下された。

参考 日米開戦への経緯

日本の南進遂行を背景に日米対立が深まるなか、ソ連との提携によってアメリカを牽制するため、第2次近衛文麿内閣の外相松岡洋右は、1941年4月に日ソ中立条約を調印した。一方、アメリカとの戦争を回避するため、1941年4月から、駐米大使野村吉三郎と国務長官コーデル＝ハルとのあいだで日米交渉が開始されていた。この交渉に外相の松岡洋右が反対したため、その松岡をはずすため第2次近衛文麿内閣は総辞職し、7月に第3次近衛文麿内閣が組織された。

しかし、1941年9月6日の御前会議では、10月下旬を対米外交交渉の一応の期限とする一方、この時期を目標に、アメリカ・イギリス・オランダとの戦争準備を完成させる方針（「帝国国策遂行要領」）が決定された。日米交渉に対米戦争回避の望みをつなぐ近衛文麿首相は、日米開戦を主張する東条英機陸相と対立し、10月に退陣した。木戸幸一内大臣は、9月6日の御前会議の決定を再検討することを条件に、東条英機陸相を後継首相に推薦した。

10月に成立した東条英機内閣のもとで日米交渉は継続されたものの、11月に提示されたアメリカ側の提案、通称ハル＝ノートは、中国・仏印からの全面的無条件撤退や日独伊三国同盟の

実質的廃棄など，日本側にとって最後通告に等しい内容であったため，12月1日に開かれた御前会議では対米交渉を不成功とうけとめ，アメリカ・イギリスに対する開戦を決定した。こうした経緯を経て12月8日の真珠湾攻撃の直後，宣戦の詔書が出された。

(2)　正解－⑥

Ⅲ→1937年。満蒙開拓青少年義勇軍は日中戦争が開始された1937年より派遣された。

Ⅱ→1943年。大都市で学童集団疎開が開始されたのは1943年。大都市に対する空襲を見込んで次世代の国防を担う学童を地方に疎開させる措置。

Ⅰ→1945年。中国東北部に残留孤児が生じた背景にはソ連の対日参戦がある。ソ連は日本と1941年4月に日ソ中立条約を結んでいたが，1945年8月にソ連はこれを破って満洲・朝鮮・樺太に侵攻を開始した。満洲に配備されていた関東軍は朝鮮に向かって撤退し，残された満蒙開拓団の子女は中国残留孤児として現地に残された。

(3)　正解－⑤

Ⅲ→1937年。日中戦争の開始はこの年の7月。北京郊外で演習中の日本軍と中国軍の接触から開始された。当初は支那事変と呼称していたが，これは不戦条約や，アメリカの戦争当事国には武器輸出等を行わないとした中立法に抵触するためであった。

Ⅰ→1941年。日本軍はハワイ真珠湾とマレー半島に奇襲攻撃をかけ，対英米戦を開始した。

Ⅱ→1943年。大都市で学童疎開が行われたのは1943年。(2)の解説を参照。

(4)　正解－③

Ⅱ→1938年。近衛文麿が「国民政府を対手とせず」を声明したのは1938年の1月。いわゆる近衛声明は三次にわたるがいずれも1938年中である。

Ⅰ→1940年。援蒋ルートとは，重慶に退避した蒋介石を援助するための物資輸送ルートのことで，ここでは仏印を通るルートのことである。日本は援蒋ルートの遮断と南方資源の獲得のために北部仏印進駐を1940年9月に断行した。

Ⅲ→1941年。日本は産油国ではないので軍艦の燃料等に用いる石油は大部分を輸入に頼っていた。そうしたなかで南部仏印進駐に対する経済制裁としてアメリカは対日石油禁輸を決定した。これにより日本の燃料確保は危機的

状況となり，同年の帝国国策遂行要領では開戦時期を12月初頭と決定され対米決戦が確実となった。

参考 近衛声明

近衛声明は長期化する日中戦争を打開するため，近衛文麿が発した一連の声明。第一次声明は1938年1月に発せられ，「国民政府を対手とせず」，つまり蒋介石国民政府を中国代表と認めない，とした。つづく第二次声明は11月に出されたもので東亜新秩序声明と呼ばれる。日中戦争の目的は東亜新秩序の建設にありとし，この新秩序建設に協力するのであれば交渉再開してもよいとする内容であったが，これに呼応したのは蒋介石と対立する汪兆銘であった。そこで近衛は翌12月に近衛三原則を明示した第三次声明を発し，善隣友好・共同防共・経済提携の三点を求めた。

(5)　正解－②

Ⅰ→関東軍が柳条湖で南満洲鉄道（満鉄）の線路を爆破したのは1931年，柳条湖事件のことである。首謀者は関東軍参謀の石原莞爾らで，そのころ満洲武力占領計画を進めていた。当時の第2次若槻内閣は不拡大方針を示したが，関東軍は戦線を拡大した（満洲事変）。

Ⅲ→海軍の青年将校が犬養毅首相を殺害したのは1932年の五・一五事件。この事件に関わったのは海軍の他，農本主義者団体の愛郷塾の塾生，陸軍士官学校の生徒もいた。これにより政党内閣の慣行である憲政の常道が終焉し，このあと組閣された斎藤実内閣は日満議定書で満洲国を承認した。

Ⅱ→陸軍の青年将校が政府要人や重要施設を襲撃したのは1936年の二・二六事件。当時陸軍内部では国家改造を主張する皇道派と政党と財閥の統制を主張する統制派が対立していた。同事件は皇道派の蜂起で，高橋是清（大蔵大臣）などを殺害した。

(6)　正解－③

Ⅱ→ニューヨークの株式市場が大暴落し，世界恐慌がはじまったのは1929年10月24日，木曜日。恐慌は各国へ波及し，日本でも対米生糸輸出が激減して井上準之助による金解禁と相まって昭和恐慌を起こした。

Ⅰ→日本が満洲国を承認したのは1932年，斎藤実内閣のとき。1931年の柳条湖事件を機に関東軍は満洲を占領し，翌年，清朝最後の皇帝（宣統帝）であった溥儀を執政に満洲国を成立

させた。

Ⅲ→ヒトラー政権が全権委任法を制定したのは
1933年。全権委任法は行政府に立法権をゆだ
ねる法律で，同法によりナチ党の独裁体制が
基礎付けられることとなった。

(7)　正解－②

Ⅰ→国家総動員法の成立は1938年。同法は戦争
に必要な人的・物的資源を勅令で運用可能と
した法律。これにより議会・政党の機能が低
下し，総力戦体制が構築された。同法は第1
次近衛文麿内閣で制定された。

Ⅲ→学徒出陣が開始されたのは戦局が悪化しつ
つあった1943年。学生は徴兵が猶予されてい
たが，理科系・教員養成学校を除いて20歳以
上の学生全員を入隊させることとした。また，
同年に徴兵年齢が19歳に引き下げられた。

Ⅱ→アメリカが原子爆弾を投下したのは1945年
8月。広島には8月6日，長崎には8月9日
に投下された。アメリカによる核兵器投下は
アメリカ主導による戦争終結の形をとり，ヤ
ルタ協定における秘密協定で参戦を決めてい
たソ連の影響力を抑えるねらいがあった。

第12章　戦後日本の形成

1

【①占領と民主改革】

(1)（×）サンフランシスコ会議で，国際連合憲章
が採択された。

(2)（×）国際連合は第二次世界大戦中，日本が降
伏する前に発足した。
→日本降伏後の1945年10月

(3)（○）

(4)（×）日本本土も沖縄も，ともに連合国軍が間
接統治下に置いた。
→沖縄はアメリカ軍の直接軍政

(5)（○）

(6)（×）幣原喜重郎首相に対し，婦人参政権など
の五大改革が指示された。

(7)（×）社会主義者などの政治犯は釈放されたが，
特別高等警察の活動は続いた。
→特別高等警察は廃止された

(8)（○）

(9)（○）

(10)（×）改正された農地調整法にもとづいて，大
規模な農地改革が実施された。

(11)（○）

(12)（×）日本国憲法が公布され，国民が主権者と
規定された。

(13)（○）

(14)（○）

【②冷戦の開始と講和】

(15)（×）アメリカ合衆国は，「封じ込め」政策の一
環としてベルリン封鎖を行った。
→ベルリン封鎖を行ったのはソ連

(16)（×）ソ連による「ベルリンの壁」の構築は，
冷戦のきっかけとなった。
→ベルリンの壁構築は冷戦のきっかけではない

(17)（○）

(18)（○）

(19)（×）朝鮮戦争への国連軍の派遣は，安全保障
理事会でソ連欠席のまま決定された。

(20)（○）

(21)（×）日本国内では，アメリカ1国のみとの講
和を唱える単独講和論がさかんに主張されたが，
実現しなかった。
→単独講和とは西側諸国のみとの講和を指す

(22)（×）サンフランシスコ平和条約には，ソ連を
含むすべての連合国が調印した。
→ソ連・ポーランド・チェコスロヴァキアは非
調印

(23)（○）

(24)（×）サンフランシスコ平和条約の締結交渉を
有利に進めるため，日本は，フィリピンやインド
ネシアなどと賠償協定を結び，賠償を実施した。
→賠償協定調印は条約締結後

【③55年体制】

(25)（×）反核組織としてアジア＝アフリカ会議が
結成された。
→アジア＝アフリカ会議は大国が参加しない初
の国際会議

(26)（×）平和五原則には，核兵器の禁止が盛り込
まれた。
→核兵器の禁止はない

(27)（○）

(28)（×）自由民主党は，自由党と日本民主党が合
同して結成された。

(29)（×）日本とソ連との間では，1956年の日ソ共
同宣言で，戦争状態の終結と国交回復が実現し
た。

(30)（×）日本は国際連合に加盟すると同時に，英
米仏ソと並んで安全保障理事会の常任理事国に
なった。→日本が常任理事国になったことはない

(31)（○）

(32)（○）

(33)（×）日本と大韓民国との間では，1953年の朝
鮮休戦協定締結の年，国交が正常化したが，朝
鮮民主主義人民共和国とは，国交のない状態が

続いている。
　→大韓民国との国交正常化は1965年

㉞　(○)

㉟　(×)　安保条約と新安保条約の調印の間の時期
　に，日本は核拡散防止条約に参加した。
　→日本が参加したのは1970年

【④経済復興から高度経済成長へ】

㊱　(×)　朝鮮戦争による特需により，都市部の工
　場にも注文が来たが，政府は，平和憲法を根拠
　として軍需品生産の停止を命じた。
　→軍需品生産によって朝鮮特需を現出した

㊲　(×)　石炭の供給確保のために池田勇人内閣は
　「日本列島改造論」を発表した。
　→工業分散化のために田中角栄内閣が発表した

㊳　(×)　日米相互協力及び安全保障条約を調印し
　たのは岸信介内閣。

㊴　(○)

㊵　(×)　高度経済成長期には，アメリカなどの要
　求にもかかわらず農産物輸入の自由化が実施さ
　れなかったため，食料自給率が高まった。
　→工業化によって食料自給率は下降した

㊶　(○)

㊷　(○)

㊸　(○)

㊹　(×)　池田勇人内閣が農業基本法を制定し，農
　工間所得格差の是正や農業経営の自立に努めた
　結果，兼業農家は増加した。

㊺　(×)　農業所得向上のために農業基本法が制定
　された。

㊻　(○)

【⑤「国際化」する経済大国】

㊼　(×)　冷戦の解消に向けて，1980年代に先進国
　首脳会議（サミット）が始まった。
　→不況克服のために1970年代に始まった

㊽　(×)　日中共同声明にもとづいて，中国は日本
　の国際連合加盟を支持した。
　→1972年当時にはすでに加盟している

㊾　(×)　ドル＝ショックによって，金とドルの交
　換が停止され，1973年には変動相場制への移行
　が行われた。

㊿　(×)　第4次中東戦争の勃発は，日本企業が不
　況から回復する一因となった。
　→日本も石油危機などで不況にみまわれた

(51)　(×)　イラン＝イスラーム革命をきっかけに，
　日本でも第2次石油危機が起こった。

(52)　(○)

(53)　(○)

(54)　(×)　竹下登内閣のときに，リクルート事件が
　起こった。

【⑥新たな世紀の日本へ】

(55)　(○)

(56)　(×)　1995年にベトナムが東南アジア諸国連合
　（ASEAN）に加盟した。

(57)　(○)

(58)　(×)　湾岸戦争がおこると，日本も米英仏を中
　心とする多国籍軍に参加し，自衛隊を派遣した。
　→日本は多国籍軍には参加せず，総計130億ドル
　の戦費支援をおこなった。

(59)　(×)　宮澤喜一内閣は，国連の平和維持活動に
　参加するためのPKO協力法を成立させた。

(60)　(○)

(61)　(×)　小泉純一郎内閣は新ガイドライン関連法
　を成立させるとともに，日朝平壌宣言を発表し
　た。
　→新ガイドライン関連法は橋本龍太郎内閣のと
　きに成立した。

(62)　(○)

2

(1)　正解－⑤

Ⅲ→1952年。日本は1951年に調印されたサンフ
　ランシスコ平和条約の発効した1952年に独立
　を回復した。そしてIMF（国際通貨基金）と
　IBRD（世界銀行）に加盟した。

Ⅰ→1964年。経済協力開発機構（OECD）に加
　盟したのは1964年であり，これによって資本
　の自由化と外国資本の導入の自由化がなされ
　た。

Ⅱ→1975年。先進国首脳会議（サミット）は
　1975年にフランスのランブイエで初めて開か
　れた。1973年の石油危機以降の経済成長の減
　速に対応したものであるから，「第1次石油危
　機のあと」と覚えておこう。

参考　開放経済体制

(1952) IMF（14条国）・世界銀行（IBRD）加盟
　→為替制限可

(1955) GATT（12条国）加盟→輸入制限可

(1963) GATT（11条国）移行＝貿易の自由化
　＊貿易の自由化：国際収支の悪化を理由とし
　て輸入制限ができない国となる

(1964) IMF（8条国）移行＝為替の自由化
　＊為替の自由化：国際収支の悪化を理由とし
　て為替管理ができない国となる

(1964) OECD加盟＝資本の自由化
　＊Organization for Economic Co-operation
　and Development
　①資本の自由化

②外国資本の導入・日本での利益の海外送
　金の自由

(2)　正解－⑥
　Ⅲ→1964年。東京オリンピックが開催されたこ
　　の年，これに間に合わせるかたちで東海道新
　　幹線が開業した。
　Ⅱ→1971年調印，1972年発効。1969年の佐藤・
　　ニクソン会談において沖縄の「核ぬき・本土
　　並み・72年返還」が日米共同声明のかたちで
　　発表された。1970年に新日米安保条約が自動
　　延長されたのち，1971年に沖縄返還協定に調
　　印，翌年72年の発効によって沖縄が「返還」
　　された。
　Ⅰ→1975年。(1)参照。

資料読解編・解答解説

1 歴史総合

1 問1 正解－②

あ－正文。森有礼は会話文中で「今を去ること一千年前にも，我が祖先は貴国の服装に自分たちより優れたところがあるのを見て，これを採用した。何であれほかの善いところを模倣するのはわが国の美風であるといえる」と述べており，「日本では自国の発展のために他国のすぐれた文物を取り入れることは古くから行われてきたと考えている」といえる。

い－誤文。「伝統的な中国文明が本体であり，西洋文明は利用すべき技術にすぎないという考え方」とは中体西用の考え方のこと。李鴻章は会話文中で「ただし，兵器・鉄道・電信その他の機械などは必需品であり，彼らの最も長じているところであるので，これを外国から導入せざるを得ない」と述べており，中体正用の考えを表明している。

問2 正解－②

②－19世紀後半には長崎〜上海，長崎〜ウラジオストクに海底通信ケーブルが引かれた。これにより日本とヨーロッパはインド洋経由，シベリア経由で結ばれたこととなり，このことが列強のアジア侵略の要因の一つとなった。ただし，本肢の正誤の判定ができなくとも，他の選択肢が明らかに誤文と判断できるので正解は導き出せる。

①－洋務運動とは，19世紀後半の清で行われた軍隊や産業の近代化のために欧米の技術を導入する運動であり，オスマン帝国で行われたものではない。オスマン帝国で行われた近代化改革はタンジマート。

③－ロシアによるシベリア鉄道建設発表により日本との条約改正交渉が進展したのはイギリス。中国に権益を持ち，かねてからロシアの南下に警戒していたイギリスはロシアのこの動きを受けて日本への態度を軟化させ，外務大臣青木周蔵との条約改正交渉を進めたが，大津事件で青木が引責辞職したことで中断した。

④－南満洲鉄道の利権をめぐって日本と対立したのはアメリカ。日露戦争後，日露が接近する中で，ポーツマス条約締結を仲介したアメリカは南満洲鉄道の共同経営や中立化を日露に迫ってきた。日露はこれを拒否したため，日米関係が悪化した。

したがって，②が適当である。

問3 正解－②

あ－1899年に北海道旧土人保護法が制定されたことが記されている。北海道旧土人保護法とは，「旧土人」と称された北海道の先住民であるアイヌ民族保護を名目に，同民族に対する同化政策を推進するために制定された法律。

W－樺太在住のアイヌ民族を北海道に移住させたのは1875年に樺太・千島交換条約を締結したことによる。同条約は日露和親条約で両国民雑居とされた樺太をロシア領とするものであった。その結果，樺太在住のアイヌ民族は北海道に移住させる必要が生じた。「樺太」に着目して1875年の樺太・千島交換条約を想起できれば判断できる。

X－謝花昇は沖縄の民権運動における指導者であり，アイヌの社会的地位向上のための運動を行った人物ではない。

い－1882年に中国人移民排斥法が制定されたことが記されている。19世紀中ごろまでに欧米諸国で奴隷制が廃止されていく中，これに代わる労働力として注目されたのが中国人移民であった。しかし，彼らが労働力の中心になってくると次第に移民排斥を主張するものが現れ，代わって日本人移民が増加した。

Y－産業革命の進展によって過酷な工場労働を担う労働者が必要となった。労働力需要はさらに増加したので誤りである。

Z－中国人移民排斥法によって中国人移民が排斥されたあと，これに代わって呼び込まれたのは日本人移民であった。

問4 正解－①

史料1はアメリカ独立宣言（1776年）。**史料2**はフランス人権宣言（1789年）。**史料3**は日本国憲法前文（1946年）。

①－**史料2**はフランス人権宣言であり，イギリスで採択された宣言ではない。

②－**史料3**（日本国憲法）は革命権について言及していない。

③－**史料1〜3**のうち，最初に出されたものは，**史料1**のアメリカ独立宣言である。

④－**史料1**と**史料2**は18世紀，**史料3**は20世紀に出されたものであり，19世紀に出されたものはない。

したがって，①が適当ではない。

問5 正解－①

あ－ニュージーランドは1840年，先住民マオリとの条約でイギリスが植民地とし，1907年に自治領とされたため，1908年のロンドンオリ

ンピックではオーストラリアとの合同チーム
で出場した。

い－「株価の大暴落による恐慌」とは世界恐慌の
こと。世界恐慌は1929年10月24日のニュー
ヨーク株式市場の大暴落に端を発する世界的
な恐慌。いの文章は1932年のロサンゼルスオ
リンピックのものである（世界恐慌のことと
わかれば □X□ にあてはまらないことは判断
できる）。

う－「継続されていた人種差別政策」とはナチ＝
ドイツによるユダヤ人迫害のことである。ヒ
トラー率いるナチ党政権はこうした人種差別
政策に対する諸外国の批判をかわすため，一
時的にこれらの政策を凍結した。開催国と開
催時期，「人種差別政策」とのキーワードから
判断できる。

え－日本での政党内閣の慣行は「憲政の常道」
とよばれ，1924年成立の加藤高明内閣から
1932年の五・一五事件で倒れた犬養毅内閣ま
で継続した。以後，戦前・戦中の日本におい
ては政党内閣が組織された実績はなく，明ら
かに誤文と判断できる。

問6　正解－②

嶋田さんのメモ－19世紀後半にはアメリカ・ド
イツでは産業革命が進行中であったが，日本
は1890年代に第1次産業革命，1900年代に第
2次産業革命を迎えるため誤っている。

青山さんのメモ－「アフリカ分割をめぐって協商
を結んだ両国」とはイギリスとフランスであ
る（英仏協商）。この両国のうち，植民地の面
積が大きいのは，英露協商で「ロシアとイラ
ンでの勢力範囲を定めた」イギリスであるか
ら正しい。

桜田さんのメモ－以下の表より「1914年の時点
で本国の面積が大きければ大きいほど，植民
地の面積は小さい」のではないことがわかる。

よって青山さんのメモのみが正しい。

	植民地		本国（宗主国）	
	1914年		1914年	
	面積 (100万㎢)	人口 (100万人)	面積 (100万㎢)	人口 (100万人)
イギリス	33.5	393.5	0.3	46.5
ロシア	17.4	33.2	5.4	136.2
フランス	10.6	55.5	0.5	39.6
ドイツ	2.9	12.3	0.5	64.9
アメリカ	0.3	9.7	9.4	97.0
日本	0.3	19.2	0.4	53.0

問7　正解－③

③－アメリカの水爆実験により日本の漁船が被
害を受けたのは1954年3月に発生した第五福
竜丸事件である。このときの外務大臣が岡崎
勝男であった。

①－中国東北部での鉄道爆破事件とは柳条湖事
件のこと。これを口実として日本軍は軍事行
動を開始し，満洲を占領した。これが満洲事
変の始まりで1931年9月のことだった。

②－ソ連のミサイル基地建設計画によって米ソ
の戦争が危惧されたのは1962年のキューバ危
機である。

④－会議に中国を代表する政府は招かれず，ソ
連は条約内容に反対して署名しないなど，す
べての関係国との完全講和は実現しなかった。

したがって，③が適当である。

問8　正解－③

□ア□－第二次世界大戦後に独立したのはビルマ。
ビルマは1948年にイギリスから独立した。レバ
ノンの独立は1943年。

□イ□－社会主義国であるソ連が正解。「当時の国
際情勢」とは東西冷戦のこと。ソ連のオリン
ピック初参加は1952年である。韓国は1948年に
は日本の統治下にはなく，誤り。

2 問1　正解－②

資料1は1791年にフランスのオランプ＝ドゥ
＝グージュが出版した『女性の権利宣言』の抜
粋。

第1条－「女性は，…権利において男性と平等な
ものとして存在する」としており，男性と同
等の権利を得ることを主張した条文である。

第10条－「女性は，その意見の表明が法律によっ
て定められた公の秩序を乱さない限りにおい
て，演壇にのぼる権利をもたなければならな
い」としており，これも男性と同等の権利を
得ることを主張している。

第11条－「すべての女性市民は，…自由に，自分
が貴方の子の母親であるということができる」
としており，家父長制的な男性の支配を批判
している。

第13条－「租税の負担」や「すべての賦役とすべ
ての役務」，「地位・雇用・負担・位階・職業
に参加」することについて男性と同等の義務
を果たすことを主張している。

よって正解は②。

問2　(1)正解－①　(2)正解－②

(1)あ－資料2は，「良妻賢母」という考え方に対
抗し，女性としての自覚をうながそうとし
た雑誌『青鞜』の「発刊の辞」である。そ

して，こうした女性運動にかかわり，『青鞜』の発刊に携わった人物は平塚らいてうである。

- **い**－津田梅子は，岩倉使節団に同行してアメリカに留学し，後に女子英学塾を設立した人物であり，**資料2**の創刊に携わった人物ではない。
- **X**－**資料2**の『青鞜』の創刊に携わった平塚らいてうは，1920年に市川房枝らと新婦人協会を結成して，女性の政治運動に道を開いた人物である。
- **Y**－アメリカに留学後，女子英学塾を設立したのは，いの津田梅子である。
- (2)②－1765年の印紙法は，イギリス本国が北米植民地住民に対して広範な印刷物に印紙を貼ることを義務付け課税する法律であったが，植民地住民はこれに反対して「代表なくして課税なし」と唱えて撤回させた。
  - ①－アジアで初めての共和国は中華民国であり，1911年の辛亥革命ののち，翌年1月に成立した。
  - ③－「科学的社会主義」とは，19世紀後半にマルクス，エンゲルスが初期社会主義を「空想的社会主義」として批判して形成した概念。
  - ④－鉄血政策をおこなった「ある国の首相」とは19世紀後半に首相となったプロイセンのビスマルクのこと。

  したがって，②が適当である。

問3　正解－③
- <u>ア</u>－1917年にロシアで起こった革命はいの十月（十一月）革命。あの血の日曜日事件は1905年にロシアで起こった事件。
- **X**－パネル1では1917年にソヴィエト政権が女性に男性と平等な参政権を与えていることが示され，パネル2ではドイツ・オランダ・アメリカなどの資本主義国が女性参政権を実現させていることがわかる。資本主義国が社会主義の広まりを恐れて自国でも参政権を拡大させた事情が類推できる。
- **Y**－第二次世界大戦の敗戦国であるドイツは1919年に女性参政権を実現させている。

問4　正解－①
- **たつやさんのメモ**－旧制中学校の生徒数が初めて20万人を超えたのは1922年であり，このころ女性の地位向上を主張する新婦人協会（1920年）や部落解放を訴える全国水平社（1922年）などが結成されるなど社会運動が展開された。よって正しい。

- **りきさんのメモ**－旧制中学校の生徒数が一時的に減少している時期は1930年代の前半とわかる。一方，「北京郊外での日中両軍の衝突」とは盧溝橋事件であり，これによってはじまった事実上の戦争は日中戦争であるから，1937年で時期が異なる。よって誤り。
- **さゆりさんのメモ**－この新聞の発行部数が100万部を超えたのは1924年とわかる。一方，「世界恐慌への対策としてアメリカではニューディール政策が推進された」のは，1933年以降のことであり，時期が異なる。よって誤り。

問5　正解－①
- **あ**－日露戦争での日本の勝利や韓国併合，第一次世界大戦での日本の躍進などを背景に，黄禍論と呼ばれる日本を警戒する風潮が広汎化していた。これを背景にかつて中国人移民が排斥されたように，今度は1924年の移民法で日本人移民が排斥された。
- **い**－ハワイやフィリピンは19世紀末にアメリカが併合し，桂・タフト協定では同国のフィリピン支配と日本の韓国における権益を相互承認していたことを想起すれば，同地をめぐる日米対立は生じていないことがわかる。なお，日米はこのとき満洲の鉄道利権などをめぐって対立していた。
- **X**－パネル3からアメリカにおける排外主義は継続したことがわかり，パネル4からアメリカ以外の移民先が検討されたことがわかる。そして，1932年には，前年に起こった満洲事変を契機に満洲開拓移民が開始された。
- **Y**－パネル4に「米英に追随する外交路線の転換……をもとめる主張がみられた」とあるように，英米との協調路線の継続を批判する声が上がっているので，誤り。

問6　正解－③
資料4

　もし全国民がみな平等の能力をもって，平等の資格を有するのであれば，全国民に平等に選挙権を与えてすべての議員が等しく全国民から公選されるのが最も正当ですが，しかし①実際は国民は決して平等ではありません。その家柄や財産，学識，経験，そして社会における人望などによって千差万別で，実際はきわめて不平等なのです。この実際上の不平等を無視して，全国民を平等なものとして扱い，平等に選挙権を与えたとしても，そこから公選された議員は決して適当な代表者とはいえないのです。

資料5

現代立憲政治の運用にあたっては，実は…②それほど高度な能力を選挙権者に求めているわけではない。では，どれほどの能力が必要かといえば，…選挙権者が，その権利を行使するにあたって，各候補者の言論を聞いて，そのなかのだれがより真理を含むかの判断をし，またかねてからの見聞にもとづいて各候補者の人格を比較して，そのなかのだれがより信頼できるかの判断を誤らなければよい。積極的に政治上の意見を立てる能力までは必要ないのである。つまりは，きわめて平凡な常識で足りる。これくらいのことなら，今日の国民ならだれでもできるだろう。…そうであるから，選挙制度は原則として必ず普通選挙であるべきだというのは，一目瞭然のことだ。

③－**資料4**では①のように述べており，**資料5**では②のように述べている。つまり，**資料4**では選挙権をもつために必要な能力は人びとが置かれている環境に左右されるものであるとしているのに対し，**資料5**では積極的に政治的な意見を持つまでもなく，「平凡な常識」で足りるとしている。

①－イギリスで女性参政権が与えられたのは1918年であり，**資料4**はそれ以前のものである。

②－**資料6**に登場する市川房枝は女性参政権と治安警察法第5条改正を求めて新婦人協会を組織した人物。治安維持法の改正ではない。

④－**資料4**は平等に選挙権を与えることを否定しているが，女性参政権については言及していない。**資料5**は「選挙制度は普通選挙であるべきだ」という主張を述べているのであり，女性参政権を否定してはいない。

したがって，③が適当である。

問7　正解－④

　イ　－**資料7**で示されているのは，1928年2月に行われた第一回普通選挙にむけた選挙ポスターである。このポスターには，「鈴木文治」が社会民衆党の公認候補であり，労働者や小売商人，「月給取」（俸給生活者，サラリーマンのこと）に利する政策を行うことが示唆されている。1925年の選挙法改正では，選挙権の納税資格が撤廃され，単に「満25歳以上の男子」が選挙権をもつとされた。そのため，労働者の利害を代表する無産政党は公認候補者への支持を呼び掛けるため，下のようなポスターを作成した。

労働者などの無産階級の利害を代表する政党であることが読み取れる

資料7の「労働者・小売商人・月給取の一票」，「富豪に重税・貧乏人に減税」などの文言から，この政党（社会民衆党）が労働者などの「資産がなく労働賃金のみで生活する人びとの利害を代表する」無産政党であると読み取れる。一方，「資本家や地主など資産を有する人びとの利害を代表する」のは立憲政友会・立憲民政党などの政党。このとき（1928年）の第一回普通選挙では無産政党全体で8名が当選した。社会民衆党は4議席獲得し，そのなかには鈴木文治も含まれていた。鈴木文治は友愛会の創始者であることも思い出しておこう。

　ウ　－**資料8**は「1945年」とあり，時期が確定しているので「大韓民国が成立する前」が適切であるとわかる。大韓民国の成立は1948年である。

　エ　－　ウ　の解答とたつやの「1945年の衆議院議員選挙法改正で女性参政権が付与される一方，植民地出身者の選挙権は剥奪されたということなんだね」という会話を踏まえ，その後ののりきの「1945年以前と以後では大日本帝国の「臣民」の範囲が恣意的に改変されていることがわかるね」という会話から　エ　に入るのは帝国「臣民」の範囲が拡大していることを推察させる表現であるとわかる。

問8　正解－③

あ－マス・メディアが国家意識の高まりにどのように関与したかを探究するためには，国家意識を高めるためにマス・メディアがどのように利用されたかを検証すればよい。

W－ラジオはマス・メディアの一つであり，その意味でラジオの販売台数の推移は有用だが，自動車の販売台数はマス・メディアと国家意識の関係には無関係である。

X－植民地において宗主国が製作した映画の興行収入と新聞報道の内容はともにマス・メディアを国民意識の高まりに利用したもので

ある。

い－マス・メディアが平等主義の形成にどのように関与したかを探究するためには、マス・メディアが平等主義の主張や内容をどのように展開し、伝えたのかを検証すればよい。

Y－社会運動の団体や関係者に新聞関係者がどれほど含まれていたかを検証すれば、新聞上でその主張をどの程度展開し得たかを検証することとなるので有用である。

Z－社会運動を抑制するための法律の条文の変遷をたどることで社会運動それ自体がどのような運動の形態をとったかを知ることはできるが、マス・メディアとの関係までは検証し得ない。

3 問1　正解－③

鈴木さんのメモ・山村さんのメモ－正しい。コレラは、もとはインドの風土病であったが、イギリスによるインドの植民地化、そしてイギリス・インド・中国の三角貿易によって世界の流行病となった。

西岡さんのメモ－誤り。このときの大流行は1826年から1837年にかけて起こった。一方、フランスの第三共和政は1870年代初頭から1940年までであり、時期が異なる。

問2　(1)正解－④　(2)正解－⑥

あ－誤文。「天皇を崇拝し、外国人を排斥する運動」とは尊王攘夷運動のこと。尊王攘夷運動とは、天皇を崇拝し、一方で外国人を排斥せよという思想。日米修好通商条約による開港や幕末の政治的動揺のなかで形成された思想であり、ヘスペリア号事件によって激化したものではない。

い－正文。**カード1**から、ヘスペリア号はコレラ流行地から日本に来航しており、かつ検疫を受けることなく横浜への入港を強行していることから、関東地方でのコレラ流行は推察できる。

う－誤文。**カード2**より、ヘスペリア号事件が起こる前年までの寺島宗則の時期には関税自主権の回復を主眼においていたのであり、この事件の影響とはいえない。

え－正文。**カード1**よりヘスペリア号は日本の検疫の規則に従うことなく入港を強行したこと、**カード2**より井上馨の条約改正交渉から領事裁判権の撤廃が主眼とされていることから推察できる。

(2)あ－外国人判事任用を憲法違反であるとする批判は、当然憲法そのものが成立していないと成り立たない。大日本帝国憲法は1889

年2月11日に発布されたものであるので、大隈重信外交に対する批判にはなれど井上馨に対する批判としては適当ではない。

い－大隈重信も井上案を継承して外交を行ったが、「鹿鳴館での舞踏会など、極端な欧化政策」を行ったのは井上馨である。よって井上馨のみに対する批判と判断できる。

問3　正解－④

④－**資料2**をみると、1899～1918年にかけて結核の死亡者数が増加していることがわかる。また、**資料1**から同時期の生糸の生産量が増加傾向にあったことがわかる。こうした産業革命の進展のもと、劣悪な労働環境で働くこととなった人々のなかには、結核などの伝染病にかかる人も少なくなかった。

①－**資料2**を読みとると、結核での死亡率は第二次世界大戦前のほうが高いことがわかる。

②－**資料1**から1940年代前半に生糸の生産量・輸出量は大きく減少していることがわかるが、**資料2**から読みとれるように、同時期の結核による死亡者数は増加している。

③－30年代の生糸の生産量と輸出量は増減を繰り返しており、「ともに増加傾向にある」とはいえない。また、政府による金解禁は、財政緊縮政策であるため不況をもたらした。また、同時期におこった世界恐慌の影響もあり、日本は深刻な恐慌状態におちいった（昭和恐慌）。したがって「好景気になった」というのも適当な記述とはいえない。

したがって、④が適当である。

問4　正解－③

あ－誤文。ファショダ事件のこと。エジプトから南下していたイギリスとアルジェリアから東進していたフランスが1898年に衝突した。なお、その後はヴィルヘルム2世いるドイツの進出により両者は協調し、1904年に英仏協商を結ぶこととなる。

い－正文。ドイツのビスマルクが主催した国際会議とは、1884～85年に開かれたベルリン会議のこと。ここではコンゴ川流域の統治権はベルギーに、ニジェール川河口の統治権はイギリスに認めたほか、アフリカの土地先占権を相互に承認することとされた。

問5　正解－③

③－「当時行われていた戦争」とは第一次世界大戦である。**資料3**からこのインフルエンザは東アジアでも流行していたことがわかるが、第一次世界大戦はヨーロッパを中心に世界中へと広がった戦争であり、太平洋を中心に展

開したとはいえない。なお，「このインフルエンザ」とはいわゆる「スペイン風邪」である。

① −「出撃拒否をした水兵による反乱」とはドイツで起こったキール軍港の水兵の反乱である。これを端緒としてドイツ革命が起こり，皇帝ヴィルヘルム 2 世は亡命した。インフルエンザ流行の年（1918年）と「水兵による反乱」，「革命」というキーワードで判断できる。

② −「当時行われていた戦争」（＝第一次世界大戦）での死亡者数は約3700万人とされるが，この知識がなくとも消去法で解答することは可能である。

④ −「当時行われていた戦争」（＝第一次世界大戦）では，インドやアフリカなどの植民地の人々も多く動員された。戦争が世界規模になったことで，このインフルエンザはインドなどにも広がり，多くの死者を出すことになった。

したがって，③が適当ではない。

問6　正解−②

② −1979年，イランでホメイニが指導者となってイラン＝イスラーム革命が起こったが，この混乱に乗じてイラクのサダム＝フセインは国境問題の解決と革命の波及を予防するため，1980年にイラン＝イラク戦争を開始した。

① −1945年に独立が宣言されたベトナム民主共和国とその独立を認めないフランスとのインドシナ戦争で，ジュネーヴ休戦協定が結ばれたのは1954年。ベトナムは北緯17度線で南北に分裂した。

③ −ミサイル基地建設をめぐる大国の一触即発の事態とは1962年のキューバ危機である。

④ −この水爆実験は1954年にアメリカがビキニ環礁で行ったものである。このときの死の灰を浴びた日本の漁船（第五福竜丸）の無線長が死亡したことから，世界的な原水爆禁止運動が展開された。

したがって，②が最も適当である。

問7　正解−④

　　ア　−ハイチの地震でコレラを持ち込んだことが考えられるのはいの国連平和維持活動（PKO）部隊である。国連平和維持活動（PKO）とは，平和維持軍・軍事監視団・選挙監視団の 3 つの組織を用いて国連が行う，紛争の平和的解決や治安維持を目的とした活動のこと。2016年，国連の潘基文（パンギムン）事務総長はネパールのPKO部隊が図らずもコレラを持ち込んでしまったことに対し，謝罪した。日本では，湾岸戦争後の1992年，

PKO協力法が宮沢喜一内閣のもとで成立し，これにより自衛隊の海外派遣が可能となった。

あ・Z −国際連合は国際連盟と同様に集団安全保障の方式をとることとしたが，国際連合はその手段として新たに平和への脅威に対して軍事制裁をとることとした。国連憲章に基づく正規の国連軍は国連の安全保障理事会の特別協定によって組織されるが，いままで一度も組織されたことはない。

う・Y −警察予備隊は1950年，朝鮮戦争の勃発による在日米軍の不足を補うために組織された。1952年には日本の主権回復（サンフランシスコ平和条約の発効）に伴い保安隊に改組され，さらに1954年にはMSA協定にもとづいて自衛隊となった。

4　問1　正解−⑤

　　吉田さんの会話の中に「当時のイギリスにとって最も重要な植民地であったもう一つのアジアの国」と見える。18世紀後半以降，綿工業の分野を皮切りに産業革命を成功させたイギリスは，綿製品の原料である綿花を大量に産出するインドを最も重要な植民地としていた。また，先生の会話の中に「イギリスの最も重要な植民地で生産される商品の流入が大きな問題となっていました」とあり，これはイギリスがインドで生産したアヘンを中国へ流入させたため，当時の中国にとってそれが銀の流出や社会風紀の乱れなど，大きな社会問題に発展していたことを示している。これにより，中国はインドから密輸入されるアヘンを取り締まったが，それがきっかけとなり，1840年にアヘン戦争が勃発した。それがいの図版である。また，年表中に見える出来事，「オランダがジャワ島で政府（強制）栽培制度をはじめた」のは1830年，「アメリカで大陸横断鉄道が開通した」のは1869年である。よって，アヘン戦争（1840〜42年）はbに入る。

問2　正解−⑤

　　すでに示したように，先生と吉田さんの会話文中に，イギリスが最も重要視する植民地であること，その植民地で新たに生産させたある商品を流入させたことによって戦争が勃発したことなどから，イギリスによる19世紀の三角貿易を想起し，その流入させた商品が「アヘン」であること，アヘンの生産をイギリスが「インド人」にさせていることに結びつけたい。

問3　正解−②

② −日米修好通商条約では，横浜・神戸・長崎・函館・新潟を開港することが取り決められた。開港場には外国人の居留地が設定され，外国

商人と日本商人の間で貿易がおこなわれるようになった。**幕府は同様の条約をオランダ・ロシア・イギリス・フランスとも結んだ。**これは「安政の五か国条約」と呼ばれる。その結果，日本は世界市場に参入することとなった。

①－アメリカ合衆国のペリーが艦隊を率いて浦賀に到達したのは1853年であり，翌年に日米和親条約が結ばれた。日米修好通商条約が結ばれたのは1858年である。

③－開港の結果，ヨーロッパとの貿易は盛んとなったが，日本から輸出された主な商品は生糸・茶・蚕卵紙・海産物などであり，毛織物や綿織物などの加工品は輸入品として海外から流入した。

④－生麦事件の賠償問題をめぐり，鹿児島の薩摩藩がイギリスと衝突したのは戊辰戦争ではなく，薩英戦争である。

したがって，②が適当である。

問4　正解－②

空欄アの直後に「彼の行動がその後のヨーロッパ社会全体に大きく影響した」とあることや，後のよしおさんの会話に「"諸国民の春"と呼ばれる革命が次々におこり」とあることに注目したい。フランス革命は，人権宣言に見られるように国民の自由・平等や，ルソーの人民主権や革命権を精神的支柱にブルボン朝の絶対王政を打倒したものである。ナポレオンはそのような革命精神の中に誕生し，その革命の精神を抱えながらヨーロッパ大陸を征服した。それによってヨーロッパ諸国民にフランス革命の精神を植え付けていったのである。ナポレオンが打倒されたのち，ヨーロッパではウィーン体制と呼ばれる保守・反動体制が復活したが，そのような状況下でヨーロッパ諸国民は，ナポレオンから学んだ革命精神を掲げて"諸国民の春"と呼ばれる1848年革命を起こしていったのである。従って，空欄アに入るナポレオン戦争の意義は，**「フランス革命でうまれた自由主義・国民主義の精神をヨーロッパへ広めた」**と言える。

問5　正解－③

文中の絵画は「民衆を導く自由の女神」であり，これは，フランスのロマン主義絵画の画家ドラクロワ（**Z**）がフランス七月革命（**あ**）を題材に描いた作品である。七月革命は，ブルボン朝の復古王政に対し市民たちが起こした革命で，絵画で描かれている人々を観察すると多くは労働者のような粗末な格好をしていることが分かる。なお，ドラクロワはギリシア独立戦争

の支援を訴える作品「キオス島の虐殺」でも有名である。

問6(1)　正解－④

④－"諸国民の春"とは，**1848年**2月にフランスでいわゆる二月革命が起こったことを契機にそれがヨーロッパ全体へ波及し，翌三月以降ヨーロッパ各地で自由主義やナショナリズムが掲げられて起こった一連の革命をいう。

問6(2)　正解－⑤

⑤－**チャーティスト運動**とは，それまで参政権を持たなかったイギリスの中産階級や都市の労働者たちが参政権を求めて展開した運動で，1839年，42年にも大きな運動が起こっている。これも労働者たちが政治的自由を求めて起こした自由主義運動の一環である。

①－オーストリアのウィーンで革命が起こり，ウィーン体制の主導者であった宰相（ウィーン会議当時は外相）のメッテルニヒが亡命した。

②－ドイツのフランクフルトで，ドイツの統一と憲法制定を議論するフランクフルト国民議会が開かれた。

③－ハンガリーではコッシュートによる民族運動が起こった。なお，コシューシコ（コシチューシコともいう）は18世紀末に行われたポーランド分割において，その分割に反対した民族指導者である。

④－スラヴ民族会議が開かれたベーメン（ボヘミア）はセルビア人の国ではなく，チェコ人（チェック人）の国である。

⑥－イタリアではサルデーニャ王国がヴェネツィアやロンバルディア地方の奪回を掲げてオーストリアに宣戦したが領土を回復できずに鎮圧された。

したがって，⑤が適当である。

問7　正解－④

④－例えばナポレオンに支配されたプロイセンでは国制改革がおこり，フィヒテによる"ドイツ国民に告ぐ"という言葉から始まる演説がなされ，国民意識が高揚した。また，日清戦争は日本が中国という国家と本格的に戦った初めての戦争でもあり，日本国民としての意識が高揚したことが想定できる。

①－ナポレオン戦争時のヨーロッパ諸国の軍は，常にナポレオンを圧倒したわけではなく，様々な戦いで敗れている。最終的にナポレオンが敗れたライプツィヒの戦い（諸国民戦争）はオーストリア・ロシア・プロイセンなどの連合軍が，ロシア遠征に失敗し疲弊したナポレ

オン軍を破ったものであり，王の権威のもとに圧倒的な力で勝利したわけではない。また，日清戦争時に日本が圧勝したのは，日本が明治維新による近代化改革で富国強兵に成功していたのに対し，清朝側は洋務運動が内包する諸問題が原因で，いまだ近代化改革が実施されていなかったことも大きな要因である。

②－ナポレオン戦争時のヨーロッパにおいても，日清戦争時の日本においても，その戦争の意識として王政（天皇制）の保護という考えはほぼ見られない。

③－近代化改革に成功したという点は日本には認められるが，当時のヨーロッパ諸国はイギリスを除けば産業革命は進展しておらず，近代化改革に成功したとは言えない。

したがって，④が適切である。

問8　正解－④

あ－グラフによると綿糸の輸出高が綿糸の輸入高を初めて上回ったのは1895年頃である。一方，中国で科挙が廃止されたのは1905年である。よってあは誤り。

い－綿糸の生産高が一時的に低下したのは1901年頃である。一方，日本で自由民権運動が激化したのは，福島事件（1882年）や秩父事件（1884年）など1880年代前半である。よっていは誤り。

問9　正解－②

②－グラフを見れば空欄ウにあたる年は1894～95年頃である。1894年は朝鮮で甲午農民戦争が起こった年で，日清両国はこれを鎮圧するため出兵した。反乱はまもなく鎮圧されたものの日清両国軍は朝鮮半島にとどまり，日清戦争が勃発した。この戦争は1895年の下関条約で講和が結ばれ，**日本側の全権は伊藤博文と陸奥宗光**，清朝側の全権は李鴻章が担った。条約では清朝から日本へ遼東半島・台湾・澎湖諸島の割譲が決まったが，このあと日本はロシア・ドイツ・フランスによる三国干渉を受け，遼東半島の返還を余儀なくされた。

5 問1　正解－④

④－第一次世界大戦中の1917年11月にレーニン率いるボリシェヴィキが武装蜂起して臨時政府を打倒し，ソヴィエト政権を樹立した。その後ロシアはドイツとブレスト＝リトフスク条約を結び戦線から離脱した。

①－オーストリア皇位継承者夫妻を暗殺したサライェヴォ事件を起こしたのはギリシア系の青年ではなく，セルビア系の青年である。

②－アメリカ合衆国は，ドイツの無制限潜水艦作戦を理由に連合国側で参戦した。

③－中国に二十一か条の要求を突きつけて山東省の旧ドイツ権益継承を受諾させたのは大隈重信内閣である。

したがって，④が適当である。

問2　正解－⑤

ア－誤文。資料1では第一次世界大戦開始直前（1914年6月時点）の指数を100とした場合，1916年は108.1，1917年は116.1，1918年は116.8と増加傾向にある。

イ－誤文。資料2によれば，第一次世界大戦終結の一年前（1917年）には，繊維分野と被服分野で女性の就業者数は減少している。

ウ－正文。資料2を見ると，「製鉄・金属・機械」「電機」「化学」など，おもに軍需に関わるような重工業の分野でその就業者数がとりわけ高いことがうかがえる。

問3(1)　正解－①

ヨーロッパにおいて男女平等の普通選挙を憲法で初めて規定したのは**ドイツ**である。ドイツでは第一次世界大戦末期にドイツ革命が起こり，1919年にヴァイマル憲法が制定された。このヴァイマル憲法において男女平等の普通選挙が規定された。渡辺さんの会話文中にある「当時その憲法は世界で最も民主的だと言われていました」という言葉からもこの憲法が推測できるであろう。なお，選択肢に見えるイギリスでは，ドイツより1年早く1918年の第4回選挙法改正で満30歳以上の女性に参政権が認められているが，これは憲法で規定されたわけではないので注意したい。

問3(2)　正解－④

④－ドイツは第一次世界大戦後のヴェルサイユ条約において多額の賠償金を課されていたが，賠償金の支払いが滞ったため，1923年，隣国のフランスとベルギーがドイツ北西部のルール工業地帯を占領した。これに対してルールの労働者たちはストライキを起こしたためドイツで激しいインフレーションが起こった。

問4　正解－⑤

福場さんのメモ－1920年代後半には学校教育の普及によって人々の読み書き能力が向上し，それにともない大衆雑誌の『キング』や女性雑誌の『主婦之友』などが発行部数を伸ばした。また，1925年にはラジオ放送が開始され，植民地へも中継された。しだいにニュースや天気予報，相撲や野球などの中継も行われるようになった。

渡辺さんのメモ－第一次世界大戦後の1925年に

普通選挙法が成立したが，25歳以上の男性に選挙権を与えるものであった。よってこのメモは誤っている。

黒川さんのメモ－平塚らいてうは，『青鞜』を発刊し，従来の「良妻賢母」という女性像に対抗し，女性としての自覚を促そうとした。その一環で平塚は1920年，市川房枝らとともに新婦人協会を組織し，女性参政権や治安警察法の改正を要求した。

問5　正解－①

空欄イのあとの橋本さんの会話文中に「20世紀初頭に，この国から多くの留学生が日本にやってきました」と見えること，またその後の先生の会話に「結局その運動は挫折」したと見えることから，これが**ベトナムのドンズー（東遊）運動**であることを考えたい。フランスの植民地支配に対抗するためにファン＝ボイ＝チャウによって進められたこの日本への留学運動は，後に日仏協約が結ばれたことにより挫折したのである。

問6　正解－④

19世紀後半にヨーロッパ列強がアジアを次々に植民地化していく中で，ベトナムも仏領インドシナ連邦のもとに支配されていた。そのような状況下，極東の小国日本がヨーロッパの大国ロシアを戦争で破った出来事は，アジアの人々を勇気づけ，帝国主義に対する民族運動を惹起した。1906年のイラン立憲革命や1908年の青年トルコ人革命も同様である。ベトナムでも日露戦争における日本の勝利に感化され，日本への留学運動が行われた。

問7　正解－⑥

あ－ビルマ（ミャンマー）は1886年にイギリスのインド帝国に併合され，以後イギリスの植民地支配が続いていた。太平洋戦争が始まると，日本は大東亜共栄圏構想を掲げビルマを占領した。

い－インドは大東亜共栄圏には含まれない。また，ビルマでは第一次世界大戦後の1930年にイギリスからの完全独立を目指すタキン党が結成され，アウン＝サンが独立運動を指導した。

問8　正解－③

ポスターの前面に「警察予備隊員募集」と書かれていることに注目したい。警察予備隊は1950年の朝鮮戦争勃発に際して，出撃したアメリカ軍に代わり治安を維持するための部隊としてGHQの総司令官マッカーサーが創設を指示し，吉田茂首相が創設を決定したものである。

これは現在の自衛隊に発展した。

6 問1　正解－⑥

第二次世界大戦後，米ソを中心とする冷戦が始まっていくが，アメリカのトルーマン大統領はいわゆる"封じ込め"政策をすすめていった。その一つが**トルーマン＝ドクトリン**であり，これはギリシアとトルコの共産主義化を防ぐために，両国への軍事支援に関する支出を連邦議会に要請したものである。これにより冷戦は表面化した。地図中のYはトルコである。

問2　正解－③

い－こずえさんの会話文中に，アメリカが「1965年ごろ」から本格的な介入をおこなったとあることから，空欄アに入るのはベトナムと判断できる。1965年，アメリカのジョンソン大統領は，北ベトナムへの爆撃を開始（北爆）し，本格的にベトナム戦争へ介入した。また，ジョンソン大統領は1964年の大統領就任直後に，公共機関での人種差別を廃止する公民権法を成立させた。

あ－ソ連がキューバにミサイル基地を建設したのは1962年であり，**ケネディ大統領**の時代である。

う－こずえさんの会話文中に「ブレトン＝ウッズ体制が崩壊」とある。このことは第二次世界大戦後に構築された金＝ドル本位制による固定相場制を基盤とする国際経済体制（ブレトン＝ウッズ体制）が，ベトナム戦争などの支出によるアメリカの財政赤字にともない，ニクソン大統領がドルと金の兌換停止を発表した，いわゆる"ドル＝ショック"を示しているとわかる。ニクソン大統領は，1972年にベトナム戦争の戦局を打開するため，アメリカ大統領として初めて中華人民共和国を訪問した。

え－日本と新安保条約を結んだアメリカ大統領は**アイゼンハワー**である。

問3　正解－①

①－グラフを見れば三回目の軍事費増加の始まりは1980年前後であることがわかる。また，こうじさんの会話文中に「新冷戦」とある。ソ連は1979年に親ソ政権を支援するためにアフガニスタンに軍事侵攻をおこなった。これにより一時的に雪どけの兆しが見えた米ソ両国の緊張が再燃し，「新冷戦」と呼ばれる状況となった。

②－ブレジネフ政権が民主化を求めるチェコに軍事介入し，鎮圧したのは1968年である。

③－フルシチョフ政権がハンガリーの自由化運

動を武力弾圧したのは1956年である。

④－フルシチョフ政権が大陸間弾道弾を開発したのは1957年である。

したがって，①が適当である。

問4　正解－①

①－1960年代から70年代初頭にかけての日本の実質GNPは，1965年に一時5％台まで落ちたものの，1968年には15％近くまで伸びており，変動の格差はあるがおよそ5～15％程度の経済成長率を維持していた。

②－日本の高度経済成長が始まる背景となったのはベトナム戦争ではなく，朝鮮戦争の特需景気である。

③－サンフランシスコ平和条約に調印したのは鳩山一郎首相ではなく，吉田茂首相である。

④－1965年に日韓基本条約が結ばれたが，当時の大韓民国大統領は李承晩ではなく，朴正煕である。

したがって，①が適当である。

問5　正解－⑥

資料1－資料のタイトルは「第1回非同盟諸国首脳会議宣言」である。第1回非同盟諸国首脳会議は1961年，ユーゴスラヴィアの首都ベオグラードで開催された。開催国の首相ティトーをはじめ，エジプトのナセル，インドネシアのスカルノ，インドのネルーらが出席した。

資料2－資料のタイトルは「平和十原則」〔バンドン精神〕である。平和十原則は反植民地主義と平和共存を主旨とし，1955年にインドネシアのバンドンで開催されたアジア＝アフリカ会議で採択された。この会議にはアジア・アフリカから29か国の代表が参加した。

資料3－資料のタイトルは「アルジェリアの民族解放戦線の宣言」である。アルジェリアでは1830年のフランスの軍事出兵以降，長らくフランスによる植民地支配がおこなわれてきた。1954年，アルジェリアで民族解放戦線（FLN）が結成され，この宣言を掲げて激しい抵抗運動を示した。なお，アルジェリアの独立は1962年に達成された。よって正解は⑥。

問6　正解－⑤

りえこさんの会話には「私が日本人であることが大きな理由」とあり，続くひろしさんの会話には「日本国民として」「その事を考えずに国際平和を語ることはできない」とある。これらの発言の内容から，日本が世界で唯一の原子爆弾による被爆国であることを考えたい。さらに，「国際平和」という点に重きをおいているのがアジア＝アフリカ会議で採択された，資料2の「平

和十原則」である。しかしながら十原則のうちには核兵器に関する言及は見られない。よってりえこさんは唯一の被爆国である日本国民の立場から発言したのだとわかる。

問7　正解－④

レポートの【まとめ】に注目してみると，エ の価格は1974年頃と1979年以降に急激に高騰しているとあり，またそれによって日本でも紙製品の買いだめがおこったことが書かれている。世界情勢としては，1973年に第4次中東戦争が勃発した。このときアラブ石油輸出国機構（OAPEC）が非友好国への石油輸出を制限する石油戦略を発動したため世界の石油価格は高騰し，日本でも物価高を恐れてトイレットペーパーなどの買いだめが起こった。また1979年はイラン＝イスラーム革命が起こった年であり，有数の産油国であったイランの混乱で石油の輸出が減少したため，やはり石油価格は高騰した。よって エ に入るのは石油である。上記のように，aの時期に当てはまるのは第4次中東戦争である。イスラエルがアラブ諸国を攻撃し，エジプトからシナイ半島を奪ったのは第3次中東戦争である。よってaの説明は誤りである。一方，cが示すのは1980年であり，この年は，イラン革命の自国への波及を恐れたイラクのフセイン大統領が国境問題を理由にイランを攻撃し，イラン＝イラク戦争が勃発した年である。

問8　正解－②

②－設問文にはbの時期に X に入る国で起きた出来事が エ （＝石油）価格に影響を与えたとある。グラフ1をみるとbの時期にあたる1970年代末から1980年代初頭に石油価格が高騰しており，これは第2次石油危機である。よって， X に入る国はイランであると判断できる。イランでは1979年にシーア派の宗教指導者ホメイニによる革命がおこり，この革命でパフレヴィー朝の国王が追放された。

①－インドとパキスタンの説明である。

③－イラクの説明である。

④－これはイランのモサデグ首相がイギリス資本の石油会社を接収した説明であるが，1951年の出来事であり，グラフ1に該当しない。

したがって，②が適当である。

問9　正解－⑤

メモA－アメリカとロシアを合わせた石油生産量の割合は28.3％であり，西アジア・アフリカの石油生産量の合計は最低でも32.3％である。よってメモAは誤りである。

- **メモB**－レポートの【まとめ】に書かれているように，石油価格の高騰は日本全国でも紙製品の買いだめなど，人々の生活に影響を与えた。よってメモBは誤りである。
- **メモC**－グラフ1に見えるように，1973年におこった第4次中東戦争や，1979年におこったイラン革命など，ほとんどの場合，産油国の絡んだ紛争や革命を機に石油価格は高騰している。よってメモCは正しい。

2 テーマ問題

1 問1　正解－①
- ①－誤文。aの住居は竪穴住居である。竪穴住居は縄文時代からみられ，このころは中央に炉が設けられていた。古墳時代になると壁際にかまどを備えるものも見られるようになった。
- ②－正文。bの屋敷は中世の武士の館であり，外敵に備えるための堀がめぐらされるなど，防御機能を備えていた。堀の水は，平時は農業用水にも用いられた。
- ③－正文。cの斜線で示した屋敷は江戸時代の大名屋敷である。「酒井」から判断できる。また「雅楽頭(うたのかみ)」とは，本来朝廷の官職であるが，江戸時代には官職と位階が将軍による武士の統制の手段として用いられ（武家官位）ており，この雅楽頭もその一つである。酒井雅楽頭家は江戸幕府第4代将軍徳川家綱の時期に大老となった酒井忠清の家系である。
- ④－正文。dの図面にある「長屋」（棟割長屋）とは，一つの屋根の下を数件の住居に仕切った住居のこと。dの図面からは便所が一つしかなく，共同利用であったことも読み取れる。

問2　正解－②
- ②－誤文。中世は兵農未分離であったため，下人は主人の所領の耕作に従事しながら，戦時には軍事力のために仕えた。
- ①－正文。縄文時代には台地上に，中央の広場を丸く囲んだ環状集落や馬蹄形集落がつくられた。
- ③－正文。明暦の大火は1657年に江戸で発生した火災で，江戸の約55％を焼き，死者も10万人をかぞえた。幕府財政逼迫の要因となった。
- ④－正文。資本主義の発展のなかで低賃金労働者たちは都市の長屋に住んだ。

参考 明暦の大火
　1657年1月18日午後，本郷の本妙寺から出火した。

おりからの強風のため，火はまたたくまに江戸市街にひろがり，その火事は3日間にわたった。
　死者は約10万人にもおよび，江戸城の天守閣をはじめ，本丸・二の丸・三の丸も焼失するなど江戸の半分以上が被害にあった。この大火を契機に，防火や被災者の避難所としての機能をもつ**火除地**や**広小路**などが設置されることとなり新たな都市計画が推進されたが，幕府財政を圧迫することにもなった。

2 問1　正解－③
- ③－正文。平城京の市は東西におかれ，東西それぞれ市司がこれを監督した。
- ①－誤文。市司の監督のもと運営されたのであり，商人の合議によって運営されたわけではない。
- ②－誤文。定期市は平安時代末期から鎌倉時代に月3回（三斎市），室町時代には月6回行われた（六斎市）。平城京の市は正午に開かれ日没とともに閉じられた。
- ④－誤文。平城京の市は官設の市であったため，都が遷都すると市も移動した。

問2　正解－③
- ③－誤文。「まわりで見ている人々はすべて貴族」ではない。一遍は京都の市屋道場をはじめ全国を遊行しながら踊念仏を開催し，武士や庶民に布教した。
- ①－正文。踊念仏は鉦(かね)や太鼓に合わせて念仏を唱えながら踊り，宗教的恍惚状態を体感させることで布教した。
- ②－正文。踊念仏を広めたのは時宗の開祖である一遍。各地を遍歴して念仏を広めたため遊行上人ともよばれた。
- ④－正文。「楽器のようなものを背負っている」僧侶とは琵琶法師のこと。琵琶法師は琵琶の音色にあわせて『平家物語』を弾き語り，これを「平曲」といった。

問3　正解－④
- ④－正文。「土民蜂起これ初めなり」と記した史料は尋尊の書いた『大乗院日記目録』であり，1428年の正長の土一揆のことを記している。碑文はその際に債務破棄の成果を記した「柳生の徳政碑文」である。
- ①－誤文。嘉吉の乱で将軍が殺されたあとに生じた土一揆は嘉吉の土一揆（1441年）。幕府はここで初めて徳政令を発した。
- ②－誤文。浄土真宗（一向宗）の信仰を基盤にして生じた一揆は一向一揆であるが，一向一揆は債務破棄を求めるものではなく一向宗門

徒による自治を求めるものだった。

③－誤文。日蓮宗の門徒が結んだ法華一揆は敵対する山科本願寺の焼き打ちや，京の自治を運営した。

参考 室町時代の一揆

(1428＝正長元) 正長の土一揆
　史料：『大乗院日記目録』
　背景：4代将軍足利義持，称光天皇の死
　　　　＊5代将軍義量は既に没
　　　　→6代将軍足利義教がくじ引きで決定
　経過：(1428) 近江国坂本の馬借が蜂起
　　　　→徳政（債務破棄）を要求
　　　　土一揆は京都の酒屋・土倉・寺院など
　　　　襲撃→私徳政を実現
　　　　＊徳政令は出ていない
　　　　＊管領畠山満家が鎮圧
(1429) 播磨の土一揆　史料：『薩戒記』
　　　　土一揆が守護の赤松満祐の勢力排除要求
(1441) 嘉吉の土一揆　史料：『建内記』
　背景：嘉吉の乱で将軍足利義教殺害
　経過：7代将軍に足利義勝就任決定
　　　　→「代始めの徳政」を要求
　　　　→幕府は初めて徳政令を発布
(1485) 山城の国一揆
　史料『大乗院寺社雑事記』
　　　　南山城の国人らが平等院に集会
　　　　→3カ条の決議
　　　　　①「両畠山」＝政長・義就の排除
　　　　　②寺社・本所領の復活
　　　　　③新関の廃止
　　　　→8年間にわたる自治を勝ち取る
　　　　→36人の月行事が主導→国掟の制定
(1488) 加賀の一向一揆
　史料：『蔭涼軒日録』『実悟記拾遺』
　　　　浄土真宗の門徒による一揆
　背景：浄土真宗の蓮如による布教
　　　　→北陸中心に勢力拡大
　経過：守護の富樫政親を打倒
　　　　→約1世紀にわたる自治

問4　正解－③
③－誤文。(い)の史料は一致団結の意思を示す傘連判状。連判状は百姓一揆で用いられたものであり，近世大名の家臣たちは用いていない。
①・②・④－正文。傘連判状は百姓一揆を行う際に一致団結を約したもので，放射状に記名することによって首謀者の発覚を防いだ。

問5　正解－②
②－正文。月待とは，十三夜や十五夜など特定の月齢日に集まって月の出を拝む風習である。この風習を知らなかったとしても以下の選択肢の内容から消去法で正解を導くことができる。
①－誤文。盂蘭盆は旧暦の7月15日に祖先の霊を祭る仏教行事。春の祭礼ではない。
③－誤文。天長節とは天皇誕生日のことであり明治政府が天皇制定着のために紀元節とともに設定した休日。江戸幕府が定めたものではない。
④－誤文。宮座とは中世における村の祭礼の中心組織のこと。廃仏毀釈は1868年の神仏分離令をきっかけとして起こった仏教排撃運動のこと。

問6　正解－③
　ア －高機の技術は京都の西陣から北関東の桐生・足利に伝わった。灘・伊丹は酒造で有名。
　イ －綿織物業で有名なのは尾張。木綿は室町時代に日朝貿易の輸入品として日本に伝わり，戦国時代に三河で国産化，江戸時代には摂河泉や尾張などで生産された。

問7　正解－②
②－誤文。1905年に日比谷公園で開かれた「国民大会」とは講和反対国民大会のことで，ポーツマス条約の調印に反対したもの。「軍人宰相の内閣が倒れ，政党内閣の慣行が確立した」のは軍人の寺内正毅内閣を倒閣したことをさす。
①－正文。講和反対国民大会はポーツマス条約で賠償金規定がなかったことに憤激した民衆によって開催された。
③－正文。民衆が憤激したのは日露戦争の戦費を多額の外債・内債・増税で賄っており，賠償金規定がないということは，増税は今後も継続されるということを意味するからである。
④－正文。民衆は政府高官邸や政府系と目された徳富蘇峰の『国民新聞』などの新聞社を焼打ちした。

問8　正解－①
①－「1952年」という年代からサンフランシスコ講和条約の発効と同年であることがわかれば判断できる。同条約はアメリカを中心とした西側陣営のみと講和するいわゆる「片面講和」であり，ソ連を中心とした社会主義陣営とも講和する「全面講和論」を主張する人々からは社会主義国を仮想敵国とした軍事同盟であるとして反対された。

②－日米安全保障条約の「改定」は1960年であり，時期が異なる。

③－日韓基本条約の締結は1965年であり，時期が異なる。

④－保安条例は1887年に制定された自由民権運動弾圧のための条例であり，時期が異なる。

したがって，①が適当である。

3 問1　正解－③

図　A

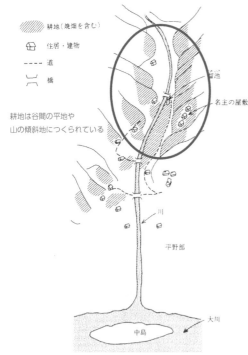

耕地（焼畑を含む）

住居・建物

---- 道

橋

耕地は谷間の平地や山の傾斜地につくられている

溜池

名主の屋敷

川

平野部

大川

中島

　ア　－図Aによれば，耕地は谷間の平地や山の傾斜地に作られている。

　イ　－図Aは平安時代後期のものなので，綿・菜種の栽培はしていない。綿は室町時代に朝鮮から輸入された。

問2　正解－④

　10世紀，国司は公領を課税単位としての名に分割し，有力農民である田堵に耕作と徴税を請け負わせた。墾田永年私財法は743年に出された法令であり時期が異なる。

Ⅰ－正文。Ⅱ－誤文。Ⅲ－誤文。

問3　正解－④

　ウ　－鎌倉時代に用いられた肥料は刈敷と草木灰。油粕・干鰯は金肥といい，江戸時代に商品作物などに使用された購入肥料。

　エ　－二毛作の中心は畿内・西国。東国にまで普及するのは室町時代以降である。

問4　正解－②

②－誤文。鎌倉時代においては女性の御家人・

地頭もいた。そのため御成敗式目（貞永式目）では，律令では認められていない女人養子（子のいない女性が養子に所領を譲ること）が明記された。

①－正文。地頭は直営地を有し，家子・郎党や下人が耕作にあたった。地頭の直営地を門田・正作などという。

③・④－正文。地頭の館の堀の水は平時は周囲の耕作地の灌漑のために用いられることもあった。そのため「堀の内」などの地名になっているところもある。

問5　正解－①

①－正文。農村部の市場は商人の他，荘園貢納物の換金などをするためにさまざまな人々が集まった。

②－誤文。楽市楽座とは商工業者の同業者組合である座の特権や市場税などを否定する戦国大名の政策。

③－誤文。鎌倉時代の定期市は月に3回行われる三斎市が一般的で，六斎市の開催は室町時代まで待たねばならない。

④－誤文。日宋貿易で輸入された宋銭が流通しており，市での取引でももちいられた。

参考 楽市令

　座商人の市場における販売独占権を否定し商工業者などに自由な営業を認めるもの
（1567）岐阜城下の美濃加納→（1577）安土山下町
＊（1577）の楽市令は全13条で，座の特権の否定の他に，商人往来の自由奨励，土木工事への徴発免除，徳政への不安除去，治安維持の保障，よそ者の差別待遇否定，家屋税の否定などを定め，城下町繁栄をねらいとしたものであると考えられる。

問6　正解－③

③－正文。礎石を用いた家屋は丈夫なため，長期間の居住に耐えうるものであった。本肢の正誤が判定できなくても，消去法で解答することが可能である。

①－誤文。木綿は戦国時代に三河で国産化されて以来，西国を中心に栽培しており，「近世を通じて中国からの輸入品」ではない。

②－誤文。生産された米はすべて年貢として取られたわけではなく，税率は四公六民～五公五民であった。農民の米食も一般的ではないがなされていた。

④－誤文。煮たきなどに必要な炭や薪は入会地

という共同利用地から得ていた。すべての山野が幕府の直轄地というわけではない。

問7　正解－②

②－正文。各地で生産された米は，各藩に年貢として納められたのちに蔵物として江戸や大坂の蔵屋敷で売却された。

①－誤文。同業者の組織として株仲間が結成され，幕府や藩に運上を納めると原料の仕入れや商品の販売の独占を認められた。

③－誤文。両替商は銀貨と金貨の交換を主に行った。大坂の銀遣い・江戸の金遣いといわれるように大坂と江戸で使用される貨幣に違いがあったためである。

④－誤文。蔵屋敷設置の目的は各藩が年貢米を換金するためであり，上米令にもとづいて貢献するために設置したものではない。

問8　正解－①

Ⅰ－誤文。Bの図ではすでに平野部に散在しており，「近世になると平野部に散在するようになった」わけではない。

Ⅱ－正文。耕地はA，B，Cの順に徐々に平野部に拡大している。

Ⅲ－正文。Aでは山麓部に住居があり，ため池を使用していたことがわかり，Bではそれに加えて武士の館で水路を引いている。さらにCでは平野部の水路を利用していることがわかる。

図　B

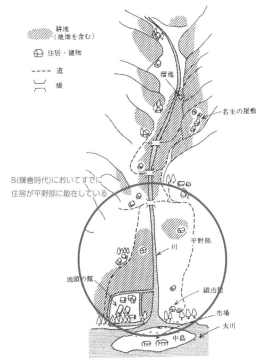

図　C

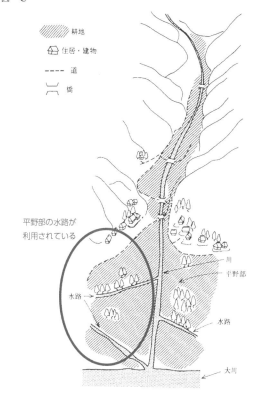

4　正解－⑤

ア－醍醐天皇の時代に菅原道真が左遷されたのは大宰府(f)。

イ－「幕府の打倒に失敗」から，鎌倉時代の前期の後鳥羽上皇が流され，末期に後醍醐天皇が流された隠岐(e)であるとわかる。

ウ－人足寄場が設けられたのは江戸の石川島(a)。

5　問1　正解－②

ア－会話文中のメモより姓の代表的なものは源・平・藤原・橘となり，その後の大輝の発話から北条政子は正式には「平政子」であると示されている。よって「北条政子」の「北条」とは苗字（名字）であり，苗字の場合は「の」がつかず姓の場合は「の」がつくということがわかる。

イ－近代国家が平民にも苗字を名乗らせたのは近代国家の国民として把握するため。直後の陽菜の発話からは明治の民法で女性は嫁いだ家の苗字を使うように義務付けたことが指摘されていることから，近代国家が国民を把握するために平民にも苗字を名乗らせたことがわかる。なお，明治新政府は近世以来の身分制を廃して新たに華族・士族・平民の身分を設定したのであるから，「撤廃するため」

は不適切である。

問2　正解－④

X－b。信濃の国の地名とは「木曽」。従兄弟との合戦とは1184年の源義経・範頼との戦いのことであり，源義仲であるとわかる。源義仲は『平家物語』で「朝日将軍」と呼ばれた。

Y－d。「室町幕府から東国支配支配を任された」時点で「新田」ではないことがわかる。新田義貞は姓を源氏であるが，南北朝動乱期に南朝側につき，1338年の越前国藤島の戦いで敗死した。本文で言及されている「東国支配を任された」とは鎌倉公方のこと。将軍と対立して自害に追い込まれたのは足利持氏。ときの将軍は6代足利義教であったが，対立して永享の乱で自害した。

問3　正解－⑤

Ⅲ－日本にウィリアム＝アダムズが幕府の外交顧問を務めたのは1600年のリーフデ号事件で同船が豊後臼杵に漂着したのがきっかけ。

Ⅰ－近松門左衛門は元禄期に活躍した歌舞伎や人形浄瑠璃の原作者。代表作は封建的義理と人情の狭間で葛藤する江戸町人の心情を描いた『曽根崎心中』など。

Ⅱ－江川太郎左衛門が伊豆韮山に反射炉を築いたのは19世紀。彼は伊豆韮山の代官で高島秋帆から砲術を学んだ。

問4　正解－③

a・b－判断に困った場合は嵯峨天皇の時期＝弘仁・貞観文化＝文章経国思想などの唐風文化の重視といった文化史の知識から唐風化の影響を導き出すことが可能である。

　図を具体的にみていくと，嵯峨天皇の子どもの名前は図の正良親王より左の部分である。

　本図からは養育氏族の名称（巨勢など）が消滅したこと（なお，この点についてはa・b共通であり実質的に判断の必要がない），嵯峨天皇の子から「良」「秀」などの良い意味の漢字が用いられるように唐風化したことが認められる。したがって，bが適当である。

c・d－嵯峨天皇の第七子以降は「信」「弘」などの横に「源」姓が併記されており，臣下となったものがいることが読み取れる。一方，親王の兄弟で同じ字が使われていることは認められるが，だからといって皇位継承の順番まで明確になっているとは判断できない。したがって，cが適当である。

問5　正解－①

X－正文。アメリカ・イギリスに宣戦布告したのは1941年12月のこと。表を見るとそのころ

より「勝」「進」「勇」といった勝利を祈願する名前がみられるようになる。

Y－正文。天皇の代替わりにともなう改元は表中では1926年から1927年にかけて。1926年12月25日より7日間が昭和元年である。これを踏まえると1927年より「昭」の字を入れた名前がみられるようになる。

問6　正解－①

a・b－天皇家は姓を持たず，皇族が臣下となった場合に「源」や「平」などの姓をうけた。これを賜姓皇族という。また江戸時代以前における日本の支配階層においては夫婦別姓であった。源頼朝の妻が北条政子であったこと，足利義政の妻が日野富子であったことを想起すればわかりやすい。したがって，aが適当である。

c・d－近世の百姓・町人は基本的に苗字の公称を許されなかったが，武士には帯刀や切捨御免とともに苗字の公称が特権として認められていたから，武士身分との差別化を図ったとみてよい。啓蒙思想とは個人の精神の自立や人格の尊重の実現をめざす思想であるが，女性に嫁ぎ先の苗字を使用させることはその思想のめざすところと正反対であるから不適切。したがって，cが適当である。

6　問1　正解－①

ア－日中戦争がはじまってから禁止となったのはパーマネント。パーマネントは髪の毛をカールさせる髪型で都市化の進行のなかでモダンガール（モガ）が好んだ髪型である。この髪型はぜいたくの象徴として禁止された。一方，もんぺとは戦時下で奨励された女性用のズボンのこと。

イ－国民服とは戦時中に制定された男性用の洋服のこと。1940年の大日本帝国国民服令で強制された。一方ざんぎり（ザンギリ）頭とは明治初期に見られた断髪後の髪型。

問2　正解－②

X－正文。日露戦争は1904年に始まった戦争であり，その当時に20歳以上の男子であれば出征した可能性がある。曾祖父の菊蔵は1894年生まれであり日露戦争時には10歳であるから出征した事実は考えられず，それ以外の男性については1904年当時にこの世に生をうけていたものはいない。

Y－誤文。女性参政権が認められたのは1945年の衆議院議員選挙法改正，同法にもとづく初の選挙は1946年の4月に行われた第22回衆議院議員選挙であるが，ウメノは1949年まで存

命であるので選挙権を有している。

問3　正解－③

　X－曾祖父母の婚姻は1917年とある。この当時有効だった日本の民法は1898年に施行された，戸主権を強くさだめた民法であった。ボアソナード民法は1890年に起草されたが，民法典論争の末，大幅に修正されて上記の明治民法となった。

　Y－祖父母の婚姻は1965年とある。このとき有効な民法は1947年に施行された新民法であり，かつ婚姻は両性の合意にもとづいてのみ行われるとした日本国憲法下での婚姻であるため，「法的には両性の合意に基づいて行われた」といえる。

問4　正解－①

　カオルさん作成のメモから，明治から大正にかけての乳児死亡率は150～180台で推移・1940年代には二桁台まで低下というところから，その条件に合うグラフはcとわかる。すると①か③に正解が絞られるので，dの婚姻率は重なるので検討しないでよい。出生数と死亡数で検討すると，「敗戦後，死亡数は減少したが，1980年頃から増加した」というメモの内容からbが死亡数であると判断できるため，正解は①となる。

問5　正解－②

　a－正文。帝国大学は当初は国家の指導者的な立場になりうる人材の育成を目的とし，1886年の帝国大学令によって設立された高等教育機関。

　b－誤文。尋常小学校では当初は文部省の検査に合格した検定教科書を使用していたが，1902年の教科書疑獄事件をきっかけに国定教科書が導入された。

　c－誤文。高等女学校は男子の旧制中学校に相当する学校。よって「中学校を卒業し」て進学するものではない。

　d－正文。祖父（竹次）は1936年生まれであり，中学校に進学するのは1949年頃である。その当時の中学校とは学校教育法（1947年制定）にもとづく新制中学校である。

問6　正解－③

　③－正文。史料より，「敵」が「上陸を企図せしも」日本軍が「前後二回これを水際に撃退せり」としている。

　①－誤文。「B29」はアメリカの爆撃機である。Bはボーイング社の意。

　②－誤文。「大本営」とは陸軍・海軍の統帥機関のこと。新聞の連合組織ではない。

　④－誤文。史料より，北九州の損害は「極めて

軽微」としている。

問7　正解－⑤

　Ⅲ－「イタリア無条件降伏の報」より，1943年のこととわかる。イタリアが無条件降伏したのはこの年の9月8日であり，翌日の新聞であるとわかる。

　Ⅰ－「小磯首相」の語から1944年の10月のものとわかる。小磯国昭はサイパン島陥落の責任をとって総辞職した東条英機にかわって1944年7月に組閣した。

　Ⅱ－「去る六日の原子爆弾」から広島に投下された原子爆弾の記事とわかる。時期は1945年8月のもの。

7 問1　正解－④

　X－b。国家は国家が鋳造した銭貨のみの流通を認めていたことと関連するのは私鋳銭の鋳造を禁じたb。運脚に銭の持参を求めたaは無関係。

　Y－d。国家が発行した銭貨がさまざまな支出に用いられたことと関連するのはd。ここでは五位の位階をもつ官人に支給された銭の額が記されている。cは銭を蓄えた者に昇進を認める規定で，国家が支出しているものではない。

問2　正解－②

　a－図1で示されているのは『一遍上人絵伝』であり，鎌倉時代のもの。当時の日本では宋銭などの中国銭が大量に輸入されており，流通していた。

　b－中世においては国家による銭貨鋳造は停止していたことは事実であるが，aで述べたように中国銭が流通していた。

　c－図にみえるのは簡素な板葺き屋根である。

　d－「古代に貨幣として通用していたもの」とは，会話文中より「米や布・絹」などである。図中には米俵や布が描かれている。

　したがって，aとdが適当である。

問3　正解－①

　X－正文。撰銭令は室町幕府や戦国大名が，私鋳銭や悪銭の流通を抑制するために出した。

　Y－正文。日明貿易において堺の商人と結んだ細川氏，博多の商人と結んだ大内氏が，勘合を査証する寧波で争った。

8 正解－②

　X－正文。先生の説明より「平城太上天皇の変（薬子の変）の時には，嵯峨天皇が逢坂の関を守らせた」とあり，古代の関所には軍事機関としての役割があったことがわかる。よって反乱を起こした人物が地方に逃亡することを防ぐ機能

もあったと考えられる。

Y－誤文。境界の外側は異域ではあったが，例えば津軽の安藤（安東）氏から蝦夷地の昆布やアザラシの毛皮などの産物がもたらされたことから，忌避されたとはいえない。

9 問1　正解－①

X－正文。図1をみると，三条大路沿いに「勧学院」が見えるが，これが藤原氏の設置した大学別曹である。

Y－正文。図2の『続日本紀』の写本には金沢文庫の蔵書印が見える。金沢文庫は北条実時が設立した私設図書館である。

問2　正解－④

④－正文。国民学校の成立は1941年4月。「忠君愛国」の国家主義的教育が推進された。このとき義務教育が8年に延長されたが，実施されなかった。

①－誤文。綜芸種智院は空海が設けた庶民教育の場であり，空也ではない。

②－誤文。室町時代の地方の武士の子弟たちは寺院などで初等教育を受けたが，その時の教材は御成敗式目（貞永式目）や『庭訓往来』などであった。『読史余論』は江戸時代に新井白石が記した日本史の独自の解釈で，公家政権が9回，武家政権が5回変わっているとした九変五変論に基づくもの。

③－誤文。江戸時代に町人出資によってできた懐徳堂は京都ではなく大坂にあった。そこでは富永仲基や山片蟠桃が輩出された。

> **参考** 新井白石の著作
>
> 『折たく柴の記』：新井白石の自叙伝　7代将軍家継没後より執筆
>
> 『西洋紀聞』：新井白石が屋久島に潜入したイタリア人イエズス会宣教師シドッチへの訊問
>
> 『采覧異言』：世界地理書　シドッチやオランダ商館長らから聴取して得た知識
>
> 『読史余論』：新井白石の史論　6代家宣に対する日本史の講義案　九変五変論
>
> 『古史通』：『日本書紀』『古事記』を利用して古代神話を解釈
>
> 『藩翰譜』：（1600〜80）の諸大名337家の系譜を編纂

> **参考** 懐徳堂
>
> 大坂町人出資の学問所。1724年に大坂船場の5人の有力者（五同志）が中井甃庵とはかり，儒者の三宅石庵を学主に迎え大坂尼ケ崎町（現在の大阪市中央区今橋3丁目）に開設。1726年

に幕府の官許を得て大坂学問所に。1788年に甃庵の子，竹山は『草茅危言』を定信に提出。

10　正解－③

③－正文。検地仕法の図では奉行や役人，村役人の署名がみられ，検地が中央の役人が派遣されたうえでの実測によって行われたことがわかる。

①－誤文。Ⅰは東大寺領糞置荘の絵図であり，京などの都市区画に用いた条坊制はとられていない。

②－誤文。Ⅱの下地中分は地頭と荘園領主の和解の際に地頭・荘園領主で土地を折半して双方の領分を定めたものである。荘園領主同士の取り決めではない。

④－誤文。地券に記されているのは土地の所有者・面積・法定地価である。収穫高は記載されていない。地租改正は江戸時代以来の土地の生産力を米の量で表示した石高制にもとづく耕作者に対する課税を，法定地価にもとづく定額金納の所有者に対する課税に変更するものである。このような地租改正の内容からすれば土地の所有者に交付された地券に収穫高を記載する必要な全くないことが判断できる。

> **参考** 太閤検地の概要
>
> 太閤検地：
>
> （1582〜98）豊臣秀吉によって全国的規模で実施された土地制度改革（天正の石直し）
>
> ・役人を派遣して実測
> 　→（1590）頃より検地条目による統一基準で実施
>
> ・単位の統一
> 　升→京枡に統一
>
> ・石盛（斗代）
> 　→一反あたりの公定収穫量を米量で表示
> 　→等級を定める
>
> ・石高：土地の生産力を米量で表示
> 　【石盛×面積＝石高】
> 　→石高は知行給与や年貢収奪の基準となる
>
> ・検地帳
> 　→田畑・屋敷地の面積・等級・石高・耕作者などを登録
> 　→農民に耕作権や屋敷地の保持を認め年貢負担などを義務づけるための基礎台帳
>
> ・一地一作人の原則
> 　→一つの土地の耕作者を固定
>
> ・太閤検地の意義
> 　①土地と農民を直接的に把握
> 　②荘園制の最終的消滅

③兵農分離の基礎が確立
④大名知行制の前提が確立
⑤近世的村落の確立

3 原始・古代

1 問1　正解-③

③-正文。縄文時代には，成人への通過儀礼の一つと考えられる抜歯や四肢を折り曲げて埋葬する屈葬がみられた。

①-誤文。方形周溝墓は弥生時代前期に出現した墓制であり，時期が異なる。

②-誤文。縄文時代以降，現在まで地質学上の時代区分は完新世である。

④-誤文。稲作・農耕が伝来するのは弥生時代。高床倉庫は縄文時代から見られるが，石包丁（石庖丁）で穂首刈りを行うのは弥生時代前期である。

参考 弥生時代の主な墓制

木棺墓：木製の棺に遺体を埋葬するもの。

箱式石棺墓：板石で棺をつくり遺体を埋葬するもの。

甕棺墓：大型甕を棺として使用するもの。

支石墓：朝鮮半島南部の影響を受けたもの。支石の上に大きな板石をのせ，遺体は板石の直下に埋葬した。

方形周溝墓：方形に溝をめぐらし，溝の内側に土を盛り中央箇所に棺を設け遺体を埋葬する。

墳丘墓：盛り土をして一部分を高くした墓。古墳の前段階の墓制と考えられている。

問2　正解-④

ア -縄文時代に磨製石器・骨角器とともに使用されるようになったのはbの弓矢。縄文時代には海水面が上昇し，大型動物が絶滅したため，新たに形成された日本列島では敏捷な中小動物がみられるようになった。これをとらえるための狩猟具として弓矢が発達した。a，c，dは打製石器であり旧石器時代のもの。弓矢の矢じりの図はⅣである。

2 正解-①

①-誤文。aは田下駄であるが，畦道を歩くのに用いるのではなく低湿地の深田に入る際に足が沈み込まないようにするために用いる。

②-正文。甕棺墓は縄文時代晩期に登場し，弥生時代に九州北部で盛んになった墓制。図のような甕棺のことを合口甕棺という。

③-正文。青銅器は主に祭器として使用され，cの図の他，平型銅剣や銅鐸が西日本で見られる。

④-正文。弥生土器の一つ。弥生土器は縄文土器に比して高温で焼成されており，薄手で丈夫であることからdの図の壺や甕，甑などさまざまな器形がつくられた。

3 正解-⑤

Ⅱ-印文に「漢委奴国王」とある金印は57年に後漢の光武帝が倭の王に贈ったとされる金印。『後漢書』東夷伝に記載がある。

Ⅲ-法隆寺金堂釈迦三尊像。光背銘文にある「癸未の年」とはここでは623年のこと。「止利仏師」とは鞍作鳥のことで，本像の制作者とされる。銘文の記載から飛鳥文化のものであるとわかれば判断できる。本像は飛鳥文化の代表的な仏像で，左右対称で正面観照性の高い北魏様式をとる。

Ⅰ-「養老七年」とは西暦723年のこと。「養老」が奈良時代の元号であるとわかれば判断できる。この銘文は稗田阿礼の暗誦した『帝紀』『旧辞』を筆録した太安万侶の死を伝えるもの。

4 正解-⑤

問題文に各地図が「1世紀」「3世紀」「5世紀」における中国諸王朝の領域を示したものであるとされていることに留意する。基礎知識として1世紀＝『後漢書』東夷伝の時代，3世紀＝「魏志」倭人伝の時代，5世紀＝『宋書』倭国伝の時代，つまり倭の五王が中国南朝に朝貢した時代であることを想起しよう。

Ⅲ-一色で塗られていることから1世紀の後漢の時代のものであるとわかる。

Ⅰ-三色に塗り分けられていることから三国時代，つまり3世紀のものであるとわかる。

Ⅱ-二色に塗りわけられていることから南北朝に分かれている時代のものとわかる。

5 正解-①

X-正文。問題文に「渡来人と考えられる張安のみ，姓＋個人名」であるとされ，倭人については表記の仕方が異なるとしている。これ以外の漢字表記としては漢字を表音文字として用いた万葉仮名などがあり，これらの知識から正誤の判定ができる。

Y-正文。史料は江田船山古墳（熊本県）出土の鉄刀銘であり，稲荷山古墳（埼玉県）出土の鉄剣銘と合わせてヤマト政権の勢力範囲を示すものとして知られる。また，史料中の『獲加多支鹵』は，雄略天皇をさすと考えられる。

6 正解-⑤

Ⅰ-b。白村江の戦いのあと，大宰府の北に設け

られた，貯水によって敵の侵入を防ぐ施設は水城である。位置は b。

Ⅱ－d。天平年間に出羽国に設置された防衛施設は秋田城。出羽国が現在の秋田県・山形県にあたること，また東北経営は奈良時代までは日本海側を中心に行われたことを想起すれば d と判断できる。

7 正解－④

（養老 2 年 5 月）陸奥国の石城・標葉・行方・宇太・日理と常陸国の菊多[注3]との六郡を割きて石城国を置く。（中略）常陸国多珂郡の郷二百一十烟[注4]を割きて名けて菊多郡と曰いて石城国に属く。

④－正文。史料 3 上記赤字の部分より養老 2 年（奈良時代）に陸奥国と常陸国の一部を「石城国」としたこと，常陸国多珂郡の一部の郷を割いて菊多郡とし，石城国に所属させたことが読み取れる。

①－誤文。史料 2 より「諸国の堺」は伊勢王等を遣わして行われたことがわかり，地方豪族の合議はなされていない。

②－誤文。史料 3 では陸奥国の一部と常陸国の一部が石城国とされたことがわかる。

③－誤文。史料 1 は「癸丑の年」が注 1 より 653 年とわかり，大化改新より前（645 年より前）ではない。

8 正解－①

小錦下坂合部連石布（中略）を遣わして，唐国に使せしむ。よりて①道奥の蝦夷男女二人をもちて，唐天子に示せたてまつる。伊吉連博徳が書に曰く，「（中略），②天子問いて曰く，『その国に五穀有りや』とのたまう。使人謹み答えて，③『無し。肉を食いて存活う』という。②天子問いて曰く，『国に屋舎有りや』とのたまう。使人謹み答えて，④『無し。深山の中にして樹本に止住う』という。（中略）」という。

a－正文。①より読み取れる。

b－誤文。②より，唐の皇帝が使人に対して質問している。

c－正文。③より読み取れる。

d－誤文。④より建物ではなく木の下に居住していることが説明されている。

9 問 1 正解－①

Ⅰ－「国府」とは国衙の所在地，もしくは国衙そのもののこと。これが設置され始めたのは律令体制の完成期，つまり 7 世紀後半から 8 世紀の初めころである。大宝律令の制定が 701 年であることから想起しよう。

Ⅱ－国司の交替を監督する勘解由使が設けられ

たのは桓武天皇の時期（797 年）。桓武天皇はこのほかにも軍団の廃止や雑徭の半減など律令再建策を実施した。

Ⅲ－現地に赴任する国司の最上席者を受領といい，10 世紀に地方の支配を一任され大きな権限を得た。

問 2 正解－②

X－正文。史料中に「永昌元年己丑」とあり，注 1 をみると「「永昌」は唐の年号（元号）」とある。つまり那須地方の豪族の層は中国王朝にかかわる知識・情報が知られていたことが読みとれる。

Y－誤文。史料中に「飛鳥浄御原の大宮の那須国造」とあり，大宝律令以前のものであるとわかる。また，「国造」や「評」など，律令制における地方行政区画（国・郡・里）以前のものが記されていることからも判断できる。

問 3 正解－④

④－誤文。官物・臨時雑役とは，国司が徴収する土地税のこと。10 世紀には，偽籍・浮浪・逃亡により人頭税徴収が困難となったから，朝廷が財政難に陥った。朝廷は国司の権限を強化し，定額納入を請け負わせた。戸籍にもとづく支配が強化されたわけではない。

①－正文。9 世紀，財政が悪化した朝廷は大宰府などに公営田，元慶官田などの直営田を設けて財源確保を図った。

②－正文。平安時代前期に桓武天皇は班田の期間を 6 年から 12 年に変更した（一紀一班制）が，902 年に史料上最後の班田が記録されていることからもわかるように，班田の実施は困難になっていった。

③－正文。開発領主は国司からの徴税を逃れるために所領を貴族や寺社に寄進し，得分を納める代わりに保護を求めた。

参考 律令制の崩壊

(1)（8 世紀〜9 世紀）初期荘園
 ・墾田永年私財法による大土地私有の拡大
 ・貴族・大寺院・地方豪族が直接経営
 ・国司の許可により開発
 ・労働力の調達は郡司・地方豪族があたる
 ・班田農民や浮浪人に耕作させる賃租が主流
 ・10 世紀以降，律令制の衰退とともに減少

(2)（10 世紀はじめ）律令制の衰退
 ＊（902）最後の班田
 ・浮浪・逃亡・偽籍の増加
  →人頭税の徴収困難→中央政府は財政難
 ＊（914）三善清行「意見封事十二箇条」

(3)（10世紀中頃）国司制度の変質
　a．国司の徴税請負人化
　　・朝廷は受領国司の権限を強化
　　　→一国内の政治を委任
　　・受領は朝廷に対し一定額の納入請負
　　　＊受領：国衙に赴任する国司の最上席者
　b．徴税方式の変化
　　・課税方針の変化
　　　人頭税中心主義→土地税中心主義
　　・国司は公田を「名」という課税単位に編成
　　　→「名」を単位に官物・臨時雑役を徴収
　　・「名」の耕作と納税
　　　→有力農民である田堵が請負
　　　　＊負名体制
　　　→大名田堵は広大な名を請け負う

⑩　正解－②
②－誤文。イの寺院が位置するのは右京六条二坊である。条坊制とは，東西の「条」と南北の「坊」で碁盤目状に区画する都市のあり方のこと。また，「右京」「左京」とは大内裏（図ではア）からみての左右を表すため，イの寺院の所在地は右京六条二坊となる。本問では右京・左京の正誤判断ができれば正解することが可能である。なお，この位置の寺院は薬師寺である。
①－正文。アは平城宮（大内裏）で大極殿・朝堂院などが設けられた。
③－正文。東西の市は左右京職に所属する市司がこれを監督した。
④－正文。京の中央部を南北に走るオの道路は朱雀大路である。朱雀大路の大内裏側にある門が朱雀門，平城京の入り口に位置するのが羅城門である。羅城とは城壁の意。
⑪　問１　正解－④
④－正文。諸国には国学が置かれ，郡司や地方豪族の子弟がここに学び，卒業後は大学卒業者同様に試験を受けて官吏に登用された。
①－誤文。綜芸種智院とは空海が庶民教育のために設けた施設。空海の死後廃絶した。
②－誤文。大学や国学では儒教（明経道）中心のカリキュラムが組まれた。
③－誤文。芸亭を開いたのは石上宅嗣。
問２　正解－①
A群－史料の注３より，父が和気清麻呂とわかるので和気氏の大学別曹を選べばよい。よってⅠの弘文院が正解となる。Ⅱ－勧学院は藤原氏の大学別曹。Ⅲ－学館院は橘氏の大学別曹。Ⅳ－奨学院は在原氏の大学別曹。

B群－和気清麻呂に関する説明はａ。和気清麻呂は宇佐八幡宮の神託により皇位につこうとする道鏡の企てを阻止しようとしたが，一度は大隅国に配流された。その後，道鏡は失脚して和気清麻呂は政界に復帰した。ｂ－唐より帰国して橘諸兄政権に参画したのは玄昉や吉備真備。ｃ－藤原不比等の死後，政治の実権を握ったが不比等の４子と対立したのは長屋王。長屋王は天武天皇の孫。
⑫　問１　正解－③
Ⅲ－大伴氏や物部氏などが伴造として伴を率いて軍事を管掌したのはヤマト政権の６世紀ころ。
Ⅰ－成年男子から兵士を徴発して諸国の軍団に配属したのは律令制の軍事制度。８世紀初め。
Ⅱ－郡司の子弟や有力農民を健児としたのは桓武天皇の律令再建策で８世紀末のこと。
問２　正解－④
④－正文。史料は徳政相論についてのもの。ここで否定されている「造作」とは平安京の造営のこと。この史料は基本史料の一つだが，もし知らなかったとしても出典の「805年」の記載から判断できる。
①－誤文。東大寺の大仏建立は８世紀のこと。
②－誤文。平等院鳳凰堂の造立は11世紀のこと。
③－誤文。紫香楽宮造営は８世紀のこと。
問３　正解－①
①－誤文。史料によれば藤原内麻呂は天皇の命令を受けて藤原緒嗣と菅野真道を討論させた。
②－正文。藤原緒嗣は「天下の苦しむ所は軍事と造作となり，此の両事を停めば百姓安んぜむ」として軍事と造作が民を苦しめていると主張した。
③－正文。一方，菅野真道は「異議を確執して肯えて聴かず」とあるようにこれに反対した。
④－正文。天皇は「緒嗣の議を善しとし，即ち停廃に従ふ」とあるように，緒嗣の意見を採用した。

参考　桓武天皇による律令再建策
（792）健児の制（軍団廃止）：
　郡司・富裕者などの子弟で弓馬に巧みな者を採用
　＊辺境の軍団は存続
　＊国ごとに20〜200人
（795）公出挙の利稲軽減（5→3割）
　雑徭半減（60→30日）
（797）勘解由使の設置：

国司交代の際の解由状の不正を審査
＊令外官
(801) 一紀（12年）一班制：
班田を6年に一度から12年に一度へ変更
(805) 徳政相論：藤原緒嗣VS菅野真道
藤原緒嗣→「軍事」（蝦夷征討）と「造作」（平
安京造営）の中止を建言
＊「軍事」は（811）まで続く

・603年　冠位十二階制
徳・仁・礼・信・義・智の儒教の徳目を大小
に分け，12階の位階を設けた。氏姓制度にお
ける門閥世襲制の打破と人材登用を目的とし
た。
・604年　憲法十七条
和の尊重や独断専行の否定，仏教思想の導入
などを内容に含む，豪族に対する道徳的訓戒。
・607年　遣隋使派遣
小野妹子に「日出づる処の天子，書を日没す
るところの天子に致す…」としたため国書
を持参させ，隋皇帝・煬帝に提出した。対等
外交を企図。608年，再度，小野妹子を隋に派
遣する。
・620年　『天皇記』『国記』編集
蘇我馬子と協力して編集。645年乙巳の変の
際，焼失。

13 正解－①
X－正文。史料1では，新たに任命された国司が
任国に赴任する際に「吉日時」を選んで下向す
るよう決められていたこと，国司の交替の際に
も吉日を選ぶことが記されていることから，「中
央や地方の政務」に暦に書かれた吉凶が用いら
れていたことがわかる。
Y－正文。史料2には「年中の行事は，ほぼ件の
暦に注し付け，日ごとに視るの次に先ずその事
を知り，兼ねてもって用意せよ」とあるように
具注暦に記入された暦注に影響を受けていた。

14 問1　正解－④
a－調・庸を納めるのは課口。史料より「課口
一人」と読めるので5人は誤り。
b－史料の2～3行目より，「去年の計帳に定む
る…」「今年の計帳に現に定むる…」との記載
があるから，計帳からは年ごとの戸の人数の
変動が分かる。
c－逃亡した奴や婢は史料の左側に見られるよ
うに「和銅七年逃」などと記載され，削除され
解放されたわけではないことが読み取れる。
d－計帳は人頭税徴収のための台帳であるから，
個人を特定するために黒子の位置など身体的
特徴も記された。
したがって，bとdが適当である。
問2　正解－③
設問文で「それぞれ憲法十七条・養老令・延
喜式のいずれか」との限定がついているので，
これが鍵となる。つまり，Iは調に関する一般
的な規定（絹・糸など，ならびに郷土の産物を
指定していることからわかる）であり，養老
「令」と判断する。IIは「国に二の君なし」，つ
まり天皇の絶対的権威を強調していることから
憲法十七条と判断する（国造とあることから，
大化の改新以前であると判断してもよい）。IIIは
調・庸について令の条文の期限について記され
ているので，律令の施行細則である延喜「式」
であると判断する。よってII－I－IIIの順とな
る。

15 問1　正解－②
②－正文。弥生時代においては，稲穂は磨製石
器の石包丁（石庖丁）で穂首刈りがなされ，
木臼・竪杵を用いて脱穀された。後期になる
と鉄鎌で根刈りを行うようになった。
①－誤文。稲作が伝わったあとであっても狩猟
採集は継続して行われた。
③－誤文。農具に主に用いられたのは青銅器で
はなく鉄器。青銅器は祭祀につかう道具に使
用された。
④－誤文。租として納められたのは稲2束2把，
つまり収穫の3％程度である。
問2　正解－③
X－飢饉対策として粟が用いられた理由はbに
あるように他の穀類と比して最も保存がきく
からである。aは交換基準を示したにすぎな
い。よって，bが適当である。
Y－貯蓄する粟はcのように戸から粟を徴収し，
義倉に蓄えたことがわかる。dは大名田堵の
畑にまかれた作物の種類を示したもの。よっ
て，cが適当である。
問3　正解－②
X－正文。調の品目をみると，阿波の錦，羅な
どの繊維製品，アワビ・カツオなどの海産物，
摂津や河内の銭がよみとれる。
Y－誤文。畿内諸国とは山城・大和・河内・和
泉・摂津であるがその調の品目のなかに小麦
は一つも見られない。
問4　正解－①
I－大王の直轄地を屯倉といい，田部がその耕

作を行ったのはヤマト政権の時期。ヤマト政権においては大王・豪族それぞれが私有地・私有民をもっていた。

Ⅱ－都の貴族や大寺院が国司・郡司の協力のもと耕作させた荘園は初期荘園。初期荘園とは743年の墾田永年私財法によってできた荘園であり，国司の許可のもと開発された。

Ⅲ－有力農民たちが国司に対抗するために有力な皇親や貴族の保護を求め寄進した荘園とは寄進地系荘園。11世紀ころから見られた。

問5　正解－④

a－誤文。b－正文。リツコさんの発表要旨より，「収穫前の麦を売買することを禁止し，雑穀として食用とすることの利点を国司が百姓に教え諭す法令」が出ていることから，雑穀は飢饉対策のみではなく，日常的に食用とされていたことが読み取れる。また「国司が」百姓に教え諭す法令であることから，古代国家が雑穀栽培について国司の勧農に期待していることがわかる。

c－誤文。d－正文。百姓が麦を収穫前に刈り取り，馬の飼料として売却してしまうことがあったことから古代の百姓が，国家が麦の栽培を奨励した意図を理解し遵守していたわけではないことがわかる。またリョウタさんの発表要旨より，粟の栽培を奨励する意図から稲の代わりに粟を税として納めることを許可する法令を出していることがわかる。

16　問1　正解－④

④－正文。史料の最終部分に「皆土木の巧みを究め，尽く調・庸の用を賦す。ここに天下の費え，五分にして三。」とあり，平安京の造営にも調・庸を用いたことが記されている。

①－誤文。日本に初めて仏教が伝わったのは「すでにして欽明天皇の代に，仏法初めて本朝に伝え」との記述から推古天皇ではなく欽明天皇の時代とわかる。

②－誤文。「天平に及びて，弥尊重を以てす」とはあるが，それ以前の推古天皇の時代から「この教え盛んに行わる」とあり，初めて仏教が広まったわけではない。

③－誤文。国分寺・国分尼寺には「各その国の正税を用いたりき」とあり，諸国で管理した稲が用いられたことがわかる。人々の資産ではない。

問2　正解－⑥

| ア |－飛鳥文化の特徴は初の仏教文化であり，同時期の東アジア諸地域からの影響を広く受けていることである。同時期の東アジア諸地域とは，高句麗や百済，中国南北朝などのことであり，正解はcとわかる。

| イ |－白鳳文化の特徴は630年に初めて派遣された遣唐使が伝えた初唐文化の影響を受けていることである。正解はbとわかる。

| ウ |－天平文化は奈良時代の文化であり，平城京が中心地である。また，遣唐使が持ち帰った西域の文物などがもたらされ，国際色が豊かな文化である。正解はaとわかる。

参考 飛鳥文化・白鳳文化

1 飛鳥文化

時期：6世紀末～7世紀前期　推古朝

①氏寺建立　権威の象徴として豪族は氏寺を建立

蘇我馬子　法興寺（飛鳥寺）初の本格的仏教寺院

厩戸王　斑鳩寺（法隆寺）607建立　670焼失
　＊若草伽藍跡の発見により再建論有力

②仏教彫刻

飛鳥寺釈迦如来像（鞍作鳥＝止利仏師）

法隆寺金堂釈迦三尊像（鞍作鳥）

広隆寺・中宮寺半跏思惟像

③文化の伝来

観勒（かんろく）　百済僧（くだら）　暦

曇徴（どんちょう）　高句麗僧　紙・墨・彩色の技法

2 白鳳文化

時期：7世紀後半～8世紀初頭　天武・持統朝

①仏教

国家による仏教保護により国家仏教化

官立の大寺院が建立された

大官大寺（平城京遷都後，大安寺と改称）

薬師寺

②彫刻

興福寺仏頭　もと山田寺の本尊

薬師寺金堂薬師三尊像

薬師寺東院堂聖観音像

③絵画

法隆寺金堂壁画　　1949年焼損
　＊翌年，文化財保護法制定

高松塚古墳壁画　　1972年発見
　＊壁面に男女群像，四神，星宿図

問3　正解－③

③－誤文。律令のなかの僧尼令で僧尼の活動は厳しく制限され，たとえば寺院以外での宗教活動や民間布教は固く禁じられたが，仏教勢力の政治介入は奈良時代を通じてなされた。

①－正文。6世紀から7世紀前半にかけての飛

鳥文化の時期においては仏教以外にも儒教や医・易・暦などの先進技術がもたらされた。

②－正文。7世紀後半から8世紀初めにかけてはいわゆる国家仏教の体制が整えられ，天武・持統天皇による中央集権化も進展した。

④－正文。8世紀中頃に流行した疫病とは天然痘のこと。735年に大流行し，737年には藤原四子が相次いで死亡した。聖武天皇はこれを受けて鎮護国家思想に基づく国分寺建立の詔や大仏造立の詔を発した。

> **参考** 鎮護国家思想
>
> 鎮護国家思想とは，為政者による仏教の帰依によって国家安泰を願う思想のこと。藤原広嗣の乱（740年）など度重なる貴族間の政争にともなう政局不安や天然痘の流行を，聖武天皇はこの鎮護国家思想により切り抜けようとした。741年には国ごとに国分寺・国分尼寺の設置を命じた国分寺建立の詔を，743年には大仏造立の詔を発布した。

問4
(1) 正解－②

エ －a。延喜・天暦の治とは醍醐天皇と村上天皇の治世を指す。ここでは摂政・関白がおかれることはなく，天皇親政が行われたとされのちの時代に理想視された。この間には朱雀天皇が摂政・関白として藤原忠平を用い，のちの摂関政治の端緒を開いた。藤原良房が摂政となった幼少の天皇とは清和天皇。同天皇が即位したのは858年であり，醍醐天皇の時代とは50年ほどずれがある。

オ －d。三善清行が「意見封事十二箇条」を提出した10世紀初めは，押領使・追捕使などの武官が各地の盗賊や海賊の平定にあたっていた。押領使・追捕使ともに天慶の乱後に常置となった。征夷大将軍が蝦夷の鎮圧にあたったのは8世紀末から9世紀初め。徳政相論で「軍事」の中止が言われたことを想起すれば時期の確定は容易である。

(2) 正解－①

X－正文。人頭税の負担は課口（公民成年男子）に義務付けられていたため，人々は課税を免れるために性別や年齢を偽って戸籍に記載するなどした（偽籍）。

Y－正文。902年に最初の荘園整理令である延喜の荘園整理令が出され，荘園の拡大防止と班田の励行が図られた。

17 問1 正解－④

ア －律令国家が薩摩国についで設置したのは大隅国。薩摩と大隅は隣接する。720年に大隅国の国司を隼人が殺害する事件があり，大伴旅人により鎮圧された。

イ －多賀城におかれたのは陸奥国府と鎮守府。鎮守府とは蝦夷征討のための軍事機関であり，このあと胆沢城に移された。

問2 正解－①

a－正文。青森県の三内丸山遺跡は縄文時代の代表的な遺跡であり約40haと推定される大集落であった。

b－誤文。北海道では弥生時代になっても水稲耕作は伝来せず，縄文文化が継続した。これを続縄文文化という。

c－正文。南西諸島では水稲耕作を行う弥生文化は伝来せず，狩猟・採集を中心とした貝塚文化が展開した。

d－誤文。種子島・屋久島は8世紀に律令政府の支配に組み込まれた。

問3 正解－①

X－正文。下野国府には曹司が，徳丹城には官衙がみられるが，注によればいずれも役人が執務をする建物・役所である。

Y－正文。徳丹城には下野国府には見られない，政庁や役所を囲む外郭がみられる。これは徳丹城が置かれたのが東北地方であり，蝦夷の攻撃に備えたものと考えられる。

> **参考** 古代における東北経営
>
> 古代における東北経営
> (647) 渟足柵（新潟県）
> (648) 磐舟柵（新潟県）
> (658～60) 阿倍比羅夫の蝦夷征討
> (712) 出羽国の設置
> (724？) 多賀城（宮城県）築城 陸奥国府と鎮守府をおく→蝦夷征討の根拠地に
> (780) 伊治呰麻呂の乱 陸奥按察使紀広純を殺害→多賀城を焼く
> (789) 紀古佐美が衣川で大敗
> (797) 坂上田村麻呂，征夷大将軍となり蝦夷征討
> (802) 胆沢城築城
> ＊多賀城から鎮守府をうつす
> ＊阿弖流為らが降伏
> (803) 志波城築城
> (811) 文室綿麻呂の蝦夷征討
> (813) 徳丹城築城

18 正解 - ③

史料によれば，金堂，講堂のほかに東塔があることが読み取れる。また西塔は礎石のみ現存しているとしていることから，これを踏まえて二つの塔を有する③の大安寺のものとわかる。

19 正解 - ①

X - 正文。以下より読みとれる。
（前略）其の児，名は予獲居の臣。世々，杖刀人の首と為り，奉事し来り今に至る。獲加多支鹵の大王の寺，斯鬼の宮に在る時，吾，天下を左治し，此の百練の利刀を作らしめ，吾が奉事の根原を記す也。

Y - 正文。「獲加多支鹵の大王」は熊本県の江田船山古墳鉄刀銘にある人物と同様，雄略天皇と比定される。これにより，当時のヤマト政権の支配が現在の埼玉県から熊本県まで広がっていたことが推察できる。

20 正解 - ②

X - 正文。金・毛皮・鷹や馬を示す「兼金」「重裘」「鷹馬」はすべて陸奥を示す「辺鄙より出でたり」としている。

Y - 誤文。蝦夷が交易に際して反逆することがあったことは指摘されているが，たまたま何事もなかったというときは利益が増幅するとしている。

---

4 中世

1 問1 正解 - ③

11世紀後半以降に盛んになった中国との民間貿易とは，日宋貿易のこと。日宋貿易を中心的に担ったのは平氏政権であり，荘園・知行国とならんで彼らの経済基盤となった。平清盛は摂津国の大輪田泊を修築して日宋貿易を推進した。

問2 正解 - ②

② - 誤文。表より，大和の銭による売買件数は山城に比して非常に少なく，大和で銭貨が普及したとはいえない。

① - 正文。表の山城の段を横にみていくと7→33→60と山城から銭貨が普及しており，普及率も高いことがわかる。

③ - 正文。表より，東海道で銭が使用され始めているのは1221年-1235年であるが，それ以前は布が主要な決済手段として使用されていたことがわかる。

④ - 正文。東海道・南海道で銭の使用が目立つのは1221年-1235年であり，承久の乱（1221年）以降である。

問3 正解 - ④

④ - 正文。荘官・地頭は荘園から得られた貢納物を市で換金したり，特産物と交換したりした。

① ・ ② - 誤文。市は荘園・公領の中心地や交通の要衝，寺社の門前で開かれた。

③ - 誤文。平安時代末期から鎌倉時代にかけての市場の開設日は三斎市といわれ，月に3回行われるのが通常であった。

問4 正解 - ①

① - 遠隔地での取引には為替が用いられた。為替とは遠隔地間の取引を現金ではなく手形で決済する方法である。また鎌倉時代の金融業者としては借上が登場した。

② - 両替とは江戸時代に金・銀・銭の交換業務や金融業務を行う商人。

③ - 勘合（符）は日明貿易の際，正式な貿易船であることの証明として明が発行した証票のこと。土倉は室町時代の金融業者。

④ - 藩札は江戸時代に諸藩が発行した不換紙幣のこと。

⑤ - 頼母子とは民間で行われる互助的な相互金融のこと。

⑥ - 蔵元は蔵屋敷に勤務する商人のうち，物資を扱う商人のこと。金銭の出納を担当した掛屋と兼任することもあった。

2 正解 - ①

① - 正文。元が滅亡して明が建国されたのは1368年。グラフによればそれ以降倭寇の活動は活発化し，1377年には最盛期を迎えている。

② - 誤文。南北朝の合一は1392年であり，その後倭寇の活動はやや活発化している。

③ - 誤文。観応の擾乱は1350年から1352年にかけて起こった戦い。このころの倭寇の活動は10回にも満たない回数であり，「最も活発」とはいえない。

④ - 誤文。朝鮮半島で新しい王朝が成立したのは，このグラフの範囲内では1392年ということになるが，倭寇の活動のピークは①の解説の通り1377年なので誤り。

参考 倭寇

倭寇とは，私貿易や略奪を行う武装商人団のこと。
①前期倭寇（14世紀中心）→高麗滅亡の一因
　中国・朝鮮沿岸で海賊行為
　壱岐・対馬・肥前松浦が拠点
②後期倭寇（16世紀中心）→明衰退の一因
　本格的海賊集団で日本人と結んだ中国人密貿易者

③倭寇の衰退
（1588）海賊取締令←豊臣秀吉による

3 問1　正解－④
『御成敗式目』第13条
一，殴人の咎の事
　右，①打擲せらるるの輩はその恥を雪がんがため定めて害心を露すか。殴人の科，ははなはだもって軽からず。よって侍においては②所帯を没収せらるべし。所領なくば流罪に処すべし。③郎従以下に至ってはその身を召し禁ぜしむべし。
『塵芥集』第40条
一，人を打擲する事，侍においては②所帯を取り放すべし。無足の族は他国へ追い払うべし。しかるに成敗を待たず，自分として打ち返しする事有るべからず。しかのごときの族，所帯を召し上ぐべし。無足の輩は他国へ追い払うべきなり。
④－正文。③より『御成敗式目』第13条（以下，前者）では郎従以下は拘禁刑に処すことが言われているが，『塵芥集』第40条（以下，後者）ではその規定は見当たらない。
①－誤文。立法の理由は①にみられるように前者では明示されているが，後者では言及されていない。
②－誤文。②より侍は所領没収に処するとする条文は両者で見られる。
③－誤文。後者では所領のないものは「他国へ追い払うべきなり」とされており，流罪のままである。
問2　正解－②
②－誤文。前者ではその立法事実（立法の背景となる社会的な事情）として「打擲せらるるの輩はその恥を雪がんがため定めて害心を露すか」（殴ったり叩いたりされたものはその雪辱を果たすためにきっと殺意を抱くにちがいない）とされており，裁判に頼らず自力で復讐を果たそうとする自力救済の存在を前提としている。
①－正文。②で言及した立法事実と矛盾する，前者にはまったくみられない規定である。
③－正文。自力救済を禁止することは，戦国大名が公権力として裁判権を掌握することを意味している。
④－正文。勝手に仕返しした者も殴打した者も同等の所領没収の刑罰を科している。
問3　正解－③
③－誤文。『御成敗式目』は鎌倉幕府と室町幕

府がともに基本法として用いた。『建武式目』は室町幕府の施政方針であって基本法ではない。
①－正文。鎌倉幕府は『御成敗式目』を基本法として，必要に応じて追加法としての式目追加を発布した。
②－正文。鎌倉幕府の支配領域で行われる裁判に適用された。
④－正文。『御成敗式目』は武士でも読解が可能なように平易な仮名交じり文で書かれており，読み書きの手本としても読まれ，江戸時代には寺子屋の教材としてももちいられた。

参考 御成敗式目
意義：最初の武家法
　　　　→武家社会の法的独立
目的：御家人間や御家人と荘園領主との間の所領関係の紛争処理などに関する公平な基準
基準：源頼朝以来の先例と武家社会の道理
適用範囲：幕府の勢力範囲に限定
　　　　→本所法・公家法とも並立
内容：おもに守護・地頭の職権・所領の支配・相続
特徴：①強い親権
　　　②のちの時代に比べ女子の地位が高い
　　　③平易な仮名まじり文
律令との相違：
　　　①悔返し権：
　　　　親が子に与えた所領を再び取り返すことができる
　　　②女人養子：
　　　　子のいない女性が養子に所領を譲ることができる
　　　③所領について：
　　　　本領安堵・新恩給与の下文を所持していても事実上の支配をせず，20年を過ぎた所領は実際に支配していた者の所領となる
追加法：必要に応じ式目追加
後世への影響：
　　　①室町幕府の基本法ともなる
　　　②室町幕府における式目追加＝建武以来追加
　　　③戦国時代の分国法にも影響
　　　④江戸時代の寺子屋の教材ともなる

4　正解－①
ａ－正文。ｂ－誤文。子孫の「沽却」（売却）を

「禁制せらるれば還って人の愁歎たるべきにより，この沙汰なし」（禁止すればかえって人がなげき悲しむことからこの処置はしない）としていることから，人身売買は容認していたと読み取れる。

c－正文。d－誤文。「出挙米」を施すことを「倉廩を有するの輩」（倉を有する者＝富裕な者）に命じている。

5 正解－④

　若し先づ国土を安んじて，現当を祈らんと欲せば，速やかに情慮を廻らし，いそいで対治を加へよ。所以は何ん。薬師経の七難の内，五難忽ちに起り二難猶残せり。所以「他国侵逼の難，自界叛逆の難」なり。大集経の三災の内，二災早く顕はれ一災未だ起らず。所以「兵革の災」なり。金光明経の内，種種の災禍一一起ると雖も，「他方の怨賊国内を侵掠する。」此の災未だ露れず，この難未だ来らず。仁王経の七難の内，六難今盛にして一難未だ現ぜず。所以「四方の賊来つて国を侵すの難」なり。

a－誤文。b－正文。「1260年に」「当時の権力者に提出した」この書物は日蓮による『立正安国論』である。提出先の北条時頼は日蓮を伊豆へ配流しており，帰依していることは考えられない。また，史料赤字より他国による侵略はくり返し警告されている。

c－誤文。d－正文。「幕府の有力御家人が時の執権に排除される戦い」とは宝治合戦（1247年）。「時の執権の外戚である御家人が執権の家臣によって滅ぼされる戦い」とは霜月騒動（1285年）。よってこの書物が提出されたあとに起こっているのは後者である。

6 正解－④

史料1
商売人等による撰銭の事について
　近年，自分勝手に撰銭を行っていることは，まったくもってけしからんことである。日本で偽造された私鋳銭については，厳密にこれを選別して排除しなさい。永楽銭・洪武銭・宣徳銭は取引に使用しなさい。
　　　　　　　　　（『建武以来追加』大意）

史料2
利息付きの貸借や売買の際の銭の事について
　永楽銭・宣徳銭については選別して排除してはならない。さかい銭 ^(注1)・洪武銭・うちひらめ ^(注2) の三種類のみを選んで排除しなさい。
　　　　　　　　　　（『大内氏掟書』大意）

a・b－資料赤字より，使用禁止の対象とされ

た銭の種類は一致していない。したがって，bが適当である。

c・d－永楽通宝は，史料1では「取引に使用しなさい」とされており，史料2では「排除してはならない」とされている。好んで受け取ってもらっていたのならばこのような命令を出す必要がないから，好んで受け取ってもらえず，市中での需要が低かったことがわかる。したがって，dが適当である。

7 正解－②

②－正文。史料3には母子の殺害は「盗人の故也」とされ，これは「地下沙汰」によるものであるとされている。自検断とは村が自治的に裁判権を行使し罰を下すことであるから，正しい。

①－誤文。地下請とは，村の自治を維持するために村でまとめて年貢を納入すること。蕨を自主的に備蓄することをこのようにはいわない。

③－誤文。本史料は荘園領主の九条政基が村からの報告を記しているものである。南無阿弥陀仏を唱えているのは筆者である九条政基である。

④－誤文。そのような祭礼を行っている記述はない。

8 正解－①

　この日申の時，可忘家利に到泊す。①この地は群賊の居る所にて王令及ばず，統属なき故に護送船もまたなし。衆皆疑い懼る。たまたま日暮れて過ぎ帰くを得ず，賊の家を望みて船を泊せり。その地に東西の海賊あり。東より来る船は，東賊一人を載せ来らば，則ち西賊害せず。西より来る船は，西賊一人を載せ来らば，則ち東賊害せず。②故に宗金，銭七貫を給いて東賊一人を買い載せ来る。その賊倭此に到り，小舟に乗りて来りて曰く，「吾れ来る，願わくは官人安心せよ」と。

a－正文。b－誤文。①より，この地域は足利将軍の命令が及ばず，護送船もなかったことがわかる。

c－正文。d－誤文。②より宗金は西の海賊の被害を避けるために東の海賊を乗せたことがわかる。

9 問1　正解－②

　ア －「将軍邸に由来する」という記述から「御所」が入っている御所八幡町が正解とわかる。

　イ －北の方角に注意して図を見ていくと，Yの地点から北（図では右側）にたどっていくと見世棚を出して商品を販売している町屋が見えるが，それらの屋根と，本文で「瓦葺き」とされている相国寺の屋根はあきらかに材質がことなるし，平らな屋根であること

もわかるので板葺きと判断できる。

図 1 北の方角が示されている

問2　正解－③

③－誤文。京都に聚楽第をたてたのは豊臣秀吉。

①－正文。保元の乱は院政をめぐる天皇家の内紛が発端であった。主戦場は京都。

②－正文。承久の乱は後鳥羽上皇の朝権回復運動に端を発する戦いで北条泰時・時房の軍隊が京都に攻め入った。

④－正文。閑院宮家は正徳の政治を推進した新井白石が従来の三宮家に加えて設置した。

問3　正解－②

②－誤文。将軍邸の西側には近衛邸（五摂家のなかのひとつ）があり，家臣の屋敷が建っていることは読み取れない。

①－正文。将軍邸には天守閣や高い石垣は見られない。

③－正文。町屋は室町通り沿いにあり，ここは将軍邸のすぐ近くである。

④－正文。相国寺や近衛邸が点在している。

問4　正解－①

a－正文。b－誤文。図3（左が北）のαの範囲は室町通と四条通の交差する点の右上，つまり方角では南西であるとわかる。これを図4（上が北）に当てはめるとアになる。βの範囲はその南に当たるのでイではない。

c－正文。d－誤文。図3に小川が流れているのは四条通の北側の室町通り沿いである。よって図4では菊水鉾町であるとわかる。図3で二階建ての町屋があるのはαの地域の西であり，鶏鉾町である。

問5　正解－③

Ⅲ－『耶蘇会士日本通信』に町衆の自治の具体像が描かれたのは16世紀。

Ⅰ－町年寄などの代表が町を運営したのは江戸時代。

Ⅱ－町内会・隣組が設置されたのは昭和期。

問6　正解－④

④－適当ではない。高齢者の体験は当事者性の

ある貴重な資料となる。また伝承についてももとになる歴史的事実がどのように人に受け入れられているかを示す資料となるので歴史と無関係ではない。

①～③－適当。発掘調査地の説明会や地元の遺跡・博物館は地域の歴史的な事情に根差した情報を得られるし，地域の伝統的な行事やその組織のあり方も歴史的な背景を踏まえているものが多く，これらを学ぶことは身近な地域の歴史を学習するうえで適切な方法といえる。

10 正解－②

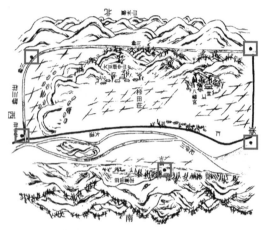

紀伊国桛田荘絵図（模写図。一部改めたところがある。）

②－誤文。図中の黒い丸印は異なる荘園と荘園の間にあり，荘園の境界を示している（牓示という）。

①－正文。図より荘園内に八幡宮や鳥居が見える。

③・④－正文。本図は上が北なので，荘園の南部に紀伊川，北部から西部にかけて静川が流れているとわかる。また北部にある山（葛木山）のすそや東西に走る道（大道）沿いに民家が見える。

11 問1　正解－③

dの絵画は水墨画（墨の濃淡で表現した絵画）であるとわかり，このなかであれば水墨画の作者は尾形光琳ではなく雪舟である。また，雪舟は大内氏の保護を受けて明に渡った人物であり，「宋に渡った」事実はない。

問2　正解－④

Ⅰ－eの地図は15世紀のものであり，当時の中国の王朝は明（1368～1644）であるとわかる。

Ⅱ－勘合船は寧波で査証され，内陸の北京で交易を行った。

Ⅲ－北九州の博多である。敦賀は福井県。

12 正解 - ①

X - 正文。図に描かれた運送業者は馬借である。馬借は琵琶湖畔に陸揚げされた品物を消費地である京都へ輸送した。正長の土一揆では徳政（債務破棄）を求めて蜂起した。

Y - 正文。馬借は近江国大津（園城寺〈三井寺〉の門前町）や坂本（延暦寺の門前町）を活動拠点としており、Xで述べた一揆も坂本の馬借が蜂起したものである。

13 正解 - ④

a - 誤文。b - 正文。史料の出典は『朝鮮王朝実録』であり、ここには日本の使いが銀をもたらし、我が国（朝鮮）がその代わりに綿布を与えていることがわかる。bが正しい。

c - 誤文。d - 正文。「利は彼に帰し、我れ其の弊を受く」から、日朝貿易の利益は彼＝日本にあり、我れ＝朝鮮には弊害のあることであるとしている。dが正しい。

14 問1　正解 - ⑥

ア - c。フランシスコ＝ザビエルが布教した大内氏の城下は山口。

イ - d。日本との貿易港となり、倭館が設けられたのは朝鮮半島であり、地図上ではdのみ。富山浦で現在の釜山である。

ウ - a。支倉常長は伊達政宗の命で慶長遣欧使節として渡欧した仙台藩士。aは仙台。

エ - i。貿易の主導権を握って大内氏と細川氏が衝突したのは1523年の寧波の乱。寧波の位置はi。

問2　正解 - ③

イ－日朝貿易は室町時代、15世紀にはじまり16世紀初頭には衰退した。

エ－貿易の主導権を握って大内氏と細川氏が争った寧波の乱は1523年。

ア－フランシスコ＝ザビエルが来日したのは1549年、その後、鹿児島や山口で布教した。

ウ－支倉常長ら慶長遣欧使節が出発したのは1613年。

15 正解 - ④

ア－東南アジア・中国・朝鮮・日本をつなぐ中継貿易の重要な港はdの那覇。

イ－大内氏が結びついたのはbの博多の商人であった。

ウ－ポルトガル人の船が漂着したのはcの種子島。

エ－倭寇の活動拠点とみなされ1419年に攻撃されたのはaの対馬。この事件を応永の外寇という。

16 問1　正解 - ①

X - 正文。史料冒頭には「紀伊国留守所が那賀郡司に符す」とあり、さらに本文には「院庁

下文のとおり」とある。院庁の命令を受けて紀伊国衙（国司不在の国衙を留守所という）が那賀郡司に下した文書とわかる。「符」は上の者から下の者へ下す文書の形式であることもおさえておこう。

Y - 正文。牓示とは、荘園の領域を示す目印のことであり、院の使者とともにこれを打ち、荘園の領域確定を行って荘園認定のための「立券」を行うことを命じている。

問2　正解 - ③

X - 牓示とは荘園の領域を示す目印なのであるから、田や村の中心に設置されるはずはなく、図にあるように山や川沿いといった、荘園の境界に設置されている。したがって、bが適当である。

Y - 荘園の境界を示す牓示と牓示とを線で結ぶと荘園の領域が見えてくる。各村の境界は牓示では示されないので、見えてこない。したがって、cが適当である。

17 正解 - ③

a - 誤文。b - 正文。史料には「石清水八幡宮大山崎神人等」に対して「公事ならびに土倉役」を「免除」することが示されている。土倉役とは金融業者である土倉に対して幕府が課す営業税である。また「大山崎神人」とは石清水八幡宮を本所とする油座のある大山崎の神社に隷属する商人（神人）である。よって幕府は石清水八幡宮から保護を受ける大山崎神人に対する土倉役の賦課を免除しているとわかる。

c - 正文。d - 誤文。天王寺木村などには「恣に荏胡麻を売買」する者がいるので、今後そのための道具を破却するとしている。荏胡麻は油の原料である。

18 正解 - ②

a - 正文。b - 誤文。図中には右上に牛の姿が見え、牛に犂を引かせて土地を耕していることから牛馬耕が行われていることがわかる。竜骨車を用いた灌漑は見当たらない。

c - 誤文。d - 正文。画面左側で行われている芸能は田楽。田の中で行われているので田楽とわかる。田楽は農村芸能で主に豊作を祈る。これに対し踊念仏は時宗の布教のために市などの人の集まる場所で群集して念仏を唱えて踊ることをいう。

19 問1　正解 - ④

　ア　－御成敗式目は初の武家法として、頼朝以来の先例と武家社会の道理を基準として制定されたものである。史料では、これといった典拠はないが、ただ　ア　のおすところを

記したとのことから，武家社会の慣習・道徳を指す「道理」が入る。

　　イ － 御成敗式目はもっぱら武家の人のためにつくられた法律であるから，京都の公家の人たちは何ら心配することはないとの趣旨であるから，「武家」が入る。

　　ウ － 「京都の御沙汰」とは朝廷の決定のことである。御成敗式目の制定によって朝廷の決定と同様に改まることがないとされている「おきて」とは，「律令」である。

問2　正解 － ②

　　a － 正文。六波羅探題は承久の乱後，京都守護に代えて設置された朝廷の監視・西国御家人の統轄を行う組織。初代探題には承久の乱で京に攻め上った北条泰時・北条時房が就任した。

　　b － 誤文。a で述べた通り，六波羅探題は承久の乱後に設置された。正中の変は1324年の御醍醐天皇による倒幕計画が発覚した事件のこと。

　　c － 誤文。宝治合戦は1247年に起こった，北条氏が三浦泰村一族を滅亡させた事件。三浦氏は北条氏と姻戚関係を結び強大化していた。宝治合戦によって台頭もしていないし六波羅探題にも就いていない。

　　d － 正文。御家人の足利高氏（尊氏）は鎌倉幕府の命で京都に攻め上ったが，反旗を翻し六波羅探題を逆攻撃した。

整理　承久の乱後の措置

・三上皇の配流
　　後鳥羽上皇→隠岐
　　順徳上皇→佐渡
　　土御門上皇→土佐
・仲恭天皇廃位→後堀河天皇に譲位
　　＊幕府は皇位継承に介入
・六波羅探題の設置
　　初代探題：北条泰時（北）・時房（南）
　　京都守護に代えて設置
　　朝廷の監視・京都内外の警備
　　西国御家人の統括
・院方所領の没収
・新補地頭→新補率法の適用を受けた地頭
　　cf.本補地頭

問3　正解 － ②

　　X － 正文。鎌倉時代より，京都では商工業者の同業者組合である座が結成されていた。座では原料の仕入れの独占と，商品の販売の独占を保護者である本所に認められ，その見返りに座役を納めていた。

参考　座のしくみ

・座：商工業者などの同業者団体
・構造→本所（朝廷・貴族・寺社など）に営業税として座役を納入し，一定地域内における原料の買付け・商品の販売独占権など承認
・特権：関銭などの免除
・具体例
　大山崎油座
　（本所：石清水八幡宮，離宮八幡宮に所属）
　→畿内など10カ国以上の油の販売と荏胡麻の購入独占権
　四府駕輿丁座
　（本所：左右近衛府・左右兵衛府）
　→京都上京の商人の座で米・呉服の専売権や材木の営業権
　　＊ほかに綿座（祇園社），麹座（北野神社），絹座（興福寺），青苧座（三条西家）など

　　Y － 誤文。天文法華の乱では延暦寺の僧兵が日蓮宗寺院21カ寺の本山を焼き打ちした。

20　正解 － ③

　　初めて半済令が出されたのは1352年，観応の擾乱のあと。よってcである。半済令は，荘園・公領の年貢の半分を兵粮として徴発する権限を認める法令。初の半済令は1352年に近江・美濃・尾張に1年限定で出されたもの。1368年の応安の半済令以降，土地分割が主流となった。

参考　守護権限の強化

・刈田狼藉の検断権
　土地紛争の際，収穫前の稲穂などを刈り取ってしまう不法行為を取り締まる権限。
・使節遵行
　所領をめぐる紛争に関する幕府の裁決を執行するため，使節を派遣して土地引き渡しなどを強制的におこなわせること。
・半済
　一国の荘園・公領の年貢を折半し，半分を兵粮米として守護が得る権限。南北朝の動乱期，観応の擾乱が終息した直後，足利尊氏により最初の半済令が出された。戦乱のはげしい近江・美濃・尾張の3国の守護に対し，自国内の荘園から年貢の半分を兵粮料所として軍勢に預け，その配分権を付与するもので，この半済令（観応令）では「三カ国，当年一作（一年限り）」としてその権限は限定されていた。その後，数度にわたり半済令が発令されて，全国化・永続化した。1368年，足利義満が将軍に就任（幼少のため管領の細川頼之が後見）

した際にも半済令（応安令）が出されたが，その内容は無期限で対象は全国となり，以後，対象は年貢だけではなく下地（土地）の折半までをも認めるものとなった。

・守護請

荘園や公領の領主が年貢徴収を守護に請け負わせる守護請もおこなわれた。守護は国内の荘園・公領の年貢の半分を兵粮として徴発する権限を利用し，兵粮を与えることによって国内の武士たちをみずからの統制下においた。

5 近世

1 正解－②

X－正文。譜代大名の殿席はA・B・C・Dにあてられている。その一方で外様大名の殿席はF・Gにあてられている。よって譜代大名のほうが外様大名よりも奥に近い席を与えられているといえる。

Y－誤文。日米修好通商条約調印のときに大老をつとめた人物は井伊直弼。井伊家の殿席はA。一方，徳川斉昭の家は水戸の徳川家で三家（御三家）のひとつであるからEが与えられた。

2 正解－③

X－誤文。史料に掲げられているのは朱印状であり，将軍が発行した。

Y－正文。史料には「呂宋国に到る舟なり」とある。呂宋国は現在のフィリピン。

3 正解－③

③－図および脚注には「救民」とあることから，③と判断できる。大塩の乱は，大坂町奉行の元与力で陽明学者である大塩平八郎が，大坂町奉行の米商人と結託した江戸廻米優先策に対し，大坂の庶民たちの「救民」を掲げて蜂起した事件。

①－池田屋事件は1864年に新選組が池田屋に集合した尊王攘夷派を急襲した事件。

②－禁門の変は1864年，八月十八日の政変の巻き返しのために長州藩の急進派が蜂起した事件。

④－由井正雪の乱は由井正雪・丸橋忠弥らが牢人たちを組織して幕府転覆を試みるも未然に防がれた事件。

いずれも「救民」の要素はない。

4 問1　正解－③

b－城が軍事拠点として重視されていた戦国時代において城は山の斜面を利用した山城であった。

a－その後，戦国大名の領国経営の中心としての政治的機能が重視されると小高い丘の上に平山城が建てられた。

c－さらに時代が進むと平地に建造されるようになり，領国経営の政治・経済・文化の中心地としての機能を整える平城となった。

問2　正解－⑤

自治都市である堺を屈服させたのは織田信長。織田信長は矢銭2万貫を要求し，堺はこれを拒否するも1569年に屈服した。織田信長が建設した城下町は安土。

問3　正解－①

①－正文。中世において関所は通行税を徴収するための徴税機関としての役割を有していた。信長はこれを廃止し，城下町の経済を活性化させた。

②－誤文。尾形光琳（1658～1716）は元禄期に活躍した画家・工芸家。時代が異なる。

③－誤文。豊臣秀吉が石山（大坂）本願寺の跡地に造営したのは聚楽第ではなく大坂城。聚楽第は秀吉が平安京大内裏跡に造営した。

④－誤文。千利休は，鎌倉時代に臨済禅の修行の一つとして移入された喫茶を侘茶として大成した。

問4　正解－②

②－誤文。丁稚とは商家に奉公する10歳～15歳程度の幼年者のこと。丁稚に商売を任せることはない。

①－正文。徒弟とは手工業者への奉公人のこと。職人の家に徒弟が住み込みで働き，雑用をしながら技術を学んだ。

③－正文。町人町（町人地）には同じ職業の人がまとまって住む場合があり，その場合は扱う商品が町名とされる場合もあった。

④－正文。町年寄やその下にいる町役人は町奉行のもとで町政一般を行った。

5 問1　正解－④

④－誤文。高田屋嘉兵衛は北前船の船主で，択

捉航路を開拓した淡路の商人。

① - 正文。江戸幕府は米の生産ができない松前藩に対しては石高を基準とした知行地ではなくアイヌとの交易独占権を知行給与し（商場知行制），さらにその交易を和人商人に請け負わせ松前藩士が運上金を得る場所請負制に移行した。

② - 正文。アイヌは蝦夷地の産物を交易品としたので鮭や鰊，さらに俵物なども取引した。和人側の米や酒は図の下部から判断できる。

③ - 正文。1669年に起こったシャクシャインの戦いは和人側の収奪に耐えかねたアイヌ民族を糾合して起こった。

参考 商場知行制と場所請負制

近世史において頻出の松前藩とアイヌの交易について整理しておこう。

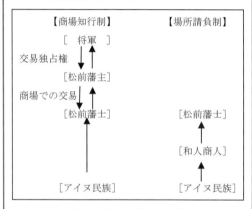

・商場知行制：松前藩が藩士に商場（アイヌとの交易対象地域）でのアイヌ民族との交易権を知行給与する制度
・場所請負制：松前藩士は場所交易を和人商人（運上屋）に請け負わせ運上金を得る制度。これにより和人のアイヌ民族に対する収奪が強化（アイヌ民族を水産加工場で酷使するなど）された。

問2　正解 - ②

② - 誤文。渡島半島南部に和人の居住地が設けられ，それ以外のところがアイヌの居住地となった。

① - 正文。松前氏の先祖は蠣崎氏。コシャマインの戦いを鎮圧した蠣崎氏客将武田信広が蠣崎氏を継承し，江戸時代には松前氏と改称して松前藩となった。

③ - 正文。ゴローウニン事件が解決したのち，日露関係が改善されたことから江戸幕府は1821年，松前藩に蝦夷地を復封した。

④ - 正文。明治政府は蝦夷地を北海道と改称して開拓使をおき，屯田兵に開拓と警備を行わせた。

問3　正解 - ④

④ - 正文。1828年のシーボルト事件のこと。シーボルトはオランダ商館のドイツ人医師であった。帰国の際，幕府天文方の高橋景保から国外持ち出し禁止の日本地図を入手したことにより国外追放となった。

① - 誤文。幕府が長崎貿易を制限したのは，1715年の海舶互市新例である。金銀流出を防ぐための制限であり，さらに銅での支払いも制限した。金と銀で支払う分を増やしたものではない。

② - 誤文。新井白石は経費節減のため，朝鮮通信使の待遇を簡素化した。

③ - 誤文。『戊戌夢物語』を著わしたのは高野長英。戊戌とは，十干十二支による年代の表し方で，この場合は1838年（＝モリソン号事件の翌年，蛮社の獄の前年）を指す。渡辺崋山が著わしたのは『慎機論』である。

6　正解 - ①

きちん宿の記載

① - 正文。図に示されたのは「きちん宿」（木賃宿）である。客に自炊を求める代わりに安価に泊める宿泊施設のこと。これが発展したものが旅籠で寝食設備も整えられた。

② - 誤文。人馬継立を行う施設は問屋場。伝馬が常備された。

③ - 誤文。一里塚は街道沿いに一里（約4km）ごとに設けられた路程標識。休息のため榎や松が植えられた。

④ - 誤文。幕藩領主が通行人の身元確認を行う施設は関所。近世の関所は治安維持を目的に設置され，特に「入鉄砲に出女」が警戒された。

7　問1　正解 - ③

③ - 正文。「松平定信が幕政の改革を開始する直前に起こった民衆運動」と「亀を買い占め

た悪徳商人をスッポンたちが襲い，俵から亀を逃が」すというところから天明の打ちこわしであるとわかる。天明の 打ちこわしは天明の飢饉の影響で米価が高騰するなか米を買い占めた米商人などを民衆が襲うという運動で，これを風刺した絵であることがわかる。

①－誤文。「ええじゃないか」は幕末の東海・畿内で民衆のあいだに起こった熱狂的な集団乱舞。

②－誤文。国訴は19世紀，畿内中心に木綿の自由販売などを求めた大坂町奉行に対する合法的訴願運動。1823年ものが有名。

④－誤文。代官に対して年貢の減額を訴願するのは惣百姓一揆などの形態をとるが，図版からは読み取れない。

整理 民衆運動の形態

(1)18世紀：惣百姓一揆
→本百姓を中心とする全村民が強訴する典型的な百姓一揆
傘連判状では放射状に署名し首謀者を隠した

(2)18世紀：村方騒動 ＊田沼時代
→農民層分解によって村役人と一般農民の対立が激化していた
村役人の不正を追及するなどの村政改革運動

(3)19世紀：国訴
→商品作物栽培が進展するなか，木綿などを栽培する農民を在郷商人らが指導しておこった
→1823年の国訴では摂津・河内・和泉を中心とする1000村以上が参加
→木綿の自由販売などを求めて大坂町奉行に対して合法的訴願運動を展開

問2 正解－①

①－正しい。社会風刺などを盛り込んだ大人向けの絵入りの小説を黄表紙という。

②－誤り。洒落本は遊里での男女の愛欲を描いたもの。

③－誤り。人情本は洒落本が発展し，街での男女の愛欲を描いたもの。

④－誤り。浮世草子は元禄期に流行した小説で享楽的現世を描く風俗小説。

⑤－誤り。読本は絵本に対して読む文章を主体に勧善懲悪・因果応報を趣旨として書かれた小説。

8 正解－④

a－誤文。b－正文。労働者を一か所に集めて分業体制をとっているところから工場制手工業

（マニュファクチュア）を描いたものである。問屋制家内工業とは商人が農家に原料や器具を前貸しし，生産物が完成したところを買い上げる方式。

c－誤文。d－正文。絹織物は江戸時代後期になると北関東などに養蚕地帯が形成され，京都へ供給されるようになる（登せ糸）他，桐生など北関東でも絹織物がつくられるようになった。綿織物業は木綿の栽培が盛んな大阪周辺で発展する。

9 正解－①

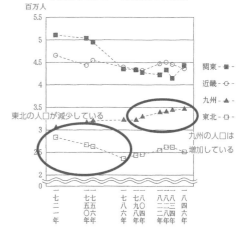

人別改めにもとづく地域別人口の推移

東北の人口が減少している

九州の人口は増加している

（関山直太郎『近世日本の人口構造』より作成）
（注） 武士・公家・無宿等の人口は除く。西暦は，人別改めが行われた年。

a－正文。b－誤文。19世紀前半，大坂周辺では木綿の自由販売などを求めて摂河泉を中心とした農民や在郷商人が大坂町奉行に対して合法的訴願闘争を行った。これを国訴という。関東取締出役がおかれたのは1805年で19世紀前半にあたるが，設置目的は所領の入り組んだ関東周辺の治安対策であり，水呑百姓が増加したからではない。

c－正文。d－誤文。グラフより，東北の人口は享保期（18世紀前半）から天明期（18世紀後半）にかけて減少している。グラフより九州の人口は寛政期（18世紀終わり）以降上昇しているので誤り。

10 問1 正解－②

②－誤文。臨時の休日を表すのは史料中の「流行休日」だが，これについては「決して致すまじく候」とある。またやむを得ない場合は「一同遊び申すべく候」とあり，一同で一斉に休めとしている。全国一律ではない。

①－正文。臨時の休日を一律禁止したあとに，「よんどころなく休日致したき節は…お願い申

し，一同遊び申すべく候」とあるので，ここ
での「遊び」は「休み」と同義である。
③ー正文。「よんどころなく」以降に言及されて
いる。
④ー正文。本文の最後の付言として，「手習い・
算など相励み申すべく候」とある。
　問2　正解ー①
　　a・bー天長節には「天下の刑戮差し停められ
候」とあり，天皇誕生日には刑の執行が停止
されたことがわかる。また天長節は「毎年此
の辰を以て」とあるので恒常的な行事である。
したがって，aが適当である。
　　c・dー天長節には庶民にも「一同御嘉節を祝
い奉り候様」とあり，民衆に対して天応の存
在を意識させる目的がうかがえる。したがっ
て，cが適当である。
11　正解ー③
　Iーa。長崎は厳重に警戒の備えがあるのに安房
や相模に備えがないなどと幕府の海防策を批判
していることがわかる。これはa林子平の主張
で『海国兵談』は発禁となった。
　Ⅱーc。ロシアとの交易と蝦夷地開発を主張して
いる。これは工藤平助の主張で『赤蝦夷風説考』
は田沼意次に取り立てられた。bの本多利明は
重商主義的国営貿易などを説いた。
12　問1　正解ー①
　　①・②ー史料アでは海外渡航や貿易によって国
内の産物の過不足をなくすことができ，地理
や航海の才能のある者は国家に役に立つとし
ている。よって①が正しい。
　　③・④ー史料イでは国が豊かになるためにはま
ず庶民たちを裕福にした上で領主の利益をは
かるべきであるとしている。封建制度の批判
はしていないし，年貢の増加も主張していな
い。
　問2　正解ー④
　　アー出典は『西域物語』であり，この著者は本
多利明。本多利明は重商主義的国営貿易など
を説いた。
　　イー出典は『広益国産考』で著者は大蔵永常。
大蔵永常はこの他『農具便利論』も著わした。
　問3　正解ー③
　　③ー誤文。『赤蝦夷風説考』を著わしたのは仙台
藩医の工藤平助。大黒屋光太夫はアリュー
シャン列島に漂着し，ラクスマンの船で根室
に帰還した船頭。
　　①ー正文。西川如見は『華夷通商考』を著して
長崎で見聞した海外事情を記述した。
　　②ー正文。新井白石は屋久島に潜入したイタリ

ア人宣教師シドッチを尋問して『西洋紀聞』
を著した。
　　④ー正文。伊能忠敬は幕命で全国の測量を行
い，彼の死後の3年後に『大日本沿海輿地全
図』が完成した。
13　正解ー③
　aー誤文。bー正文。史料1では「北国はいうに
及ばず，若狭，近江より五畿内，西国筋は残ら
ず田畠の養いとなる」としており，畿内以外に
も肥料として用いられている。また，「関東はい
まだにこの益ある事をしらず」とあり，関東に
おいて有用性が認識されていないとしている。
　cー正文。dー誤文。「青魚（＝鰊）」は「皆粕に
しめて…廻る。田の肥しには最上」としており，
鰊の〆粕が肥料として最上であるとしている。
関東では総房でとれる鰯を用いている（干鰯の
こと）からこのことが知られていないとしてい
る。
14　問1　正解ー④
　　④ー正文。「大城より四方へかけ十里四方御領
になし給う御定め」から，江戸・大坂周辺の
十里四方を直轄化し，対外防備と年貢収納高
の上昇を狙った上知令であるとわかる。上知
令について述べたものは④。
　　①ー誤文。人返しの法（人返し令）の説明である。
　　②ー誤文。棄捐令の説明である。
　　③ー誤文。相対済し令についての説明である。
　問2　正解ー②
　　②ー正文。1846年という年代と「黒船二艘渡来」
から東インド艦隊司令長官ビッドルの来航で
あるとわかる。
　　①ー誤文。フェートン号事件についての説明。
　　③ー誤文。モリソン号事件についての説明。
　　④ー誤文。ペリー来航は1853年であるから時期
が異なる。
　問3　正解ー①
　　①ー誤文。西洋婦人図やエレキテルで知られる
のは平賀源内。司馬江漢は不忍池図などで知
られる銅版画家。
　　②ー正文。杉田玄白や前野良沢らはオランダ語
で書かれた『ターヘル＝アナトミア』を翻訳
し『解体新書』とした。
　　③ー正文。オランダ通詞の志筑忠雄は『暦象新
書』で西洋の物理学の知見を紹介した。
　　④ー正文。大槻玄沢は蘭学の入門書として『蘭
学階梯』を著した。
15　問1　正解ー③
　　Xー誤文。史料1に載る文化人は江戸を居所と
していたが，史料中段にあるように津山藩や

備前藩に仕えるものもいた。

Y－正文。史料上段にあるように蘭学を得意とするものもいた。

問2　正解－①

a・b－①より，漂流民送還のために中国の役人と日本の役人との間で文書がやり取りされたことがわかる。ただし漂流民は商人に預けられ，船長，船員，通訳が乗船するのみで，中国の役人は同行していない。したがって，aが適当である。

c・d－史料2は1751年に日本の船が中国に漂着した際の史料だが，このとき日本と中国は通商のみで正式な外交使節の往来はなかった。また1715年には海舶互市新例で貿易船や貿易額の制限がなされていた。したがって，cが適当である。

史料1

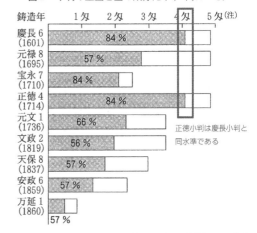

史料2

　この者ども，（中略）厦門に送られ，官所において吟味これ有り。（中略）寧波府鄞県の信公興という商人に申し付けられ，船頭鄭青雲，財副林栄山，外に童天栄・黄福，この二人は日本に渡海馴れたる者にて，少々日本詞を覚えたる由にて，通弁・介抱のため差し添え，十一月六日，寧波より出船，（中略）同二十日，当湊に着船せり。右の①厦門海防庁許氏より咨文一通，寧波府鄞県黄氏より咨文一通差し送り，（中略）菅沼氏より回咨二通，両所に相渡さる。

16　正解－④

④－誤文。「国内と海外の金銀比価が違った」のは，正しい。国内では金：銀が1：5，海外では1：15であった。これによって日本の金が海外に流出することになった。しかし，この事態に際して幕府がとった対応は，グラフから「金の成分比率」を減らしたのではなく，「小判の重

量」そのものを減らしていることがわかる。

①－正文。グラフより新井白石の時代の正徳小判は慶長小判と同じ水準とされたことがわかる。

②－正文。金の含有量をみると一番低いときで57％であった。

③－正文。元文小判は徳川吉宗による貨幣改鋳で発行された小判。正文比率は66％で，正徳小判の84％より低く，のちの時代（文政～万延）よりは高い。

図2　小判の重量と金の成分比率（1両につき）

鋳造年	1匁	2匁	3匁	4匁	5匁(注)
慶長6 (1601)	84%				
元禄8 (1695)	57%				
宝永7 (1710)	84%				
正徳4 (1714)	84%				
元文1 (1736)	66%				
文政2 (1819)	56%				
天保8 (1837)	57%				
安政6 (1859)	57%				
万延1 (1860)	57%				

（正徳小判は慶長小判と同水準である）

（桜井英治・中西聡編『新体系日本史12　流通経済史』により作成）
（注）匁：重量の単位。1匁＝3.75 g

17　正解－③

③－資料によれば，「もっとも死者数が多かった国」は「紀伊」であるが，「紀伊」は古代の行政区画でいえば南海道に位置している。西海道ではない。

①－被害状況をみると，「甲斐」や「信濃」といった内陸地域の被害も記載されている。

②－「駿河・伊豆・遠江」や「尾張・三河」などの沿岸部では家屋の流出がカウントされており，これは津波の影響であると考えられる。

④－豊後水道とは，現在の大分県（豊後）と愛媛県（伊予）にはさまれた水道のことである。表を見れば，両地域に被害が及んでいることがわかる。なお，1707年に起こった宝永大地震は，その本震のあとに富士山が噴火したことでも知られ，時の将軍徳川綱吉は諸国高役金を徴収した。

したがって，③が適当ではない。

18　正解－②

X－正文。「もし不承知の村は，一千人の者ども押し寄せ，家々残らず打ち崩し申すべし」として，一揆に加わらない村への制裁を予告している。

Y－誤文。史料2は町人や農民が米商人や富裕な

商人の家屋や店舗を破壊する打ちこわしについ
ての史料。世直し一揆ではない。

19 正解-④

a・b-「御当地場末の町家に住居候其日稼ぎの者
ども」が「余儀なく店仕舞い無宿に成り，野非
人同様物貰い致し居り候者も多分これある由」
としてその日稼ぎをしていた人たちが店じまい
をして物乞い同様の生活をするようになったこ
とを記している。これに対し幕府は「御当地非
人頭ども，日々（中略）狩り込み，手下に致し
候ても」（非人頭が日々捕まえて手下にすること
にしたが）野非人は減らなかったとしている。
幕府に野非人を減らす意図があったことは読み
取れる。したがって，bが適当である。

c・d-設問中に示されている通り，本史料は
1836年のものであり，1843年の人返しの法につ
いてのべたdが正解となる。石川島人足寄場は
1790年に寛政の改革で設置された施設であり時
期が異なる。

20 正解-③

a-誤文。b-正文。甲は1854年の神奈川海岸を
描いたもの。よって「異船見物無用」とはこの
とき来日したアメリカ東インド艦隊司令長官の
ペリーの船を見物することを禁じているものと
わかる。四国連合艦隊は1864年，下関を砲撃し
たアメリカ・イギリス・オランダ・フランスの
艦隊のこと。時期が異なる。

c-正文。d-誤文。1877年頃といえば最大にし
て最後の士族反乱である西南戦争の起こった時
期。よってこの「不平」は士族の不満であると
わかる。農民の不満は学制反対一揆や徴兵令反
対一揆などで示されることもあったが，それぞ
れ1872年，1873年であり時期が異なる。

21 正解-②

a-史料1では，幕府が必要とする品々について
「昨年」の武蔵・相模・駿河の三国のうち，火山
灰が降り積もった村に対しては救済もあって幕
領・私領に関わらず諸国高役金を100石につき2
両取り立てるとしたが，それぞれの村から取り
立てると期間がながくなってしまうため，大名
により立て替えよと命じている。

b-史料2では諸国高役金として集められた40万
両のうち16万両は諸国の復興に用いられ，その
残りは江戸城の御殿の費用に用いることが示さ
れている。

c-史料1では諸国高役金は石高100石につき2
両であるから，人口に応じて集めているわけで
はない。

d-諸国高役金として集められた金の一部が江戸

に建設予定の御殿に流用されていることがわか
る。

したがって，aとdが適当である。

22 問1　正解-②

②-幕府を批判した山県大弐が処罰されたのは
18世紀後半の尊王論弾圧事件である明和事
件。享保の改革と寛政の改革とにはさまれた
時期として適当である。

①-朝鮮からの国書にある将軍の呼称を「日本
国王」に変更させ，将軍権威の向上を図った
のは新井白石。新井白石は6・7代将軍の侍
講であり，享保の改革の前の時期である。

③-由井正雪の乱は1651年，徳川家光の死後に
起こった幕府転覆未遂事件。時期が異なる。

④-フェートン号が長崎に侵入したのは1808年。
ナポレオン戦争でのオランダの敗北を受けて
イギリス船がオランダ船を追って長崎に侵入
した。これにより警護担当の長崎奉行松平康
英や佐賀藩主が処罰された。時期が異なる。

問2　正解-③

③-誤文。武家伝奏とは，朝廷と幕府の連絡役
で公家から任じられる役職。大名ではない。

①-正文。老中は一度に複数名任命され，月番
制で業務にあたった。

②-正文。大目付は旗本から4～5名選任され
る役職で，老中の下で大名の監察にあたる役
職である。

④-正文。諸社禰宜神主法度は神社・神職の統
制法令。禰宜・神主は神職のこと。同法令で
江戸幕府は吉田神道を正統とした。

問3　正解-①

a・b-亜欧堂田善は松平定信の御用絵師も務
めた画家。もとは谷文晁に学ぶも，西洋画・
銅版画に転向した。本作品は問題文に示され
ている通り銅版画であるので，銅版画の特徴
を踏まえて解答すればよい。銅版画は絵画を
銅板に刻んで印刷した版画であり，細かくて
正確な表現に適している。美人画は浮世絵の
一分野であり，不適。したがって，aが適当
である。

c・d-「西洋の学術や知識を積極的に取り入れ
ようとする姿勢」として適切なのは志筑忠雄
の『暦象新書』。本書はニュートンの弟子の著
書のオランダ語訳を日本語に訳したものであ
り，西洋の学術を取り入れたものといえる。
会沢安の『新論』は尊王攘夷論を展開したも
のであり，適さない。したがって，cが適当
である。

問4　正解－②

X－正文。史料1では「ヲロシアと交易の事起こらば，この力を以て開発有りたき事也」と述べられており，ロシアとの交易によって蝦夷地開発を行うべきとの主張が読み取れる。

Y－誤文。先に述べた蝦夷地開発により「蝦夷の一国を伏従せしめば，金，銀，銅に限らず一切の産物，皆我が国の用を助くべし」として，開発による蝦夷地支配によって我が国（日本）を助けることとしている。またこのまま放置しておけば，蝦夷地をロシアが領有することとなり，もはや日本の支配は受けなくなるともしている。

問5　正解－④

a・b－史料2では，人別改めによって把握された人数が大きく減少したことについて，「ただ帳外れとなり，…または江戸へ出て人別にも入らず」としており，農村から江戸へ人口流出していることを指摘している。したがって，bが適当である。また，史料2は松平定信の著作『宇下人言』であり，定信が農村から都市に流入した者の帰農を奨励する旧里帰農令を出したことも確認しておきたい。

c・d－下線部ⓓではたしかに百姓一揆や打ちこわしの発生が指摘されているが，これは人権意識に基づいたものではない。下線部ⓔの村方騒動は農民層分解の進展と貨幣経済の農村への流入を背景に，上層農民に対する村政改革運動として起こったものである。したがって，dが適当。

23 正解－①

X－正文。仲裁に入ったのは「舟形村名主九右衛門・那古村寺領名主武兵衛・深名村組頭市郎右衛門・白坂村組頭長左衛門」なので，名主2名と組頭2名である。

Y－正文。結論として「両邑永々入会の秣場に熟談仕り候」とあり，入会，つまり共同利用が宣言された。

6　近現代

1 正解－③

X－誤文。史料では「上下議政局を設け，議員を置きて万機を参賛せしめ」や「古来の律令を折衷し，新に無窮の大典を選定すべき事」から議会の設置や法典の整備が求められている。しかし将来的な議会の設置は国会開設の勅諭（1881年）で，立憲政体確立は漸次立憲政体樹立の詔（1875年）などで宣言されたものであり，政体書

で宣言されたものではない。1868年に制定された政体書は，政治の基本組織を規定したもの。

Y－正文。メモより，1867年6月作成とされる一方で原本が確認できていないこと，1896年に著された伝記で表現の異なる文章が紹介されたことからすれば，「船中八策」は龍馬の死後に作成された可能性がある。

2 問1　正解－④

④－誤文。この高札（五榜の掲示）は1873年に撤廃されたものであり，大日本帝国憲法（1889年発布）まで存続していない。

①－正文。高札は法令を人々に広く知らせる必要のあるものであるから，町や村の人の集まるところに立てられた。

②－正文。五榜の掲示は江戸時代の民衆統制策を継承するものであり，キリスト教を禁じたこの高札も例外ではない。

③－正文。五榜の掲示は五箇条の誓文が出された翌日に掲げられたもので，明治新政府の民衆統治の基本とされた。

問2　正解－①

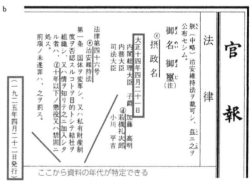

(注)御名御璽とは，天皇の署名と印のこと。

①－正文。bの史料は左に示されている発行年月日より1925年に発行されたものであり，「大正十四年」の元号表記から傍線部ⓒは大正天皇の摂政を務めていた裕仁親王であるとわかる。裕仁は1926年に即位し，昭和天皇となった。

②－誤文。傍線部ⓓの若槻礼次郎は，憲政会・立憲民政党の総裁となった人物である。

③－誤文。治安維持法は国体の変革，私有財産制の否認を目的とする結社に関する法令であり，労働運動を取り締まる治安警察法とは異なる法律である。治安維持法に先立って廃止された事実はない。

④－誤文。治安維持法の最高刑は1928年改正で，「死刑」に引き上げられている。万世一系の天皇に統治される国のあり方を意味する

「国体」の変革を目的とする結社の組織者・指導者が死刑となった。

3　正解 – ①

　我朝上古の制，海内挙て兵ならざるはなし。有事の日，天子之が元帥となり，丁壮兵役に堪うる者を募り，以て不服を征す。役を解き家に帰れば，農たり工たり又商賈たり。（中略）保元・平治以後，朝綱頽弛し，兵権終に武門の手に墜ち，国は封建の勢を為し，①人は兵農の別を為す。（中略）然るに太政維新，列藩版図を奉還し，辛未の歳に及び遠く郡県の古に復す。世襲坐食の士は其禄を減じ，刀剣を脱するを許し，四民漸く自由の権を得せしめんとす。是れ上下を平均し，人権を斉一にする道にして，②則ち兵農を合一にする基なり。

　a・b – 保元・平治の乱以降は軍事権は武家の勢力のもとに握られ，兵農分離の世の中となったが（①），明治維新後は身分差を解消して兵農合一にするのだ（②）としている。よって天皇が兵権を握った保元・平治以前を理想としており，aが適当であるとわかる。

　c・d – 実際に徴兵されたのは農村の次男・三男であったため，農村の貴重な労働力をとられる不満から血税一揆が起こった。また徴兵令で定められた徴兵年齢は満20歳以上であった。したがって，cが適当である。

4　正解 – ④

　ここに条約を結べる①両国の臣民は，他国の臣民と交易するを許せる総ての場所，諸港，及び河々に，其の船舶及び荷物を以て自由安全に来り得べし。故に，両国の臣民，右諸港諸地に止り，且つ住居を占め，家屋土蔵を借用し，又これを領する事妨げなく，②諸種の産物，製造物，商売の法令に違背せざる商物を貿易し，他国の臣民に已に許せし，或いは此の後許さんとする別段の免許は，何れの廉にても，他国へ一般に許容するものは両国の臣民にも同様推及すべし。

　a – 誤文。b – 正文。①より，両国民は他国民との交易が許されているすべての場所で自由に往来することができると規定されているにとどまり，相手国の国内を制限なく往来したり滞在・居住・商売したりすることまで許されているわけではない。②より，通商に関して他国の国民に認めたものは日本・ハワイ両国民に適用することがわかる。

　c – 誤文。d – 正文。日清修好条規は相互に領事裁判権を認め，関税率を最低とするなど対等な条約であった。台湾での琉球漂流民殺害

事件については，後に清が日本に賠償金を支払ったが，日清修好条規に賠償金規定はない。

5　正解 – ③

史料2

（当時の外務卿は）①我が農民を送り，欧米式農業法を実習し，秩序的労働法を覚へ，且つ相応の貯蓄を携へ帰国せしめ，（中略）十数年の後には我が農村の労働方法，大いに改良せらるべしと思惟し（中略），長防二州ならびに広島熊本県下において出稼人を募集せしめらる。

史料3

労働出稼者の増加するは（中略）②内国に於ては労働者賃金の薄利なるのみならず，世上一般事業の不振なるに従ひ，労働者就業の困難に迫らるるに依るもの，蓋し多きに在らん。

　X – 誤文。①より当時の外務卿はハワイに日本の農民を送り，欧米式の農業技術を学び習得して帰国することを期待していた。

　Y – 正文。②より国内での労働者賃金の低さや不況によって仕事に就くのに困難が生じた人が多いだろうと読み取れる。

6　正解 – ②

　X – 台湾。琉球漂流民殺害事件をきっかけに日本は1874年に台湾出兵を行った。関東都督府をおいたのは旅順である。

　Y – 南樺太。樺太は日露和親条約では国境は定められず両国民雑居とされ，樺太・千島交換条約によって，ロシア領となった。そして，日露戦争後のポーツマス条約によって北緯50度以南については日本の領土となった。

7　正解 – ③

　I – 誤文。図に示されているのは1890年の有権者数であり，このころの選挙権者は「直接国税15円以上を納入する25歳以上の男性」であった。

　II – 正文。人物bは服装（西洋風の制服）から投票に立ち会う警察官であるとわかる。

　III – 正文。1890年時点での選挙権者は人口の1.1%であった。有権者数÷総人口×100で算出可能だが，知識として持っておくとよい。

　IV – 誤文。投票者数÷有権者数×100で算出できる。当時の投票率は93.9%であった。

8　正解 – ④

　④ – 誤文。この工場は富岡製糸場であり，生糸が生産されたが，生糸は幕末以来主要な輸出品であった。

　①・②・③ – 正文。富岡製糸場はフランスの技術を導入した製糸工場。労働力として当時は士族の子女らが集められた。

9 問1　正解－②

a－「大日本国と大清国」が「和誼をあつく」するという内容から，1871年に結ばれた日清修好条規とわかる。相互に領事裁判権を約した対等条約であった。

b－「朝鮮国は自主の邦」「日本国と平等の権」から朝鮮の独立を認めた，日本と朝鮮との間の条約とわかる。1876年に調印された日朝修好条規である。

c－「而今而後樺太全島は悉く魯西亜帝国に属し」から樺太全島の領有をロシアに認めた樺太・千島交換条約であるとわかる。

問2　正解－④

Ⅰ－bの条約の背景には日本が朝鮮を挑発し，武力開国を迫った江華島事件があった。江華島の場所はイ。

Ⅱ－樺太・千島交換条約では樺太全島をロシア領とし，千島列島はすべて日本領とされた。よってオが正しい。

問3　正解－②

②－誤文。北海道で進められたのはアメリカ式の大農場経営であった。ロシア式ではない。

①－正文。政府は北海道開拓のため，1869年に開拓使をおいた。1882年廃止。

③－正文。1881年の開拓使官有物払い下げ事件のこと。黒田清隆が同じ薩摩藩出身の政商五代友厚らが経営する関西貿易社に開拓使官有物を不当な安価で払い下げようとした事件。

④－正文。北海道開拓は先住民であるアイヌ民族の生活の場を奪うものであった。

10　正解－②

a－正文。b－誤文。第13条には天皇の権限として「戦ヲ宣シ」とあることから宣戦布告が含まれている。また，条約については「和親，貿易，および連盟の約を謂うなり」とあることから，貿易に関する条約も13条の天皇大権の範疇である。

c－誤文。d－正文。条約の締結について附記では「専ら議会の関渉によらずして，天皇，その大臣の輔翼により，外交事務を行うを謂うなり」としていることから条約の締結には議会の協賛を得ることなく天皇，当該分野の政務を管轄する大臣の輔翼により外交事務が行われることが示されている。

11　正解－④

a・b－英子は一般の女学校は「実際生計の助けとなるものあらず」としており，「妾らのひそかに憂慮措くあたわざる所以なり」とする。つまり現在の一般の女学校はいたずらに高尚な技術

教育に走り，女性の生計の助けとなる技術が教えられていないことに憂慮しているとわかる。したがって，bが適当である。

c・d－この学校が設立されたのは1901年であり，義務教育期間が4年から6年に延長されたのは1907年である。教育勅語が1890年に発布されたものであることがわかればdが適当だと判断できる。

12　正解－③

X－誤文。帝王像を切手に印すのは「欧米に於る慣習にして」とあり，欧米の習慣としては一般的だが日本では前例がないとしている。

Y－正文。「政府たるもの徒に欧風を模倣して国体の如何を弁ぜず，皇室の尊厳を冒瀆するを顧みず」から，いたずらな欧化によって皇室の尊厳を冒瀆するとして政府を批判する国粋主義的な論調とわかる。また出典から杉浦重剛が著者であることも補助的な判断材料となる。

13　正解－③

政局は井上伯を中心として，（中略）此一両日来，伊藤侯と山県侯とは各別々に渋沢氏を招き寄せて（中略）大蔵大臣たらんことを勧誘したるも，氏は其以前既に井上伯自身より勧誘を受けて之を固辞したる程なれば，一昨日午前と午後に伊藤侯と山県侯より説き勧められし時も断然受任し難き旨を答え置き，（中略）渋沢氏の辞退により（中略）井上伯いよいよ総理を固辞するに至れば，時局は更に逆転して，其収拾の程も測り難きが故に，此処伊藤・山県及び其他の元老に於て最も苦心の存する所なるべく（後略）。

a－誤文。b－正文。資料赤字より，渋沢は伊藤や山県から勧誘される以前に井上自身からの入閣要請をすでに断っていることがわかる。また，伊藤・山県が組閣に関与しているのは元老という立場ゆえである。

c－正文。d－誤文。この時期（1901年），つまり大日本帝国憲法下の内閣総理大臣は議会による承認を得ることなく任命された。国会が内閣総理大臣を指名するようになるのは日本国憲法下である。また，統帥権の独立によって陸海軍の作戦・行動などについては議会・内閣は関与できないものとされた。

14 正解 − ①

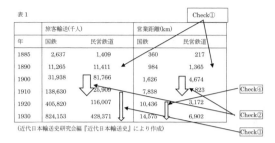

表1

	旅客輸送(千人)		営業距離(km)	
年	国鉄	民営鉄道	国鉄	民営鉄道
1885	2,637	1,409	360	217
1890	11,265	11,411	984	1,365
1900	31,938	81,766	1,626	4,674
1910	138,630	25,909	7,838	823
1920	405,820	116,007	10,436	3,172
1930	824,153	428,371	14,575	6,902

Check① Check② Check③ Check④

(近代日本輸送史研究会編『近代日本輸送史』により作成)

① −誤文。確認すべきは「1890年に民営鉄道の旅客輸送と距離が，国鉄の旅客輸送と営業距離を追い越した主な要因」として「官営事業の払下げを受けた日本鉄道会社が設立されたこと」があげられるかどうかである。「1890年に民営鉄道の旅客輸送と距離が，国鉄の旅客輸送と営業距離を追い越し」ているかどうかであるが，これはcheck①から正しいとわかる。次に，その要因として「官営事業の払下げを受けた日本鉄道会社が設立されたこと」が正しいかどうかを判断する。日本鉄道会社とは，1881年に華族の金禄公債をもとに設立された日本最初の私鉄である。よって「官営事業の払下げを受けた」ものではないから誤りとなる。「官営事業の払下げ」と「日本鉄道会社の設立」はともに松方財政期に行われたことであり，用語と年代の「暗記だけ」に頼ると足元をすくわれる問題。松方財政は（地租以外の）増税，（軍事費・鉄道以外の）緊縮財政，（軍事工場・鉄道以外の）官営事業払下げによって財政を再建した政策である。自由民権運動が高揚している時期であり（開拓使官有物払下げ事件は1881年であることを想起）地租の増徴を見送ったこと，朝鮮をめぐる日清対立が起こっている時期（翌1882年に壬午軍乱）であることから軍事産業と軍事輸送に必要な鉄道についての財政緊縮や払い下げは行われないという理解があれば誤文と判断できる。

② −正文。「1900年から1910年にかけて，国鉄の旅客輸送と営業距離が増加する一方，民営鉄道の旅客輸送と営業距離が減少した」のはcheck②からあきらかである。その要因として「鉄道の国有化政策」が正しいかどうかを判断する。1906年，第1次西園寺公望内閣は日露戦争後の軍事的・経済的必要性から鉄道国有法を制定し，鉄道の国有化を進めた。「1900年から1910年にかけて」の時期は韓国植民地化の過程であることに注目しよう。

③ −正文。「1910年から1930年にかけて，民営鉄道の旅客輸送が増加した」についてはcheck③か

ら正しいとわかる。またその要因として，「大都市と郊外を結ぶ鉄道の発達や沿線開発の進展」は正しいか。大正・昭和初期にあたる1910年から1930年にかけての時期は，第一次世界大戦にともなう経済発展のもと，都市化・文化の大衆化が進んだ時期である。市街電車に加え，郊外にも電車が走り，さらに阪急電鉄のように鉄道のターミナル駅にデパートなどを建設することもあった（大阪の阪急百貨店の開店は1929年）。

④ −正文。「1920年から1930年にかけて，国鉄の営業距離が増加した」ことについてはcheck④から正しいとわかる。そのきっかけとして「立憲政友会内閣による鉄道拡大政策」が挙げられるか，であるが，まず想起しなければならないのは原敬内閣での積極政策である。米騒動で寺内正毅内閣が退陣したあと，初の本格的な政党内閣を組織したのが立憲政友会の原敬である。原敬内閣は四大政綱を掲げて支持を集めたが，その一つが「鉄道・通信の整備」であった。その鉄道が開業し，稼働すれば国鉄の営業距離は増加するので，これも正しいと判断できる。

15 正解 − ③

③ −誤文。日露戦争後に官民の比重が逆転したのは1906年の鉄道国有法によって鉄道の90％が国有化されたことによる。東海道線の全通は1889年である。

① −正文。日本最初の鉄道は1872年（＝明治5年）に新橋−横浜間で開通した。人々には陸蒸気と呼ばれた。

② −正文。1890年代には民鉄が官鉄を大きく上回っている。日本鉄道会社は1881年に設立され，1891年に上野−青森間を全通させた華族出資の民鉄で，時期も正しい。

④ −正文。第一次世界大戦中から大戦後の時期は都市化と工業化のなかで郊外電車が発達し，その沿線には新中間層向けの文化住宅が建てられた。大都市圏の東京・大阪では地下鉄も開業した。

16 正解 − ③

a −誤文。b −正文。松方財政の開始は1880年代前半。このころ綿糸の輸入高（■）が生産高（●）を一貫して上回っている。また日清戦争の開始（1894年）ののちの数年間で綿糸の輸出高（▲）は急増している。

c −正文。d −誤文。日露戦争（1904〜05年）ののち，綿糸の生産高（●）は増加傾向にある。一方，綿糸の輸出高（▲）が輸入高（■）を上回っているのは1897年以降であり，関税自主権の完全回復（1911年）にともなって，ではない。

17　正解－④

X－誤文。日英通商航海条約に調印した年は1894
　　年。その翌年（1895年）をみると，出願件数は
　　減少している。

Y－誤文。1905年の特許登録件数について，日本
　　人が取得した特許の上位は農具・点灯具・文具
　　であり武器や重工業に関する発明は含まれてい
　　ない。

18　正解－②

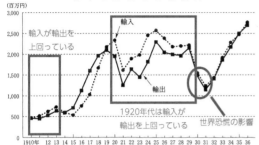

総務庁統計局監修『日本長期統計総覧 3』より作成。
このグラフでの日本には植民地を含まない。

X－正文。グラフより1910〜13年の貿易収支は輸
　　入（●）が輸出（■）を上回っている。貿易収
　　支は赤字である。

Y－誤文。グラフより1920年代の貿易収支は一貫
　　して輸入（●）が輸出（■）を上回っており，
　　赤字である。

Z－正文。1930〜31年に輸出額が落ち込んでいるの
　　は世界恐慌による生糸輸出の激減が要因である。

19　正解－②

・予一己の考では，仮に我国が第五項の要求事項
　を削らなかつたとしても，②英国は別段八釜し
　い異議は唱へなかつたらうと思ふ。（中略）之等
　の点を合はせ考ふると，②英国が多少の譲歩を
　日本に致すといふことは，決して望み得ないこ
　とではない。

・予は今度の対支要求は，皮相的に見れば，或は
　支那の主権を侵害し，或は支那の面目を潰した
　やうな点もあるが，①帝国の立場から見れば，
　大体に於て最小限度の要求である。

X－正文。①より，吉野作造は帝国日本の立場か
　　ら言えば最小限度の要求であるとし，否定的で
　　あるとはいえない。

Y－誤文。②で吉野作造は「英国は……異議は唱
　　へなかつたらうと思ふ」「英国が多少の譲歩を日
　　本に致すといふことは，決して望み得ないこと
　　ではない」としており，イギリスの日本に対す
　　る不信感が高まることを心配しているとは読み
　　とれない。

20　正解－③

　　記紀の上代の部分の根拠となっている最初の
　帝紀・旧辞は，六世紀の初めごろの我が国の社
　会状態に基づき，当時の官府者の思想を以て皇
　室の由来を説き，またいくらかの伝説や四世紀
　の終りごろからそろそろ世に遺しはじめられた
　記録やを材料として，近い世の皇室の御事跡を
　語ったものであって，民族の歴史というような
　ものでは無い。そうして，其の中でも特に上代
　の部分は，約二世紀の長い間に幾様の考を以て，
　幾度も潤色せられ変改せられて，今に遺ってい
　る記紀の記載となったのである。（中略）記紀の
　上代の物語は歴史では無くして寧ろ詩である。
　そうして詩は歴史よりも却ってよく国民の内生
　活を語るものである。

a－誤文。b－正文。史料赤字より，記紀の上代
　　の部分は，記紀が編纂された時代の人々によっ
　　て幾度も潤色されたり改変されたりしたとして
　　いる。また，それゆえに歴史よりもかえってよ
　　くその時代の思想を物語っているとしている。

c－正文。d－誤文。史料の書籍が刊行されたの
　　は1919年。このころは大正デモクラシー期にあ
　　たり，吉野作造が民本主義を唱えた時期と重な
　　る。三宅雪嶺らが『日本人』を創刊して国粋主
　　義を唱えたのは1880年代であり，時期が異なる。

21　問1　正解－③

③－誤文。ハの時期（1932〜35年）は高橋是清
　　による金輸出再禁止と赤字国債の発行による
　　財政膨張を行っていた。緊縮財政政策は誤
　　り。ハの時期は歳出総額がそれ以前に比して
　　大きく伸びていることからも，「緊縮財政政策
　　をとっていない」ことが判断できる。

①－正文。イの時期（1918〜21年）は大戦景気
　　のもとで，造船業などが発展してからワシン
　　トン会議が開かれる時期で，このときはアメ
　　リカなどとの建艦競争が続いていた（ワシン
　　トン海軍軍縮条約で主力艦の保有制限が合意
　　された背景）。総軍事費の割合は51〜65％で
　　推移している。

②－正文。ロの時期（1922〜31年）はワシント
　　ン体制下の軍縮政策により総軍事費の割合は
　　ほぼ30％前後で推移している。

④－正文。ニの時期（1936〜41年）はワシント
　　ン海軍軍縮条約の失効（1936年）とロンドン
　　海軍軍縮条約の失効（1936年），さらに日中戦
　　争の開始（1937年）により総軍事費は急上昇
　　している。

問2　正解－②

②－正文。浜口雄幸内閣がロンドン海軍軍縮条

約に調印したのは1930年。同条約締結を巡っては軍部・右翼らが海軍軍令部の意向に反する常備兵額の決定は統帥権の干犯であるとして浜口内閣を攻撃した。

① − 誤文。石橋湛山が小日本主義を主張したのは『東洋経済新報』。プロレタリア文学を代表する作品である『種蒔く人』は小牧近江らが1921年に発行した反戦平和を訴える雑誌。

③ − 誤文。天皇機関説を唱えたのは滝川幸辰ではなく美濃部達吉。天皇機関説は天皇は法人たる国家の最高機関にすぎず天皇の権力行使は憲法による制限をうけるとする学説で君権万能を主張する上杉慎吉らの天皇主権説と対立した。滝川幸辰は自由主義的刑法学説を唱え，文部大臣鳩山一郎に休職処分に処せられた京都大学法学部教授。

④ − 誤文。人民戦線事件は1937・38年に起った労農派の弾圧事件。矢内原忠雄は東京大学経済学部の教授であり，自由主義の立場から『中央公論』に「国家の理想」と題する論文を寄稿し，政府の植民地政策を批判した。

整理 学問・思想弾圧

(1920) 森戸事件
「クロポトキンの社会思想の研究」を発表した東京帝大助教授森戸辰男の休職処分

(1933) 滝川事件
京都帝国大学に対する学問弾圧事件
自由主義的な刑法学者滝川幸辰を斎藤実内閣の文相鳩山一郎が休職処分
滝川や，辞表を出して抵抗した京大の教官20名を追放

(1935) 天皇機関説問題
菊池武夫貴族院議員が美濃部達吉の天皇機関説を攻撃したことが発端
右翼らが攻撃→岡田啓介内閣は国体明徴声明で天皇機関説を公式に否定

(1937〜38) 人民戦線事件
人民戦線結成を企図したとして日本無産党や労農派を弾圧
＊人民戦線：コミンテルンの呼びかけた反ファシズム統一戦線
(37) 加藤勘十・山川均・鈴木茂三郎ら日本無産党弾圧
(38) 大内兵衛・有沢広巳・美濃部亮吉ら労農派マルクス主義経済学者弾圧

(1937) 矢内原事件
経済学・植民地政策学を担当する矢内原忠雄が反戦的と批判され東京帝大を辞職

(1938) マルクス主義とファシズムを批判した自由主義的経済学者河合栄治郎が休職処分

(1939) 歴史学者津田左右吉が記紀神話批判によって天皇権威を傷つけたとして出版法違反で起訴

22 正解 − ③

日本人の海外移住者数(1901年〜1945年，5年ごとの集計)

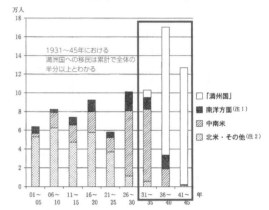

(外務省・国際協力事業団『海外移住の意義を求めて』により作成)
(注1) 南洋方面：東南アジア・オセアニア諸国，英領香港，ポルトガル領マカオ，英領インドなど。
(注2) 北米・その他：米国(ハワイを含む)，英領カナダ，ロシア・ソ連など。

③ − 正文。満洲(満州)事変の勃発は1931年，敗戦は1945年であるからグラフ右側の該当期間の範囲をみればよい。「満洲国」への移住者はこの時期の累計では全体の半分以上を占めている。

① − 誤文。北米・その他への移住者は1901年から1925年までの範囲では全体の半分を優に超えている。

② − 誤文。1921〜25年のグラフと1926〜30年のグラフを比較するとわかるように，中南米への移住者は増加している時期もあり，減少し続けたとは言えない。

④ − 誤文。1936〜40年のグラフと1941〜45年のグラフを比較すると，南洋方面への移住者は英米との開戦(1941年)以降は激減していることがわかる。

23 正解 − ②

② − 正しい。史料は与謝野晶子が雑誌『明星』に発表した「君死にたまふことなかれ − 旅順口包囲軍にある弟を嘆きて − 」の一節。この詩は日露戦争に反対する立場で書かれたものであり，同時期であることが読み取れるのは②である。

① − 誤り。「無責任ナル軍国主義」などからポツダム宣言の一節である。

③ − 誤り。「攘夷論」「開国貿易」などから幕末期の情勢を記したものとわかる。

④－誤り。「蒙古人襲来すべきの由」「御家人」などから鎌倉時代後期の情勢を記したものとわかる。

㉔ 正解－④

朝鮮米の移入高と価格の推移

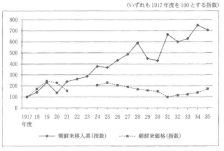

（いずれも 1917 年度を 100 とする指数）

（農林省農務局『昭和三年版　米穀統計年報』，農林省米穀局『米穀摘要　昭和十一年九月』より作成）

（注）　価格は東京深川正米市場の 1 石あたりの玄米（中等米）相場にもとづく月別米価の年度平均。朝鮮米価格の 1922・1923 年度不明。

（注）　年度は，前年の 11 月からその年の 10 月までの「米穀年度」。

④－誤文。グラフより，1920年代末に朝鮮米の移入高（◆）は低下しており，価格（■）は1925〜31年にかけて下落している。

①－正文。グラフより，第一次世界大戦末期には朝鮮米の価格（■）が上昇していることがわかる。

②－正文。グラフより昭和恐慌から立ち直る1932年頃から朝鮮米の価格（■）は上昇傾向に転じている。

③－正文。1920年代前半には朝鮮米の移入高（◆）は増加傾向である。

㉕ 正解－③

③－誤文。グラフより，1944年，45年は，移入高が輸入高を上回っている。

①－正文。グラフより日中戦争の開戦（1937年）前に移入高は1000万石を上回っている。

②－正文。グラフより対英米開戦（1941年）前に輸入高が移入高を上回っていることがわかる。

④－正文。グラフより敗戦の翌年（1946年）度の生産高は前年（1945年）度の約3分の2程度である。

米穀供給の推移

（原朗編『日本の戦時経済』，食糧管理局『食糧管理統計年報　昭和 23 年度版』により作成）

（注）　年度は，前年の 11 月からその年の 10 月までの米穀年度を指す。

（注）　生産高は，日本本土で生産された量。

（注）　移入高は，植民地で生産され，日本本土にむけて販売された量。

㉖ 正解－⑤

ア －「近代日本最初の植民地」であるBの台湾は日清戦争の講和条約である下関条約（1895年）で割譲された。

イ －Cは南樺太と千島列島，Dは満洲（満州）を指す。南樺太を日本の支配地域としたのは日露戦争の講和条約であるポーツマス条約（1905年）であった。ポーツマス条約では北緯50度以南の樺太と旅順・大連の租借権，東清鉄道南満州支線の長春以南の権益などを得た。

ウ －Aは朝鮮半島であり，日露戦争のあとに日韓協約などで支配権を徐々に確立していき，1910年の韓国併合条約で植民地化した。

エ －Dの満洲全域の支配は満洲事変以後であり，満洲国建国（1932年）以降は日本から満蒙開拓団が送られ日本人の移民が激増した。

参考 日清戦争

1882年　壬午軍乱（事変）
　　大院君一派日本公使館を焼き打つ
　　→日朝間で済物浦条約締結

1884年　甲申事変（政変）
　　独立党のクーデタを朝鮮政府（閔妃政権）の要請で清国が制圧

1885年　天津条約
　　甲申事変後，朝鮮をめぐる日清間の対立を緩和させるため天津条約を締結
　　→　朝鮮出兵の際の相互の事前通告
　　※1885年　福沢諭吉「脱亜論」を『時事新報』の社説に発表

1894年　甲午農民戦争
　　朝鮮国内で農民暴動→清国が朝鮮に出兵したのを受け，日本は天津条約に基づいて朝鮮に出兵

1895年　日清戦争開戦【第2次伊藤博文内閣】
　　黄海海戦・威海衛占領　etc

1895年　下関条約（日清講和条約）締結
　　全権　日本　伊藤博文・陸奥宗光（外相）
　　　　　清国　李鴻章

1895年　三国干渉
　　（ロシア・ドイツ・フランス）
　　→　日本は遼東半島を清国に返還

整理 日露戦争

背景：日清戦争後，列強による中国分割
1900〜01年　義和団戦争（北清事変）
　→宗教結社・義和団は「扶清滅洋」を唱え排

外運動を展開
→日本を含む連合国8カ国で義和団戦争を制圧。この際，日本軍は「極東の憲兵」と称される
1901年　北京議定書　締結
清国は初めて列強の北京駐在権を承認。これを機にロシアは軍を南下させ事実上満洲を占領。
※国内では日英同盟論と日露協商論の対立
1902年　日英同盟協約　締結
1904年　日露戦争開戦　【第1次桂太郎内閣】
日本軍は旅順を占拠し，日本海海戦に勝利
1905年　ポーツマス条約　締結
　　全権　日本　小村寿太郎（外相）
　　　　　ロシア　ウィッテ
※賠償金獲得できず
1905年　日比谷焼打ち事件
→戒厳令が敷かれ鎮静化

27　正解 − ③
　Ⅹ − b。絵はがきの右下部分に「教育勅語渙発五十周年記念」とあることから，年代が特定できる。教育勅語は1890年に大日本帝国における教育の基本方針を示したもの。その渙発50周年であるということは1940年のものであることがわかる。よって，a「敗戦後に軍国主義的な教育から解放された学校の様子」ではなく，日中戦争下で国家主義的な教育がなされているまさにその時期のものとわかる。b「国家主義的教育」の様相は，子どもたちが日章旗（日の丸）を掲げていることからもわかる。
　Ｙ − c。絵はがきの文字には「南京陥落」とある。c 南京の陥落は1937年の12月であり，これにより蔣介石の国民政府は重慶へ移った。d 西安事件は国共内戦の停止と一致抗日を求める張学良が蔣介石を幽閉した事件であり，南京陥落の前年である1936年の出来事である。

28　問1　正解 − ②
　Ⅹ − 正文。岸田は男性と女性の知識の差について，「教うると教えざるとの差い，又世に交ることの広きと狭きとに依るものにて，自然に得たる精神力に於て差異あるものにははべらぬぞかし。」と述べており，教育と人的交流の機会の差であって精神力の差ではないとしている。
　Ｙ − 誤文。史料が発表されたのは1884年。一方，国定教科書の使用が開始されたのは1903年であるから，国定教科書にもとづく義務教育は受けていない。

問2　正解 − ④
　タク − 誤っている。りんの父が亡くなったのはりんが16歳のときであり，1876年。この頃の屯田兵制度は士族を対象にしていたから，平民は応募対象ではない。
　ユキ − 正しい。憲政党の結成は1898年，自由党と進歩党の合同によって成立した。りんが設定上で結婚したのは20歳であり，西暦では1880年であるからユキの指摘は正しい。
　カイ − 正しい。りんがドイツに滞在していた期間は西暦では1881年から1889年である。大日本帝国憲法の発布は1889年の2月11日であるから，伊藤博文がドイツで憲法調査を行っていた期間と重なる。したがって，カイの指摘は正しい。

参考　「北海道」の誕生

(1869.9.20)	「北海道」設置
(1871.7.14)	開拓使の設置
(1874)	屯田兵駐屯開始
(1882)	開拓使廃止→函館県・札幌県・根室県をおく
(1886)	北海道庁設置

29　問1　正解 − ①
　① − 政府の税収合計額は1875年は5919万円，1880年は5526万円で税収は減少しているとわかる。地租改正反対一揆の影響で税率を下げたのは1877年であり，この間の時期にあたることから，このことも税収減の一因と考えられる。
　② − 1900年の時点で酒税の収入額が地租の収入額を上回っている。
　③ − 1885年から1895年にかけて地租の収入額が減少していることは読みとれる。しかし，その理由は初期議会において納税者の利害を代表する民党が議会で多数派を占めており，地租の増徴を阻止していたからである。
　④ − 1890年と1910年を比べると地租の収入額は上昇しているが国税収入に占める割合は60%から24%と著しく減少している。
　したがって，①が適当である。
問2　正解 − ②
　イ − 西南戦争の戦費をまかなうために（不換）紙幣を増発すると貨幣量が増え，貨幣価値が下がるためインフレーションがおこる。
　ウ − インフレーションにおいては物価が上昇するため，政府が地租を米で徴収してこれを売却すれば政府の収入増につながることとなる。

問3　正解－②

　　X－正文。史料1の内容を整理すると、「封建の
　　世」においては禄を武士に給与して軍隊の兵
　　士とし、農民は軍隊に入れていなかった。いま
　　の世においてはこれを廃止して庶民を兵士とし
　　て軍隊に入れているのに「租額敢て減ぜず」、
　　それどころか増税を行っているという趣旨の
　　ことを記しており、Xが正しいと判断できる。

　　Y－誤文。秩禄処分とは家禄を廃止し、かわり
　　に金禄公債証書を交付する措置であり、農民
　　から土地を奪うものではない。

問4　正解－④

　　④－与謝野晶子は弟の心配をしているが、その
　　理由の一つとして「老舗を誇るあるじ（主）
　　にて、親の名を継ぐ君なれば」をあげており、
　　老舗の存続を願う気持ちも読み取れる。

　　①－史料2が掲載されたのは『キング』ではな
　　く『明星』。『キング』とは1925年に創刊され
　　た大日本雄弁講談社の大衆雑誌である。

　　②－『万朝報』はもともと非戦論を展開してい
　　たが、社主の黒岩涙香が主戦論に転じたことから
　　幸徳秋水・堺利彦が退社し、新たに『平民
　　新聞』を創刊した。

　　③－老舗の跡継ぎである与謝野晶子の弟は兵役
　　を免除されていない。

　　したがって、④が適当である。

問5　正解－①

　　①－帝国議会の開設は1890年。1910年まで収入
　　額が増加している酒税は間接税である。一定
　　額以上の直接税をおさめた男性に選挙権が与
　　えられたため、酒税の税率が上昇しても有権
　　者数の増加にはつながらない。

　　②－帝国議会開設以降、国税収入額全体に占め
　　る地租の割合が次第に減少していることは読
　　みとれる。しかし、額は大きく減少している
　　わけではないので選挙権を失う地主が多かっ
　　たとまではいえない。

　　③－日清戦争が終結したのは1895年。その時期
　　以降政府の税収合計額が減少している事実は
　　認められない。

　　④－選挙権の納税資格制限を第1次加藤高明内
　　閣が撤廃したのは共産主義勢力が急進的な行
　　動に出ないようにするための策として行った。
　　また、同年に共産主義思想を取りしまる治安
　　維持法を制定していることからも共産主義の
　　政治的台頭を十分警戒しているといえる。

　　したがって、①が適当である。

30　正解－②

　　a－正文。表をみると、勤続年数3年未満までの

合計がAは98％、Bでは93％、Cでは88％、D
では85％、Eでは82％、Fでは79％といずれに
おいても労働者の3分の2以上である。また、
A～Eすべてにおいて1年未満が最も多い。

　　b－誤文。他府県出身の労働者が多ければ多いほ
　　ど勤続年数が短くなるとは表からは読みとれな
　　い。

　　c－誤文。「女房」は「四人分の弁当担げてワレも
　　滑らず」炭鉱内に入っている。

　　d－正文。史料には「他人に用事を預けると十銭
　　いる」、「学校は間欠長欠になる」と書かれてい
　　ることから読み取れる。

31　問1　正解－③

　　a・b－史料1をみると、「三国共同宣言の…寛
　　大なる条項をもって此の無益な戦争を止める
　　べく機会を与えられたのであるが、軍部はこ
　　れを無視した」、「米国は、この原子爆弾が多
　　く使用されないうち、諸君が此の戦争を止め
　　るよう天皇陛下に請願される事を望むもので
　　ある」などの記述から、日本ではなくアメリ
　　カが日本国民の戦意喪失を目的に作成した者
　　といえる。したがって、bが適当である。

　　c・d－ソ連が日本に宣戦布告したことやアメ
　　リカが原爆を投下したことへの言及から三国
　　共同宣言がポツダム宣言とわかる。ポツダム
　　宣言はベルリン郊外のポツダムにて行われた
　　アメリカ・イギリス・ソ連の各国首脳による
　　ポツダム会談の内容を基礎に発表されたもの
　　である。当時日ソ中立条約の有効期間内で
　　あったため、実際はアメリカ・イギリス・中
　　国の署名によって公表された。また史料1中
　　には「広島」の「原子爆弾」についての言及
　　があることから1945年8月7日以降に発表さ
　　れたものであるとわかる。したがって、cが
　　適当である。

問2　正解－④

　　X－誤文。史料2では「一九四五年…あれから
　　既に五年有余の歳月が流れ去りました」とさ
　　れており、書かれたのは1950年であるので、
　　1954年のビキニ環礁で行われた水爆実験では
　　なく、朝鮮戦争のことだと推定できる。

　　Y－誤文。史料2が書かれたのは先述の通り
　　1950年とわかるが、『経済白書』に「もはや
　　「戦後」ではない」と記されたのは1956年のこ
　　とであるため、これも時期が異なる。

問3　正解－②

　　②－正文。史料3で言及されているベトナム戦
　　争では、日本国内におかれたアメリカ軍基地
　　も拠点となっている。

①－誤文。戦後25年経過しているから,「今では
ピンとこない人が多いだろう」としており,
東京大空襲の実態が認識されていることが評
価されているとはいえない。

③－誤文。アメリカの日本防衛義務を明確に示
した日米相互協力及び安全保障条約の調印は
1960年の1月。このとき条約の有効期限が10
年と定められ,1970年のタイミングで自動延
長された。

④－誤文。史料3で言及されている東京大空襲
は3月10日,一方で米軍の沖縄本島上陸は4
月1日である。

参考 ベトナム反戦運動
　南北ベトナムによるベトナム戦争が激化する
と,沖縄にある米軍基地はアメリカ軍の補給基
地として重要な役割を果たすとともに,嘉手納
基地からアメリカ爆撃機がベトナムへ向けて出
発するなど攻撃の拠点ともなった。60年代半ば
以降,アメリカ軍の北ベトナムへの空爆(いわ
ゆる北爆)により多くの犠牲者がでたことが報
道されると,日本国内では反戦運動団体「ベト
ナムに平和を!市民連合(べ平連)」が結成され
大規模な反戦運動が展開された。

問4　正解－③
　X－1945年1月に空襲を受けた都民の体験記に
ついては第2巻を参照すべき,その空襲に関
する新聞報道については第4巻を参照すべき
である。したがって,cが適当である。

　Y－1945年3月9日から10日の東京大空襲の体
験記が確認される都内の地域を把握するために
は第1巻を参照すべき,その地域に関する日本
政府の被害状況認識については第3巻を参照
すべきである。したがって,bが適当である。

32 問1　正解－①
　①－1919年の工場労働者の家計と1916年の家計
を比較すると,実支出中の飲食物費の割合が
43.7%から56.6%に上昇している。その要因は
大戦景気とシベリア出兵を見込んだ米商人の
米の買い占め・売り惜しみによって米価が同
時期に急上昇したためであると考えられる。

　②－1921年の家計は1919年に比して実収入実支
出ともに上昇しているが,その要因は大戦景
気ではない。大戦景気は1915年～1918年に継
続した第一次世界大戦による好景気であり,
時期が異なる。

　③－1921年の工場労働者の家計における実支出
中の飲食物費の割合は37.1%,同年の「細民」

の家計における実支出中の飲食物費の割合は
61.5%であり,工場労働者の飲食物費の割合
は「細民」に比して低い。

　④－1921年の工場労働者の家計は同年の「細民」
の家計に比して住居費の割合が高い。また,
②で述べたように大戦景気の時期ではない。
したがって,①が適当である。

問2　正解－①
　労働組合数のピークが1935年であることから,
1935年にピークを迎えているaが労働組合数
であるとわかる。また小作争議件数が1930年
代前半に急増しているという情報からdが小
作争議とわかる。

33 正解－②
a－正文。b－誤文。太陽暦が採用されたのは史
料右側より「明治五年壬申十一月九日」である
が,左側の時刻表は1872年9月のものであるか
ら,太陽暦が採用される前から使用されている
ことがわかる。

c－誤文。d－正文。当時の鉄道の動力源は蒸気
機関であった。また史料左側より乗客に対して
切符購入の時間や「ステイション」の閉門時間
を定めるなど規律ある行動を求めていることも
わかる。

34 問1　正解－②
　X－正文。無産政党とは,労働者・農民の利害
を代表する政党であり,党名から判断できる。
第16回選挙は,1930年2月に行われた第17回
総選挙の一つ前の選挙。1928年に行われた第
16回総選挙は初の普通選挙であり,無産政党
から8名の当選者を出した。無産政党の進出
に危機感をもった田中義一内閣は社会主義・
共産主義弾圧に本腰を入れ,三・一五事件や
翌年の四・一六事件で日本共産党員に対する
一斉検挙を行った。

　Y－誤文。第17回では社会民衆党・日本大衆
党・労働農民党から,第18回では社会民衆
党・全国労農大衆党から当選者を出している。

問2　正解－②
a－正文。b－誤文。五・一五事件の減刑運動
は史料1より「その他全国各地の愛国思想団
体」によって行われていることがわかる。ま
た史料2より事件から1年以上たった1933年
の9月にも行われていることから,事件への
関心は短期的であったとはいえない。

c－誤文。d－正文。五・一五事件で殺害され
たのは内閣総理大臣の犬養毅。大蔵大臣で
あった高橋是清が殺害されたのは1936年の
二・二六事件。

参考 五・一五事件

五・一五事件は，1932年5月15日，海軍青年将校らが首相官邸で犬養毅首相を殺害した事件。これにより加藤高明内閣以来続いていた政党内閣の慣行（憲政の常道）が終焉することとなり，その後，海軍出身の斎藤実が挙国一致内閣を組閣した。

参考 二・二六事件

陸軍は高度国防国家建設を目指す永田鉄山・石原莞爾・東条英機らの統制派と，『日本改造法案大綱』の著者・北一輝と交流を持ち国家改造のためのテロ（昭和維新）を肯定した荒木貞夫・真崎甚三郎ら皇道派に分裂していた。そのような状況のなか，1935年の相沢事件（軍務局長永田鉄山が皇道派の相沢三郎に刺殺された事件）などで両派の対立は激化していった。1936年2月26日早朝，皇道派青年将校らは岡田啓介（首相）・高橋是清（蔵相）・牧野伸顕（前内大臣）・鈴木貫太郎（侍従長）・斎藤実（内大臣）渡辺錠太郎（陸軍教育総監）をつぎつぎと襲撃，岡田・鈴木・牧野を除く全員を殺害し，さらに警視庁や朝日新聞社をも襲撃して永田町界隈を4日間にわたって占拠した。皇道派青年将校らは戒厳令下で，戒厳司令部により鎮静化され事件は幕を閉じた。二・二六事件の後，統制派が陸軍内での主導権を獲得することとなり，広義国防国家・庶政一新を標榜した広田弘毅内閣が誕生した。

35 正解－①

X－a。この調査は東京市社会局が1922年に行ったものであるから，大正デモクラシー期に見られた女性の社会進出の理由を考えればよい。aでは，「中流婦人」の「独立自立の……欲求」について言及しているが，これは大正デモクラシーの時期において新中間層が登場して市民社会が形成されたことを意味している。bの女子挺身隊はアジア・太平洋戦争中の1943年に男性の労働力不足を補うために設置された組織であり，時期が異なる。

Y－c。タイピストとは手書きの書類や口述をタイプライターで打ち込んで清書する職業。それに関する文章はcである。dは「通話者」の文言から電話交換手についての文章とわかる。

36 正解－④

a－誤文。b－正文。史料1では，国際連盟脱退を表明して帰国した松岡洋右が「おそらく空前的な歓迎を国民から受けることであろう」

としており，国際連盟脱退は国民の意思に沿うものであるという論調である。

c－誤文。d－正文。史料2では，松岡が「国際連盟もまた正しい」としている発言を取り上げているが，これは国家間の協調や連帯を重んじる国際主義の立場からの発言である。

37 問1　正解－④

a－誤文。史料1では「日本の人民は，何等の罪ありと雖も生命を奪われざるべし」，つまりいかなる罪があろうとも生命を奪ってはならないとしているから，死刑は認めていない。

b－正文。史料2では原則として信仰の自由を認めているが，「政府は何時にても国安を保し，および各宗派の間に平和を保存するに応当なる処分を為す」ことができる旨を定めており，信仰の自由を国家の安寧を妨げない限りにおいて認めているといえる。

c－誤文。私擬憲法は自由民権運動を進める政社などが憲法についてのそれぞれの意見を表現したもの。政府からの委託ではない。

d－正文。私擬憲法は民間の個人や結社によって自主的に作成された。

参考 主な私擬憲法

(1881)	私擬憲法案	**交詢社**	改進党系・二院制・制限選挙
(1881)	東洋大日本国国憲按	**植木枝盛**	自由党系・一院制・革命権・抵抗権
(1880?)	日本帝国憲法（五日市憲法草案）	**千葉卓三郎**	国民の権利の保障

問2　正解－①

①－誤文。幸徳秋水が天皇暗殺計画に関わったとされて検挙されたのは大逆事件で，1910年のできごと。自由民権運動は1870～80年代に展開された憲法制定や国会開設などを求める運動であるため，時期が大きく異なる。

②－正文。困窮した秩父地方の農民たちが蜂起した事件は最大の激化事件である秩父事件。1884年，自由党の解党のあとにおこった。

③－正文。福島県令三島通庸が命じた土木工事に反対し農民や自由党員が反抗した福島事件は1882年に起こった。

④－正文。開拓使の官有物払い下げをめぐって世論の批判がおきたのは，1881年10月のこと。この事件の直後，大隈重信は明治政府から下野した（明治十四年の政変）。

参考 激化事件

（1882.12.1）	福島事件：福島県令三島通庸の道路建設事業に県会議長河野広中反対
（1884.9.23）	加波山事件：茨城・福島の自由党員らが栃木県令三島通庸の暗殺などを計画
（1884.10.29）	大阪の自由党大会で自由党解党を宣言
（1884.10.31）	秩父事件：秩父困民党が高利貸しを襲撃→軍隊と銃撃戦
（1885.11.23）	大阪事件：大井憲太郎・福田（景山）英子らの朝鮮独立党支援計画　＊朝鮮での甲申事変（政変）に際して民権運動挽回を企図，発覚して大阪で逮捕

問3　正解 − ①

X − 正文。憲法草案の起草はドイツ人顧問ロエスレルの助言のもと，伊藤博文らを中心に勧められた。

Y − 正文。1888年4月，天皇の諮問機関として枢密院が置かれ，初代議長伊藤博文のもとで憲法草案の審議が行われた。

問4　正解 − ③

a − 誤文。b − 正文。史料3では確かに「信教の自由」を認めているが，これは日本国憲法でも認められている権利であってただちに大日本帝国憲法と判断することはできない。国民を「臣民」と呼称しているのは大日本帝国憲法のみであるので，これによって判断できる。

c − 正文。d − 誤文。皇位継承について史料2では「皇族中男無きときは，皇族中当世の国帝に最近の女をして帝位を襲受せしむ」とし，女性の皇位継承を認めている。一方，史料3では「皇位は……皇男子孫之を継承す」とあり，男系男子のみに皇位継承を認めている。

38　正解 − ③

Ⅱ − 「生活難の一揆」，「魚津町内」（＝富山県の地名）の語から米騒動に関する記事とわかる。米騒動は1918年8月，大戦景気で物価が高騰するなかでシベリア出兵を見込んだ米商人による米の買い占め，売りおしみにより米価が暴騰するなかで，生活が苦しくなった富山県の漁村での女性の一揆から始まり全国に波及した。

Ⅰ − 農林省で黒い配給米の実施を行ったこと，戦時代用食の芋パンが登場したことなどから米穀の配給制がとられたアジア・太平洋戦争期とわかる。

Ⅲ − 「二重橋」，「飯米獲得人民大会」の語から，敗戦直後に行われた食糧メーデーであるとわかる。食糧メーデーとは1946年5月の復活メーデーのあと，皇居前広場で開かれた集会で，占領期であったこともあり政府・天皇に人民民主政府の樹立を訴えるものであった。

39　正解 − ①

X − 正文。下の図を見ると，「一日」の下に「壬申十二月大三日」とあり，（注2）から「壬申」は明治5年を表すことがわかる。したがって，太陽暦の明治6（1873）年の1月1日は明治五（1872）年の12月3日であるとわかる。

Y − 正文。下の図を見ると曜日が記されており，1週を7日とする七曜制を採用していることがわかる。

図

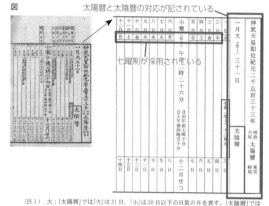

（注1）　大：「太陽暦」では「大」は31日，「小」は30日以下の日数の月を表す。「太陰暦」では「大」は30日，「小」は29日の月を表す。
（注2）　壬申：ここでは明治5年を表す。
（注3）　小寒：1年を，季節にしたがって15日ずつの期間に分けて，24種の時期とした「二十四節気」の一つ。

40　正解 − ③

Ⅱ − 「南京の総攻撃」「陥落も時間の問題」などの文言から，日中戦争中の1937年の12月とわかる。

Ⅰ − シンガポール陥落は1942年2月。正確な日程を把握していなくても，アジア太平洋戦争初期のできごととわかれば年代整序は可能である。

Ⅲ − 「新憲法実施記念式典」から日本国憲法が公布・施行される1946〜47年の時期であると判断できる。

41　正解 − ④

a − 誤文。b − 正文。「山東において日本がドイツから奪った膠州の租借地を含む「すべての権利」の移行を承認するように求め」や「中国政府が「行政，財政，軍事の運営の顧問として有力な日本臣民を雇用」するよう要求した」の内容から，二十一か条要求について述べたものとわかる。

c − 誤文。d − 正文。「世界がヨーロッパの戦争に強く気を取られているのに乗じ，中国と西洋諸国の権利を無視して，永遠に中国という偉大

な国の運命の支配者であり続けられるように中国に対する管理を確固たるものにしようとする日本の意図を示している」との記述から，日本の政策を警戒しているといえる。

参考 二十一か条の要求

第一次世界大戦中，列強が中国問題に関与する余地のないことを察した日本政府（第2次大隈重信内閣／加藤高明外相）は東アジアにおける利権を確保するために，1915年に北京の袁世凱政府に対して「二十一カ条の要求」をつきつけ，その大半を承諾させた。
〔第一号〕山東省のドイツ権益の継承
〔第二号〕南満洲および東部内蒙古に権益強化
　　　　　（旅順・大連，南満洲鉄道の租借期限
　　　　　99年延長）
〔第三号〕日中合弁事業の承認（漢冶萍公司の共同経営）
〔第四号〕福建省の他国への不割譲
〔第五号〕中国政府の顧問として日本人を採用

42 正解 − ④

日本銀行券発行高・物価水準の推移（1945年10月〜1950年6月）

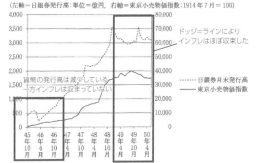

（大蔵省財政史室編『昭和財政史―終戦から講和まで』第19巻（統計），日本銀行統計局『金融統計月報』より作成）

a −誤文。b −正文。金融緊急措置令は，敗戦直後のインフレーションに対処するための施策。時の幣原喜重郎内閣は1946年2月に金融緊急措置令を公布して，従来の円（旧円）の預金を一時凍結，新円を発行して貨幣量の収縮を図った。グラフの「1945年10月」から「1946年4月」の間をみると，この施策により貨幣量は一時的に減少したが，インフレーションの要因が物資不足にもあったことから，インフレーションはおさまらなかった。

c −誤文。d −正文。ドッジ＝ラインとは，1948年に提示された経済安定九原則をうけ，翌年にデトロイト銀行頭取であるジョセフ＝ドッジが主導したインフレーション収束策。赤字を許さない超均衡予算，1ドル＝360円の単一為替レー

トの設定などを行った。結果，インフレーションはほぼ収束した。

43 正解 − ②

②−正文。政府は1946年2月に金融緊急措置令を出し，貨幣量の収縮によるインフレ収束を試みたが，インフレの根本的な原因の一つとして敗戦直後のモノ不足があったため，効果は一時的であった。

①−誤文。朝鮮戦争の勃発は1950年であり，「1948年後半までの激しい物価上昇を招いた要因の一つ」にはなりえない。理由は復金からの援助による復金インフレである。

③−誤文。1949年に入って物価騰貴がおさまったのは傾斜生産方式によるものではなく，経済安定九原則を具体化したドッジ＝ラインによるもの。傾斜生産方式は有沢広巳が提唱した，復興金融金庫による融資や労働力を石炭・鉄鋼などの基幹産業に集中投下するものであるが，これによってさらなるインフレを招いた（復金インフレ）。1949年，これを収束させたのがドッジ＝ラインである。

④−誤文。敗戦直後であっても米穀配給制度は存続していたが，復員・引揚げで人口が急増するなかで慢性的に配給が不足したことによって農村への買い出しが激増した。

参考 敗戦後の経済政策
・金融緊急措置令　＜貨幣面＞
（1946）幣原喜重郎内閣の施策
〈目的〉インフレ防止
　・預金封鎖・新円切換（新円発行→旧円と交換）
　・通貨の収縮による物価下落を図る
　＊インフレ抑制は一時的
・傾斜生産方式　＜物資面＞
〈目的〉生産体制回復によるインフレ克服
　（1946）第1次吉田茂内閣〈蔵相石橋湛山〉が決定→東大教授の有沢広巳の発案
→片山哲・芦田均中道連立内閣が継承・実施
　石炭・鉄鋼超重点計画＝資本・資材・労働力を石炭・鉄鋼などの基礎物資の生産に集中
（1946）経済安定本部＝傾斜生産方式の立案実施→（1955）経済企画庁
（1947）復興金融金庫＝基幹産業再建のために設立された政府金融機関
復金インフレ＝生産は上昇（物価引き下げ効果）したが，石炭・鉄鋼などに復金から巨額の融資（通貨量増加→物価引き上げ効果）を行ったのでインフレ促進

44 問1　正解 − ④

④ − 誤文。グラフをみると，東京は1953年に，大阪は1955年に戦前の人口水準を回復している。

① − 正文。1945年は大都市への空襲が相次いでいたため，戦災による都市の破壊が背景として考えられる。

② − 正文。グラフをみると，1945年において東京都の人口は約300万人減少しており，これは1920〜44年の増加分である300万人に匹敵する。

③ − 正文。太平洋戦争期（1941〜45年）における大阪の人口はグラフより減少傾向にあるとわかる。

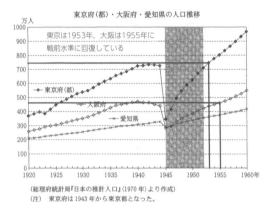

東京府（都）・大阪府・愛知県の人口推移

（総理府統計局『日本の推計人口』(1970年) より作成）
（注）　東京府は1943年から東京都となった。

問2　正解 − ②

X − 正文。占領期には軍人の復員や民間人の引揚げなどによって各地の人口が激増した。

Y − 誤文。農村の過疎化と都市の過密化は高度経済成長期を待たねばならない。

45 正解 − ①

① − 正文。「三池争議」は三井三池炭鉱争議のこと。1959年の炭鉱労働者の大量解雇通告を受け，1960年に行われた大規模な争議である。この背景には石炭に代わって石油が用いられるようになったエネルギー革命がある。Ⅰは石炭，Ⅱは石油を表すとわかる。

② − 誤文。列島改造論は田中角栄内閣の施策。大都市の人口集中をおさえて工業の地方分散化を狙った政策であり，Ⅰ（石炭）の供給確保のための政策でもない。

③ − 誤文。日本においてⅡ（石油）は国内でほとんど生産することができず，輸入にたよっていた。アジア・太平洋戦争直前にアメリカが対日石油禁輸を行ったことを想起すればわかりやすい。

④ − 誤文。1970年代からグラフに現れているⅢは原子力。原子力は1950年代半ば以降，実用化が進められ，1966年に日本最初の商業用原子力発電所が稼働した。公害対策基本法は1967年に成立した法律。公害問題に対処するための法律であり，原子力発電所建設がきっかけではない。

46 正解 − ②

② − 正文。大阪で日本万国博覧会が開催されたのは1970年。その時点での構成比をみると，グラフより第二次産業の構成比（■）が第一次産業の構成比（▲）を上回っていることがわかる。

① − 誤文。朝鮮戦争が勃発したのは1950年，その当時はグラフをみると第三次産業の構成比（●）は第一次産業の構成比（▲）を上回っていない。

③ − 誤文。三池争議が発生したのは1960年，その当時はグラフをみると第二次産業の構成比（■）は第一次産業の構成比（▲）を上回っていない。

④ − 誤文。大日本産業報国会が結成されたのは日中戦争中の1940年，その当時はグラフをみると第三次産業の構成比（●）は第二次産業の構成比（■）を上回ってはいるが，第一次産業の構成比（▲）は上回っていない。

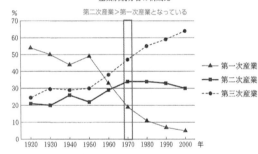

産業別就労者の構成比

（三和良一・原朗編『近現代日本経済史要覧』により作成）

47 問1　正解 − ④

④ − 誤文。労働組合の組織率がピークに達したのはアの時期の1949年頃。このころピークに達したのは，GHQが民主化を進めるために労働組合の組織を奨励し，また1945年の労働組合法により労働者の団結権・団体交渉権・争議権が初めて法的に保障されたことがあげられる。安保闘争は1960年の1月から6月にかけて激化したから，時期が異なる。

① − 正文。第二次世界大戦前の労働組合組織率が低迷しているのは治安警察法などの法令によって労働組合の組織そのものが取り締まりの対象であったからである。

② − 正文。太平洋戦争前に減少したのは1938年に職場ごとにつくられた産業報国会や，産業報国会の全国組織である大日本産業報国会の結成などによって労働組合が解散し，これらに合流したからである。

③ − 正文。敗戦の翌年に労働組合の組織率が急

上昇しているのは1945年の労働組合法によって労働組合が合法化されたことによる。

問2　正解－①

① －正文。アの時期（1945～50年）においては，社会党系の日本労働組合総同盟（総同盟）と共産党系の全日本産業別労働組合会議（産別会議）がそれぞれ結成された。

② －誤文。二・一ゼネストの計画とその禁止命令はGHQの民主化政策により労働運動が高揚していた1947年のこと。二・一ゼネストとは官公庁の労働者を中心に吉田茂内閣打倒を目指す全国規模のストライキのことである。イの時期（1950～55年）ではない。

③ －誤文。国鉄に絡んだ怪事件（下山事件・三鷹事件・松川事件）が発生したのはいずれも1949年であり，ドッジ＝ラインによる超均衡予算実現のため，公務員・公共企業体の人員削減がなされている時期。ウの時期（1955～60年）ではない。

④ －誤文。日本労働組合総評議会（総評）は，産別会議の共産党指導に反対する勢力がGHQの後押しのもと，総同盟と合流して1948年に結成された。エの時期（1960～65年）ではない。

48　正解－④

④ －正文。最初の先進国首脳会議（サミット）が開かれたのは1975年。この年のカラーテレビの普及率は90％，白黒テレビの普及率は49％であり，カラーテレビの普及率の方が上回っている。

① －誤文。いざなぎ景気が始まる前年とは1965年のこと。このときのカラーテレビの価格は198,000円，大卒男性の平均初任給は24,102円であり，6か月分では購入できない。

② －誤文。大阪で万国博覧会が開催された年は1970年。その時の電気洗濯機の普及率は88％，電気冷蔵庫の普及率は85％で「9割以上」ではない。

③ －誤文。自衛隊が発足した翌年とは1955年。白黒テレビの価格は89,500円で大卒男性の平均初任給は12,907円であった。6か月分では購入できない。

整理　戦後の景気変動

・1955～57年　神武景気
民間企業のさかんな設備投資を背景に生じた。「神武景気」とは有史以来の好景気の意味。この好景気の中，1956年には経済企画庁は経済白書で「もはや「戦後」ではない」とした。

・1958～61年　岩戸景気

「天照大神が天の岩戸に隠れて」以来の好景気との意味。神武景気を上回る景気で実質経済成長率は2桁成長を維持した。

・1963～64年　オリンピック景気
1964年の東京五輪開催にむけた競技場や交通網の整備など建設ラッシュが牽引して好景気が生じた。1964年に東海道新幹線・首都高速道路が開通したこともあわせて理解するとよい。

・1966～70年　いざなぎ景気
神武・岩戸景気を上回る景気で，日本神話に登場する神「伊弉諾尊（いざなぎのみこと）」からこの名称がついた。この景気のさなかである1968年GNP（国民総生産）が西ドイツを抜いてアメリカに次ぐ世界2位に躍進し，経済大国としての地位を確立した。

49　正解－①

a －正文。

b －誤文。「はたして健康な外交だろうか」とあるので高く評価しているとはいえない。

c －正文。

d －誤文。日中共同声明は1972年。

50　正解－②

a －図1の1973年時点での米軍基地内とその外側の建物の密集度を比べると，建物を表す記号の密集度は基地内の方が低いことがわかる。

b －基地内の道路は1973年時点では曲線が多かったのに対し，2017年のものをみるとマス目状に整備されており，返還後も引き続き利用されているとは考えられない。

c －「直接経済効果」を比較すると，返還前が52億円／年であるのに対し，返還後は1634億円であり，悪影響どころか経済が大きく好転している。

d －返還後には返還前にはなかった卸・小売業，飲食業，サービス業が栄えて「直接経済効果」が増えている。

したがって，aとdが適当である。

51　正解－②

a －正文。b －誤文。労働基準法では，労働の最低条件として8時間労働制が定められた。団結権・団体交渉権・争議権が保障されたのは労働組合法（1945年）。

c －誤文。d －正文。史料によれば，法律の内容は最低の基準であって，労働関係の当事者に対して「この基準を理由として労働条件を低下させてはならないことはもとより，その向上を図るように努め」ることを求めている。

52 正解 – ②

a – 正文。b – 誤文。 甲 では就業者数が著しく減少している一方， 乙 では逆に就業者数は高水準を維持している。よって 甲 が農林業とわかる。

c – 誤文。d – 正文。自営業者の数は農林・非農林の合計で1955年が2312万人，1985年が1475万人で自営業者の数は減少している。また1955年と2005年の比較を行うと，後者の方が雇用者数は多い。

53 正解 – ②

a – 正文。b – 誤文。この史料で述べられているのは，「購買力の主なる源泉である預貯金の払出しを制限」「現存の預貯金その他を本十七日限り封鎖」などの文言から，預金封鎖し新円に切替えた金融緊急措置令であるとわかる。実施したのは幣原喜重郎内閣。

c – 誤文。d – 正文。金融緊急措置令は敗戦直後のモノ不足によるインフレーションに対処するために，預金封鎖・新円切替えによって貨幣量を収縮させてインフレ収束をはかるものであった。

54 正解 – ①

a – 正文。b – 誤文。石炭の比率は，エネルギー革命を背景に大きく減少しているはずであり，甲であるとわかる。

c – 正文。d – 誤文。1974年に石油の比率が低下したのは前年の石油危機の影響である。プラザ合意は1985年。

参考 プラザ合意

> 1985ニューヨーク・プラザホテルで行われた**先進5か国蔵相会議（G5）**で，ドル高是正のために各国が為替市場に協調介入することへの合意。以後円高が急速に進行し，日本経済は円高不況をむかえることとなった。プラザ合意時のアメリカ大統領はロナルド・レーガン。
>
> 日本では，円高不況を受けて内需拡大策がとられ，バブル経済となった。

実戦演習編・解答解説

令和7年度大学入学テスト 試作問題『歴史総合，日本史探究』

第1問

問1 正解 – ⑥

ア – い。蒸気船はフルトンが発明した。従来は帆船であったが，帆船は風向や海流などの自然条件に左右される一方，蒸気船は石炭を燃料として蒸気を動力として進むため大量の物資を速く運ぶことができる。

下線部ⓒを目的になされた出来事 – Zが正しい。日米和親条約は1854年に締結された条約で，太平洋進出をめざすアメリカが燃料補給の寄港地，また漂流民救護の必要から日本との国交樹立を求めたことを背景としている。Xのモンロー教書（モンロー宣言）は1823年に発せられたもので，大統領モンローが南北アメリカとヨーロッパの相互不干渉を主張する内容であった。Yのハル＝ノートは，1941年，アメリカのハル国務長官が日本に対して示した最終提案である。

問2 正解 – ④

資料2 – ロシアから女帝エカチェリーナ2世の使節ラクスマンが派遣されたのは1792年。根室に来航して通商を求めたラクスマンに対して日本は，これを拒否して長崎の入港許可証を交付した。

沿海州の獲得 – ロシアによる沿海州の獲得はアロー戦争のときに清とロシアの間で結ばれた北京条約（1860年）による。同条約で，アイグン条約で共同管理地とされた沿海州（ウスリー川以東）をロシア領とした。

資料1 – 資料1は「樺太全島はことごとくロシア帝国に属し」「千島列島のすべての権利を日本国皇帝陛下に譲り」の記述から1875年の樺太・千島交換条約であるとわかる。

問3 正解 – ②

イ – あ。図1に示されている代表的な貿易港は上海。1842年の南京条約で他の4港とともに開港された。広州は1757年に乾隆帝がヨーロッパ船の来航を同地に限定したことが知られる。

資料3 – 「アメリカの合衆国とメキシコとの戦争」とは1846～48年に発生したアメリカ＝メキシコ戦争のこと。この戦争によってアメリカはカリフォルニア地域を獲得した。すでにテキサスを獲得していた（1845年）アメリカは大陸を横断する国家となり，これが大西洋側から太平洋側を横断する最短ルートとなった。西ヨーロッパから東アジアに向かうためにはアメリカの大陸横断鉄道を用い，蒸気船で太平洋を横断することで重要な交通路となることを示唆している。

パネル1及び資料3から類推できる事柄 – Y。西ヨーロッパと東アジアとの最短ルートがアメリカ合衆国を経由するためには，アメリカ

と日本を結ぶ太平洋横断航路とあわせて，ア
メリカ合衆国の東西を結ぶ大陸横断鉄道が必
要となる。資料3からはこのことに対する「警
戒」は読みとれない。

問4　正解－④

④－海底通信ケーブルは1851年にドーヴァー海
峡（英仏間），1866年に大西洋間，1870年にイ
ギリス・インド間で敷設されるなど，1870年
代までに通信網がととのっていた。

①－ドルを基軸通貨とする国際通貨体制とはブ
レトン＝ウッズ体制のこと。同体制は1944年
にブレトン＝ウッズで開かれた会議で決定さ
れ，1971年まで継続した。

②－自由貿易のための世界貿易機関（WTO）が
設立されたのは1995年のこと。GATT（関税
と貿易に関する一般協定）を受け継いで設立
された。

③－東インド会社が主導したアジア貿易は17世
紀初頭よりさかんとなった。

したがって，④が適当である。

参考 電信ケーブルと通信革命

1871～72年においてロシアと緊密なデンマー
クの通信会社によって長崎－上海，長崎－ウラ
ジヴォストークに海底通信ケーブルが敷かれ，
さらに長崎は東京と1873年に陸上ケーブルで結
ばれることとなった。これによって日本はイン
ド洋経由（イギリス）とシベリア経由（ロシア）
それぞれでヨーロッパと結ばれることとなり，
列強のアジア侵略が加速した要因の一つである。

日清戦争後になると，ロシアとの衝突を予測
した日本は陸軍大将児玉源太郎を中心に九州－
台湾に日本独自の海底通信ケーブル敷設を実行
し，台湾経由でAll Red Route（イギリスのイン
ド・アフリカ間をつなぐ海底ケーブル回線）に
接続した。これにより日本はロシアに知られる
ことなくイギリスからバルチック艦隊の情報を
得ることができた。

問5　正解－②

②－南樺太を経由しているのは点線であり，点
線は1904～1913年に開設された航路である。
北緯50度以南の樺太が日本の領土となった
のは1905年に日露間で結ばれたポーツマス条約
であり，時期的に合致する。

①－1903年までの定期航路は実線で示された航
路。当時日本が領有していた植民地台湾をた
しかに経由してはいるが，同時に朝鮮も経由
している。朝鮮は1910年に植民地化したので

あるから，「当時の日本が領有していた植民地
の範囲にとどまっていた」とは言えない。

③－図2より，中南米諸国への定期航路が開設
されたのは，同地への定期航路が破線で示さ
れていることから1914～1918年であるとわか
る。よって1913年以前の中南米諸国への移民
は移民先までの定期航路を利用できない。

④－スエズ運河については1859年に着工，開通
は1869年であり，第一次世界大戦中の出来事
ではない。

したがって，②が適当である。

問6　正解－③

あ－誤文。ドイツ領南洋諸島が日本の委任統治
領になったのはヴェルサイユ条約によってで
ある。第一次世界大戦において日本はドイツ
に対して参戦し，同条約によって日本は山東
省の旧ドイツ権益を継承し，赤道以北の旧ド
イツ領南洋諸島を委任統治領とした。カイロ
会談とは1943年に行われた，ローズヴェルト，
チャーチル，蔣介石による首脳会談である。

い－正文。フィリピンがアメリカ合衆国の植民
地となったのは1898年のことであるから，太
平洋戦争が始まった時にはすでに植民地で
あった。

問7　正解－①

①－シベリアに抑留された者の復員数（454千
人）と満洲・中国からの復員数（53＋1044千
人）を合わせた数は1551千人。一方で復員数
全体の3分の2は3107×2／3≒2072千人で
あり，超えていない。

②－引揚げ者数が復員数を上回っている国・地
域は満洲・朝鮮・台湾であり，いずれも日本
が植民地としたり事実上支配下においたりし
たところである。満洲では日本の傀儡国家で
ある満洲国が1932年に建国され，朝鮮は1910
年，台湾は1895年にそれぞれ日本の植民地と
なった。

③－東南アジアからの復員が中国についで多い
のは，アジア太平洋戦争中に日本が東南アジ
ア諸地域を占領していたからである。

④－沖縄は敗戦直後から沖縄返還協定が発効す
る1972年までアメリカ合衆国に統治されてい
た。沖縄から日本本土への引揚げ者がいた
のはこのためである。

したがって，①が適当でない。

整理 沖縄返還の過程

（1960）沖縄県祖国復帰協議会結成
（1968）琉球政府主席公選：

「即時・無条件・全面返還」を掲げる野党統一候補・屋良朝苗が当選
(1969) 佐藤・ニクソン会談
→日米共同声明で「核ぬき・本土並み・72年返還」発表
(1971) 沖縄返還協定の調印
(1972) 沖縄返還

問8　正解 - ④
　あ - 誤文。い - 正文。ラッセル＝アインシュタイン宣言は核兵器廃絶と戦争廃止を求めた科学者たちの声明であり，資料4からも核の平和利用を推進する姿勢は読みとれない。一方，「軍備の全般的削減の一環として核兵器を放棄するという合意」は「有益です」と述べられている。
　う - 誤文。え - 正文。核兵器の放棄に関する合意は「東西の合意」であり，対立する相手陣営側の廃棄を一方的に先行させようとする姿勢は読みとれない。一方，第五福竜丸の被曝は1954年の出来事であり，1955年のラッセル＝アインシュタイン宣言においては「日本の漁船員と彼らの漁獲物を汚染した」として取り上げられている。

問9　正解 - ②
　課題あ - 自由と制限の観点で第二次世界大戦後の太平洋をまたいだ経済の結びつきを検証するのにふさわしいのはW。アメリカ合衆国と日本の貿易は太平洋をまたいだ貿易であり，日本からの自動車輸入台数の推移とこれを批判的に報じたアメリカ合衆国の新聞記事を検証することで探究できる。1980年には日本の自動車生産台数が世界一となり，アメリカとの貿易摩擦が問題となった。一方，Xについては，GDPとは国内総生産のことであるから，アジア太平洋経済協力会議（APEC）の参加国各国のそれを検証したところで太平洋をまたいだ経済の結び付きについて探究を深めたことにはならない。
　課題い - 統合と分化の観点から海外に移住した沖縄県出身者と移住先の社会との関係について検証するのにふさわしいのはZ。移民が移住先の国籍を取得する条件と実際に国籍を取得した沖縄県出身者の概数を検証すれば，沖縄県出身者が移住先でどのような条件を満たして受け入れられたのかがわかる。一方，Yについては，移動に利用した交通手段や費用を参照しても移住先の社会との関係は探究できない。

第2問
問1　正解 - ①
　あ - 正文。い - 誤文。資料1には「将軍が儒学の古典を大切にし，人々もまたその教えを学ぶ。どうして我が国の幸いでないことがあろうか」とあり，筆者は湯島聖堂の建立を歓迎していると読みとれる。一方，金沢文庫については北条氏の権力の失墜とともに「文庫もまた無くなった」としているが，足利学校の設立時期については明言されておらず，その前後関係については読みとれない。
　う - 正文。え - 誤文。「今や治教が立派になり，儒学の道は将軍とともに，この学問を助けている」「将軍が儒学の古典を大切にし」の記述から江戸幕府が儒学を重んじているとわかる。一方，資料1は文武天皇のときのころから言及しており，院政期から述べているわけではない。また，湯島聖堂の建立は18世紀後半であるため，「江戸時代末まで」も誤りである。

問2　正解 - ②
　② - 大学は貴族の子弟らのための官吏養成機関であり，式部省が管理した。上級貴族の子弟がほとんど入学しなかったのは，上級貴族の子弟は蔭位の制により父祖の位階に応じて21歳になると一定の位階を与えられ，官位相当制によりこれに応じた官職に就くことができたからである。上級貴族の地位・特権は蔭位の制と官位相当制により世襲的に継承されていた。
　① - 氏姓制度はヤマト政権の支配機構におけるものであって，律令制における制度ではない。
　③ - 閑谷学校は江戸時代の岡山藩の郷学であり，池田光政が創立した。懐徳堂は18世紀に大坂町人たちの出資によって創立された学問所であり，富永仲基や山片蟠桃などを輩出した。いずれも時期が異なる。
　④ - 文官任用令は1893年に公布された文官の任用資格に関する規定。1899年，第2次山県有朋内閣が政党の官界進出防止のため，自由任用を制限した。時期が異なる。
　したがって，②が適当である。

問3　正解 - ③
　③ - 誤文。資料2において「（台湾に大学がないために）大学教育を受けようとする者は去って…米国及び中国へ行く者がだんだん多くなっている」としている。アメリカや中国の大学にいかずとも台湾で高等教育が受けられるようにと，台湾に帝国大学をつくることを主張しているのである。

①－正文。資料2において「台湾在住者は一般に向学心が大いに進み，その子弟に大学教育を受けさせる者が著しく増加する傾向がある」とあることから，台湾在住者に高度な教育を求める動きが高まっていることがわかる。

②－正文。資料2に「台湾は，これら東洋・南洋・太平洋方面の学術研究に最も便なる位置にある」とあり，台湾の立地が学術研究に有利なものであるということを帝国大学設立の理由にしている。

④－正文。資料2に「本大学は帝国の学術的権威を樹立し，統治上の威信を確保」するものであるとしていることから，日本の台湾統治においても有効と読みとれる。

問4　正解－④

ア －資料1が作られたあと，西洋の学問が学びやすくなったとしているから，漢訳洋書輸入の禁緩和が入る。1720年，徳川吉宗は実学の奨励のために，従来キリスト教禁教のため一律に禁じていた漢訳洋書の輸入を，キリスト教関係以外のものについては許可することとした。奉書船制度の導入は1631年であり，湯島聖堂建立のあとではない。奉書船制度とは，海外渡航する船に対して朱印状に加えて老中奉書も携帯させることとした制度であり，1633年には奉書船以外の海外渡航を禁止した。

イ －第二次世界大戦の反省を踏まえて発足したのは日本学術会議。日本学術会議とは1949年に設立された機関で，科学者の代表機関として，学術の発達とその行政・産業・国民生活への反映を目的とする。理科学研究所とは物理・化学の研究・応用のための研究機関であり，政府の補助を受けて1917年に設立された。その後，特許や発明を工業化してコンツェルン化し，理研コンツェルンとして新興財閥の一つとなった。

整理 **新興財閥**
・日産コンツェルン（鮎川義介）
日本産業会社・日産自動車など→満洲進出→（1937.12.27）満洲重工業開発会社（満業）
・日窒コンツェルン（野口遵）
（1908.11）日本窒素肥料会社など
朝鮮進出→（1939）水豊ダムの水力発電→化学コンビナート

問5　正解－③

あ－誤文。資料3は法然上人絵伝に見られる，

人々が仏教的な教養を学ぶ場面。このなかには貴族や僧侶，庶民などさまざまな人びとがみられる。資料4は大正期に小学生たちが黒板に文字や式を書いて学んでいる様子がみてとれるが，このころすでに義務教育制度は確立されており，また就学率もほぼ100％に近づいていた。よって資料3・資料4ともに特定の身分や性別に限定されていたとはいえない。

い－正文。資料3の時代（鎌倉時代）から資料4の時代（大正期）の間には，江戸時代に寺子屋で読み書き・計算の方法が教授されていたこを想起できれば，正しいと判断できる。

第3問

問1　正解－①

あ－正文。図より，海石榴市の近くを流れる初瀬川は難波宮方面へ通じている。

い－正文。水系とは，地表を流れる川の系統を表し，川の本流と支流を合わせたものをいう。図より，藤原京では初瀬川の水系（大和川水系という）が水運に利用されているのに対し，平安京では桂川水系が利用されている。

問2

（1）　正解－④

Ⅱ－百済から五経博士が渡来して儒教を伝えたのは6世紀の前半。513年とされる。なお，大伴金村が加耶（加羅）西部を百済に割譲したのが512年であることを考えればわかりやすい。

Ⅲ－飛鳥寺は蘇我氏の氏寺。飛鳥寺（法興寺ともいう）が完成したのは596年だが，この年代が正確にわからなくても蘇我氏が権力を握った時期であることを考えれば判定できる。ヤマト政権においては，継体天皇を擁立した大伴金村が実権を持っていたが，Ⅱの失政ののち勢力を失った。その後，物部氏が台頭したが，蘇我氏との崇仏論争を経て，587年に蘇我氏によって滅亡させられた。そして蘇我氏の覇権となる。

Ⅰ－白村江の戦いは663年。唐・新羅の連合軍によって百済が滅亡し（660年），その救援要請に応じて倭は斉明天皇を中心に朝鮮半島に派兵した。斉明天皇は九州で没するが，その後白村江で唐・新羅の水軍と戦い，敗れた。敗れた倭では，大宰府の北に水城を，そして九州から畿内にかけては亡命百済人貴族らの指導によって朝鮮式山城を建設し，戦いに備えた。

整理 白村江の戦い後の防衛強化

・水城（大宰府の北）
・朝鮮式山城（大宰府の北に大野城，南に基肄城，他に対馬～大和にかけて）構築
・烽（とぶひ）：通信施設
・近江大津宮への遷都

(2)　正解－③

あ・い－解説シートより，この木簡は津史岡麻呂という人物が糸を売るように担当者に指示したことが示されている。この糸は何によって藤原京にもたらされたのか，が論点となるが，大宝令制によるものとみるのが適当である。律令制下では調として絹・絁・糸・布や海産物などの各地の産物を一定量納めることが規定されていた。藤原京は694年から710年の平城京遷都の直前まで都であり，大宝令の成立は701年である。一方で部民制とは，ヤマト政権下での支配機構のことであり，時期が異なる。ヤマト政権に属する王族や中央豪族に労働力や技術を提供する部民が組織された。したがって，いが適当である。

う・え－解説シートより，「糸を売却して他の物を入手していた」こと，ラナさんのメモより「藤原京時代の役所では，木簡や紙の文書が仕事で多用されたため，岡麻呂のような文筆の才能がある渡来人の子孫が役人になり，糸などの物品の管理をしていた」ことがそれぞれ読みとれる。よって役所で仕事に用いる紙や墨を入手するために市で糸を売っていたことが推測できる。一方，明銭は，明の通貨であるからこの時代には存在しない。明は中国の王朝で1368年から1644年まで存続した王朝である。日本と明は冊封関係にもとづく朝貢貿易を行い，日本には多くの明銭がもたらされてなかでも洪武通宝，永楽通宝は室町時代の日本における標準貨幣となった。したがって，うが適当である。

問3　正解－①

あ－W。橘逸勢が平安宮の門に掲げられた門の名を記した額を書いたという事実は，Wに関連する。三筆は唐風書道の名手の総称であり，橘逸勢の他に空海と嵯峨天皇が該当する。Xについては，大仏様の建築様式は鎌倉時代，東大寺の再建の際に重源が採用した建築様式であり，平安宮には用いられていない。

い－Y。外国使節を接待するための鴻臚館が平安京に設けられていたという事実はYに関連する。渤海は698年に建国され，926年に滅亡

した国。対立する唐・新羅への牽制のために日本と通交していた。Zについては，高句麗は前1世紀に成立し，698年に唐・新羅に滅ぼされており，平安京の時代には存在していない。

問4　正解－②

②－誤文。官営の市で売買された糸や布，特産物などは地方から庸・調などの税としてもたらされたもの。民衆は庸・調のほかに，それらの品物を都に運搬する運脚の義務も課せられていた。運脚は運送業者ではない。

①－正文。図から，藤原京は幹線道路や河川が利用できる交通の要地を選択して造営されていることがわかるが，この点は平城京・長岡京・平安京にも共通する点である。図中の波線が幹線道路を示すことは藤原京内の中ツ道などの表記によってわかるし，実線が河川を示すことも初瀬川などの表記によってわかる。すると，藤原京の真北に造営された平城京や，山背国（当時）に造営された長岡京や平安京も河川や幹線道路が周りに走っており，交通の要所であることがうかがえる。

③－正文。ラナさんのメモより，解説シートに登場する津史岡万呂が「百済からの渡来人を先祖とする氏族」であること，「史」が文筆を掌った渡来系の氏族に与えられた姓であることがわかる。ヤマト政権は渡来系氏族から大陸の進んだ技術や知識を取り入れるため，渡来人を組織化して政権に組み込んだ。

④－正文。藤原京は最初の本格的都城である。都城とは，宮（天皇の住まいや国の役所で構成）と京（官人や民衆の居住区）で構成される中国の都市区画のこと。

第4問

問1　正解－①

ア－「覆面姿で，輪を作って集まっている」「鎧や甲を身に着けた人たち」は僧兵。僧兵とは，平安時代後期以降に登場する，武装した京都や奈良の大寺院の堂衆（寺院の雑役に服する僧）。このころ，延暦寺や興福寺は大荘園領主となっており，自領の権益をおかす国司の罷免などをもとめて僧兵に強訴させることがあった。直前の高木の発言より資料1に描かれているのは延暦寺の僧侶の合議の場面と示されていることも手掛かりとなる。法華宗徒は日蓮宗の門徒のこと。日蓮宗の根本経典は延暦寺の天台宗と同じ法華経であるが，法華宗徒が武装するのは主に室町時代，法華一揆が形成されたころであるので時期が異なる。

イ－自分たちの寺を「国家の安泰を祈る…

霊場」であるとしていることから鎮護国家であるとわかる。鎮護国家とは，為政者が仏教に帰依することで国家の安泰がかなうという思想で，平城京の聖武天皇の時代に本格的にみられた。井澤がその後の会話で「古代との連続性を感じるよ」と述べているのもそのためである。延暦寺は平安京から見て北東の方向，つまり鬼門の方向に建てられ，「王城鎮護」の寺とされていた。「立正安国」とは「正を立て国を安んず」の意で，正法とは仏教の正しい教えのことでありここでは法華経を指す。法華経に帰依することで人々のくらす「国」を安泰にするという意味であり，日蓮の『立正安国論』は法華経を保護し念仏の「邪法」を禁ずることを時の執権北条時頼に求めたものである。

問2　正解－④

あ－誤文。**い**－正文。資料2は御成敗式目の第23条であり，女人養子（子のいない女性が養子に所領を譲ること）に関する条文である。ここでは，「右，法意の如くんば之を許さずと雖も」に続けて女人養子を許可していることから，朝廷が定めた法とは異なる内容を幕府法として制定していることがわかる。

う－誤文。**え**－正文。「其の子無きの女人ら，所領を養子に譲与する事」について源頼朝の時代から現在にいたるまで「不易の法，勝計すべからず」，つまり変わらず何度も行われてきたとされている。つまり，朝廷の法解釈では認められていないが，武家の慣習においては何度も行われてきたとしているので，これを認めるという趣旨の条文である。

問3　正解－③

③－誤文。鎌倉幕府は御成敗式目を制定したが，同法は鎌倉幕府の勢力範囲にのみ適用される武家法であり，従来の律令をはじめとする公家法や荘園領主の本所法などと並立した。公家法や本所法は，武家法とたがいに影響を及ぼしあうようになるが，効力を失うことはない。鎌倉時代は公武二元支配といって公家の権力（＝朝廷）と武家の権力（＝幕府）が並立していた時代であることもあわせて確認しておきたい。

①－正文。寺院が朝廷に対し，みずからの要求を訴える際にはしばしば強訴がみられた。強訴とは集団の威力をもって強圧的に訴えることである。僧兵は関係する寺社の神木や神輿を擁してこれを行ったため，仏教を信奉する朝廷はこれに対抗することができなかった。

そこで朝廷は武士を用いてこれに対応することとし，武士の台頭の一つの背景となった。

②－正文。武士がすべて鎌倉幕府の支配に服していたわけではない。鎌倉幕府の将軍と直接の主従関係を結んだ武士が御家人であった。御家人は惣領として一門一家を率いて鎌倉幕府に奉仕し，軍役を果たした。その支配の外にいる武士は北面の武士など朝廷に組織されるものもあった。また僧兵は寺院に所属した。

④－正文。荘園支配をめぐる紛争を調停するための法律が御成敗式目であるから，訴訟当事者の一方が御家人・地頭，相手方が公家や寺社などの荘園領主であるということも当然起こりうる。

問4　正解－②

あ－正文。**い**－誤文。国人とは荘官・地頭などであった地方武士が領主に成長したもの。この国人たちが地縁的結合をもとに結成したのが国人一揆であり，国人一揆は自立性が高く，ときに守護大名の支配に抵抗することもあった。一方，国人らの話し合いにおいては年長者の意見が必ずしも採用されるわけではなく，資料4には「賛同者の多い意見」が尊重されることが示されている。

う－誤文。**え**－正文。構成員間で紛争が生じた際には，構成員間の私的な人間関係（兄弟・叔父甥など）に関わらず率直に意見を述べることが示されているが，一揆外部の権力，たとえば幕府や守護大名の裁定を受けるなどの解決法は示されていない。

問5　正解－④

④－誤文。キリスト教が伝来した当初は，南蛮貿易による利益獲得などの狙いもあってキリスト教に入信し，キリシタン大名と呼ばれるものもいた。

①－正文。戦国大名は自らの力の及ぶ地域（分国）において有効な法（分国法）を制定し，公権力を握って支配を確立しようとした。「当事者同士の私闘による紛争解決を禁止」することで大名の裁判権に服させる目的があった。

②－正文。戦国大名は城下町に商工業者を集住させたり，交通制度を整えたりして領国の産業の発展につとめ，国力を増大させた。

③－正文。織豊政権はともに各地の一向一揆を屈服させるなど寺社勢力も従えていった。

第5問

問1　正解－②

[ア]－**あ**。表からは17世紀にdの人数が増加し，1713年＝18世紀初頭にピークを迎えてい

ることがわかる。ｄの人数に占めるａの人数の割合がピークを迎えているのは1639年＝17世紀前半であり18世紀初頭ではない。

　イ　－Ｙ。1661年から1682年の期間にｄの人数の増加率がもっとも高い背景として考えられるのは、全国市場としての大坂の地位が確立し、大坂の経済が発展したことである。17世紀後半、材木商であった河村瑞賢が西廻り航路・東廻り航路を整備した。西廻り航路は出羽酒田から日本海を経由して下関、そして大坂に到達する航路であり、これによって全国の物資が大坂に集まるようになった。田沼意次が重商主義的な政策をとったのは18世紀後半のことであり、時期が異なる。

整理　全国市場としての大坂
　大坂は17世紀後半に全国市場としてその地位を確立した。
　藩の農民が支払った年貢米はまず大坂などの蔵屋敷で売却・換金され、大名ルートの物資＝蔵物として問屋に卸された。また、農民の栽培した商品作物なども民間ルートの物資＝納屋物として問屋に卸された。それら物資は、大坂から大消費地である江戸へ廻送されることが多く、その際は大坂－江戸間の航路である南海路が用いられた。

問２　正解－④
　④－資料１では、米価が下落していることで、武家や百姓が困窮しており、そのせいで町人や職人も稼ぎが少なくなっていることが指摘されている。武士は土地の生産力を米量で表示した石高を基準として収入を得ていた。そうであるから米価が下落すると武士の生活が困窮することとなる。
　①－この法令は問題文より1735年に出された法令であるから、徳川吉宗が将軍であった時期のものである。
　②－資料１より、大坂においては米価は「銀四十二匁」というように銀貨の単位で表されている。大坂では主に銀貨が用いられ（銀遣い）、江戸では金貨が用いられていた（金遣い）。
　③－資料１の法令は、諸国からもたらされた米を「銀四十二匁以上」の値段で買いうけることを江戸・大坂の米屋に求めているので、上限ではなく下限を定めたものであるといえる。
したがって、④が適当である。

整理　江戸時代の貨幣制度
金貨：額面によって通用する計数貨幣で、江戸・京都に設置された金座では、小判や一分金などが鋳造されていた。金貨の単位は「両・分・朱」で１両＝４分＝16朱の４進法の体系をとった。
銀貨：重さや質によって通用する秤量貨幣。「貫・匁・分・厘・毛」で表示された。伏見・駿府（のち京都・江戸）に設置された銀座では、丁銀・豆板銀が鋳造された。18世紀後半には南鐐二朱銀のような計数銀貨も鋳造された。
　幕府はこれら金貨・銀貨に加えて銭貨も鋳造し、三貨の交換比率を定めたが、実際の相場は常に変動した。江戸を中心とする東日本ではおもに金貨、上方を中心とする西日本ではおもに銀貨で取引が行われた。東西で異なる貨幣体系をもち、交換比率が常に変動する状態のなか、両替商はこれら三貨の交換だけでなく、公金の出納や為替・貸付などの業務も行った。

問３　正解－⑤
　ウ　－資料２で描かれているのは琉球の使節の乗る船が到着した様子。資料２の拡大図をみると「中山王符（府）」とあるが、これは琉球国王のこと。琉球王国は中山王であった尚巴志が建国した国家であり、このことから琉球国王は「琉球中山王」と表現された。
　エ　－琉球王国が1609年以来支配を受けているのは薩摩藩。薩摩藩は1609年に琉球に侵攻し、現地で検地と刀狩を行って人民支配を確立させた。その一方で、中国との冊封関係を維持させて朝貢貿易を行わせた。このように琉球王国は日中両属の立場にあった。

問４　正解－③
　③－メモ３では「江戸へは廻米を行うのに…京都へは廻米をしていない」としており、各地から大坂に持ち込まれた米の一部が大坂以外の都市に輸送されることがあったことが読みとれる。
　①－大塩の乱がおきた理由の一つは米価の高騰であることは読みとれるが、浅間山の噴火とは無関係。大塩の乱は1837年のことであり、天保の飢饉を背景としている。一方で浅間山の噴火は1783年であり、前年から続く天明の飢饉での出来事。
　②－大塩平八郎が批判しているのは大坂町奉行が地元大坂や天皇のいる京都ではなく江戸への廻米を優先していることである。
　④－大塩平八郎が蜂起したのは「民衆を苦しめ

ている役人たち」や「ぜいたくをしている大坂の金持ちの町人」らを攻撃することであって，将軍を討つことが目的なのではない。

したがって，③が適当である。

問5　正解－①

あ－正文。**い**－誤文。陽明学は王陽明が確立した儒学の一派で，知行合一を説いて実践・行動を重視した。日本古来の精神に立ち戻ることを重視したのは国学。国学は外来思想を排した日本固有の「国意」を探究する学問であり，平田篤胤はこれと神道と結びつけた復古神道を説いた。

う－正文。**え**－誤文。陽明学者の熊沢蕃山は岡山藩に仕え，私塾花畠教場などを設けたが，『大学或問』で幕政批判をしたととられて処罰された。モリソン号事件の対応など幕府の対外政策を批判した『慎機論』を著したのは渡辺崋山。渡辺崋山は高野長英とともに蛮社の獄で処罰された。

第6問

問1　正解－②

②－誤文。西南戦争は1877年に起こった最大にして最後の士族反乱である。一方で廃藩置県は1871年の出来事であり，ここまでを明治維新の範囲と考えた場合には「明治維新」の展示室に西南戦争に関する**パネル1**を設置するのは不適切となる。

①－正文。西南戦争に参加した軍隊は士族・平民の区別なく徴兵された軍隊であった。西南戦争に先立つ1873年に徴兵令が出され，士族・平民に関わらず満20歳以上の男子に3年の兵役を課していることを想起すれば判断できる。

③－正文。**パネル1**の「大阪府の陸軍臨時病院十番舎に入り，養生致し居り候」の記述よりこの手紙は入院先の病院から送られていることがわかる。また解説文1の「封筒には切手が貼られ消印が押されている」の記述より1871年に確立した郵便制度のもと，兵士の家に送られたことがわかる。

④－正文。大久保利通が殺害されたのは1878年である。西南戦争が1877年であり，これに先立つできごとである。解説文1には「西南戦争を最後に士族反乱はおさまった」とあるから，α市の郷土博物館は紀尾井坂の変は士族反乱とは考えていないとわかる。

問2　正解－①

①－α市は1889年の町村制施行によって誕生した市であり，ここから1920年代半ばにかけて教育費がもっとも高い割合を占め，増加しつ

づけているということから1889年から1920年代半ばまでの教育に関する歴史的事実を検討する。義務教育制度はα市誕生に先立つ1886年より開始されており，その就学率は増加の一途をたどった。また1907年には義務教育が6年に延長された。

②－学校教育法が施行されたのは教育基本法と同じ1947年。日本国憲法の理念に沿った教育を行うための法律であり，時期がことなる。

③－大学令が制定されたのは1918年，施行されたのは1920年でここで初めて私立大学が認可されたが，当該時期に町村の教育費が上昇したことは背景にはならない。

④－忠君愛国を説く教育勅語が発布されたのは1890年。教育勅語は大日本帝国における教育の基本方針を示したものであり，就学率や具体的な教育制度に直接影響を与えたものではないため，当該時期に町村の教育費が上昇した理由にはならない。

したがって，①が適当である。

＊（2006）改正
・学校教育法
（1947.3）6・3・3・4制の<u>単線型学校系列</u>
　　　　等具体的規定
（1947.3）<u>社会科</u>→新学制発足に際し「修身」
「歴史」「地理」「公民」にかわり設置
・教育委員会法
（1948.7）教育委員<u>公選制</u>：地域住民の直接選
　　　　挙→都道府県・市町村に設置
＊（1956）新教育委員会法：地方自治体の首
　　長による<u>任命制</u>→中央集権化（第3次鳩山
　　一郎内閣）

問3　正解－③
　あ－誤文。い－正文。1914年度よりも1923年度
　　の総供給量が増加している最大の要因は内地
　　米産出量が1,000万石以上増加していることで
　　ある。植民地からの移入量も184万石から459
　　万石に増加してはいるが，最大の要因とまで
　　はいえない。
　う－正文。え－誤文。米騒動の要因の一つとし
　　て，大正期における工場労働者の増加による
　　米の購買層の増加が考えられる。1915～18年
　　の間はいわゆる大戦景気の時期であり，この
　　時期に日本における工場労働者は100万人を
　　こえた。米騒動のいまひとつの要因は，シベ
　　リア出兵を見越した米の買い占めである。
　　1917年のロシア革命をきっかけに日本・イギ
　　リス・アメリカ・フランスはシベリア出兵を
　　行った。7万3,000人の軍隊をシベリアに派遣
　　するものであったから，これに必要な食糧を
　　現地に持っていくために米価のさらなる高騰
　　が予測されたのである。山東出兵は1927～28
　　年に行われたものであり時期がことなる。
問4　正解－②
　あ－日本の警察官と占領軍の憲兵が協力して交
　　通整理を行っているのは，敗戦後の日本統治
　　がいわゆる間接統治の方法をとっていたから
　　である。「日本の防衛に寄与するとされた条
　　約」とは「日米行政協定」から日米安全保障
　　条約であるとわかる。同条約は1951年にサン
　　フランシスコ平和条約を締結した日の夜に日
　　本がアメリカと単独で締結した条約である。
　　パネル2の写真は第二次世界大戦直後の写真
　　であるから時期がことなる。したがって，W
　　が適当である。
　い－パネル2の写真からは牛を用いて大きな丸
　　太を運搬している様子がみてとれる。敗戦直

後であるから，この丸太は空襲などで家屋が
崩壊し，その建築用材であることがわかる。
また，空襲などが原因で道路が舗装されてい
なければ，自動車より牛の方が運搬に適して
いる可能性も考えられる。その意味で道路の
舗装がどの程度行われていたかを検証するこ
とは意味があるが，公職追放は本件とは無関
係である。また，トラックなどの車両がどれ
くらい使用されていたのか，空襲の被害はど
の程度であったかを検証すれば，車両ではな
く牛を使っている理由が判明すると考えられ
る。したがって，Zが適当である。
問5　正解－⑥
　ア　－う。1900年代の状況であり，かつα市
　　では生産された物資を貿易港まで運ぶ鉄道が
　　開通したのであるから，これにあてはまるの
　　はう。製糸業は国産の繭を用いて生糸を生産
　　し輸出する外貨獲得産業であり，獲得した外
　　貨で綿花を輸入して綿糸にして輸出するとい
　　う貿易構造をとっていた。生糸の輸出のため
　　に生産地から貿易港まで製品を輸出する鉄道
　　が必要となった。
　イ　－い。1980年代においては電気・電子生
　　産の輸出が伸張し，これによって従来絹織物
　　を生産していた工場が別の製品をつくる工場
　　へと変更されたことがわかるのでい。新興財
　　閥が重化学工業に進出したのは1930年代のこ
　　とである。
　ウ　－Y。1930年代においては1929年に発生
　　した世界恐慌の影響が各国に及んでいた。日
　　本では，アメリカでの不況をうけて対米生糸
　　輸出が激減し，繭価が暴落した。よってYが
　　正しい。傾斜生産方式とは，敗戦直後の激し
　　いインフレーションを収束させるため，石炭・
　　鉄鋼などの基幹産業に資金や労働力を集中投
　　下して生産体制の復活をはかることを目的と
　　した政策。復興金融金庫の融資によってこれ
　　を行ったが，資金供給量が増加したために貨
　　幣量が増え，さらなるインフレーションを招
　　いた（復金インフレ）。時期が異なる。

<u>参考</u> 恐慌

（1890）	初の恐慌（会社設立ブームの挫折）
（1920）	戦後恐慌：大戦景気の反動
（1923）	震災恐慌：関東大震災の影響
（1927）	金融恐慌：震災手形の処理と蔵相失言による金融不安
（1930～31）	昭和恐慌：金解禁などによる世界恐慌の波及

問題演習

1 次に掲げる①～④の時代に関連する各文の正誤を判定し，正文なら○，誤文なら×を記しなさい。

【①世界恐慌とファシズム】

(1) アメリカで発生した恐慌が波及し，日本は世界恐慌に巻き込まれた。　[　]

(2) 昭和恐慌では米作農家は長期の不振にあえいだが，アメリカの景気回復を基礎に生糸輸出が継続的に増大したため，養蚕農家はほとんど打撃を受けなかった。　[　]

(3) 昭和恐慌で企業の倒産があいつぎ，都市から多くの工場労働者が帰村し，農村の困窮がさらに著しくなった。　[　]

(4) ナチ党政権は，ソ連との間で再保障条約を結んだ。　[　]

(5) ナチ党政権は各地に強制収容所を建設した。　[　]

(6) ナチ党政権はアウトバーン（自動車専用道路）の建設など，大規模な土木事業を行った。　[　]

(7) ヒンデンブルク大統領の死後，ヒトラーは総統と称した。　[　]

【②満洲事変】

(8) 1931年9月，関東軍は柳条湖でみずから南満洲鉄道を爆破し，これを中国軍のしわざとして満洲占領を目的とした軍事行動をはじめた。　[　]

(9) 第2次若槻礼次郎内閣は，満洲事変に際して武力による解決を唱えたため，世論のきびしい批判を受けた。　[　]

(10) 満洲事変後，関東軍は溥儀を満洲国の執政とした。　[　]

(11) 1930年代後半には重化学工業生産額が大幅に増大し，軽工業生産額を上回った。　[　]

(12) 日産・日窒などの新興財閥は，重化学工業を中心として発達した。　[　]

(13) 五・一五事件で犬養毅首相が暗殺され，政党政治が終わった。　[　]

(14) 張学良の主張に影響を与えた八・一宣言は，中国国民党が発した。　[　]

【③日中戦争】

(15) 国家総動員法は近衛文麿が首相であった1938年に成立した。　[　]

(16) 日中両国が全面戦争に突入すると日本政府はただちに中国に宣戦布告し，大軍を派遣して戦線を拡大した。　[　]

(17) 斎藤実内閣に続いた岡田啓介内閣時代，国民精神総動員運動などを通じて軍部の政治的発言力はさらに高まった。　[　]

(18) 平沼騏一郎は首相として東亜新秩序声明を発表した。　[　]

(19) ワシントン・ロンドン両海軍軍縮条約の失効に加え，日中全面戦争に突入したため，総軍事費は急激に増加した。　[　]

(20) 日ソ間ではノモンハン事件が発生し，そこでの勝利により，日本国内では北進論が台頭した。　[　]

(21) 大政翼賛会は，首相が総裁となり，のちには部落会・町内会・隣組を下部組織として利用し，政府の決定を伝える上意下達の組織となった。　[　]

(22) アメリカの廃棄通告によって日米通商航海条約が失効した後，日本は資源を求めてオランダ領東インド（インドネシア）に出兵した。　[　]

【④第二次世界大戦とアジア・太平洋戦争】

(23) 日本軍は，真珠湾攻撃とほぼ同時にマレー半島に上陸し，約半年ほどで東南アジア・西太平洋の広大な地域を占領した。　[　]

(24) 日本軍に占領された地域の中には，日本語の使用を強制されたところもあった。　[　]

(25) アメリカ軍は，東京大空襲を完了すると，サイパン島上陸作戦を開始した。　[　]

(26) 沖縄の男子中学生らが鉄血勤皇隊に組織された。　[　]

(27) 原爆は広島に次いで長崎にも投下され，無差別で大量の殺戮をもたらした。　[　]

(28) 中国東北部などでソ連軍に降伏した数十万の軍人がシベリアに抑留され，強制労働に従事させられた。　[　]

2 (1) アジア・太平洋戦争の時期の出来事について述べた次の文Ⅰ～Ⅲについて，古いものから年代順に正しく配列したものを，一番下の選択肢①～⑥のうちから一つ選べ。

Ⅰ　長崎に原子爆弾が投下された。
Ⅱ　米・英・中の連合国首脳がカイロ宣言を発表した。
Ⅲ　ミッドウェー海戦で日本海軍が大敗した。　　　　　　　　　　　　　　　　　　[　]

(2) 日中戦争やアジア・太平洋戦争に関して，子どもたちの犠牲に関連して述べた次の文Ⅰ～Ⅲについて，古いものから年代順に正しく配列したものを，一番下の選択肢①～⑥のうちから一つ選べ。

Ⅰ　中国東北部に残された「中国残留孤児」が問題になった。
Ⅱ　大都市では，学童集団疎開がはじまった。
Ⅲ　満蒙開拓青少年義勇軍の派遣がはじまった。　　　　　　　　　　　　　　　　[　]

(3) 日中戦争やアジア・太平洋戦争について述べた次の文Ⅰ～Ⅲについて，古いものから年代順に正しく配列したものを，一番下の選択肢①～⑥のうちから一つ選べ。

Ⅰ　日本軍が，マレー半島に奇襲上陸した。
Ⅱ　大都市では戦局の悪化にともなって集団で学童疎開が行われた。
Ⅲ　北京郊外で日本軍と中国軍の衝突事件が起こり，日中戦争がはじまった。　　[　]

(4) 日本とイギリス・アメリカとの外交関係に関連して述べた次の文Ⅰ～Ⅲについて，古いものから年代順に正しく配列したものを，一番下の選択肢①～⑥のうちから一つ選べ。

Ⅰ　日本は，援蒋ルートを断ち切るため，フランス領インドシナ北部に進駐した。
Ⅱ　近衛首相は，「国民政府を対手とせず」との声明を発表した。
Ⅲ　アメリカが，石油の対日輸出を禁止した。　　　　　　　　　　　　　　　　　[　]

(5) 1930年代の軍部の行動に関して述べた次の文Ⅰ～Ⅲについて，古いものから年代順に正しく配列したものを，一番下の選択肢①～⑥のうちから一つ選べ。

Ⅰ　関東軍が，柳条湖で南満洲鉄道（満鉄）の線路を爆破した。
Ⅱ　陸軍の青年将校らが，部隊を率いて政府要人や重要施設を襲撃した。
Ⅲ　海軍の青年将校らが，犬養毅首相を射殺した。

(6) 20世紀前半の世界の動きについて述べた次の文Ⅰ～Ⅲについて，古いものから年代順に正しく配列したものを，一番下の選択肢①～⑥のうちから一つ選べ。

Ⅰ　日本は日満議定書によって満洲国を承認した。
Ⅱ　ニューヨークでの株式市場の大暴落によって世界恐慌がはじまった。
Ⅲ　ヒトラー政権が全権委任法を制定し，反対派を強制収容所に送った。

(7) 十五年戦争に関連して述べた次の文Ⅰ～Ⅲについて，古いものから年代順に正しく配列したものを，一番下の選択肢①～⑥のうちから一つ選べ。

Ⅰ　日本政府は，戦時にすべての人的・物的資源を勅令で統制できる国家総動員法を制定した。
Ⅱ　アメリカは，広島と長崎に原子爆弾を投下した。
Ⅲ　日本では文科系学生の徴兵猶予が停止され，学徒出陣がはじまった。

《選択肢》
①　Ⅰ－Ⅱ－Ⅲ　　　②　Ⅰ－Ⅲ－Ⅱ　　　③　Ⅱ－Ⅰ－Ⅲ
④　Ⅱ－Ⅲ－Ⅰ　　　⑤　Ⅲ－Ⅰ－Ⅱ　　　⑥　Ⅲ－Ⅱ－Ⅰ

第12章 戦後日本の形成　　▶▶ 要 点 整 理

1 占領と民主改革

（1）戦後日本の出発
- ① 兵士の復員と引揚げ→失業者の激増
- ② 闇市…敗戦後に都市部に登場した非合法市場

（2）各国の戦後改革
- ① イギリス　アトリーのもと石炭・電気産業などの国有化→福祉国家
- ② フランス　社会保障制度の整備・重要産業の国有化・計画経済
- ③ 東ヨーロッパ（ドイツの占領地であった）では大戦中の抵抗運動を基礎とする人民民主主義革命
  例→ユーゴスラヴィアのティトー政権

（3）国際連合の発足…米・ソは設立当初から国連に参加→しかし（❶　　　）のはじまりが国連にも影響
- ① 国際連合の成立…（❷　　　）会議（1945年4～6月）に50か国参加→国際連合憲章を採択
- ② 理念…世界の平和と民主主義の擁護，基本的人権の尊重。（❸　　　）宣言（1948年12月）
  - a．総会〈全加盟国〉
  - b．（❹　　　）理事会〈常任理事国5か国：米・英・仏・ソ・中に拒否権あり〉
  - c．国際司法裁判所
  - d．専門機関（ILO，UNESCO，WHO，IMFなど）
    ※IMFと国際復興開発銀行設立などにより（❺　　　）体制が制立

（4）連合国の日本占領と民主化政策
- ① 占領の開始
  1945年9月　GHQ（連合国軍最高司令官総司令部）の設置（最高司令官（❻　　　））→占領の開始（～1952年）
  　　　　　日本本土は事実上アメリカの単独占領で間接統治方式がとられた
- ② 民主化の開始
  1945年10月　人権指令→東久邇宮稔彦内閣の辞職，（❼　　　）内閣の発足
  　　　　　　（❽　　　）指令と憲法改正の示唆
  1946年1月　天皇の人間宣言

（5）戦争責任
- ① 1945年　ニュルンベルク裁判　捕虜虐待などの「通例の戦争犯罪（B級）」に加え，侵略戦争をおこした「平和に対する罪（A級）」・非人道的行為に対する「人道に対する罪（C級）」も裁かれる
- ② 東久邇宮稔彦首相「一億総懺悔」→指導層への責任追及をかわそうとする
- ③ 1946年　極東国際軍事裁判（東京裁判）の開始→1948年　東条英機ら7名のA級戦犯に死刑判決
  　※A級戦犯のみ　B・C級戦犯裁判はアジア各地で開かれる
  →マッカーサーは円滑な占領統治のために天皇制を利用することを考え昭和天皇は訴追せず
  →問題点
  　原爆投下や無差別空襲など連合国側の行為は対象としない　旧植民地の意見も反映されていない

（6）戦後政治の出発
  1945年　日本共産党，日本社会党，（❾　　　），日本進歩党・日本協同党の結成
  1946年　公職追放の開始：戦争犯罪者や職業軍人などを政財界・報道機関・民間団体から追放
  　　　　戦後初の総選挙…女性議員39名の当選，自由・進歩連立の第1次吉田茂内閣発足
  1947年　（❿　　　）改正（戸主・家督相続制廃止）　刑法改正（大逆罪・姦通罪などを廃止）

（7）日本国憲法の制定と沖縄
  日本国憲法→1946年11月3日公布，1947年5月3日施行
  - a．3原則→国民主権・戦争放棄・基本的人権の尊重　　b．象徴天皇制
  - c．国家機構として国会（衆議院・参議院で構成）と議院内閣制による内閣が定まる

（8）教育の民主化
  1945年　GHQ指令で教職追放，修身・地理・日本史の授業停止
  1947年　（⓫　　　）と学校教育法の制定
  1948年　公選制の（⓬　　　）の設置（1956年に任命制となる）

(9) 経済改革
   ① 財閥解体
     1946年　持株会社整理委員会が財閥所有株式を売却→1947年　独占禁止法・（❸　　　　）の制定
   ② 農地改革…寄生地主制の解体
     1945年〜　第1次農地改革…在村地主の小作地保有を5町歩まで認めるなど不徹底
     1946年〜　第2次農地改革…小作地保有限度は（❹　　　　）町歩（北海道は4町歩），小作料の定額金納
        化など
(10) 復興をめざす社会の動き
   ① 経済の混迷と労働運動の高揚
     ａ．インフレの進行→1946年，（❺　　　　）の公布→新円切替えや預金封鎖
     ｂ．傾斜生産方式による石炭・鉄鋼の増産計画→復興金融金庫の融資→インフレの悪化
     ｃ．労働運動の高揚→1947年，（❻　　　　）の計画→GHQの命令で中止
   ② 最初の社会党首班内閣
     1947年の総選挙で社会党が第1党となり，片山哲内閣（社会・民主・国民協同党の連立）が成立
   ③ 労働改革…労働三法の制定
     （❼　　　　）（1945年）・労働関係調整法（1946年）・労働基準法（1947年）
(11) 敗戦後の社会と文化
   ① 家父長制的な家制度の解体→男女同権・夫婦中心の家族制度→復興の過程でベビーブーム
   ② 知識人　丸山眞男「超国家主義の論理と心理」
   ③ 文学　太宰治『斜陽』　坂口安吾「堕落論」
   ④ 映画　黒澤明『羅生門』
   ⑤ 流行歌　「リンゴの唄」など　役者と歌手を兼ねた美空ひばりの活躍
   ⑥ 学問　マルクス主義の解禁　皇国史観から解放された歴史学
   ⑦ 科学　湯川秀樹…日本人としてはじめてノーベル賞受賞　1949年日本学術会議発足
   ⑧ 文化財　1949年法隆寺金堂壁画焼損→1950年文化財保護法

❷ 冷戦の開始と講和

(1) 冷戦のはじまり
   ① （❽　　　　）（1947年）〈対ソ「封じ込め政策」〉，（❾　　　　）（1947年）〈ヨーロッパ経済の復興援助〉
   ② ソ連は（❷⓿　　　　）設立（1947年10月）→東欧圏の結束推進
   ③ 結束を強化する米・西ヨーロッパ諸国…（㉑　　　　）の結成（1949年）
   ④ ソ連・東ヨーロッパ諸国…（㉒　　　　）（1949年，経済相互援助会議）→東側諸国の結束強化
   ⑤ 東西ドイツの成立
     ａ．1948年6月ドイツにおける米英仏占領地区での通貨改革→ソ連の反発→（㉓　　　　）封鎖
      →1949年ドイツ連邦共和国〈西ドイツ：首都ボン〉とドイツ民主共和国〈東ドイツ：首都ベルリン〉誕生
     ｂ．冷戦の本格化（1949年）…ソ連は（㉔　　　　）を保有→核軍拡競争の開始へ
      西ドイツの首相，アデナウアーがNATOに加盟（1955年，再軍備）
      ソ連・東欧諸国はワルシャワ条約機構設立（1955年）
(2) 占領政策の転換
     1948年　政令201号の公布，経済安定九原則の要求
     1949年　（㉕　　　　），1ドル＝360円の単一為替レート
(3) 朝鮮戦争とサンフランシスコ講和
   ① 中国
     ａ．国共内戦の再開→中国共産党（毛沢東）と中国国民党（蔣介石）との内戦激化（1946〜49年）
      →中国共産党が勝利。中国国民党は（㉖　　　　）に逃れ，中華民国政府維持
     ｂ．中華人民共和国成立（1949年）→毛沢東が主席，周恩来が首相となる
   ② 朝鮮…米ソが北緯38度線で南北に分断。朝鮮民主主義人民共和国（北朝鮮，金日成）と大韓民国（韓国，
      李承晩）成立
     ａ．朝鮮戦争（1950〜53年）…北朝鮮が38度線をこえて侵攻，米軍中心の国連軍は韓国を支援，戦争激化
      →東西の冷戦が局地的な戦争に発展，休戦協定成立（1953年）
     ｂ．韓国…1961年の軍事クーデタで（㉗　　　　）大統領が誕生，反共独裁体制を確立。日韓基本条約
      （1965年）で日本と国交樹立

3 サンフランシスコ平和条約

    1951年 サンフランシスコ平和条約の調印（全権・吉田茂ら）

              独立回復後も沖縄・奄美諸島・小笠原諸島はアメリカの施政権下に置かれる

    1951年 （❷❽   ）条約の調印…米軍が主権回復後も駐留して日本の基地を維持

    1952年 日米行政協定の調印…駐留米軍への基地提供や特権付与を協定

3 55年体制

(1) 55年体制の成立と国際社会への復帰

  1 再軍備と国内治安体制の強化

    1952年 警察予備隊→保安隊   1954年 保安隊→自衛隊

    1952年 破壊活動防止法   1954年 警察行政の一元化（都道府県警察）と警察庁設置

  2 55年体制の成立（鳩山一郎内閣）

    1954年 疑獄事件や強権的な政治への反発→鳩山一郎らによる日本民主党の結成→吉田茂内閣総辞職

    1955年 左右社会党の統一，保守合同による（❷❾   ）の成立…55年体制の成立

  3 国際社会への復帰（鳩山一郎内閣）

    1956年 （❸⓪   ）の調印→国交回復，日本の国連加盟支持→日本の国際連合加盟が実現

    →鳩山内閣は退陣して石橋湛山内閣へ

(2) アジアの戦争

  1 ベトナム民主共和国（北ベトナム）の独立とインドシナ戦争

    a．ホー＝チ＝ミンがベトナム民主共和国の独立を宣言（1945年）

        →フランスとの間でインドシナ戦争勃発

        →ディエンビエンフーでフランスが敗北，（❸❶   ）協定成立（1954年）

    b．南ベトナム…ベトナム共和国成立（1955年）

        →（❸❶   ）協定の南北統一選挙を拒否，反共独裁体制樹立。クーデタの続発で軍事独裁政権は交代

        →（❸❷   ）戦線の結成（1960年）…反米，反政府のゲリラ戦を展開→ベトナム戦争は長期化

(3) 植民地の独立

  1 アフリカ

    a．北アフリカのモロッコ，チュニジア独立（1956年）

    b．ガーナの独立（1957年）

    c．「（❸❸   ）」（1960年）…17の新興諸国が独立，アフリカ統一機構（OAU）結成（1963年）

    →新興諸国は経済基盤や社会制度の整備が進まず，部族対立などによる内戦やクーデタで混乱

  2 インド

    1947年，インド（ヒンドゥー教徒が多数）とパキスタン（ムスリムが多数）とに分裂

(4) アジア＝アフリカ会議

  1 アジア＝アフリカ会議（バンドン会議，1955年）…コロンボ会議（1954年）で会議の開催を提唱

    a．周恩来＝ネルー会談（1954年）→（❸❹   ）を発表し，アジア＝アフリカ会議開催

    b．平和十原則，第三勢力の台頭。東西両陣営のいずれにも属さない平和運動を展開

  2 （❸❺   ）首脳会議（1961年，ベオグラード，25か国）…ネルー・スカルノ・ナセル・ティトー

(5) ベトナム戦争とアメリカ

  1 アメリカの介入…共産主義に対抗する必要から南のベトナム共和国への大規模な援助実施

    a．トンキン湾事件（1964年，アメリカの一部捏造事件）を理由にアメリカの本格的軍事介入と北爆開始（1965年）

    b．北ベトナムや南ベトナム解放民族戦線と対立（ベトナム戦争）

  2 アメリカのベトナム介入への国際的非難→アメリカ国内でもベトナム反戦運動激化

    →黒人解放運動と結合→アメリカ社会の動揺。戦費の増大→アメリカの国際収支悪化，ドル危機の深刻化

    →共和党（❸❻   ）大統領就任（1969年）で米軍の段階的撤退を提起→まもなく北爆の再開で泥沼化

  3 ベトナム和平協定成立（1973年）→米軍撤退。解放民族戦線・北ベトナム軍の攻撃

    →（❸❼   ）陥落（1975年）→ベトナム社会主義共和国の成立（1976年）

(6) 中ソ対立と文化大革命

  1 中ソ対立…社会主義建設路線や外交政策の相違。1950年代末にしだいに顕在化→中ソ論争（1960年代）→緊張緩和外交・部分的核実験禁止条約（PTBT）などで対立

② プロレタリア文化大革命
　　a．1958年，毛沢東が「(❸⃝　　　)」政策を開始→大失敗
　　b．国家主席劉少奇・党総書記鄧小平らは毛沢東の「大躍進」政策を批判
　　c．毛沢東が文化大革命を発動（1966年）→劉少奇らから党の実権を奪還し，党官僚の特権化批判
　　　→紅衛兵などが党組織を攻撃→全国的な動乱へ。劉少奇ら失脚，毛沢東が奪権

4 経済復興から高度経済成長へ

(1) 経済復興
　　特需景気…朝鮮戦争（1950〜53年）→特需で日本経済の復興
　　　→「もはや「戦後」ではない」（1956年『経済白書』）
(2) 高度経済成長
　① 高度経済成長（1955〜73年）
　　a．1955年以降，(❸⃝　　)景気，岩戸景気，いざなぎ景気があいつぐ
　　b．(❹⃝　　)内閣は「国民所得倍増計画」をかかげて成長政策をとる
　　c．技術革新・設備投資，石炭から石油への転換などを通じて年約10%の成長を実現
　② 生活様式の変化…「三種の神器」「3C」などの耐久消費財の普及（消費革命）
　③ 公害の発生…水俣病など四大公害の発生，環境悪化→(❹⃝　　)法（1967年），環境庁（1971年）
(3) 沖縄返還と日中国交正常化
　① 岸信介内閣による(❷⃝　　)の改定の交渉開始→安保条約改定阻止国民会議の結成→安保闘争
　　　→1960年　(❹⃝　　)の調印
　② ベトナム反戦運動や沖縄の「祖国復帰運動」の高揚
　　　→佐藤栄作内閣による沖縄返還協定調印（1971年）→沖縄返還（1972年）　アメリカ軍基地の問題が残る
　③ 日中国交正常化…ニクソン訪中（1972年）による米中関係改善が契機
　　　→(❹⃝　　)首相の訪中，日中共同声明で日中国交正常化（1972年）。(❹⃝　　)内閣は日中平和友好
　　　条約締結（1978年）

5 「国際化」する経済大国

(1) 石油危機と資本主義の構造転換
　　a．ドル＝ショック（1971年）で対米輸出減少
　　b．(❹⃝　　)(1973年)→アラブ石油輸出国機構（OAPEC）による原油供給制限と価格の大幅引き上げ
　　　→第1次石油危機
(2) 変動相場制
　　1971年　ニクソン大統領は金・ドル交換停止を声明（ドル＝ショック）
　　　→ブレトン＝ウッズ体制崩壊→1973年　主要国はあいついで変動相場制へ移行
　　　→1975年以降，先進国首脳会議（サミット）が毎年開催
(3) 新自由主義
　① 新自由主義…国家の市場への介入をやめ，公営企業体の民営化・公共サービスの縮小
　　　→イギリスのサッチャー政権（1979年），アメリカのレーガン政権（1981年），日本の(❹⃝　　)政権
　　　（1982年）
(4) 安定成長への転換
　① 田中角栄内閣→「日本列島改造論」…都市から地方への工業分散と高速交通網の整備　金脈問題で退陣
　② 三木武夫内閣→「クリーンな政治」・防衛費を「対GNP比1%枠内」・赤字国債発行
　　　→1970年代後半も実質5%の経済成長を実現
　③ (❹⃝　　)内閣→日中平和友好条約　革新自治体の減少
　④ 大平正芳内閣→自民党の内部対立により政局は不安定　しかし選挙期間に首相が死亡し選挙で自民党圧勝
　⑤ 鈴木善幸内閣→「増税なき財政再建」
　⑥ (❹⃝　　)内閣→「戦後政治の総決算」　新自由主義的政策→電電公社・専売公社・国鉄の民営化
　　　電機・自動車などで輸出競争力高め，貿易摩擦生じる（1980年代）→(❹⃝　　)(1985年)
　　　→1980年代後半からバブル経済発生
　⑦ 竹下登内閣→消費税の導入・リクルート事件により支持率低迷　昭和天皇死去（1989年）→平成改元
　⑧ 宇野宗佑内閣→参議院選挙で自民党大敗　1989年の選挙で初の女性党首土井たか子率いる社会党が躍進
　⑨ 海部俊樹内閣→湾岸戦争に際し，多国籍軍に総計130億ドルの戦費支援

(5) 貿易摩擦

日米貿易摩擦　アメリカ…財政赤字と貿易赤字の「双子の赤字」

日本…自動車産業や電子工業が躍進

→1985年（**㊼**　　　）：ドル高是正のための国際協調を合意

→急激な円高・ドル安

1988〜90年　牛肉・オレンジの輸入自由化

→農産物の輸入完全自由化（GATTウルグアイラウンド，1993年）

6 新たな世紀の日本へ

(1) 冷戦の終結とグローバル化

1985年　ソ連ではゴルバチョフによるペレストロイカ（立て直し）→東欧の社会主義国にも波及

1989年　ベルリンの壁崩壊

1990年　西ドイツが東ドイツを吸収→ドイツ統一実現

1991年　ソ連邦の消滅→独立国家共同体（CIS）

1992年　韓国とベトナムの国交回復

1993年　ヨーロッパ連合（EU）が発足

1995年　ベトナムが東南アジア諸国連合（ASEAN）に加盟→東南アジアの地域協力機構として定着

1997年　アジア通貨危機

(2) 冷戦の終結と民主化の進展

1 台湾　1987年　1949年以来の戒厳令解除

2 韓国　1993年　軍人出身でない金泳三大統領就任

3 中国　1989年　民主化運動を武力で弾圧（天安門事件）

(3) 湾岸戦争とPKO

1 （**㊽**　　　）…イラクのクウェート侵攻を契機　米英仏を中心とする多国籍軍が武力行使

→日本は多国籍軍に総計130億ドルの戦費支援

2 国際貢献

1992年　国連の平和維持活動（PKO）に参加するためのPKO協力法を成立（宮沢喜一内閣）

(4) 政界再編とバブル崩壊

1 細川護熙内閣…非自民8党派連立内閣→55年体制の崩壊　小選挙区比例代表並立制の導入

2 村山富市内閣…1995年村山談話発表→日本の植民地支配についてアジア諸国民への謝罪

3 バブル崩壊…1990年代に入って株価・地価の順に暴落→バブル経済は崩壊→平成不況

(5) 相次ぐ災害と日米安保の変化

1 1995年　阪神・淡路大震災　地下鉄サリン事件　→社会意識のゆらぎ

2 1996年　橋本龍太郎内閣　日米安保共同宣言→1997年「日米防衛協力のための指針」（新ガイドライン）

→1999年　新ガイドライン関連法（周辺事態法など，小渕恵三内閣）

3 2001年　小泉純一郎内閣→「聖域なき構造改革」　郵政民営化　日朝平壌宣言

2001年9月11日　同時多発テロ事件

4 2011年　東日本大震災→福島第一原子力発電所事故

(6) 地域紛争と世界経済

1 冷戦後，政治・軍事上のブロックではなく経済的な観点による地域協力

例　北米→北米自由貿易協定（NAFTA）※現在は米国・メキシコ・カナダ協定（USMCA）

南米→南米南部共同市場（MERCOSUR）

2 世界金融危機…アメリカのサブプライムローン問題による住宅バブルの崩壊→リーマン＝ブラザーズ破綻

〔解答〕❶冷戦　❷サンフランシスコ　❸世界人権　❹安全保障　❺ブレトン＝ウッズ　❻マッカーサー　❼幣原喜重郎　❽五大改革　❾日本自由党　❿民法　⓫教育基本法　⓬教育委員会　⓭過度経済力集中排除法　⓮1　⓯金融緊急措置令　⓰二・一ゼネスト　⓱労働組合法　⓲トルーマン＝ドクトリン　⓳マーシャル＝プラン　⓴コミンフォルム　㉑北大西洋条約機構（NATO）　㉒コメコン　㉓ベルリン　㉔核兵器　㉕ドッジ＝ライン　㉖台湾　㉗朴正熙　㉘日米安全保障　㉙自由民主党　㉚日ソ共同宣言　㉛ジュネーヴ休戦　㉜南ベトナム解放民族　㉝アフリカの年　㉞平和五原則　㉟非同盟諸国　㊱ニクソン　㊲サイゴン　㊳大躍進　㊴神武　㊵池田勇人　㊶公害対策基本　㊷日米相互協力及び安全保障（新安保）条約　㊸田中角栄　㊹福田赳夫　㊺第4次中東戦争　㊻中曽根康弘　㊼プラザ合意　㊽湾岸戦争

■ 問題演習

1 次に掲げる①〜⑥の時代に関連する各文の正誤を判定し，正文なら○，誤文なら×を記しなさい。

【①占領と民主改革】

(1) パリ会議で，国際連合憲章が採択された。 [ ]

(2) 国際連合は第二次世界大戦中，日本が降伏する前に発足した。 [ ]

(3) 日本の敗戦後，治安維持法が廃止された。 [ ]

(4) 日本本土も沖縄も，ともに連合国軍が間接統治下に置いた。 [ ]

(5) GHQは天皇制に関する言論の自由と政治犯の釈放などを要求したが，東久邇宮稔彦内閣はこれに対応できず総辞職した。 [ ]

(6) 吉田茂首相に対し，婦人参政権などの五大改革が指示された。 [ ]

(7) 社会主義者などの政治犯は釈放されたが，特別高等警察の活動は続いた。 [ ]

(8) 経済機構の民主化の一環として，独占禁止法が制定された。 [ ]

(9) 独占禁止法によりカルテルが禁止された。 [ ]

(10) 食糧管理法にもとづいて，大規模な農地改革が実施された。 [ ]

(11) 労働組合法が公布され，労働者の争議権が保障された。 [ ]

(12) 日本国憲法が公布され，天皇が主権者と規定された。 [ ]

(13) 民法が改正され，家督相続制が廃止された。 [ ]

(14) 地方自治法により，都道府県知事は住民の直接選挙で選ばれることになった。 [ ]

【②冷戦の開始と講和】

(15) アメリカ合衆国は，「封じ込め」政策の一環としてベルリン封鎖を行った。 [ ]

(16) ソ連による「ベルリンの壁」の構築は，冷戦のきっかけとなった。 [ ]

(17) アメリカ合衆国が，トルーマン＝ドクトリンを発表した。 [ ]

(18) アメリカ合衆国は，マーシャル＝プランを実施した。 [ ]

(19) 朝鮮戦争への国連軍の派遣は，安全保障理事会で否決された。 [ ]

(20) 在日米軍の朝鮮戦争への出撃後，GHQの指令により警察予備隊が設置された。 [ ]

(21) 日本国内では，アメリカ1国のみとの講和を唱える単独講和論がさかんに主張されたが，実現しなかった。 [ ]

(22) サンフランシスコ平和条約には，ソ連を含むすべての連合国が調印した。 [ ]

(23) 講和条約と同時に日米安全保障条約が結ばれて，アメリカの軍隊は引き続き日本にとどまることになった。 [ ]

(24) サンフランシスコ平和条約の締結交渉を有利に進めるため，日本は，フィリピンやインドネシアなどと賠償協定を結び，賠償を実施した。 [ ]

【③55年体制】

(25) 反核組織としてアジア＝アフリカ会議が結成された。 [ ]

(26) 平和五原則には，核兵器の禁止が盛り込まれた。 [ ]

(27) ベトナム戦争の結果，ベトナム社会主義共和国が成立した。 [ ]

(28) 自由民主党は，自由党と社会民主党が合同して結成された。 [ ]

(29) 日本とソ連との間では，1956年の日ソ平和条約で，戦争状態の終結と国交回復が実現した。 [ ]

(30) 日本は国際連合に加盟すると同時に，英米仏ソと並んで安全保障理事会の常任理事国になった。 [ ]

(31) ジュネーヴ四巨頭会談は米・英・仏・ソ連の首脳によるもので，世界的に「雪どけ」への期待を集めた。 [ ]

(32) ソ連がキューバにミサイルを配備したために，米ソ間の緊張が高まった。 [ ]

(33) 日本と大韓民国との間では，1953年の朝鮮休戦協定締結の年，国交が正常化したが，朝鮮民主主義人民共和国とは，国交のない状態が続いている。 [ ]

(34) ベトナム戦争のとき，ベトナム特需でうるおった日本では，在日米軍基地問題などとも関連して反戦運動が高まった。 [ ]

(35) 安保条約と新安保条約の調印の間の時期に，日本は核拡散防止条約に参加した。 [ ]

【④経済復興から高度経済成長へ】

(36) 朝鮮戦争による特需により，都市部の工場にも注文が来たが，政府は，平和憲法を根拠として軍需品生産の停止を命じた。 [ ]

(37) 石炭の供給確保のために池田勇人内閣は「日本列島改造論」を発表した。 [ ]

⑶　池田勇人内閣は，アメリカと交渉し，日米相互協力及び安全保障条約（新安保条約）に調印した。　［　］

⑶　1960年代には，民主社会党や公明党が結成され，野党の多党化が進んだ。　［　］

⑷　高度経済成長期には，アメリカなどの要求にもかかわらず農産物輸入の自由化が実施されなかったため，食料自給率が高まった。　［　］

⑷　住民運動が活発化するなか，美濃部亮吉が東京都知事に当選するなど，革新自治体が増加した。　［　］

⑷　貿易自由化・資本自由化にともない，国際競争力の強化を目的の一つとして，企業合併などの産業再編成がすすんだ。　［　］

⑷　第18回オリンピックが，東京で開催された。　［　］

⑷　池田勇人内閣が農業基本法を制定し，農工間所得格差の是正や農業経営の自立に努めた結果，専業農家は増加した。　［　］

⑷　農村の過疎化を防ぐために農業基本法が制定された。　［　］

⑷　公害反対運動の高まりを背景に，公害対策基本法が制定された。　［　］

【⑤「国際化」する経済大国】

⑷　冷戦の解消に向けて，1980年代に先進国首脳会議（サミット）が始まった。　［　］

⑷　日中共同声明にもとづいて，中国は日本の国際連合加盟を支持した。　［　］

⑷　ドル＝ショックによって，金とドルの交換が再開され，固定相場制への移行が行われた。　［　］

⑸　第4次中東戦争の勃発は，日本企業が不況から回復する一因となった。　［　］

⑸　イラクがクウェートに侵攻した結果，日本でも第2次石油危機が起こった。　［　］

⑸　日米構造協議を通じて，アメリカは日本の経済制度を批判した。　［　］

⑸　中曽根康弘内閣のとき，アメリカ合衆国の要請でドル高を修正するプラザ合意が成立した。　［　］

⑸　池田勇人内閣のときに，リクルート事件が起こった。　［　］

【⑥新たな世紀の日本へ】

⑸　ソ連のゴルバチョフがペレストロイカに着手すると，その影響は東欧の社会主義国に及んだ。　［　］

⑸　1995年にシンガポールが東南アジア諸国連合（ASEAN）に加盟した。　［　］

⑸　1989年，中国の天安門広場で民主化を求める運動がおこったが，政府によって弾圧された。　［　］

⑸　湾岸戦争がおこると，日本も米英仏を中心とする多国籍軍に参加し，自衛隊を派遣した。　［　］

⑸　海部俊樹内閣は，国連の平和維持活動に参加するためのPKO協力法を成立させた。　［　］

⑹　村山富市内閣は，日本の植民地支配についてアジア諸国民に謝罪する談話を発表した。　［　］

⑹　小泉純一郎内閣は新ガイドライン関連法を成立させるとともに，日朝平壌宣言を発表した。　［　］

⑹　冷戦後に進展した経済的な地域協力の例として，南米南部共同市場（MERCOSUR）がある。　［　］

2　(1)　日本の参加した国際会議・国際協定に関して述べた次の文Ⅰ〜Ⅲについて，古いものから年代順に正しく配列したものを，一番下の選択肢①〜⑥のうちから一つ選べ。

　　Ⅰ　急速な経済成長を背景として，経済協力開発機構（OECD）に加盟した。

　　Ⅱ　経済成長の減速に対応して，先進国首脳会議（サミット）がはじめて開催された。

　　Ⅲ　国際通貨基金（IMF）に加盟した。　［　］

(2)　1960〜70年代の出来事を述べた次の文Ⅰ〜Ⅲについて，古いものから年代順に正しく配列したものを，一番下の選択肢①〜⑥のうちから一つ選べ。

　　Ⅰ　石油危機への対応を協議するため，先進国首脳会議（サミット）がはじめて開催された。

　　Ⅱ　沖縄返還協定が調印され，翌年の協定発効をもって沖縄の日本復帰が実現した。

　　Ⅲ　東京オリンピックの開会にあわせて，東海道新幹線が東京・新大阪間で開通した。　［　］

《選択肢》

　　①　Ⅰ−Ⅱ−Ⅲ　　　②　Ⅰ−Ⅲ−Ⅱ　　　③　Ⅱ−Ⅰ−Ⅲ

　　④　Ⅱ−Ⅲ−Ⅰ　　　⑤　Ⅲ−Ⅰ−Ⅱ　　　⑥　Ⅲ−Ⅱ−Ⅰ

例題解説①—統計資料問題　　　右のQRコードから解説動画を視聴

①統計資料問題とは…

　統計資料（グラフや表など，数値を示した資料）から歴史的なできごとやその意味や特色，できごと相互の関係性などを読みとる問題。資料から得られる情報とすでに学んだ知識を関連付けて正解を出すことが求められる。

②統計資料を読み解くポイント（読み解きのコツ）
- ●選択肢の内容が資料のどの部分と対応しているかを，一つ一つ照らし合わせて検討しよう。
- ●その際，基礎知識が問われているのか，資料から読み取った内容が問われているのかを選択肢のなかで峻別することが大切。

例 題 １

　次の表１は，1885年から1930年までの鉄道（国鉄・民営鉄道）の旅客輸送と営業距離の推移を表したものである。表１に関して述べた文として**誤っているもの**を，後の①〜④のうちから一つ選べ。

Check｜ここで国鉄＜民営鉄道となっている

表１

	旅客輸送（千人）		営業距離（km）	
年	国鉄	民営鉄道	国鉄	民営鉄道
1885	2,637	1,409	360	217
1890	11,265	11,411	984	1,365
1900	31,938	81,766	1,626	4,674
1910	138,630	25,909	7,838	823
1920	405,820	116,007	10,436	3,172
1930	824,153	428,371	14,575	6,902

（近代日本輸送史研究会編『近代日本輸送史』により作成）

① 　1890年に民営鉄道の旅客輸送と営業距離が，国鉄の旅客輸送と営業距離を追い越した主な要因として，官営事業の払下げを受けた日本鉄道会社が設立されたことが挙げられる。

② 　1900年から1910年にかけて，国鉄の旅客輸送と営業距離が増加する一方，民営鉄道の旅客輸送と営業距離が減少した要因として，鉄道の国有化政策が挙げられる。

③ 　1910年から1930年にかけて，民営鉄道の旅客輸送が増加した要因として，大都市と郊外を結ぶ鉄道の発達や沿線開発の進展が挙げられる。

④ 　1920年から1930年にかけて，国鉄の営業距離が増加したきっかけの一つとして，立憲政友会内閣による鉄道の拡大政策が挙げられる。

（共通テスト日本史Ｂ 2022本試）

解 答 　①　→くわしい解説は解答解説p. 68参照

Point

「1890年に民営鉄道の旅客輸送と営業距離が，国鉄の旅客輸送と営業距離を追い越した主な要因」として，「官営事業の払下げを受けた日本鉄道会社が設立されたこと」が挙げられるかどうか。

◢STEP① 　「1890年に民営鉄道の旅客輸送と営業距離が，国鉄の旅客輸送と営業距離を追い越し」ているかどうかであるが，これは上の Check から正しいとわかる（＝読み取り）。

■STEP② その要因として「官営事業の払下げを受けた日本鉄道会社が設立されたこと」が正しいかどうか
を判断する。日本鉄道会社とは，1881年に華族の金禄公債をもとに設立された日本最初の民営鉄
道会社である。よって「官営事業の払下げを受けた」ものではないから誤りとなる。

例題 2

江戸時代に流通した小判の重量と金の成分比率の推移を示す次の図2を参考にして，江戸時代の小判について
述べた文として**誤っているもの**を，下の①〜④のうちから一つ選べ。なお金の成分比率（%）は，幕府が公定し
た品位による。

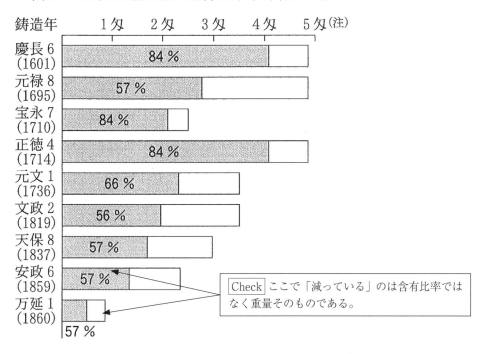

図2　小判の重量と金の成分比率（1両につき）

（桜井英治・中西聡編『新体系日本史12　流通経済史』により作成）

（注）　匁：重量の単位。1匁＝3.75 g

① 新井白石の意見により，幕府が鋳造した正徳小判は，重量も成分比率も，慶長小判と同じ水準に戻され
た。
② 幕府は必要に応じ，鋳造小判における金の成分比率を変化させたが，50%以下となることはなかった。
③ 元文小判の金の成分比率は，正徳小判よりは低く，後の時代よりは高かった。
④ 国内と海外の金銀比価が違ったため，開国後，幕府は小判の金の成分比率を減らして対応した。

（共通テスト日本史B 2021本試第1日程）

解答 ④　→くわしい解説は解答解説p.63参照

Point
「国内と海外の金銀比価が違った」のかどうか，「幕府は小判の金の成分比率を減らして対応した」のかどう
か。

■STEP① 「国内と海外の金銀比価が違った」のは，正しい。金：銀の比価が国内では1：5，海外では
1：15であった。これによって日本の金が海外に流出することになった。
■STEP② これに対して幕府がとった対応は，上の Check から「金の成分比率」を減らしたのではなく，
「小判の重量」そのものを減らしていることがわかる。

資料読解編

例題解説②―図版資料問題

①図版資料問題とは…

図版資料（地図や絵図，写真などの資料）から歴史的なできごとの起こった地域やそのときの情況など，具体的な情報を読みとる問題。資料から得られる情報とすでに学んだ知識を関連付けて正解を出すことが求められる。

②図版資料を読み解くポイント（読み解きのコツ）

　●基本情報を把握する（地図なら方位，絵なら描かれている人物や書き込まれている文字情報など）

　●すでに有している基礎知識を総動員して図版の意味を考えよう。

例 題 1

次の図3は，京都の市街地の南部に当たる下京を描いた部分である。この図と現代の地図（図4）を比較しながら，歴史と伝統の意味について考えてみよう。

京都には，古いものや伝統がよく残っているといわれる。四方を道路で囲まれた図3のαの範囲は平安京の一つの区画に当たり，平安時代にはここに貴族の邸宅があった。しかし，戦国時代には町屋が建ちならび，町人たちは，図3のβのように道路をはさんだ両側の町並みで一つの町をつくった。(c)人々の住み方や暮らし方に応じて，市街地の姿は変化してゆく。

また伝統は，人々の生活のなかに息づいてはじめて後世に伝わる。図3の上部に描かれた祇園祭（祇園御霊会）山鉾巡行は，現在にも引き継がれている。これは，図4の中に見える長刀鉾町，月鉾町などが，自治組織として，今でも山鉾を守っているからである。（後略）

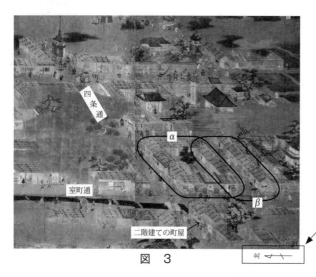

図　3

> Check ① 地図問題では方位を示す記号を必ず確認しよう！

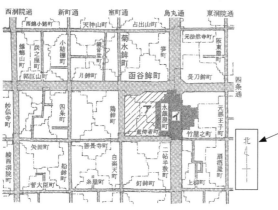

図　4

> Check ② 図4は図3を右回りに90度回転させた図だとわかる

74

問　下線部(c)に関連して述べた次の文a〜dについて，正しいものの組合せを，下の①〜④のうちから一つ選べ。
    a　図3のαの範囲は，図4のアの範囲に当たる。
    b　図3のβの範囲は，図4のイの範囲に当たる。
    c　図3では，菊水鉾町に小川が流れている。
    d　図3では，函谷鉾町に二階建ての町屋が建っている。
      ①　a・c　　　　②　a・d　　　　③　b・c　　　　④　b・d

（センター試験日本史B 2006追試）

解答 ①　→くわしい解説は解答解説p.56参照

Point
二つの図の向き（方角）が異なっている→「北」の方向を確認する。

■STEP①　図3（左が北）のαの範囲は室町通と四条通の交差する点の右上，つまり方角では南東であるとわかる。これを図4（上が北）に当てはめるとアになるβの範囲はその南に当たるのでイではない。

■STEP②　図3で小川が流れているのは四条通の北側の室町通り沿いである。よって図4では菊水鉾町であるとわかる。図3で二階建ての町屋があるのはαの地域の西であり，鶏鉾町である。

例題 2
　江戸城に登城した大名は，本丸御殿の玄関を入ると，定められた部屋で待機した。この待機する部屋を殿席という。次の図は，江戸城本丸御殿の模式図と，殿席の説明である。この図に関して述べた次の文X・Yについて，その正誤の組合せとして正しいものを，下の①〜④のうちから一つ選べ。

図　江戸城本丸御殿の模式図

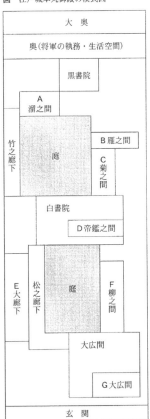

（深井雅海『江戸城』を基に作成）

(注)　空白部分には部屋などがあるが省略している。

＜殿席の説明＞
A溜之間
家門大名（主に松平を名乗る）と譜代大名に与えられた最高の殿席。会津藩松平家，彦根藩井伊家など。

B雁之間・C菊之間
主に幕府が開かれてから取り立てられた譜代大名の殿席。

D帝鑑之間
主に幕府が開かれる以前から仕えている古来からの譜代大名の殿席。

E大廊下
将軍家ゆかりの大名に与えられた特別待遇の殿席。三家（御三家）など。

F柳之間
位階が五位の外様大名の殿席。

G大広間
位階が四位以上の家門大名と外様大名の殿席。

X　大名の殿席は，外様大名よりも譜代大名のほうが，奥に近い場所を与えられていた。
Y　日米修好通商条約調印のときに大老をつとめた人物の家と，徳川斉昭の家とは，同じ殿席だった。

①　X　正　　　　Y　正
②　X　正　　　　Y　誤
③　X　誤　　　　Y　正
④　X　誤　　　　Y　誤
（共通テスト日本史B 2021本試第1日程）

解答 ②　→くわしい解説は解答解説p.59参照

Point
図の上が「奥」であることを確認→どのような大名が奥に殿席を設けられているか。

■STEP①　＜殿席の説明＞を参照し，譜代大名はA・B・C・Dの殿席を与えられており，外様大名はF・Gに与えられていることを確認する。

■STEP②　日米修好通商条約調印のときに大老をつとめた人物＝井伊直弼→彦根藩井伊家，徳川斉昭の家＝水戸徳川家→三家（御三家）→親藩というように具体化したのちにSTEP①で参照した＜説明＞にあてはめる。

資料読解編

例題解説③—文献資料問題

---

①文献資料問題とは…

　文字で書かれた資料（＝史料。新聞記事や論説，法や歴史書など）から，ある歴史的なできごとに対する具体的な人物のとらえ方や意見を読みとる問題。歴史的なできごとは立場によってとらえ方が異なることに注意して先入観なく読み解いていこう。

②文献資料を読み解くポイント（読み解きのコツ）

　●基本情報を把握する（その史料の著者，著作物のタイトル，出版・発表された年代など）
　●筆者（制度）が具体的に何についてどう思っている（どう規定している）のかを丁寧に把握しよう

例 題 1

　次の**史料1**は1500年に室町幕府が京都で発布した撰銭令である。また，後の**史料2**は1485年に大内氏が山口で発布し，1500年においても有効だった撰銭令である。**史料1・2**によって分かることに関して述べた後の文a〜dについて，最も適当なものの組合せを，後の①〜④のうちから一つ選べ。

史料1

商売人等による撰銭の事について

近年，自分勝手に撰銭を行っていることは，まったくもってけしからんことである。日本で偽造された私鋳銭については，厳密にこれを選別して排除しなさい。永楽銭・洪武銭・宣徳銭は取引に使用しなさい。

（『建武以来追加』大意）

> Check ① 「排除してはならない」「使用しなさい」はそれぞれ「どのようなこと」を命令しているのか？

> Check ② 使用禁止の銭は一致していない

史料2

利息付きの貸借や売買の際の銭の事について

永楽銭・宣徳銭については選別して排除してはならない。さかい銭[注1]・洪武銭・うちひらめ[注2]の三種類のみを選んで排除しなさい。

（『大内氏掟書』大意）

（注1）　さかい銭：私鋳銭の一種。
（注2）　うちひらめ：私鋳銭の一種。

a　使用禁止の対象とされた銭の種類が一致していることから，大内氏は室町幕府の規制に従っていたことが分かる。

b　使用禁止の対象とされた銭の種類が一致していないことから，大内氏は室町幕府の規制に従ってはいなかったことが分かる。

c　永楽通宝は京都と山口でともに好んで受け取ってもらえ，市中での需要が高かったことが分かる。

d　永楽通宝は京都と山口でともに好んで受け取ってもらえず，市中での需要が低かったことが分かる。

　　①　a・c　　　　　②　a・d　　　　　③　b・c　　　　　④　b・d

（共通テスト日本史B 2023本試）

解答　④　→くわしい解説は解答解説p.55参照

Point

出典をチェックし，**史料1**が『建武以来追加』→幕府法，**史料2**が『大内氏掟書』→大内氏の分国法であることを確認→使用禁止の対象と永楽通宝の扱いについて比較する。

■STEP①　**史料1**で禁止されている銭の種類と**史料2**で禁止されている銭の種類を比較する。
■STEP②　Check ①の意味を考える。「使用しなさい」→現時点で使用されていない，「排除してはならない」→現時点で排除されている。→つまりともに「現時点で使用されていない」ことがわかる。

例題 2

アキコさんは，1915年に行われた中国政府への二十一か条の要求に関して，吉野作造が書いた次の**史料**を紹介した。この史料に関して述べた後の文X・Yについて，その正誤の組合せとして正しいものを，後の①〜④のうちから一つ選べ。

史料

・予一己の考では，仮に我国が第五項の要求事項を削らなかつたとしても，英国は別段八釜(やかま)しい異議は唱へなかつたらうと思ふ。(中略)之等(これら)の点を合はせ考ふると，英国が多少の譲歩を日本に致すといふことは，決して望み得ないことではない。←── Check②

・予は今度の対支要求は，皮相的に見れば，或(あるい)は支那(注)の主権を侵害し，或は支那の面目を潰したやうな点もあるが，帝国の立場から見れば，大体に於(おい)て最小限度の要求である。

(『日支交渉論』)

(注) 支那：当時用いられた中国の呼称。

Check ① この要求は日本の立場からすれば最小限度のものである＝過大な要求をしようと思えばできるのにしていない

X　吉野作造は「今度の対支要求」に否定的ではない。
Y　吉野作造はイギリスの日本に対する不信感が高まることを心配している。

① X　正　　　Y　正
② X　正　　　Y　誤
③ X　誤　　　Y　正
④ X　誤　　　Y　誤

(共通テスト日本史B 2022追試)

解答　②　→くわしい解説は解答解説p.69参照

Point
吉野作造は二十一か条の要求に対してどのような意見をもっているか。

■ STEP①　Check ① を読み解く。→表面上は中国の主権を侵害したむきもあるが，日本の立場からすれば最小限度の要求にとどめた。→否定しているわけではないことをよみとる。
■ STEP②　Check ② を読み解く。→第五項(日本人顧問の採用)を削除しなかったとしてもイギリスは異議を唱えなかっただろう，イギリスからの譲歩も望めないわけではない。→日本に対する不信感が高まるとはいえないことをよみとる。

1 歴史総合の授業で，「近代化と身体」という主題を設定し，各班で発表をまとめた。二つの班の発表について述べた次の文章**A・B**を読み，後の問い（問1～8）に答えよ（資料には，省略したり，現代日本語に訳すなど改めたりしたところがある）。

A 山田さんの班は，日本の近代化を進めた人物の一人として，薩摩藩出身で初代文部大臣にもなった森有礼（1847～89）に注目した。そのなかで，1876年に清の李鴻章（1823～1901）との間でおこなわれた服装についての対談の史料が手に入った。山田さんはその会話の一部を要約したものを以下にまとめた。

李鴻章：近年，貴国でおこなわれていることはほとんど称賛すべきものばかりである。しかし，一つだけそうでないものがあるのは，貴国が旧来の服装を変えてヨーロッパ風を模倣したことである。

森有礼：その理由はとても簡単で，…そもそもわが国旧来の衣服のしきたりというものは，…ゆったりとして気持ちがよく，何もせずに，遊び暮らす人には非常に適しているが，多くの仕事にいそしむ人にはまったく適さない。昔ならともかく，今日の世の中には非常に不便である。このため，ふるいしきたりを改め新しい制度を用いたのであるが，わが国においてすくなからず役に立っている。

李鴻章：そもそも衣服のしきたりは，人に祖先の遺志を追憶させるものの一つであり，その子孫においては，これを尊重し，後世まで保存すべきことである。

森有礼：…今を去ること一千年前にも，我が祖先は貴国の服装に自分たちより優れたところがあるのを見て，これを採用した。何であれほかの善いところを模倣するのはわが国の美風といえる。

李鴻章：貴国の祖先が我が国の服装を採用したのは最も賢いことである。わが国の服は織るのにとても便利で，貴国内の産物でつくることができる。現在のヨーロッパの服装を模倣するような莫大で無駄な費用が不要である。

森有礼：そうであっても我々からみれば貴国の衣服は，洋服が便利であることに比べればその半分にも及ばない。頭髪は長くたれ，靴は大きくて粗く，ほとんどわが国の人民に適さない。このほかにも貴国のいろいろなことが我々に適しているとは思えない。しかし，洋服はそうではない。…勤労により富むことを望むがゆえに古きを捨て，新しきを導入し，現在，費用をかけているのは将来に無限の成果があることを期待しているからである。

李鴻章：しかし，閣下は貴国が旧来の衣服のしきたりを捨ててヨーロッパ風にならい，貴国の独立の精神をヨーロッパの支配に委ねたことに少しでも恥じることはないのか。

森有礼：少しも恥じることがないのみならず，我々はかえってこの変革を誇りに思う。決して他から強制されたわけではなく，わが国自身が好むところだからだ。とくにわが国は古くより，アジア・アメリカその他いずれの国であっても，長所があればわが国に導入することを望むのである。

李鴻章：わが国においては決してそのような変革をおこなうことはないだろう。ただし，(a)兵器・鉄道・電信その他の機械などは必需品であり，彼らの最も長じているところであるので，これを外国から導入せざるを得ない。

問1 山田さんらはこの会話を通して読み取ることができる李鴻章と森有礼それぞれの考え方を議論した。それぞれの考え方を説明した次の文**あ・い**について，その正誤の組合せとして正しいものを，後の①～④のうちから一つ選べ。

あ 森有礼は，日本では自国の発展のために他国のすぐれた文物を取り入れることは古くから行われてきたと考えている。

い 李鴻章は，伝統的な中国文明が本体であり，西洋文明は利用すべき技術にすぎないという考え方を否定している。

① **あ**－正　　**い**－正
② **あ**－正　　**い**－誤
③ **あ**－誤　　**い**－正
④ **あ**－誤　　**い**－誤

問2　下線部ⓐに関連して，兵器・鉄道・電信とその影響について述べた文として適当なものを，次の①〜④のうちから一つ選べ。

① オスマン帝国では，伝統的軍隊を廃止して軍事的な西洋化を進める洋務運動が行われた。
② 長崎〜上海，長崎〜ウラジオストクに海底通信ケーブルが引かれた。
③ ロシアによるシベリア鉄道の建設発表により，アメリカと日本の間で条約改正交渉が進展した。
④ 南満洲鉄道の利権をめぐって，日本とイギリスの関係が悪化した。

問3　山田さんの班は，森有礼が初代文部大臣を務めたことに関連して，教育が近代化に与えた側面も探究しようと先生に相談した。先生は以下の**資料ア**・**資料イ**を示した。二人はこれらの資料に関して，共通して読み取れることとその背景について考えたことを以下の**メモ**にまとめた。二人は，さらに学習を深めるために後の**あ**・**い**の事柄から考えてみることにした。**あ**・**い**と，それぞれに関連する文**W**〜**Z**との組合せとして正しいものを，後の①〜④のうちから一つ選べ。

資料ア

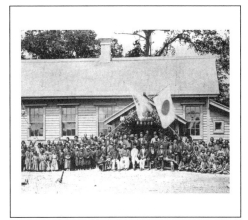

アイヌ学校の開校式のようす（北海道大学附属図書館蔵，1880年頃）

資料イ

アメリカ国旗を前に「忠誠の誓い」を暗唱する生徒たち（1899年）

メモ

【2つの資料から読み取れること】
・国旗をかかげることで，国民意識や愛国心を養おうとしている。
【資料の背景】
・**資料ア**の背景として，日本はアイヌ民族への同化政策を進めていたことがあげられる。
・**資料イ**の背景として，アメリカでは移民の増加にともなって人々の不満が増加していたことがあげられる。

事柄
　あ　1899年に北海道旧土人保護法が制定された。
　い　1882年に中国人移民排斥法が制定された。

関連する文
　W　このころすでに，樺太在住のアイヌ民族を北海道に移住させていた。
　X　アイヌの社会的地位向上のため，謝花昇が民権運動を開始した。
　Y　これ以降，産業革命の進展によって労働力需要も減退した。
　Z　この法律が制定されたあとは中国人に代わって日本人の移民が増加した。

① あ−W　　い−Y　　② あ−W　　い−Z
③ あ−X　　い−Y　　④ あ−X　　い−Z

問4　森有礼は大日本帝国憲法の制定にも深くかかわった。山田さんは立憲主義に興味を持ち，立憲主義に関する大日本帝国憲法以外の3つの**史料**に注目した。**史料**について説明した文として**適当でないもの**を，後の①〜④のうちから一つ選べ。

史料1

> …いかなる形態の政府であれ，政府がこれらの目的に反するようになったときには，人民には政府を改造または廃止し，新たな政府を樹立し，人民の安全と幸福をもたらす可能性が最も高いと思われる原理をその基盤とし，人民の安全と幸福をもたらす可能性が最も高いと思われる形の権力を組織する権利を有する…

史料2

> 第1条　人間は自由かつ権利において平等なものとしてうまれ，そうあり続ける。社会的区別は，共通の利益にのみもとづいて設けることができる。
> 第3条　あらゆる主権の根源は，本質的に国民にある。いかなる団体も，いかなる個人も，明白に国民に由来するものでない権限を行使することはできない。

史料3

> ここに主権が国民に存することを宣言し，この憲法を確定する。そもそも国政は，国民の厳粛な信託によるものであつて，その権威は国民に由来し，その権力は国民の代表者がこれを行使し，その福利は国民がこれを享受する。これは人類普遍の原理であり，この憲法は，かかる原理に基くものである。

①　**史料2**はイギリスで採択された宣言である。
②　ここにかかげられている史料は，すべてが革命権について言及しているわけではない。
③　**史料1〜3**のうち，最初に出されたのは**史料1**である。
④　ここにかかげられている史料には，19世紀に出されたものはない。

B　吉岡さんの班は，「近代化と身体」の主題への探究を深めるために，過去に行われたオリンピックに注目して，1948年までの大会と関連するメモを年表にまとめた。

開催年	開催地	開催国	メモ
1896	アテネ	ギリシャ	14カ国が参加　男子のみ
1900	パリ	フランス	万国博覧会の付属競技会として開催　女子も参加
1904	セントルイス	アメリカ	地元アメリカが圧倒的な成績をおさめた
1908	ロンドン	イギリス	X
1912	ストックホルム	スウェーデン	日本が初参加
1916	ベルリン	ドイツ	ⓑ第一次世界大戦のため中止
1920	アントワープ	ベルギー	日本が初めてメダルを獲得
1924	パリ	フランス	日本からは©外交官も出場した
1928	アムステルダム	オランダ	聖火台が設置された　初の日本人女性選手出場
1932	ロサンゼルス	アメリカ	日本で試合の模様を伝えるラジオが放送された
1936	ベルリン	ドイツ	Y
1940	東京→ヘルシンキ	日本→フィンランド	第二次世界大戦のため中止
1944	ロンドン	イギリス	第二次世界大戦のため中止
1948	ロンドン	イギリス	ⓓ初参加の国が多いなかで，ある3国は不参加

問5　吉岡さんは，上の年表の空欄　X　，　Y　についてのメモを記した付箋を紛失してしまった。空欄　X　に入る文あ・いと，空欄　Y　に入る文う・えの組合せとして正しいものを，後の①〜④のうちから一つ選べ。

X　に入る文
あ　ニュージーランドがオーストラリアとの合同チームで出場した
い　ニューヨーク証券取引所でおこった株価の大暴落による恐慌で職を失った人たちがスタジアムに集まってデモをした

Y　に入る文
う　このとき，継続されていた人種差別政策が一時凍結された
え　このとき，日本では政党内閣が続いていた

①　あ・う　　　　②　あ・え　　　　③　い・う　　　　④　い・え

問6　下線部ⓑに関連して，吉岡さんは各国の植民地の領有規模に関する表を得，この表について考えたことを班員で話し合い，メモにまとめた。3人のメモの正誤について述べた文として最も適当なものを，後の①〜④のうちから一つ選べ。

表
（面積単位：100万km²　人口単位：100万人）

	植民地				本国（宗主国）	
	1876年		1914年		1914年	
	面積	人口	面積	人口	面積	人口
イギリス	22.5	251.9	33.5	393.5	0.3	46.5
ロシア	17.0	15.9	17.4	33.2	5.4	136.2
フランス	0.9	6.0	10.6	55.5	0.5	39.6
ドイツ	—	—	2.9	12.3	0.5	64.9
アメリカ	—	—	0.3	9.7	9.4	97.0
日本	—	—	0.3	19.2	0.4	53.0
6大国合計	40.4	273.8	65.0	523.4	16.5	437.2

嶋田さんのメモ

1876年の時点ではドイツ・アメリカ・日本は3国とも植民地を有していないが，いずれの国もすでに産業革命が進行しつつあった。

青山さんのメモ

表によると，アフリカ分割をめぐって協商を結んだ両国のうち，ロシアとイランでの勢力範囲を定めたある国のほうが植民地の面積は大きい。

桜田さんのメモ

1914年の時点で本国の面積が大きければ大きいほど，植民地の面積は小さいという関係が成り立つ。

① 嶋田さんのメモのみが正しい。
② 青山さんのメモのみが正しい。
③ 桜田さんのメモのみが正しい。
④ 全員のメモが正しい。

問7 下線部ⓒに関連して，吉岡さんはこの外交官は岡崎勝男（1897〜1965）という人物であることをつきとめた。彼は1949年から1955年まで衆議院議員を務め，吉田茂内閣では外務大臣も務めた人物である。彼の衆議院議員在職中における日本や世界のできごととして適当なものを後の①〜④のうちから一つ選べ。
① 日本軍が中国東北部での鉄道爆破事件を口実に軍事行動を開始した。
② ソ連のミサイル基地建設計画によって，米ソ間の戦争が危惧された。
③ アメリカの水爆実験により，日本の漁船が被害を受けた。
④ 日本はサンフランシスコ平和条約に調印し，すべての関係国との完全講和を実現した。

問8 下線部ⓓに関連して，吉岡さんの班ではこのことに関する仮説をメモにまとめた。メモ中の空欄 ア ・ イ に入る語句の組合せとして正しいものを，後の①〜④のうちから一つ選べ。

メ モ

第二次世界大戦後にイギリスから独立した ア ，セイロンを含む多くの国が初参加する一方，ある3国は不参加だった。そのうちの2国は日本とドイツで，ともに連合軍の占領下であったため，招待されなかったのではないか。その一方， イ が不参加だったのは当時の国際情勢が関係しているかもしれない。

① ア－ビルマ　　　イ－日本統治下にある韓国
② ア－レバノン　　イ－社会主義国であるソ連
③ ア－ビルマ　　　イ－社会主義国であるソ連
④ ア－レバノン　　イ－日本統治下にある韓国

（本書オリジナル）

2 「歴史総合」の授業で，世界の諸地域における大衆化について，それぞれ主題を設定して各班で発表をまとめた。二つの班の発表について述べた次の文章A・Bを読み，後の問い（問1〜8）に答えよ。（資料には，省略したり，改めたりしたところがある。）

A　たかしさんの班は，歴史上の女性の権利とその獲得のための運動に関心を持ち，これについて調べることにした。以下はその準備のためのたかしさんときよみさんとの会話である。

たかし：「女性の権利の獲得」といったとき，まず思い浮かぶのは女性参政権だね。
きよみ：確かに，参政権がわかりやすいかもしれないけれど，それ以外にも女性の権利は歴史的に男性に比べて抑圧されることが多かったよ。
たかし：確かにそうだね。ということは女性参政権を求める運動よりも前に，「女性の権利の獲得」をめざす運動というものも存在したのかな。
きよみ：たとえばオランプ゠ドゥ゠グージュの「女性の権利宣言」が有名ね。

資料1

<table>
<tr><td colspan="2" align="center">女性の権利宣言</td></tr>
<tr><td>前文</td><td>母親・娘・姉妹たち，国民の女性代表者たちは，国民議会の構成員となることを要求する。そして，女性の諸権利に対する無知，忘却または軽視が，公の不幸と政府の腐敗の唯一の原因であることを考慮して，女性の譲り渡すことのできない神聖な自然的権利を，厳粛な宣言において提示することを決意した。…</td></tr>
<tr><td>第1条</td><td>女性は，自由なものとして生まれ，かつ，権利において男性と平等なものとして存在する。社会的差別は，共同の利益に基づくのでなければ，設けることができない。</td></tr>
<tr><td>第6条</td><td>法律は，一般意志の表明でなければならない。すべての女性市民と男性市民は，みずから，またはその代表者によって，その形成に参加する権利をもつ。法律はすべての者に対して同一でなければならない。…</td></tr>
<tr><td>第10条</td><td>…女性は，処刑台にのぼる権利をもつ。同時に，女性は，その意見の表明が法律によって定められた公の秩序を乱さない限りにおいて，演壇にのぼる権利をもたなければならない。</td></tr>
<tr><td>第11条</td><td>思想および意見の自由な伝達は，女性の最も貴重な権利の一つである。それは，この自由が，子どもと父親の嫡出関係を確保するからである。したがって，すべての女性市民は，法律によって定められた場合にその自由の濫用について責任を負うほかは，野蛮な偏見が真実を偽らせることのないように，自由に，自分が貴方の子の母親であるということができる。</td></tr>
<tr><td>第13条</td><td>公の武力の維持および行政の支出のための，女性と男性の租税の負担は平等である。女性は，すべての賦役とすべての役務に貢献する。したがって，女性は（男性と）同等に，地位・雇用・負担・位階・職業に参加しなければならない。</td></tr>
<tr><td>第17条</td><td>財産は，結婚していると否とにかかわらず，両性に属する。財産（権）は，そのいずれにとっても，不可侵かつ神聖な権利である。…</td></tr>
</table>

たかし：**資料1**がその女性の権利宣言だね。これを読むと，単に「男性と同等の権利を得る」という主張と同時に，⒜家父長制的な男性の支配を批判しているのがわかるね。
きよみ：まさにその意味で，グージュは女性解放運動の先駆けといわれるの。

問1　下線部⒜について，上記の資料の条文のうち，家父長制的な男性の支配を批判している条文として最も適当なものを，後の①〜④のうちから一つ選べ。
①　第13条
②　第11条
③　第10条
④　第1条

問2 次にたかしさんは，日本における女性解放運動に関して，以下の**資料2**を見つけた。**資料2**は1911年に創刊されたある雑誌の「発刊の辞」である。

資料2

元始，女性は実に太陽であった。真正の人であった。
今，女性は月である。他に依っていき，他の光によって輝く，病人のような蒼白い顔である。
さてここに『青鞜』は初声を上げた。
現代の日本の女性の頭脳と手によって始めてできた『青鞜』は初声を上げた。
女性のなすことは今はただ嘲りの笑を招くばかりである。
私はよく知っている，嘲りの笑の下に隠れたる或ものを。

(1) **資料2**について，この雑誌の創刊に携わった人物**あ・い**と，その人物の説明**X・Y**の組合せとして正しいものを，後の①～④のうちから一つ選べ。

雑誌の創刊に携わった人物
　　あ　平塚らいてう
　　い　津田梅子

人物の説明
　　X　市川房枝らとともに新婦人協会を結成した。
　　Y　アメリカへと留学した後，女子英学塾を設立した。

　　① あ－X
　　② あ－Y
　　③ い－X
　　④ い－Y

(2) たかしさんは，「青鞜」の語源が18世紀なかばのロンドンでモンターギュ夫人のサロンに集まって議論した女性たちが履いていた「ブルーストッキング」に由来するものであることをつきとめた。18世紀なかばのできごととして適当なものを後の①～④から一つ選べ。
　　① アジアで初めての共和国が成立した。
　　② 「代表なくして課税なし」として印紙法が撤回された。
　　③ 社会問題を解決するため「科学的社会主義」が提唱された。
　　④ ある国の首相が富国強兵策を推進して「鉄血政策」を行った。

問3　きよみさんは，同じ班のよしえさんと「国際女性デー」に注目し，調べたことを**パネル1**にまとめた。また，女性参政権の実現した国と年代を表した**パネル2**も作成した。空欄　ア　に入る語句**あ・い**と，2つのパネルを比較して類推できる事柄**X・Y**との組合せとして正しいものを，後の①～④のうちから一つ選べ。

パネル1

◆国際女性デー関連年表
・1908年　ニューヨークで縫製労働者のストライキにおいて，女性が労働条件の改善を訴える
・1909年　アメリカで初めて記念行事を行う
・1910年　コペンハーゲンで開催された第2インターナショナルの「女性会議」で「女性の完全な政治的自由と平等，平和維持のために戦う日」に指定
・1917年　ロシアでの　ア　のあとにレーニン率いるソヴィエト政権が，女性に男性と平等な参政権を与えた

パネル2

◆主な女性参政権の実現
・1893年　ニュージーランド
・1906年　フィンランド
・1915年　デンマーク
・1917年　ロシア（ソヴィエト政権）
・1919年　ドイツ・オランダ
・1920年　アメリカ
・1934年　トルコ
・1944年　フランス
・1945年　日本・イタリア

ア　に入る語句
あ　血の日曜日事件　　　**い**　十月（十一月）革命

パネル1および**パネル2**から類推できる事柄
X　資本主義諸国の多くが第一次世界大戦後に女性参政権を認めたのは，社会主義に対抗する意味もあった。
Y　第二次世界大戦の敗戦国は，戦後に至るまで女性参政権を付与しなかった。

① 　あ－X
② 　あ－Y
③ 　い－X
④ 　い－Y

B　たつやさんの班は，日本や世界の社会とメディアの関係に関心を持ち，さまざまな資料を入手した。

問4　たつやさんはまず，教育とメディアの関係に注目して，旧制中学校の生徒数と朝日新聞の発行部数をあらわした**資料3**のグラフを得た。たつやさんの班では，ここから考えたことをメモにまとめた。3人のメモの正誤について述べた文として最も適当なものを，後の①～④から選べ。

資料3

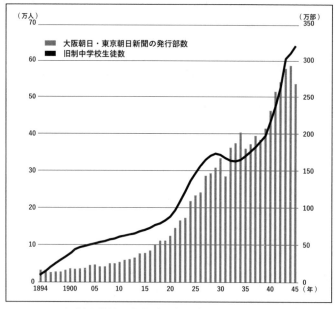

旧制中学校の生徒数と朝日新聞の発行部数

たつやさんのメモ

旧制中学校の生徒数がはじめて20万人を超える頃には，女性の地位向上を主張する団体や部落解放を訴える団体が結成されるなど社会運動が展開された。

りきさんのメモ

旧制中学校の生徒数は一時的に減少することがあったが，これは北京郊外での日中両軍の衝突によって事実上の戦争が始まったことによる。

さゆりさんのメモ

この新聞の発行部数がはじめて100万部を超えた頃，アメリカでは世界恐慌への対策としてニューディール政策が推進された。

①　たつやさんのメモのみが正しい。
②　りきさんのメモのみが正しい。
③　さゆりさんのメモのみが正しい。
④　全員のメモが正しい。

問5　たつやさんの班では，次に新聞と大衆運動，そしてナショナリズムとの関係に関心を持った。そしてアメリカへの日本人移民をめぐる問題に着目し，これに関する日米双方の新聞の報道のあり方を調べ，これを以下のパネル3・4にまとめた。このパネルを参考に，移民法成立の背景として考えられる事情について述べた文あ・いと，日本での影響として考えられる事情について述べた文X・Yとの組合せとして正しいものを，後の①～④のうちから一つ選べ。

パネル3

◆アメリカでの報道とその背景
・日本人移民は19世紀末頃から激増しており，当初は歓迎されていた
・白人の日本人労働者に対する反発から，現地の大衆紙の扇動もありサンフランシスコでは日本人学童が排斥された
・1924年には日本人の移民を事実上禁止する移民法が成立した
・アメリカにおける排外主義はその後もしばらく続いた

パネル4

◆日本での報道とその影響
・1924年，東京・大阪の主要新聞社19社はアメリカの反省をもとめる共同宣言を発表した
・さらに新聞では，米英に追随する外交路線の転換，中国との関係改善をもとめる主張がみられた
・美濃部達吉はこれに関連して「このような状況になったのは政府の罪でも外交官が悪いのでもない。つまるところ日本とアメリカの国力の差である」と述べている
・その後，日本ではアメリカ以外の移民先への移民が増加した

移民法成立の背景として考えられる事情
　あ　日露戦争後の日本の躍進を警戒する風潮が広汎化していた。
　い　ハワイやフィリピンをめぐって日米の対立が激化していた。

日本での影響として考えられる事情
　X　日本は満洲に農民を入植させる満洲開拓移民を開始した。
　Y　日本政府は，英米との協調路線を継続したが，批判の声はあがらなかった。

①　あ－X
②　あ－Y
③　い－X
④　い－Y

問6　たつやさんの班は日本における普通選挙運動に関する言論に関心をもち，次の**資料4～資料6**の立場の異なる3つの資料を得た。これらの資料の内容や背景について述べた文として適当なものを，後の①～④のうちから一つ選べ。

資料4

> もし全国民がみな平等の能力をもって，平等の資格を有するのであれば，全国民に平等に選挙権を与えてすべての議員が等しく全国民から公選されるのが最も正当ですが，しかし実際は国民は決して平等ではありません。その家柄や財産，学識，経験，そして社会における人望などによって千差万別で，実際はきわめて不平等なのです。この実際上の不平等を無視して，全国民を平等なものとして扱い，平等に選挙権を与えたとしても，そこから公選された議員は決して適当な代表者とはいえないのです。
>
> （美濃部達吉『憲法講話』，1912年）

資料5

> 現代立憲政治の運用にあたっては，実は…それほど高度な能力を選挙権者に求めているわけではない。では，どれほどの能力が必要かといえば，…選挙権者が，その権利を行使するにあたって，各候補者の言論を聞いて，そのなかのだれがより真理を含むかの判断をし，またかねてからの見聞にもとづいて各候補者の人格を比較して，そのなかのだれがより信頼できるかの判断を誤らなければよい。積極的に政治上の意見を立てる能力までは必要ないのである。つまりは，きわめて平凡な常識で足りる。これくらいのことなら，今日の国民ならだれでもできるだろう。…そうであるから，選挙制度は原則として必ず普通選挙であるべきだというのは，一目瞭然のことだ。
>
> （吉野作造『普通選挙論』，1919年）

資料6

> …しかし今回の選挙で一票を入れられるのは，みなさんのお父さん，恋人，お兄さん，お子さんや運転手，店員などすべて男性だけです。…いくらお母さんでも，学校の校長さんでも，院長さんでも，女ではだめです。
> …もっとも，女が一票もったとして何にもならないではないかとおっしゃる方がいるかもしれません。しかし男と同様に女も一票もっているということになれば，第一に女の値打ちが上がります。女だというので男から馬鹿にされることが少なくなります。また，一票の手前，女自身もうっかりしていられなくなります。それに一票持っていると，現在女にとって不都合な法律…を改正することができやすくなります。
> …だからどうしても女も一票もつ必要があります。
>
> （市川房枝「婦選運動十三年」，1932年）

①　**資料4～6**はいずれもイギリスで女性参政権が与えられてから発表されている。
②　**資料4～6**にみえる人物のなかには女性参政権と治安維持法改正を求め，新婦人協会を組織した人物がいる。
③　**資料4**と**資料5**は，選挙権をもつために必要な能力についての考え方に差異がある。
④　**資料6**以外の資料は女性参政権を否定しているといえる。

88

問7　たつやさんはさらに選挙権の拡大に着目して学習を進め，次の1945年以前のある時期における選挙ポスター（資料7）と，1945年の衆議院議員選挙法の改正の際の附則（資料8）を得，班員全員でこの2つの資料からわかることを話しあった。空欄　イ　～　エ　に当てはまる語句の組合せとして正しいものを，後の①～④のうちから一つ選べ。

資料7　1945年以前のある時期の選挙ポスター

「労働者・小売商人・月給取の一票」

資料8　1945年法律第42号「衆議院議員選挙法」の改定の附則

「戸籍法ノ適用ヲ受ケザル者ノ選挙権及被選挙権ハ当分ノ内之ヲ停止ス」

たつや：まず資料7についてなのだけれど，これはいつの選挙のポスターだろうか。
り　き：候補者名の両脇にある文言から，この政党は　イ　政党みたいだね。だとすると少なくとも1925年の選挙法改正後であることはわかるんじゃないかな。
さゆり：なるほどね。ところで資料8についてはどうかな。私はこの戸籍法について調べてみたのだけれど，在日台湾人・朝鮮人には日本国籍は付与されたけれど，戸籍法では除外されたらしい。
たつや：この条文は1945年の衆議院議員選挙法改正で女性参政権が付与される一方，植民地出身者の選挙権は剥奪されたということなんだね。
り　き：この法律が制定されたのが　ウ　ということと，以前の　エ　という状況を比較して考えれば，1945年以前と以後では大日本帝国の「臣民」の範囲が恣意的に改変されていることがわかるね。

① イ－資本家や地主など資産を有する人びとの利害を代表する
　 ウ－大韓民国が成立する前
　 エ－朝鮮や台湾にも徴兵令が敷かれた

② イ－資産がなく労働賃金のみで生活する人びとの利害を代表する
　 ウ－三・一独立運動の前
　 エ－民族自決の原則が提唱された

③ イ－資本家や地主など資産を有する人びとの利害を代表する
　 ウ－三・一独立運動の前
　 エ－民族自決の原則が提唱された

④ イ－資産がなく労働賃金のみで生活する人びとの利害を代表する
　 ウ－大韓民国が成立する前
　 エ－朝鮮や台湾にも徴兵令が敷かれた

問8 たかしさんの班とたつやさんの班はそれぞれ中間発表を行い，お互いの班の関心に共通するものがあることから，今後，共同で探究作業にあたることとした。問1～7でみた考察の内容をみて，共同で探究するための課題**あ・い**と，それぞれについて探究するために最も適当と考えられる資料**W～Z**との組合せとして正しいものを，後の①～④のうちから一つ選べ。

共同で探究するための課題

あ マス・メディアが国民意識の高まりにどのように関与したか。

い マス・メディアが平等主義の形成にどのように関与したか。

探究するために最も適当と考えられる資料

W アメリカ合衆国におけるラジオの販売台数の推移を示した統計と，自動車の売上台数の推移を示した統計

X 植民地において宗主国が製作した映画の興行収入の推移を示した統計と本国で行われた新聞報道の内容

Y 社会運動を展開する団体の発起人や構成員に占める新聞関係者の割合

Z 社会運動を抑制するための法律の条文の変遷

① **あ**-W   **い**-Y
② **あ**-W   **い**-Z
③ **あ**-X   **い**-Y
④ **あ**-X   **い**-Z

（本書オリジナル）

3 歴史総合の授業で，世界の諸地域における感染症の流行とグローバル化をテーマに資料を基に追究した。次の文章A～Cを読み，後の問い（**問1～7**）に答えよ。（資料には，省略したり，改めたりしたところがある。）

A　ある小説を読んだ生徒が，そのことについて先生と話しをしている。

鈴　木：先日，フランス人のユーゴーが書いた『レ・ミゼラブル』を読みました。

先　生：1862年に刊行された，フランスを舞台にした人道や宿命がテーマの物語ですね。どうでしたか。

鈴　木：ストーリーはもちろん感動的で面白かったのですが，私はとくに彼の下水道の描写に感銘を受けました。下水道に流れる人の糞尿は農作物の肥料として最上級ですが，不潔な下水道は感染症の原因となる細菌がたくさんあって…

先　生：着眼点が素晴らしいですね。パリの下水道が見事に複眼的に描かれています。でも，この小説が発表されたときにはその下水道はきれいに整備されていたのですよ。

鈴　木：え，それはどうしてでしょうか。

先　生：1826年から1837年に，ある病気が大流行します。それによって，下水道の整備が始まったのです。

鈴　木：それは，コレラでしょうか。

先　生：その通り。インドのベンガル地方で発生したコレラはこの時は2回目の大流行だったのですが，その推定される感染経路がこの地図に記されています。

図1

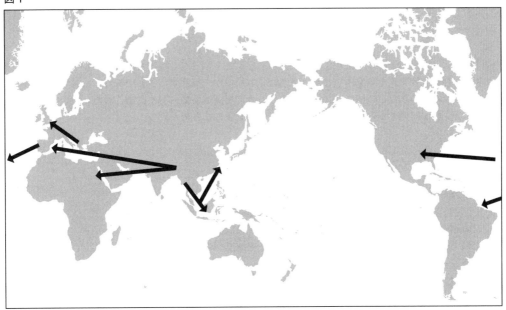

問1 鈴木さんはさっそく，**図1**のコピーを先生にもらって，山村さんや西岡さんとともに気づいたことを以下のメモにまとめた。3人のメモの正誤について述べた文として最も適当なものを，後の①〜④のうちから一つ選べ。

鈴木さんのメモ

> このときの大流行は東アジアにも至っているが，その背景の一つに三角貿易があると考えられる。

山村さんのメモ

> このときの大流行はイギリスにも至っているが，それはイギリスがインドの植民地化をすすめていたからだろう。

西岡さんのメモ

> このときの大流行はフランスの第三共和政の時期に起こった。

① 鈴木さんのメモのみが**誤っている**。
② 山村さんのメモのみが**誤っている**。
③ 西岡さんのメモのみが**誤っている**。
④ 全員のメモが**誤っている**。

問2 山村さんは感染症の予防の対策として，検疫があることを知った。検疫とは，外国船などが入出国する際に積み荷などが有害物質や病原体などに汚染されていないかを確認することである。山村さんは近年のコロナ禍においても行われたこの検疫に関する歴史上の事件を調べて**カード1**にまとめた。そして，これと日本の条約改正交渉が関連することに気づき，それを**カード2**にまとめた。

カード1

> ◆ヘスペリア号事件（1879年）
> ・ドイツ船ヘスペリア号がコレラ流行地である清から直接日本に来航した
> ・ドイツ公使は独自の検査を行い，異常なしとして即時入国を求めた
> ・日本は検疫の規則を作成していたが，ヘスペリア号はこれに従わなかった
> ・結局ヘスペリア号は日本の検疫を受けることなく横浜への入港を強行した

カード2

> ◆不平等条約の改正にあたった外交担当者
> 1871〜73年　岩倉具視→予備交渉失敗
> 1876〜78年　寺島宗則→関税自主権回復を主眼，失敗
> 1882〜87年　井上馨→領事裁判権撤廃を主眼，失敗　ⓐ厳しい批判
> 1888〜89年　大隈重信→大審院に外国人判事任用を容認　ⓑ厳しい批判

(1) 山村さんは**カード1**の事件のあと日本にどのような影響があったのかを考察した。**カード1・カード2**から推察できる影響として正しいものの組合せを後の①～④から一つ選べ。

　あ　この事件が起きたことで，天皇を崇拝し，外国人を排斥する運動が激化した。
　い　この事件が起きたことで，関東地方のコレラの感染者数が激増した。
　う　関税自主権を回復しなければ国民の生命や安全を守れないとして，条約改正要求が高まった。
　え　領事裁判権を撤廃しなければ国民の生命や安全を守れないとして，条約改正要求が高まった。

　　①　あ・う　　　　②　あ・え　　　　③　い・う　　　　④　い・え

(2) 下線部ⓐ，下線部ⓑに関連して，山村さんはこの二人の外交担当者が世論の強い批判を受けたことに注目し，それぞれどのような批判を受けたかを考察した。外交担当者に対する批判**あ・い**が当てはまる外交担当者**X～Z**の組合せとして正しいものを後の①～⑥から一つ選べ。

考えられる批判
　あ　外国人判事を任用することは，憲法違反であるとする批判
　い　鹿鳴館での舞踏会など，極端な欧化政策をとることに対する批判

批判の対象となった外交担当者
　X　井上馨，大隈重信両者に共通する批判
　Y　井上馨のみに対する批判
　Z　大隈重信のみに対する批判

　①　あ－X　　　い－Y
　②　あ－X　　　い－Z
　③　あ－Y　　　い－X
　④　あ－Y　　　い－Z
　⑤　あ－Z　　　い－X
　⑥　あ－Z　　　い－Y

資料読解編

B 産業と感染症の関係について，生徒たちが話している。

吉　田：私たちの班は，産業化と感染症の関係についてまとめてみようよ。
春　原：そうだね，産業化がどのように進展したかという指標はどうする？
仙　谷：たとえば，日本であれば⒞産業革命の進展は繊維産業が中心であったから，そこに着目してみるのはどうかな。

問3　そこで吉田さんの班は，下線部⒞に関連する資料として資料1と資料2を得た。資料1は生糸の生産量・輸出量，資料2は結核による死亡者数，死亡率を示している。この二つの資料から読み取れることについて述べた文として適当なものを，後の①〜④のうちから一つ選べ。

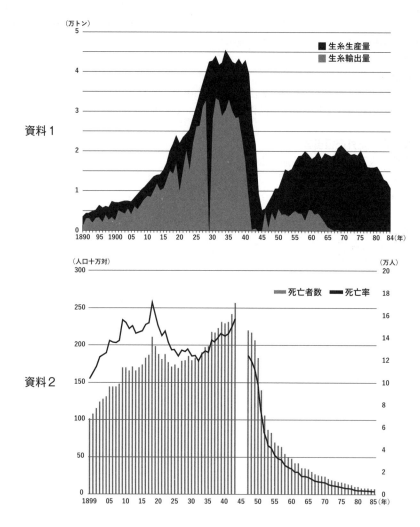

① 第二次世界大戦後の方が，結核での死亡率は高いが，これは高度経済成長期によって工業化が進展し，製糸業以外での死亡者が増えたことに由来すると考えられる。
② 生糸の生産量が減少すると結核での死亡者数は減少する傾向にあることから，恐慌などが起こって労働者が職を失ったことが読み取れる。
③ 1930年代に生糸の生産量と輸出量がともに増加しているのは，政府がおこなった金解禁によって好景気になったためである。
④ 19世紀末から1910年代にかけて結核の死亡者数が増加しているのは，製糸業などの産業革命の進展によって劣悪な労働環境で働く人々が増えたことが原因である。

C 国際情勢と感染症の流行について，生徒たちが話している。

西　田：近代になって，人やモノが地球規模で移動するようになって世界の一体化がすすんでくると，どうしても感染症の流行という負の側面も出てくるよね。

九　条：そうだね。特に_d植民地の拡大や_e世界規模での戦争などでは，そうした問題は無視できなかったようだ。

西　田：一方で，_f感染症に人間が打ち勝った事例もあるよね。

九　条：歴史的にいろいろな国や地域で人々を苦しめてきた病気だけに，その当時の人たちは安堵しただろう。

西　田：その一方，_g新たな感染症も登場している。やはり，私たちの生活習慣が変わったり産業が高度化したりすると，ウィルスや菌もまた変化していくのだろうね。

問4　下線部⑥に関連して，19世紀に入ってもアフリカ大陸は周囲からうかがうことのできない「暗黒大陸」であった。これに関連して，19世紀のアフリカ大陸について述べた**あ・い**の正誤の組合せとして正しいものを，後の①～④のうちから一つ選べ。

あ　アフリカ大陸を北進するイギリスが東進するドイツと衝突する事件が起こった。

い　ドイツのビスマルクが主催した国際会議で，列強はアフリカ分割に合意し，先占権を相互に認めた。

① **あ**－正　　　**い**－正　　②　**あ**－正　　　**い**－誤
③ **あ**－誤　　　**い**－正　　④　**あ**－誤　　　**い**－誤

問5　下線部⑥に関連して，**資料3**は，1918年に世界的に流行したインフルエンザ（第二波）の感染経路を推定したものである。**資料3**を参考にしながら，このインフルエンザについて述べた文として**適当でないもの**を，後の①～④のうちから一つ選べ。

資料3

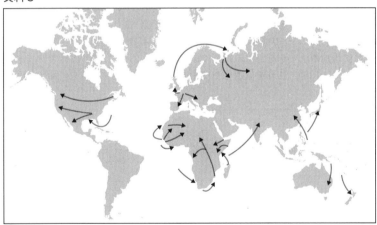

① このインフルエンザが広まったある国では，国内に厭戦気分が蔓延し，出撃拒否をした水兵による反乱をきっかけに革命がおこった。

② このインフルエンザは，当時行われていた戦争よりもはるかに多くの死者を出し，その数は5000万人ともいわれている。

③ このインフルエンザは，当時行われていた戦争が太平洋を中心として展開していたため，東アジアで爆発的に流行した。

④ このインフルエンザは，当時行われていた戦争で，植民地からも多くの人々が動員されていたこともあり，インドなどにも流行が広がった。

問6　下線部⑥に関連して，1980年にWHOによって天然痘の根絶が宣言された。このころの国際情勢について述べた文として最も適当なものを後の①～④から一つ選べ。
① 独立が宣言されたある国とこれを認めない国との間での戦争で休戦協定が結ばれ，南北に分裂した。
② 国境問題の解決のため，革命の混乱に乗じてある国が侵攻して戦争が始まった。
③ ミサイル基地建設をめぐって２つの大国が一触即発の事態となったが，回避された。
④ ある国の水爆実験に批判が高まり，世界的な原水爆禁止運動が起こった。

問7　下線部⑧に関連して，九条さんは2010年にハイチで起こったコレラの流行について調べ，以下のパネルにまとめた。

パネル

　　上の写真は2010年にハイチで起こった大地震のあとの様子を示しています。
　　この地震から９か月後，ハイチでコレラが大流行しました。この原因について，当初は地震によって多くの建物が倒壊するなどして衛生状態が悪化したためであるとされていました。
　　しかし，ハイチでは150年もの間，コレラの感染は確認されていませんでした。
　　このことから，地震のあとに現地の治安を維持するために派遣された　ア　が考えられました。
　　そして地震から６年が経過した2016年，これを派遣した機関の代表者は　ア　を認め，謝罪することとなりました。

　　　パネル中の　ア　に当てはまる語句あ～うと，その内容に関連する文X・Yの組合せとして正しいものを，後の①～⑨のうちから一つ選べ。

　　　　　ア　に入れる語句
　　あ　国連憲章にもとづく正規の国連軍が図らずももち込んでしまったこと
　　い　国連平和維持活動（PKO）部隊が図らずももち込んでしまったこと
　　う　日本の警察予備隊が図らずももち込んでしまったこと

　　　　　ア　に関連する文
　　X　日本ではこれに協力する法律が宮沢喜一内閣のときに成立した
　　Y　ある戦争に伴う在日米軍の不足に伴って設置されたものである
　　Z　国際連合による集団安全保障の手段として軍事制裁を担う

① あ－X　　　② あ－Y　　　③ あ－Z
④ い－X　　　⑤ い－Y　　　⑥ い－Z
⑦ う－X　　　⑧ う－Y　　　⑨ う－Z

（本書オリジナル）

高校の「歴史総合」の授業で、欧米諸国のアジア進出と日本の対応について、資料を基に追究した。次の文章A〜Cを読み、後の問い（問1〜9）に答えよ。

A　欧米諸国のアジア進出について、生徒と先生が話している。

先　生：16世紀に大航海時代を迎え、アジアへの進出を果たしたヨーロッパ諸国は、18世紀から19世紀にかけて産業革命を成功させ、積極的にアジアに進出してアジア諸国に開国を迫ります。それによって、それまでの中国を中心とした東アジアの朝貢体制は崩れていきました。一方で欧米諸国の進出に対してアジア諸国では反発する国もあれば、彼らの文明を受け容れて、近代化を進める国もありました。欧米諸国の圧力に対してアジアのどの国がどのような姿勢をとったのか、またそのような姿勢をとった結果について、みなさんが調べてきたことを発表して下さい。

吉　田：アジアに迫ったイギリスの動向について調べていたら次のような図版をみつけました。さらにこの図版のもとになった事件について調べてみたら、これはイギリスとその国の二国間だけの問題ではなく、⒜当時のイギリスにとって最も重要な植民地であったもう一つのアジアの国も関係していました。

先　生：そうですね。この事件は、そのイギリスの最も重要な植民地で生産される商品の流入が大きな問題となっていました。この絵に描かれた戦争の結果、それに敗れた国の市場が欧米諸国に開放されていきました。

吉　田：はい。当時先進的な文明を持つ欧米諸国に対してその国は反発した結果、武力によって開国させられましたが、一方、⒝当時の日本は欧米諸国の開国の要求を受け容れ、その先進的な文明を受け容れることによって近代化を進めていくことに成功したのですね。

先　生：そのとおりです。欧米の進出に反発するか順応するかが国の未来を左右しました。

問1　文章中に示されている図版として適当なもの**あ・い**と、後の年表中の**a〜c**の時期のうち、図に描かれている出来事が起こった時期との組合せとして正しいものを、後の①〜⑥のうちから一つ選べ。

図として適当なもの

あ

い

世界の出来事に関する年表

1814年	オーストリアの首都でヨーロッパの国際秩序を決める会議が開かれた。
	a
	オランダがジャワ島で政府（強制）栽培制度をはじめた。
	b
	アメリカで大陸横断鉄道が開通した。
	c
1884年	朝鮮で開化派の金玉均が日本の協力のもとクーデタをおこした。

①　あ－a　　②　あ－b　　③　あ－c　　④　い－a　　⑤　い－b　　⑥　い－c

問2　会話文の内容から推測した場合，下線部ⓐが指している国として最も適当なものを，次の①〜⑥のうちから一つ選べ。

①　フィリピン　　　　②　インドネシア　　　③　ベトナム
④　マレーシア　　　　⑤　インド　　　　　　⑥　ビルマ

問3　下線部ⓑについて述べた文として最も適当なものを，次の①〜④のうちから一つ選べ。

①　アメリカ東インド艦隊のペリーが浦賀を訪れた翌年，日本はアメリカと日米修好通商条約をむすび，下田と函館を開港した。

②　アメリカと日米修好通商条約をむすんだ後，日本は同様の条約をオランダ・ロシア・イギリス・フランスともむすんだ。

③　開港の結果，ヨーロッパ諸国との貿易が盛んとなり，日本からは毛織物や綿織物などの加工品が主な輸出品となった。

④　1862年におこった生麦事件の賠償をめぐって，鹿児島の薩摩藩はイギリスの艦隊と戊辰戦争をおこした。

B　世界でおこった市民による革命運動と民主化について，絵を見ながら生徒と先生が話をしている。

先　生：いま私たち日本をはじめ，世界の多くの国は民主国家として存在していますが，その多くの国でもたった200年ほど前までは王や皇帝による専制的な支配がおこなわれていました。その中で市民たちが立ち上がり，運動や革命によって自分たちの権利を勝ち取ってきたのです。

まりこ：市民革命といえば，やっぱりフランス革命が有名ですよね。身分制社会の影響が強い中で，市民たちは王政を倒して近代国家を作り上げました。

よしお：僕はフランス革命といえばナポレオンが思い浮かびます。まさに時代の寵児として登場して，ヨーロッパを絶対王政の支配から解放しました。

先　生：たしかに，ナポレオンという人物を，絶対王政から人々を解放した英雄ととらえることもできるけれども，一方では征服戦争によってヨーロッパを混乱させた奸雄と考える見方もあります。そこで，ナポレオンという人物がおこなったこの戦争をいかに評価すべきでしょうか。

まりこ：私は　　ア　　ことだと思います。結果的に彼は戦争に敗れて没落してしまったけれど，彼の行動がその後のヨーロッパ社会全体に大きく影響したと思います。

先　生：そうですね。ナポレオン没落後，ヨーロッパでは一度，絶対王政時代に戻そうとする反動的な動きが起こります。まさにフランスでも王政が復活するのですが，そこでⓐこの絵画が象徴する事件がおこるのです。これこそ，ナポレオンがヨーロッパに残していった遺産と言えるのではないでしょうか。こうしてヨーロッパでは国民意識が成長していきました。

よしお：なるほど，このあと　　イ　　年にはヨーロッパ各地で"諸国民の春"と呼ばれる革命が次々におこりますが，それらの革命も同様にナポレオンが残した遺産と言えるのですね。

まりこ：先生，今の話を聞いて思いついたのですが，ⓑナポレオン戦争時におけるヨーロッパ諸国民と日清戦争時における日本人には共通する部分がありますね。

先　生：たしかに，多様なとらえ方によってはそのように解釈することもできますね。

問4　前の文章中の空欄　ア　に入れる文として最も適当なものを，次の①～④のうちから一つ選べ。
　①　ヨーロッパを支配するためには強力な軍事力が必要であることを示した
　②　フランス革命でうまれた自由主義・国民主義の精神をヨーロッパへ広めた
　③　国民国家を維持するためには国民を統治する有能なリーダーが必要であることをヨーロッパに示した
　④　真の民主主義を確立するためには革命をおこして王朝を打倒する必要があることをヨーロッパ諸国民に訴えた

問5　下線部ⓐに関連して，この絵画が象徴する歴史的事件あ・いと，この絵画を描いた画家の名前X～Zの組合せとして正しいものを，後の①～⑥のうちから一つ選べ。

　　この絵画が象徴する歴史的事件
　　　あ　フランス七月革命
　　　い　ギリシア独立戦争

　　絵画を描いた画家の名前
　　　X　ゴヤ
　　　Y　バイロン
　　　Z　ドラクロワ

　　①　あ－X　　　　②　あ－Y　　　　③　あ－Z
　　④　い－X　　　　⑤　い－Y　　　　⑥　い－Z

問6　文章中の空欄　イ　について，(1)および(2)の問いに答えよ。
　(1)　文章中の空欄　イ　に入る数字として正しいものを，次の①～④のうちから一つ選べ。

　　①　1830
　　②　1839
　　③　1845
　　④　1848

　(2)　(1)で選んだ年におこった出来事について述べた文として最も適当なものを，次の①～⑥のうちから一つ選べ。

　　①　オーストリアで革命がおこりタレーランがイギリスに亡命した。
　　②　ドイツのベルリンで，ドイツの統一を議論する会議が開かれた。
　　③　ハンガリーではコシューシコが指導する民族運動がおこった。
　　④　セルビア人のベーメン（ボヘミア）ではスラヴ民族会議が開かれた。
　　⑤　イギリスで労働者によるチャーティスト運動の大集会が開かれた。
　　⑥　イタリアのサルデーニャ王国がオーストリアに宣戦し，領土の一部を回復した。

問7　下線部ⓑに関連して，ナポレオン戦争時のヨーロッパ諸国民と日清戦争時における日本人に共通すると考えられることとして最も適切なものを，次の①～④のうちから一つ選べ。

　　①　国王（天皇）のもとで戦う軍隊は常に圧倒的な力で侵略軍を打ち負かすということ。
　　②　王政（天皇制）を守るという意識が国民を団結させ戦争に勝利したということ。
　　③　近代化改革に成功した国が大国をも圧倒する軍事力を有することを証明したこと。
　　④　外国に支配される，もしくは外国軍と戦うことによって国民意識が高揚したこと。

C　次のグラフは，1899年から1911年までの日本における綿糸の生産高および輸出高と輸入高の推移を示したものである。

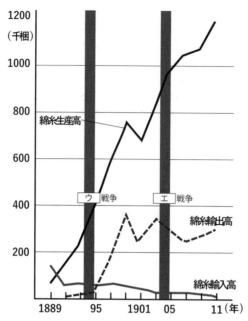

問8　上のグラフから読み取れる事柄と，そのときの日本を取り巻く出来事の状況を述べた文**あ・い**の正誤の組合せとして正しいものを，下の①～④のうちから一つ選べ。

あ　綿糸の輸出高が綿糸の輸入高を初めて上回ったころ，中国では科挙が廃止された。
い　綿糸の生産高が一時的に低下したころ，日本では自由民権運動が激化していた。

① **あ**－正　　**い**－正
② **あ**－正　　**い**－誤
③ **あ**－誤　　**い**－正
④ **あ**－誤　　**い**－誤

問9　上のグラフ中の空欄　**ウ**　に入る語句**あ・い**と，その戦争について述べた文**a～c**の組合せとして正しいものを，後の①～⑥のうちから一つ選べ。

空欄　**ウ**　に入る語句
　あ　日清　　**い**　日露

　ウ　戦争について述べた文
　a　この戦争の直接のきっかけとなったのは清でおこった義和団事件であった。
　b　この戦争の講和条約の日本側の全権は伊藤博文と陸奥宗光であった。
　c　この戦争の後，日本はロシア・ドイツ・イギリスの三国による干渉を受けた。

①　**あ**－a　　　②　**あ**－b　　　③　**あ**－c
④　**い**－a　　　⑤　**い**－b　　　⑥　**い**－c

（本書オリジナル）

5

世界と日本における「大衆化」について述べた次の文章A・Bを読み，後の問い（問1〜8）に答えよ。

A　あるクラスで，世界各国の大衆社会についての授業が行われている。

先　生：ⓐ第一次世界大戦が総力戦となったことで，参戦各国では国民の協力を必要としました。それゆえに大戦後，政治面では大衆の意向を無視することができなくなり，選挙権の拡大によって大衆が政治に参加するようになります。また，世界各国で女性の社会進出もすすみました。

福　場：第一次世界大戦に参加したヨーロッパの国では，男性の多くが出征していったために国内の働き手として多くの女性が活躍したのですよね。歴史総合の教科書で女性の働き手を募集する当時のヨーロッパのポスターを見たことがあります。

先　生：そうですね。ⓑ当時のヨーロッパではさまざまな分野で女性が就業しました。

渡　辺：だから大戦後のヨーロッパでは各国で女性の参政権が認められていくのですね。ヨーロッパで男女平等の普通選挙権を憲法ではじめて規定したのは　ア　でした。そのような事からも，当時その憲法は世界で最も民主的だと言われていましたね。

黒　川：日本も第一次世界大戦に参戦しましたが，日本の場合はどうだったのでしょうか。

先　生：日本の場合は，大戦に参加したとは言っても主要な戦場となったヨーロッパからはかなり離れていたこともあり，むしろ輸出が拡大して大戦景気と呼ばれる好景気がおとずれました。ところがその好景気は都市部の経済成長をうながしましたが，同時に物価の上昇ももたらし，都市部の労働者や農民の生活を困窮させることとなりました。それによってその後さまざまな立場から社会運動が展開されることになります。ではみなさん，ⓒ第一次世界大戦後の日本の社会運動について調べ，次回の授業までにまとめてきて下さい。

問1　下線部ⓐについて述べた文として最も適当なものを，次の①〜④のうちから一つ選べ。

①　ギリシア系の青年がオーストリア皇位継承者夫妻を暗殺したサライェヴォ事件をきっかけに第一次世界大戦が勃発した。

②　アメリカは当初中立を保っていたが，ドイツによる無制限潜水艦作戦を理由として同盟国側で参戦した。

③　日本の寺内正毅内閣は中国に二十一か条の要求を突きつけ，山東省のドイツ権益の継承を受諾させた。

④　大戦中にロシアでは革命がおこり，レーニン率いるボリシェヴィキがソヴィエト政権を樹立した。

資料読解編

問2　下線部ⓑに関連して，下の資料は，ドイツにおける就業者数の推移（**資料1**）とドイツにおける産業別就業者数の変化（**資料2**）を示した表である。この2つの資料から読み取れる内容**ア～ウ**の正誤の組合せとして最も適切なものを，後の①～⑥のうちから一つ選べ。

資料1　　　　　　　　　　　　　　　　（1914年6月＝100）

年	月	女性	男性	総計
1916	12	108.1	60.5	77.3
1917	10	116.1	60.9	80.7
1918	10	116.8	60.2	80.1

資料2　　　　　　　　　（1917年10月時点　1914年6月＝100）

	女性	男性	総計
製鉄・金属・機械	476.1	95.5	118.4
電機	480.5	84.0	145.1
化学	450.4	117.4	155.6
繊維	73.7	33.8	54.8
木材	117.9	51.7	61.6
食料品・嗜好品	101.6	52.8	75.3
被服	59.5	34.5	47.7
建築	279.3	56.1	62.3

2つの資料から読み取れる内容

ア　第一次世界大戦が始まる直前の女性就業者数に対し，戦争が終結に向かうにしたがってその率は減少傾向にある。

イ　第一次世界大戦が始まった当初に比べて，大戦終結の1年前には表中の全ての産業分野において，女性の就業者数は増加している。

ウ　女性が就業している産業の中でも，軍需に関わる分野への動員が多いと推測できる。

① ア－正　　イ－正　　ウ－正　　　② ア－正　　イ－正　　ウ－誤
③ ア－正　　イ－誤　　ウ－誤　　　④ ア－誤　　イ－正　　ウ－正
⑤ ア－誤　　イ－誤　　ウ－正　　　⑥ ア－誤　　イ－誤　　ウ－誤

問3 文章中の空欄 ア について，(1)および(2)の問いに答えよ。
(1) 文章中の空欄 ア に入る国名として正しいものを，次の①～④のうちから一つ選べ。

   ① ドイツ   ② イタリア   ③ イギリス   ④ アメリカ

(2) (1)で選んだ国で1920年代におこった出来事について述べた文として最も適当なものを，次の①～⑥のうちから一つ選べ。

   ① 同国初の労働党政権が誕生した。
   ② 第4回選挙法改正が行われ，都市の労働者に選挙権が与えられた。
   ③ 移民法が制定され，アジア系の移民がほぼ全面的に禁止された。
   ④ 隣国に工業地帯のルールが占領され，大インフレーションがおこった。
   ⑤ 国際連盟を提唱して当初から参加し，主導的な地位を担った。
   ⑥ ファシスト党を率いた人物が首都に進軍するクーデタをおこし政権をにぎった。

問4 下線部ⓒに関連して，生徒たちがまとめた第一次世界大戦後の日本の社会運動についての次の**メモ**の正誤について述べた文として最も適切なものを，後の①～⑥のうちから一つ選べ。

福場さんのメモ

日本では学校教育が普及して，人々の読み書き能力が向上したことで大衆雑誌が発行部数をのばし，ラジオ放送やスポーツ中継などの娯楽も普及した。

渡辺さんのメモ

1925年には，それまでの財産による制限選挙を廃して普通選挙法が成立し，20歳以上の男性に選挙権が与えられた。

黒川さんのメモ

平塚らいてうや市川房枝などによる女性解放運動が展開され，1920年に新婦人協会がつくられて，女性参政権を要求した。

① 福場さんのみ正しい。
② 渡辺さんのみ正しい。
③ 黒川さんのみ正しい。
④ 福場さんと渡辺さんの二人のみが正しい。
⑤ 福場さんと黒川さんの二人のみが正しい。
⑥ 渡辺さんと黒川さんの二人のみが正しい。

B　あるクラスでは，第二次世界大戦後の大衆運動や民族運動について次の**資料**をもとに授業をおこなった。

資　料

> 「すべての人間は生まれながらにして平等である。造物主によって誰にもおかされない権利を付与されており，そのなかには生命，自由，および幸福の追求が含まれる。」この不滅の言葉は，1776年のアメリカ合衆国独立宣言にある。この語句を押し広げると，全世界のすべての民族は生まれながらにして平等であり，どの民族も生きる権利，幸福の権利，自由の権利をもつということを意味している。

先　生：これは第二次世界大戦後にアジアで独立を達成した　イ　の独立宣言です。みなさんは，この国について授業で学習したことを覚えていますか。

橋　本：はい。20世紀初頭に，この国から多くの留学生が日本にやってきましたよね。

先　生：よく覚えていたね。それには　　ウ　　が，日本への尊敬をうみ，大きな影響を与えているのだけれど，結局その運動は挫折し，日本との友好も途絶えてしまった。

井　上：皮肉なことにこの国は，その日本によって第二次世界大戦中に占領されてしまうのですね。

先　生：当時の日本は日中戦争の戦況が悪化するなかで「@大東亜共栄圏」構想を打ちたてて東南アジア諸国に進出するのだけれど，現実的にはそれは結局，日本が欧米に対抗して強引につくろうとした政治・経済・軍事ブロックと言えるだろう。

橋　本：そうした帝国主義的な支配であったからこそ，この宣言を出した人物はアメリカ独立宣言までさかのぼって人民主権の原則を訴えたのですね。

先　生：こうした動きが起こるのも日本が戦争に負けたからだね。そのあと日本も連合国に占領され，冷戦に巻き込まれていきますが，⑥アジアにおける冷戦が日本の独立や安全保障にどう影響するのか，それを調べるのをみなさんの次の課題にしたいと思います。

問5　文章中の　イ　に入る国名と，その国の位置を示す次の図中の**a・b・c**との組合せとして正しいものを，後の①〜⑥のうちから選べ。

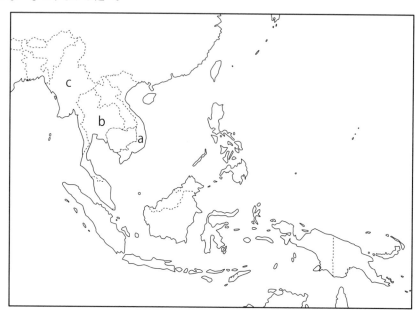

①　ベトナム－a　　　②　ベトナム－b　　　③　ベトナム－c
④　タイ－a　　　　　⑤　タイ－b　　　　　⑥　タイ－c

問6　前の文章中の空欄　ウ　に入れる文として最も適当なものを，次の①〜④のうちから一つ選べ。
① 日清修好条規を結んで清と対等な関係を築いたこと
② 日朝修好条規を結んで日本のアジアでの優位を示したこと
③ 日清戦争で日本が勝利したこと
④ 日露戦争で日本が勝利したこと

問7　下線部ⓐに関連して，日本の「大東亜共栄圏」に組み込まれた東南アジアの国あ・いと，第一次世界大戦後から第二次世界大戦開始までにその国でおこった民族運動について述べた文a〜cの組合せとして正しいものを，後の①〜⑥のうちから一つ選べ。

大東亜共栄圏に組み込まれた国
あ　インド　　　　　い　ビルマ（ミャンマー）

第一次世界大戦後から第二次世界大戦開始までにその国でおこった民族運動
a　ガンディーらによる非暴力・不服従運動がおこなわれ，宗主国の支配に抵抗した。
b　スカルノの指導下で国民党が結成され，宗主国からの独立を要求した。
c　タキン党が結成され，アウン＝サンの指導で宗主国に対する独立運動を展開した。

① あ−a　　　　② あ−b　　　　③ あ−c
④ い−a　　　　⑤ い−b　　　　⑥ い−c

問8　下線部ⓑに関連して，橋本さんと井上さんは，アジアにおける冷戦について調べているうちに次のようなポスターを見つけた。このポスターが掲示される契機となった出来事として正しいものを，後の①〜④のうちから一つ選べ。

① 中国で毛沢東率いる共産党が内戦に勝利し，中華人民共和国が成立した。
② ソ連がワルシャワ条約機構を結成し，中国や北朝鮮がこれに参加した。
③ 朝鮮民主主義人民共和国の軍隊が国境線を越えて大韓民国に侵入した。
④ 日本国内でレッド＝パージがおこなわれ，社会運動への弾圧が強まった。

（本書オリジナル）

　歴史総合の授業で，世界のグローバル化について，班に分かれて興味のある分野を調べ，資料やグラフを基に探究した。それぞれの班の発表に関連した後の問い（問1～9）に答えよ。

A　1班は，冷戦期の米ソの軍拡競争について調べ，アメリカとソ連の軍事費支出の推移を示した次のグラフ（**グラフ1**）を見つけ，班のメンバーで気がついたことを話しあった。

（グラフ1）

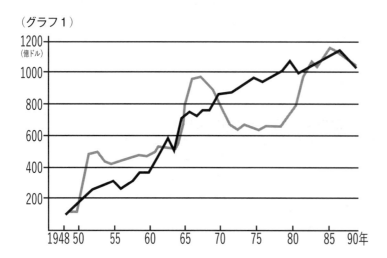

こうじ：このグラフでは，アメリカの軍事費が急激に増大するタイミングが3つあるけれども，一つ目のタイミングは，冷戦が始まってアメリカのトルーマン大統領が_(a)_反共産主義の政策_をすすめているときだからわかりやすいね。

こずえ：二つ目のタイミングは1965年ごろから始まってるわ。ちょうどこのころアメリカは　ア　に本格的な介入をおこなったのよね。これについては国内でも多くの批判がおこって，結局そのあとこれが一因となって　イ　に至り，ブレトン＝ウッズ経済体制が崩壊してしまったのよ。

たかし：そのあとしばらく軍事費の増大はみられないけれど，また1980年ごろを境に急激に増大しているよ。これはなぜなんだろう。

こうじ：それは　ウ　からだよ。これをきっかけに米ソは「新冷戦」にはいったと言われているんだ。

問1　下線部ⓐに関連して，この反共産主義政策の名称と，その政策の援助の対象となった地図中の国の位置
　　X・Yの組合せとして正しいものを，後の①〜⑥のうちから一つ選べ。

〔地図〕

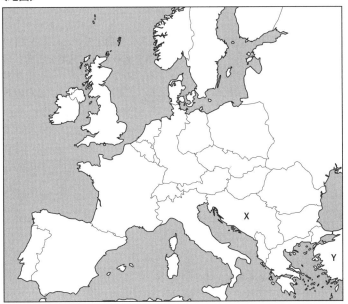

　　①　フェアディール－X
　　②　フェアディール－Y
　　③　東方外交－X
　　④　東方外交－Y
　　⑤　トルーマン＝ドクトリン－X
　　⑥　トルーマン＝ドクトリン－Y

問2　前の文章中の空欄　ア　に入る戦争に本格的な介入を始めたアメリカ大統領の時代におこった出来事
　　あ・いと，空欄　イ　に入る事態を引き起こしたアメリカ大統領の時代におこった出来事う・えの組合せと
　　して正しいものを，後の①〜④のうちから一つ選べ。

　　**　ア　に入る戦争に本格的な介入を始めたアメリカ大統領の時代におこった出来事**
　　あ　ソ連がキューバにミサイル基地を建設した。
　　い　選挙や教育における人種差別を禁止する法律が成立した。

　　**　イ　に入る事態を引き起こしたアメリカ大統領の時代におこった出来事**
　　う　アメリカ大統領として初めて中華人民共和国を訪問した。
　　え　日本と日米相互協力および安全保障条約（新安保条約）を結んだ。

　　①　あ・う　　　②　あ・え　　　③　い・う　　　④　い・え

問3　前の文章中の空欄　ウ　に入る文として最も適当なものを，次の①〜④のうちから一つ選べ。
　　①　ブレジネフ政権がアフガニスタンに軍事侵攻した
　　②　ブレジネフ政権が「プラハの春」に対して軍事介入した
　　③　フルシチョフ政権がハンガリーの自由化運動を武力弾圧した
　　④　フルシチョフ政権が大陸間弾道弾を開発した

B 2班は，「脱植民地化とアジア諸国の連帯」というテーマで調べていくうち，次のような資料（**資料1～3**）をみつけ，それについて意見を出し合った。

資料1

> **第1回非同盟諸国首脳会議宣言**
> あらゆる形態の植民地主義・帝国主義と新植民地主義による支配を徹底的に排除することによってのみ，永続的な平和は達成される。…この会議は，冷戦を含めて戦争は不可避であるという見解を断固として拒絶する。なぜなら，そのような見解は無力感と絶望の双方を反映するものだからである。…参加国政府は，もはや人類史の過去の一時期のものとなった手段に訴えることなく，国際共同体は，自らのあり方を組織できるということへの揺るぎない信頼を確認する。

資料2

> **「平和十原則」〔バンドン精神〕**
> (1)基本的人権と国連憲章の尊重
> (2)すべての国家の主権と領土の尊重
> (3)すべての人種及び国家の平等の承認
> (4)他国の内政不干渉
> (5)国連憲章による個別・集団的自衛権の尊重
> (6)大国の特定の利益のために集団防衛の取り決めを利用しないこと
> (7)武力侵略の否定
> (8)国際紛争の平和的手段による解決
> (9)相互の利益と協力の増進
> (10)正義と国際義務の尊重

資料3

> **アルジェリアの民族解放戦線の宣言**
> 　何十年にもわたる闘争の末，民族運動は目的実現の最終局面に至った…
> 目的
> 1　イスラームの原則という枠組みのなかでの，主権をもち，民主的で，社会的なアルジェリア国家の回復
> 2　人種や宗教の区別のない，あらゆる基本的自由の尊重闘争の手段
> 　　目的実現のためにあらゆる手段を用いる。…アルジェリアの問題を全世界の問題にするための外国での活動も。…闘争は長いが結果は確実である。…流血を広げないため，(b)フランス当局と討議するために名誉ある場を設定することを提案する。

さとし：この(c)3つの資料にみえる宣言を発信している国は，その多くが19世紀から欧米列強によって植民地とされてきた国だから，彼らの脱植民地への意思と平和への願いはとても強いものが伝わってくるね。

りえこ：そうね。確かに帝国主義や植民地主義に対する強い反発は伝わってくるわ。でも(d)平和への願いという点では私は少し物足りないような気がするの。やっぱりそれは私が日本人であることが大きな理由かも知れないわね。

ひろし：僕もりえこさんと同じ意見だな。僕たち日本国民としては，その事を考えずに国際平和を語ることはできないと思うんだ。2022年2月に始まったウクライナ戦争も，まさにかつての日本と同じような危険に面していると思う。20世紀後半の「脱植民地化」について考えることは，それよりも大きな，いま僕たちの世代が面している国際問題を考える上でもとても有意義なものだよね。

問4　下線部ⓑに関連して，フランスは1950年代以降，今日のヨーロッパ連合（EU）につながるヨーロッパの経済的統合を主導してきたが，日本も1950年代から70年代にかけて「高度経済成長」といわれる経済の進展期をむかえた。日本の「高度経済成長」について最も適当なものを，次の①～④のうちから一つ選べ。

① 1960年代から70年代初頭にかけての日本の実質GNP（国民総生産）は，年によって変動はあるものの，およそ５～15％程度の経済成長率を維持していた。
② ベトナム戦争勃発に際し，日本から出動する米軍が物資やサービスをドルで調達したことで発生した「特需景気」が高度経済成長が始まる背景となった。
③ 鳩山一郎首相が，サンフランシスコ平和条約に調印したことを契機に国際連合加盟が実現し，各国との貿易が促進されたことが高度経済成長の一因となった。
④ この時期に韓国の李承晩政権と日韓基本条約を結び，およそ５億ドルの経済協力を約束した。

問5　下線部ⓒに関連して，**資料１～資料３**を，古い物から発信された順に正しく配列したものを，後の①～⑥のうちから一つ選べ。

① **資料１－資料２－資料３**
② **資料１－資料３－資料２**
③ **資料２－資料１－資料３**
④ **資料２－資料３－資料１**
⑤ **資料３－資料１－資料２**
⑥ **資料３－資料２－資料１**

問6　りえこさんが下線部ⓓのように考える理由は何か。その根拠となった**資料１～３**と，りえこさんがそのように考える理由として最も適当な文**X・Y**との組合せとして正しいものを，後の①～⑥のうちから一つ選べ。

下線部ⓓのように考える理由
X　イスラームの立場からのみ言及しており，他の宗教には一切触れていないこと。
Y　国際紛争の平和的解決を宣言する一方で，核兵器の廃絶に言及していないこと。

① **資料１－X**　　② **資料２－X**　　③ **資料３－X**
④ **資料１－Y**　　⑤ **資料２－Y**　　⑥ **資料３－Y**

C 3班は，グローバルな問題の一つとして，今日「再生可能エネルギー」の実現が模索されていることから，ある資源に関するテーマで資料を準備し，考察を行った。次の文章は，その考察をまとめた**レポート**である。

レポート

主題【 エ 資源をめぐる国際社会の動向】
　現代では，世界に供給される エ の価格がたびたび変動するが，そのことと世界情勢の変化にはどのような関連性があるのだろうか。

〔グラフ１〕 エ 価格の推移

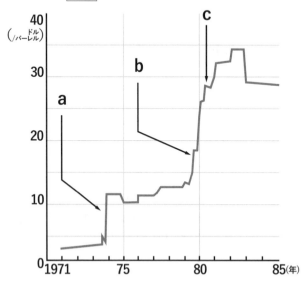

〔グラフ２〕 エ 生産量の国別割合（2018年）

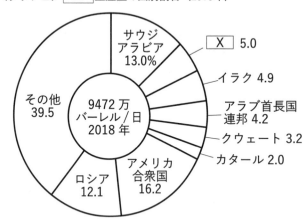

サウジアラビア 13.0%
X 5.0
イラク 4.9
アラブ首長国連邦 4.2
クウェート 3.2
カタール 2.0
アメリカ合衆国 16.2
ロシア 12.1
その他 39.5
9472万バーレル／日 2018年

【まとめ】
○ エ 価格は，1974年頃と1979年から1983年頃にかけて大きく高騰しているが，これは当時の世界情勢が影響していると考えられる。
○ エ 価格の高騰は人々の生活への不安を煽り，当時の日本でも全国で物価高を恐れて生活必需品である紙製品などの買いだめがおこった。
○ このような事態をきっかけに，世界では，エネルギー資源を大量に消費する産業構造からの転換が求められるようになり，現在の「再生可能エネルギー」の模索につながった。

問7　レポートの内容を参考に，レポート中の空欄　エ　に入る資源**あ～う**と，〔**グラフ1**〕中の**a**または**c**の時期におこった出来事の組合せとして正しいものを，後の①～⑥のうちから一つ選べ。

　　　エ　に入る資源
　　あ　アルミニウム　　　　**い**　原油　　　**う**　石炭

aまたは**c**の時期におこった出来事
　　a　イスラエルがアラブ諸国を攻撃し，エジプトからシナイ半島などを奪った。
　　c　イラクのフセイン大統領が国境問題を口実に隣国に侵攻した。

　　①　あ－a　　　　②　あ－c
　　③　い－a　　　　④　い－c
　　⑤　う－a　　　　⑥　う－c

問8　〔**グラフ2**〕の空欄　X　に入る国では，〔**グラフ1**〕中の**b**の時期にある事件がおこり，　エ　価格に大きな影響を与えた。その事件について述べた文として最も適当なものを，次の①～④のうちから一つ選べ。

　　①　カシミール地方の領有権をめぐって隣国と戦争が勃発した。
　　②　シーア派の宗教指導者によって国王が追放された。
　　③　カセムによるクーデタで王政が廃止された。
　　④　当時の首相がイギリス資本の会社の国有化を断行した。

問9　この3班のレポートをもとに，他班の生徒がこのレポートから読み取った内容をメモに書き留めた。次のメモA～Cの内容の正誤の組合せとして正しいものを，後の①～⑥のうちから一つ選べ。

メモA

> 　エ　の生産量は，グラフ中の西アジア・アフリカの国の生産量を全て合わせてもアメリカとロシアの生産量には満たない。

メモB

> 　エ　価格の高騰は，世界中に影響を与えたが，当時日本は高度経済成長期であったため，その影響をほとんど受けなかった。

メモC

> 　エ　価格が高騰する際には，おおむね　エ　産出国を含む紛争や革命などがその引き金となっている。

　　①　A－正　　　B－正　　　C－正　　　②　A－正　　　B－正　　　C－誤
　　③　A－正　　　B－誤　　　C－誤　　　④　A－誤　　　B－正　　　C－正
　　⑤　A－誤　　　B－誤　　　C－正　　　⑥　A－誤　　　B－誤　　　C－誤

（本書オリジナル）

1 次のa〜dは，住居・屋敷に関する写真や絵である。

a

b

c

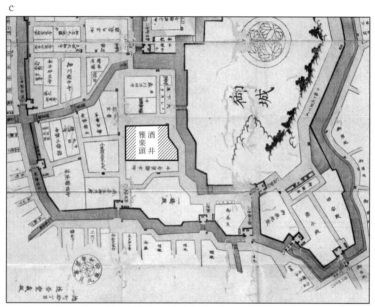

東京都立図書館所蔵「御大名小路辰之口辺図」（部分）

d

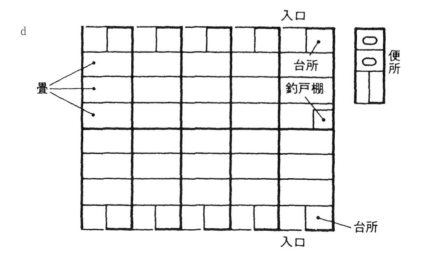

問1　a～dの写真または絵について述べた文として**誤っているもの**を，次の①～④のうちから一つ選べ。

① aの住居には，かまどが設けられているが，古墳時代には壁ぎわに炉を備えるものも見られるようになった。

② bの屋敷では，外敵に備えるために，周囲に堀をめぐらし，櫓を備えた門を設け，櫓には盾が並べてある。

③ cの斜線で一例として示した屋敷には，原則として，大名の妻子や家臣が住み，大名も隔年に居住した。

④ dの図面のような長屋は，一つの屋根の下を仕切って複数の世帯の住居として使われ，井戸や便所は共同利用であることが多かった。

問2　a～dの写真または絵に関連して述べた文として**誤っているもの**を，次の①～④のうちから一つ選べ。

① aのような住居は，縄文時代には湧き水が近くにある台地上につくられ，馬蹄形の集落を形成することが多かった。

② bのような屋敷が作られた時代，下人は主人の所領の耕作に従事せず，軍事力のために仕えていた。

③ cの絵図で示された江戸城や周辺の市街地は，明暦の大火で大きな被害を受け，幕府財政を逼迫させる要因の一つとなった。

④ dのような長屋は，明治期以降，資本主義の発展とともに都市に流入してくる多くの人々の住居となった。

（センター試験日本史1996本試改）

2 次の文章は，夏休みを利用してある歴史博物館を訪ねた高校生の感想文の一部である。これを読んで，下の問い（問1～8）に答えよ。

　ちょうど，館内では，「民衆生活の『場』―働く・闘う・楽しむ―」というテーマで特別展示をやっていた。わたしは，そこから見ていくことにした。

　まず，目をひいたのが平城京の模型だった。碁盤目状の整然とした区画には，内裏や官庁のほかに大きな寺院や貴族の邸宅があり，さらに(a)南部に東西二つの市が置かれていた。ここにはさぞ多くの人々が集まって，賑わっていたことだろう。古代の都はなんとさまざまな要素から成り立っていたのだろうか。……

　中世の展示室には，『一遍上人絵伝』の絵巻が陳列されていた。備前福岡の市の場面は，教科書にも出ていたが，相模片瀬の海岸の場面（あ）は初めて見た。当時のさまざまな人々の姿がリアルに描かれていて印象に残った。

　そのとなりには，大きな石が置いてあった。石には地蔵尊が彫ってあり，さらにその右下には(b)碑文が刻まれていた。「正長元年よりさきは，神戸四か郷に負い目あるべからず」と読むのだそうだ。近くによってよく見ると，石は複製で，このようなものをレプリカというのだそうだ。説明によれば，実物は奈良市の柳生街道の脇に立っているとのことだが，これが民衆の行動を示した歴史的モニュメントであることを知って感激した。……

　近世の展示では，百姓一揆に関するものが多かったが，農民たちが円形に署名している史料（い）が面白かった。このような一揆を呼びかける廻状が村々に伝えられていく様子を思い浮かべた。農民たちはどこに集まって行動を起こしたのだろうか，普段はどのような生活をしていたのかなとと思いながら次のコーナーに行くと，(c)季節に即した宗教的行事や娯楽を楽しんでいる姿の描かれている絵がたくさん展示してあった。重い年貢のためにひたすら働く農民の姿だけしか頭になかったので，闘い，楽しむ近世の農民の姿を見て深い感銘を受けた。

　このコーナーには，いろいろな道具や器具もたくさん置いてあった。糸や(d)織物をつくる器具が近世から近代にかけて改良が加えられていく様子がよくわかった。農民たちが農作業の合間にこうした糸くり・機織りなどの労働に従事している姿が目に浮かんだ。……

　近現代の展示室には東京の地図（う）が展示されていたが，国会議事堂と東京駅の間には，(e)1905年9月に国民大会が開かれたという「日比谷公園」と，第二次世界大戦後メーデーの集会が開かれていたという「皇居前広場」が描かれていた。解説によれば1951年にはこの広場をメーデーに使用することは禁止され，(f)翌年には明治神宮外苑でメーデーの集会が開かれた後，皇居前広場に進入したメーデー参加者と警官隊が衝突した「メーデー事件」が起こったということだ。1枚の地図からもさまざまな歴史が見えてくるということがよくわかって，とても興味深かった。

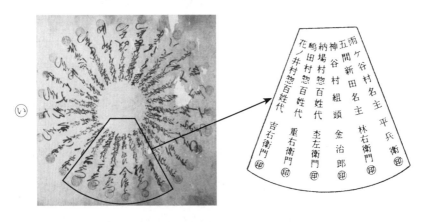

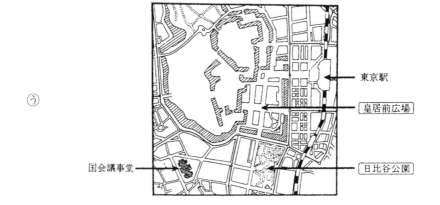

問1　下線部(a)の平城京の東西二つの市について説明した文として正しいものを，次の①〜④のうちから一つ選べ。

① この市は，市に集まった商人たちの合議によって運営された。

② この市は，月に数回，決められた日に開かれた定期市であった。

③ この市は，東西の市司により管理された。

④ この市は，都が平安京に移っても市としての賑わいが続いた。

問2　次の文章は，筆者である花子とその友人の太郎が，後日，ⓐの絵葉書を見ながら交わした会話の一部である。会話の中に誤りが含まれているものを，次の①～④のうちから一つ選べ。

① 太郎　これは踊念仏の絵だね。建物の中で僧侶（そうりょ）たちがぐるぐる回って，念仏を唱えているんだよね。

② 花子　この踊りを広めたのは一遍という僧侶でね，各地を巡りながら布教して歩き，今片瀬の浜で布教しているところよ。

③ 太郎　まわりで見ている人々はすべて貴族だね。この宗派が，主として貴族の中に広がっていったことをよく示しているよね。

④ 花子　右側の僧侶らしい人が，子供を連れ，楽器のようなものを背負って歩いているわね。このような人が『平家物語』を語ったのよ。

問3　下線部(b)の碑文は，ある事件のときに刻まれたものである。その事件と碑文との関係について述べた文として正しいものを，次の①～④のうちから一つ選べ。

① この碑文は，嘉吉の乱で将軍が殺された後，京都や奈良で数万の人々による土一揆が起こり，債務を破棄させたときのものである。

② この碑文は，浄土真宗（一向宗）の信仰を基盤にして，荘園領主や守護などに対し，債務を碑棄させた一揆のときのものである。

③ この碑文は，日蓮宗の信徒が，幕府と交渉して徳政令を出させ，債務を破棄させた法華一揆のときのものである。

④ この碑文は，ある史料に「土民蜂起（ほうき）これ初めなり」と記されている一揆が起こり，債務を破棄させたときのものである。

問4　ⓘの史料を説明した文として誤っているものを，次の①～④のうちから一つ選べ。

① 一揆の趣旨やその参加を誓約した傘連判状である。

② 円形に署名しているのは，首謀者の発覚を防ぐためと言われる。

③ 近世大名の家臣も広く一揆を組織し，同じ形態の文書を多く残している。

④ 一揆は村単位で組織され，署名は村の代表者がすることが多かった。

問5　下線部(c)に関連して述べた文として正しいものを，次の①～④のうちから一つ選べ。

① 春の祭礼の盂蘭盆（うらぼん）には，鎮守の森などで盆踊りが催された。

② 飲食をともにして月の出を待つ月待など，信仰に基づく行事も催された。

③ 幕府は天長節などの祝祭日を定め，それ以外の日の休業を禁止した。

④ 近世後期に廃仏毀釈（きしゃく）の運動が起こると，宮座もつくられるようになった。

問6　下線部(d)の織物をつくる器具（織機）には，次のような解説が付されていた。解説文中の空欄　ア ・ イ に入れる語句の組合せとして最も適当なものを，下の①～④のうちから一つ選べ。

　　この織機は一般に高機（たかばた）と言われる。絹織物業では，近世後期に京都の西陣から　ア 地方に伝えられた。また，大阪周辺や　イ 地方の綿織物業地帯にも導入された。

① ア－桐生・足利　　　イ－灘・伊丹

② ア－灘・伊丹　　　　イ－尾張

③ ア－桐生・足利　　　イ－尾張

④ ア－尾張　　　　　　イ－桐生・足利

問7　下線部(e)の国民大会について述べた文として誤っているものを，次の①～④のうちから一つ選べ。

① この国民大会は，日露戦争の講和条約締結に反対して開催された。

② この国民大会によって軍人宰相の内閣が倒れ，政党内閣の慣行が確立した。

③ この国民大会の背景には，戦費調達のための増税への国民の不満があった。

④ この国民大会に参加した民衆は，政府高官邸や政府系新聞社を焼打ちした。

問8　下線部(f)に関連して，1952年に開催されたメーデーのスローガンについて述べた文として適当なものを，次の①〜④のうちから一つ選べ。

① このメーデーでは，単独講和反対のスローガンも掲げられた。

② このメーデーでは，日米安全保障条約改定反対のスローガンも掲げられた。

③ このメーデーでは，日韓基本条約締結反対のスローガンも掲げられた。

④ このメーデーでは，保安条例廃止のスローガンも掲げられた。

(センター試験日本史1994追試)

3 下のA〜Cを読んで，次の問い（問1〜8）に答えよ。

A

　次の図は，平安時代後期の様子を模式的に示したものである。図の上方から下方にかけて川が流れ，それに沿って谷が形成されている。そして谷から出たところに平野が広がり，やがてこの川は下方のより大きな川（大川）に流れこんでいる。また耕地は主として谷間の平地や　ア　に作られており，稲作以外に　イ　などの栽培もさかんに行われていたと考えられる。

図　**A**

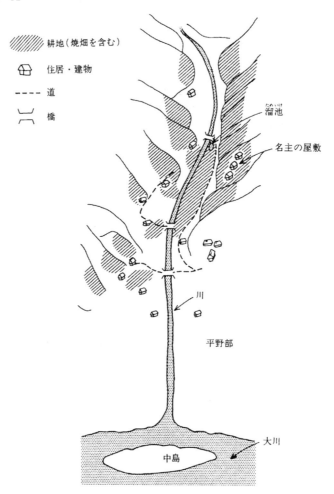

問1　空欄　ア　・　イ　に入る語句の組合せとして正しいものを，次の①〜④のうちから一つ選べ。

① ア　大川のほとり　　　イ　雑穀

② ア　山の傾斜地　　　　イ　綿・菜種

③ ア　山の傾斜地　　　　イ　雑穀

④ ア　大川のほとり　　　イ　綿・菜種

問2　谷の中ほどに名主の屋敷がみえる。名に関して述べた次の文Ⅰ～Ⅲの正誤の組合せとして正しいものを，下の①～⑥のうちから一つ選べ。

　Ⅰ　名は，本来は課税単位として設けられた。
　Ⅱ　名は，荘園にのみ設けられたものであり，公領には設けられなかった。
　Ⅲ　名は，墾田永世私財法の発令によって各地に設けられた。

① Ⅰ　正　　　Ⅱ　正　　　Ⅲ　誤
② Ⅰ　正　　　Ⅱ　誤　　　Ⅲ　正
③ Ⅰ　誤　　　Ⅱ　正　　　Ⅲ　正
④ Ⅰ　正　　　Ⅱ　誤　　　Ⅲ　誤
⑤ Ⅰ　誤　　　Ⅱ　正　　　Ⅲ　誤
⑥ Ⅰ　誤　　　Ⅱ　誤　　　Ⅲ　正

B
　次の図は，図Aと同じ場所についての，鎌倉時代の様子をやはり模式的に示したものである。この時期には(a)集約化や多角化がすすんで，農業生産の向上がみられた。また平野部には(b)地頭の館や大川の中島の(c)市場もあらたにみいだすことができる。

図　B

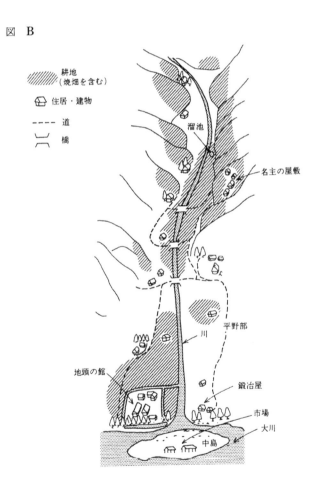

問3 下線部(a)に関して述べた次の文の空欄 ウ ・ エ に入る語句の組合せとして正しいものを，下の①～④のうちから一つ選べ。

鎌倉時代の中ごろには，収穫量を増やすために肥料として ウ の利用が普及し，また エ を中心にして二毛作も広まっていた。

① ウ　刈敷　　　エ　東国
② ウ　干鰯　　　エ　東国
③ ウ　油粕　　　エ　西国
④ ウ　草木灰　　エ　西国

問4 下線部(b)に関して，鎌倉時代の地頭やその館について述べた文として**誤っているもの**を，次の①～④のうちから一つ選べ。
① 地頭は，直営の耕地を有し，下人などを使って耕作させていた。
② 地頭は男子が相続するものであって，女性が地頭になることはなかった。
③ 地頭の館の堀は，周辺の水田への灌漑（かんがい）のために用いられることがあった。
④ 地頭の館があったところは，現在「堀の内」などとよばれる場合がある。

問5 下線部(c)に関して，鎌倉時代の農村部の市場について述べた文として正しいものを，次の①～④のうちから一つ選べ。
① 商人・武士・僧尼など様々な身分や職業の人々が集まる場所だった。
② 地頭の手によって楽市楽座が施行されていた。
③ 三斎市にかわって，六斎市や常設の店が一般化していた。
④ 取引に貨幣は用いられず，物々交換によっていた。

C
　次の図は，やはり同じ場所の近世に入ってからの様子であり，中島は陸つづきになっている。また中世にはみられた地頭の館や鍛冶屋などはなくなっている。

図　C

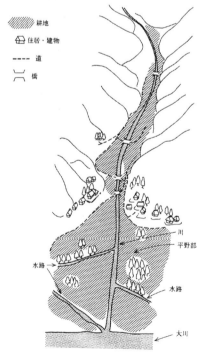

問6　近世の農民の生活について述べた文として正しいものを，次の①〜④のうちから一つ選べ。

① 農作業の際の着衣には木綿を用いたが，それは近世を通じて中国からの輸入品だった。
② 生産された米はすべてが年貢として取られたので，都市民とちがって農民は米を食べることはなかった。
③ 住居には礎石が用いられるようになり，そのため長期間の居住に耐えられるものが増加した。
④ 山野は幕府の直轄地となっていて立ち入ることができなかったので，農民は煮たきなどに必要な炭や薪をもっぱら購入に頼っていた。

問7　近世には多くの場合，武士や商工業者は城下町などの都市に集住することになった。近世の都市に関して述べた文として正しいものを，次の①〜④のうちから一つ選べ。

① 近世の都市には多くの商工業者が居住したが，同業者の組織が形成されることはなかった。
② 各地で生産された米は，領内の城下町だけではなく，江戸や大坂などへも運ばれた。
③ 各地の城下町では米を貨幣に換える両替商が活躍していた。
④ 享保の改革の上米令をきっかけに，諸藩は幕府に米を上納するため，大坂に蔵屋敷を置くようになった。

問8　図A〜Cから読み取れる，平安時代後期から近世にかけてのこの地域の変遷に関する次の文Ⅰ〜Ⅲについて，その正誤の組合せとして正しいものを，下の①〜⑥のうちから一つ選べ。

Ⅰ　住居は，山麓に集合していたものが，近世になると平野部に散在するようになった。
Ⅱ　耕地は，山の谷間から次第に平野部に拡大した。
Ⅲ　灌漑のためには，山間の湧水や溜池から，次第に平野部の水路が利用されるようになった。

① Ⅰ　誤　　Ⅱ　正　　Ⅲ　正
② Ⅰ　正　　Ⅱ　誤　　Ⅲ　正
③ Ⅰ　正　　Ⅱ　正　　Ⅲ　誤
④ Ⅰ　誤　　Ⅱ　誤　　Ⅲ　正
⑤ Ⅰ　誤　　Ⅱ　正　　Ⅲ　誤
⑥ Ⅰ　正　　Ⅱ　誤　　Ⅲ　誤

（センター試験日本史A 1999追試）

4 次の文のア〜ウに述べられた「この地」と，次の地図のa〜fとの組合せとして正しいものを，下の①〜⑤のうちから一つ選べ。

ア　この地には，醍醐天皇の時代に，左大臣藤原時平と対立した右大臣菅原道真が左遷された。
イ　この地は，鎌倉時代の前期に上皇，末期に天皇が，それぞれ幕府の打倒に失敗して流された場所である。
ウ　この地の治安を維持するために，寛政の改革では，社会的更生施設として石川島に人足寄場が設けられた。

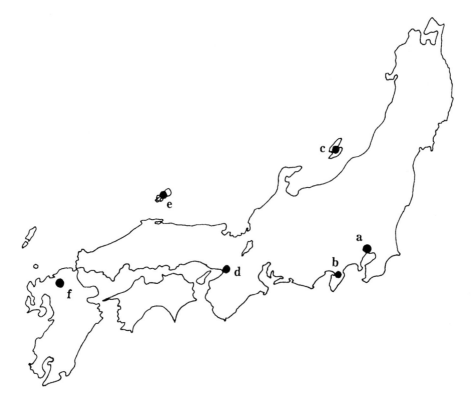

① アーb　　　イーe　　　ウーa
② アーb　　　イーe　　　ウーd
③ アーe　　　イーc　　　ウーa
④ アーf　　　イーc　　　ウーd
⑤ アーf　　　イーe　　　ウーa

（センター試験日本史1994本試）

5 次の文章A・Bは、高校生の陽菜さんと大輝さんとの会話である。この文章を読み、後の問い（問1～6）に答えよ。（資料は、一部省略したり、書き改めたりしたところもある。）

A

陽　菜：日本史を勉強していて気付いたんだけれど、小野妹子は「おのの／いもこ」、北条政子は「ほうじょう／まさこ」と読み、「の」があったり、なかったりするよね。これはなぜなのか知っている？

大　輝：僕も同じような疑問を持ったので、先生に質問したことがあったよ。その時、姓と苗字（名字）の違いに関係する、というアドバイスをもらったんだ。そこで、次のようなメモを作成したことがあるよ。

大輝さんのメモ

姓	・氏は大王やヤマト政権に仕える同族集団をもとに成立。 ・姓は大王から氏に与えられた称号。 ・律令制下では、姓は氏と姓の総称とされた。 ・天皇は姓を持たない。 ・平安時代に姓が形骸化して、姓は専ら氏を指すようになった。 ・平安時代以降、源・平・藤原・橘が代表的な姓となる。
苗字 （名字）	・家名として私称されたことに始まる。 ・叙位・任官などの際には、苗字ではなく姓が用いられる。 ・ⓐ武家の苗字は、所領の地名に由来するものが多い。 ・明治時代には、それまでの百姓や町人にも苗字の公称が許された。

大　輝：姓は，やがて氏と同じものになるけど，苗字とは違うものだったんだね。北条政子の場合，平氏の一族であり，平政子が正式な名前と考えられているみたいだね。

陽　菜：ということは，北条政子は　ア　だから，「の」がつかないんだね。

大　輝：そう，大正解。だけど，例外があるとすれば，豊臣秀吉かな。本来であれば，「とよとみの／ひでよし」というべきなんだけどなあ。_ⓑ秀吉が「木下」や「羽柴」を名乗ったように，同じ人でもいろんな名前があったんだ。それに近世になると，百姓や町人たちも，苗字を持っていたようだよ。苗字帯刀の禁止というように，あくまでも公称が許されなかっただけなんだ。

陽　菜：へえそうなんだ。すっかり勘違いしていた……。

大　輝：明治時代になると，政府は　イ　ために，平民にも苗字を名乗らせたんだ。

陽　菜：明治の民法では，女性は嫁いだ家の苗字を使うように義務付けたんだね。

大　輝：そのとおり。その後，第二次世界大戦後に民法が改正され，結婚した夫婦の苗字はどちらかにそろえれば良くなったんだ。夫婦がどのような苗字を名乗るかは，現代でも大きな議論になっているね。

問1　空欄　ア　　イ　に入る文の組合せとして正しいものを，次の①〜④のうちから一つ選べ。
①　ア　苗字（名字）＋名（個人名）　　イ　華族・士族・平民の身分を撤廃する
②　ア　苗字（名字）＋名（個人名）　　イ　近代国家の国民として把握する
③　ア　姓（せい）＋名（個人名）　　イ　華族・士族・平民の身分を撤廃する
④　ア　姓（せい）＋名（個人名）　　イ　近代国家の国民として把握する

問2　下線部ⓐに関連して，中世のある武士について述べた次の文章X・Yと，その人物の姓や苗字a〜dとの組合せとして正しいものを，後の①〜④のうちから一つ選べ。

X　育った信濃国の地名で通称された。敵対する一族を都から追い落として朝日（旭）将軍とも呼ばれたが，従兄弟との合戦で敗死した。

Y　姓（せい）は源氏だが，所領の地名を苗字として名乗った。室町幕府から東国支配を任されたが，将軍と対立して自害に追い込まれた。

a　平　　　　　b　源　　　　　c　新　田　　　　d　足　利

①　X－a　　　　Y－c
②　X－a　　　　Y－d
③　X－b　　　　Y－c
④　X－b　　　　Y－d

問3　下線部ⓑに関連して，近世に活躍した人物の名前に関して述べた次の文Ⅰ〜Ⅲについて，古いものから年代順に正しく配列したものを，後の①〜⑥のうちから一つ選べ。

Ⅰ　武士の出身であり，本名を杉森信盛といったが，作家としては近松門左衛門と名乗った。
Ⅱ　太郎左衛門を襲名した江川太郎左衛門英竜（号は坦庵）が，伊豆韮山に反射炉を築いた。
Ⅲ　日本に漂着したイギリス人のウィリアム＝アダムズは，三浦半島に領地を与えられて三浦按針と名乗り，幕府の外交・貿易顧問をつとめた。

①　Ⅰ－Ⅱ－Ⅲ　　　②　Ⅰ－Ⅲ－Ⅱ　　　③　Ⅱ－Ⅰ－Ⅲ
④　Ⅱ－Ⅲ－Ⅰ　　　⑤　Ⅲ－Ⅰ－Ⅱ　　　⑥　Ⅲ－Ⅱ－Ⅰ

資料読解編

B

陽　菜：個人名に注目してみると，小野妹子が男性であることも面白いね。

大　輝：そうそう，最初は女性だとばかり思っていた。

陽　菜：天皇家の名前を見てみると，「〇子」という女性名は，嵯峨天皇の時代に一般的になってくるみたいだよ。次の図には，嵯峨天皇の娘として，「正子内親王」「秀子内親王」「芳子内親王」の名前があるね。

図　嵯峨天皇を中心とする略系図

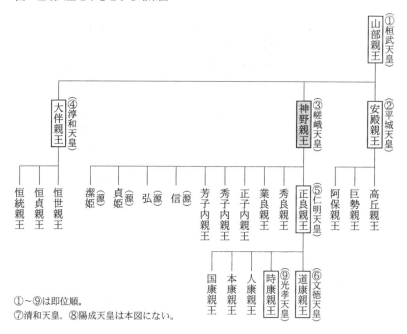

①～⑨は即位順。
⑦清和天皇，⑧陽成天皇は本図にない。

大　輝：あっ，本当だ。じゃあ，小野妹子の場合はどうなるの？

陽　菜：妹子の生きた飛鳥時代には，蘇我馬子や中臣鎌子（鎌足）など，「子」は男性名として使われていたんだ。女性の場合，「〇姫（媛，比売）」，「〇郎女（いらつめ）」，「〇売（女）（め）」が一般的だったみたいだね。

大　輝：この系図を見ると，ⓒ嵯峨天皇の子どもから名前のつけ方ががらりと変わってるのが分かるね。

陽　菜：そうなんだ。「山部」とか「大伴」は，どれも彼らの乳母の氏，養育氏族の名称なんだ。嵯峨天皇の親王になると，良い意味を持つ共通の漢字がつけられるようになる。ⓓ個人名のつけ方って時代や社会の変化と関わっているんだ。今だって，個人名には流行があるよね。大正時代から現在までの個人名については，「生まれ年別名前ベスト10」が公開されているんだって。

大　輝：面白そうだね。今度，調べてみよう。

問4　下線部ⓒに関連して，嵯峨天皇の子どもの名前の特徴とその背景に関して述べた次の文a～dについて，最も適当なものの組合せを，後の①～④のうちから一つ選べ。

a　養育氏族の名称が消滅し，和風化の影響が認められる。

b　養育氏族の名称が消滅し，唐風化の影響が認められる。

c　源の姓（せい）を持ち，天皇の子どもであっても臣下となる者が現れた。

d　親王の兄弟で同じ漢字が使われ，皇位継承の順番が明確になった。

①　a・c　　　　②　a・d　　　　③　b・c　　　　④　b・d

問5　下線部⓸に関連して，大輝さんは次の表を作成した。この表から読み取れる内容に関して述べた文X・Yについて，その正誤の組合せとして最も適当なものを，後の①〜④のうちから一つ選べ。

表　1925年〜1950年の生まれ年別男性名ベスト3（左から1・2・3位）

1925年	清	茂	勇	1938年	勝	進	弘
1926年	清	勇	博	1939年	勇	勝	清
1927年	昭二	昭	和夫	1940年	勇	清	進
1928年	昭三	茂	昭	1941年	勇	進	清
1929年	茂	清	勇	1942年	勝	勇	進
1930年	清	勇	実	1943年	勝	勇	進
1931年	清	勇	博	1944年	勝	勇	勝利
1932年	勇	弘	清	1945年	勝	勇	進
1933年	清	実	弘	1946年	稔	和夫	清
1934年	明	実	弘	1947年	清	稔	博
1935年	弘	清	勇	1948年	博	進	茂
1936年	清	弘	実	1949年	博	茂	清
1937年	清	勇	弘	1950年	博	茂	隆

（明治安田生命ホームページ「生まれ年別名前ベスト10」により作成）

X　アメリカ・イギリスに宣戦布告し戦場が拡大すると，勝利を祈願するような名前が優勢になる。
Y　天皇の代替わりにともなう改元の影響もあり，新元号の一字を冠した名前が登場する。

①　X　正　　　　　Y　正
②　X　正　　　　　Y　誤
③　X　誤　　　　　Y　正
④　X　誤　　　　　Y　誤

問6　その後，陽菜さんと大輝さんは，「人名から見た日本の歴史」について意見を交わした。次の意見a〜dについて，最も適当なものの組合せを，後の①〜④のうちから一つ選べ。

a　天皇は姓を持っておらず，それを臣下に与える存在であったと考えられる。
b　江戸時代以前における日本の支配階層においては，夫婦同姓が原則であったと考えられる。
c　近世の百姓・町人が基本的に苗字の公称を許されなかったのは，武士身分との差別化を図るためと考えられる。
d　明治の民法が女性に嫁ぎ先の苗字を使用させたのは，啓蒙思想の普及を図るためと考えられる。

①　a・c　　　　②　a・d　　　　③　b・c　　　　④　b・d

（共通テスト日本史B 2022本試）

6　次の文章A・Bは，2020年の夏，東京に暮らす花園カオルさん（17歳）が祖父の家を訪れた際の会話と，後に祖父に書き送った手紙である。これらの文章を読んで，下の問い（問1〜7）に答えよ。（資料は，一部省略したり，書き改めたりしたところもある。）

A

祖　父：（古い箱を開けながら）よいしょっと。これが我が家の家系図だ。

カオル：わあ……見たことのない名前がたくさん……。あれ，おじいちゃんは8人きょうだいの上から5番目？
　　　　5人きょうだいの3番目ではなかった？

祖　父：一番上の姉は結核で，末の妹は生まれてまもなく栄養失調で死んだよ。一番上の兄貴は戦争から帰っ
　　　　てこなかった。

カオル：そういえば，仏間に並んだご先祖の写真の中に，軍服姿の若者が混じっているのが気になっていたけ
　　　　れど，その人だったのか。

祖　父：ほら，この箱には，兄貴が学生服を着て家族と写った写真もあるよ。兄貴の右にいる　ア　姿の人が
　　　　母親，つまりカオルのひいばあちゃんだ。

カオル：へえぇ，そうなのかぁ。　ア　は，日中戦争が始まってしばらくすると禁止になるんだったよね。戦
　　　　争は，外見にも影響を与えるんだね。

祖　父：よく知っているね。戦争中，男に対しては，　イ　。

カオル：あれっ，ひいばあちゃんのおなかにいるのは……えぇっと，おじいちゃん？

祖　父：そうなるかな。それにしても，子どもは次々生まれるし，かたや続いて死ぬし，食べ物はないし，戦
　　　　争中のひいばあちゃんは大変だったと思うよ。

カオル：それで50歳で亡くなる。うーん，そういう人生もあるんだなあ。ご先祖たちについてもう一度，頭を
　　　　整理してみるよ。それと，家系図や写真以外にもいろいろ入っていそうなこの箱，ゆっくり見たいし，
　　　　箱ごと持って帰っていい？

カオルさんがまとめなおした家系図

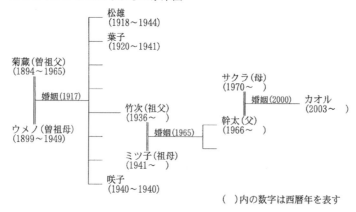

（　）内の数字は西暦年を表す

問1　空欄　ア　　イ　に入る語句の組合せとして正しいものを，次の①～④のうちから一つ選べ。

①　ア　パーマネント　　　　イ　国民服が制定されたよ
②　ア　パーマネント　　　　イ　ざんぎり（ザンギリ）頭が強要されたよ
③　ア　もんぺ　　　　　　　イ　国民服が制定されたよ
④　ア　もんぺ　　　　　　　イ　ざんぎり（ザンギリ）頭が強要されたよ

問2　東京に戻ったカオルさんは，一家の生きた時代を理解しようと，自分で作成した上記の家系図と教科書
　　　を見比べた。この家系図に関して述べた次の文X・Yについて，その正誤の組合せとして正しいものを，下
　　　の①～④のうちから一つ選べ。

　　X　日露戦争に出征した人はこの中にはいない。
　　Y　曽祖母（ウメノ）が選挙権を有した時期はない。

①　X　正　　　　　Y　正
②　X　正　　　　　Y　誤
③　X　誤　　　　　Y　正
④　X　誤　　　　　Y　誤

問3　前の家系図において二重線（＝）で
　　示された婚姻関係について述べた次の文
　　X・Yの空欄　ウ　エ　に入る語句の
　　組合せとして正しいものを，下の①〜④
　　のうちから一つ選べ。

　　X　曽祖父母の婚姻は，　ウ　の下で行
　　　われた。
　　Y　祖父母の婚姻は，法的には　エ　の
　　　合意に基づいて行われた。

　　①　ウ　ボアソナードが起草した民法
　　　　エ　両　性
　　②　ウ　ボアソナードが起草した民法
　　　　エ　両　親
　　③　ウ　戸主の強い権限を定めた民法
　　　　エ　両　性
　　④　ウ　戸主の強い権限を定めた民法
　　　　エ　両　親

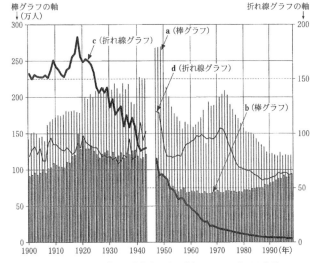

（厚生省大臣官房統計情報部編『人口動態統計100年の動向　1899〜1998』により作成）

（注1）　1944〜46年は資料不備のためデータなし。
（注2）　乳児死亡とは生後1年未満の死亡をいう。
（注3）　乳児死亡率＝乳児死亡数÷出生数。婚姻率＝婚姻届出件数÷日本人人口。それぞれ
　　　1,000倍，10,000倍に換算した比率で示した。

問4　カオルさんは，それぞれの生没年を確認するうちに，曽祖母（ウメノ）が生まれた1899年から，政府が
　　近代的な人口動態統計を取り始めたと知った。そこで，以後100年の移り変わりを分析した文献からメモを取
　　り，関連のグラフを作成してみた。このメモを読み，以下のグラフのa〜dが示すものとして正しい組合せ
　　を，下の①〜④のうちから一つ選べ。
カオルさんが作成したメモ
・明治から大正にかけての乳児死亡率は150〜180台で推移していたが，1940年には二桁台まで低下した。
・婚姻率は，敗戦直後に最高を記録し，1988年からは一時，上昇傾向を見せた。
・「第1次ベビー・ブーム」期に生まれた「団塊の世代」が子どもを生み始めた1973年前後には，「第2次ベ
　　ビー・ブーム」が出現した。
・敗戦後，死亡数は減少したが，1980年頃から増加した。

カオルさんが作成したグラフ
①　a　出生数　　　　b　死亡数　　　　c　乳児死亡率　　　d　婚姻率
②　a　出生数　　　　b　死亡数　　　　c　婚姻率　　　　　d　乳児死亡率
③　a　死亡数　　　　b　出生数　　　　c　乳児死亡率　　　d　婚姻率
④　a　死亡数　　　　b　出生数　　　　c　婚姻率　　　　　d　乳児死亡率

問5　カオルさんが持ち帰った箱には，帝国大学，尋常小学校，高等女学校，中学校の卒業証書が入っていた。
　　いずれも花園家の人々が授与された証書であった。それらに関連して，近現代の教育制度に関して述べた次
　　の文a〜dについて，正しいものの組合せを，下の①〜④のうちから一つ選べ。

　　a　帝国大学は当初，国家の指導的な人材養成のために創設された。
　　b　尋常小学校では創設時から一貫して検定制の教科書が使用された。
　　c　高等女学校の証書に名が記された曽祖母（ウメノ）は，中学校を卒業し高等女学校に進学した。
　　d　祖父（竹次）の名が記された証書における中学校とは，学校教育法のもとに発足した新制の中学校であ
　　　る。

　　①　a・c　　　　　②　a・d　　　　　③　b・c　　　　　④　b・d

B

問6　次の史料は，カオルさんが閲覧した新聞である。下線部ⓐも踏まえ，この記事の内容について述べた文として正しいものを，下の①〜④のうちから一つ選べ。

　①　「B29」とは，中国の爆撃機の種類である。

　②　「大本営」とは，戦局を伝える新聞社の連合組織である。

　③　史料では，日本軍が，サイパンに上陸しようとした米軍を2回撃退したと報じられている。

　④　史料では，空襲による北九州の深刻な被害が強調されている。

史料

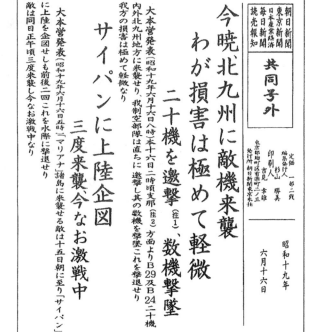

（注1）　邀撃：迎え撃つこと。
（注2）　支那：当時用いられた中国の呼称。

問7　次の文Ⅰ〜Ⅲは，カオルさんが図書館で読んだ手記や手紙の一部である。書かれた出来事の古いものから年代順に正しく配列したものを，下の①〜⑥のうちから一つ選べ。なお，いずれも（　）内は手記や手紙の日付である。

　Ⅰ　日比谷公会堂なる国民大会に小磯首相の声をきかんと昼食を略してゆきたるに，はや堂にあふれた群衆が立ちならび，マイクにてきくとのこと。（10月20日）

　Ⅱ　父母上様，去る六日の原子爆弾は非常に威力のあるものでした。自分はそのために顔面，背中，左腕を火傷致しました。（8月25日）

　Ⅲ　イタリア無条件降伏の報を知る。九月三日に既に調印されていたのである。世界史の現断面深く想う。イタリアは降伏した。独ソ戦線は依然苛烈である。（9月9日）

（日本戦没学生記念会編『新版　きけ　わだつみのこえ』）

　①　Ⅰ−Ⅱ−Ⅲ　　　　②　Ⅰ−Ⅲ−Ⅱ　　　　③　Ⅱ−Ⅰ−Ⅲ
　④　Ⅱ−Ⅲ−Ⅰ　　　　⑤　Ⅲ−Ⅰ−Ⅱ　　　　⑥　Ⅲ−Ⅱ−Ⅰ

（共通テスト日本史A2021本試第1日程）

7 高校の授業で「貨幣の歴史」をテーマに発表をすることになった咲也さんと花さんは，事前学習のために博物館に行った。博物館での二人の会話やメモなどを読み，下の問い（問1～3）に答えよ。（資料は，一部省略したり，書き改めたりしたところもある。）

咲　也：2024年には新しい紙幣と500円硬貨が発行されるけど，キャッシュレス化が進んでいるのに，今さら貨幣を発行する意味があるのかな。そもそも古代の銭貨は，何のために発行されたのか，すこし調べてみたよ。

咲也さんのメモ
古代の銭貨はなぜ発行されたのか？

	7世紀後半	8世紀前半		10世紀半ば
銭貨発行	■富本銭	■和同開珎	・・複数回の銭貨発行あり・・	■古代最後の銭貨発行
	・・・古代には，米や布・絹なども貨幣として通用している・・・			
都城造営	藤原京	平城京	長岡京　平安京	

まとめ
・唐の制度にならい，国家が銭貨を鋳造・発行した。
・銭貨の流通について，国家は自ら鋳造したものしか認めなかった。
・国家が発行した銭貨は，都城の造営をはじめ，様々な財政支出に用いられた。

花　　：なるほど，銭貨とともに米や布・絹などが貨幣として使われてきたのか。古代国家は，銭貨の使用を促す政策を出し，流通を図ったんだね。
咲　也：でも展示をみると，材料となる銅の産出量が減って，銭貨は小さく粗悪になっているね。そうして国家の発行する銭貨に対する信用が失われて，発行は中止されたんだね。
花　　：あれ？　でもここに展示してあるのは⒜鎌倉時代の市場の図だよ。銭貨を扱いやすく束ねた銭さしがみえるね。
咲　也：⒝中世の権力者はこうした銭貨の流通にどう対応していたんだろう。

問1　咲也さんのメモに基づく次の文X・Yと，それに最も深く関連する8世紀前半の法令a～dとの組合せとして正しいものを，下の①～④のうちから一つ選べ。

X　国家は，自ら鋳造した銭貨しか流通を認めなかった。
Y　国家が発行した銭貨は，様々な財政支出に用いられた。

8世紀前半の法令（大意）
a　運脚らは銭貨を持参して，道中の食料を購入しなさい。
b　私に銭貨を鋳造する人は死刑とする。
c　従六位以下で，銭を10貫^(注)以上蓄えた人には，位を一階進める。
d　禄の支給法を定める。（中略）五位には 絁 4匹，銭200文を支給する。

（注）貫：銭の単位。1貫＝1000文。

① 　X－a　　　　Y－c
② 　X－a　　　　Y－d
③ 　X－b　　　　Y－c
④ 　X－b　　　　Y－d

問2　下線部ⓐについて，二人が見ていたのは次の図1である。図1に関して述べた下の文a〜dについて，最も適当なものの組合せを，下の①〜④のうちから一つ選べ。

図1　『一遍上人絵伝』（清浄光寺所蔵，部分）

銭さし

参考写真：江戸時代の銭さし

a　当時の日本では，宋などの銭貨が海外から大量に流入しており，この場面のような銭貨の流通は一般的であったと考えられる。
b　当時の日本では，国家による銭貨鋳造は停止しており，この場面のような銭貨の流通は例外的であったと考えられる。
c　この場面に描かれている建物は，頑丈な瓦葺きの建築である。
d　この場面には，銭貨のほかにも，古代に貨幣として通用していたものが描かれている。

①　a・c　　　　②　a・d　　　　③　b・c　　　　④　b・d

問3　下線部ⓑに関連して，中世の流通・経済に関して述べた次の文X・Yについて，その正誤の組合せとして正しいものを，下の①〜④のうちから一つ選べ。

X　戦国大名だけでなく，室町幕府も撰銭令を出した。
Y　明との貿易をめぐり，細川氏と大内氏が寧波で争った。

①　X－正　　　　Y－正
②　X－正　　　　Y－誤
③　X－誤　　　　Y－正
④　X－誤　　　　Y－誤

（共通テスト日本史B 2021本試第1日程）

8 マリさんは，地図1に書かれている関について，先生に質問した。次の先生の説明を踏まえ，古代・中世の境界に対する意識について述べた後の文X・Yの正誤の組合せとして正しいものを，後の①～④のうちから一つ選べ。

地図1

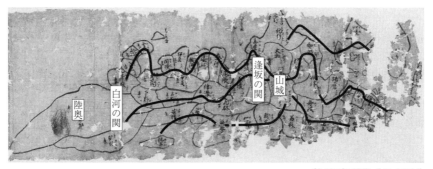

（仁和寺所蔵「日本図」）

先生の説明

地図1の逢坂（おうさか）の関は，山城国と近江国の国境の逢坂山に置かれた関だよ。この関では穢や疫病を外に追いやる祭祀（さいし）が行われたんだ。また古代では国家の非常時に関を封鎖し，都からの交通路を遮断しているよ。平城太上天皇の変（薬子の変）の時には，嵯峨天皇が逢坂の関を守らせたんだ。

白河の関は，陸奥国への入り口だね。古代陸奥国は，北側は蝦夷と境界を接していたんだ。中世になると，外浜（そとのはま）（津軽半島の東側）が日本の東端として意識され，北海道が夷島（えぞがしま）（蝦夷島）と呼ばれるようになるんだよ。津軽の安藤（安東）氏が鎌倉幕府からこの境界地域の管轄を任されていて，彼らを通じて，昆布や，アザラシの毛皮などの北方産物が交易されていたんだ。

X　古代の関には，反乱を起こした人物が地方に逃亡するのを防ぐ役割もあったと考えられる。

Y　中世では，境界の外側は隔絶された異域と認識され，その地の産物は忌避されたと考えられる。

① X　正　　　Y　正
② X　正　　　Y　誤
③ X　誤　　　Y　正
④ X　誤　　　Y　誤

（共通テスト日本史B 2023本試改）

9 後の問い（問1～2）に答えよ。

問1　次の図1・2に関して述べた下の文X・Yについて，その正誤の組合せとして正しいものを，下の①～④のうちから一つ選べ。

図1　平安京左京の図の一部
（『拾芥抄』(注)により作成）

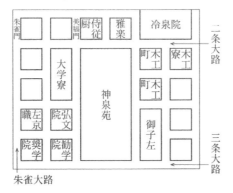

朱雀大路

（注）　中世に成立した百科事典。

図2　『続日本紀』の写本（部分）

金沢文庫の蔵書印

X　図1には，藤原氏が設置した大学別曹の所在地が示されている。
Y　図2の写本が収蔵されていた金沢文庫は，北条実時により設立された。

① X　正　　　　Y　正　　　　② X　正　　　Y　誤
③ X　誤　　　　Y　正　　　　④ X　誤　　　Y　誤

問2　古代から近現代の教育について述べた文として正しいものを，次の①～④のうちから一つ選べ。
①　平安時代に空也が設けた綜芸種智院では，庶民も教育を受けることができた。
②　室町時代の地方の武士の子弟たちは，寺院などに預けられ，『読史余論』などを使った教育を受けていた。
③　江戸時代には，町人たちが資金を出し合い，京都に町人教育のための懐徳堂を開いた。
④　日中戦争が長期化するなか，小学校が国民学校に改められ，国家主義的な教育が強化された。

（センター試験日本史B2020本試）

🔟　土地制度にかかわる次の図・写真Ⅰ～Ⅳについて述べた文として正しいものを，以下の①～④のうちから一つ選べ。

Ⅰ　東大寺領糞置荘開田図

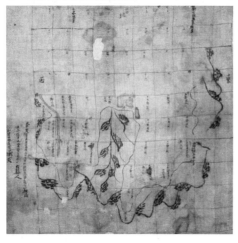

Ⅱ　伯耆国東郷荘の下地中分図（部分）

執権・連署の花押（サイン）

Ⅲ　検地仕法

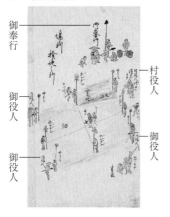

御奉行
村役人
御役人
御役人
御役人

Ⅳ　地券

①　Ⅰでは，条坊制にもとづく土地区画のための線が引かれている。
②　Ⅱでは，荘園領主同士が和解し，幕府の関与のもと下地中分が成立した。
③　Ⅲでは，奉行が役人や村役人らを監督し，検地を行っている。
④　Ⅳでは，土地所有者・土地面積・収穫高などがそれぞれ記されている。

（センター試験日本史B2018本試改）

1 次の問い（問1～2）に答えよ。

　　縄文・弥生時代における道具の発達は，人々の暮らしを大きく変えた。(a)縄文時代には，いろいろな形の土器が製作され，食料の貯蔵や煮炊きなどに利用された。また，磨製石器・骨角器とともに　ア　が使われるようになり，狩猟・漁撈(ぎょろう)の活動は実り多い活発なものとなった。弥生時代に入ると，中国や朝鮮から金属器が伝来し，祭器や武器として使用される一方で，農工具や木材の伐採・加工の道具などとして用いられ，農業生産力を増大させる一因となった。

問1　下線部(a)の時代に関連して述べた文として正しいものを，次の①～④のうちから一つ選べ。
　①　この時代の墓制は，低い墳丘と周囲に溝をもつ方形周溝墓であった。
　②　この時代は，地質学では更新世と呼ばれている。
　③　この時代の風習や儀礼には，抜歯や屈葬などがあった。
　④　この時代には，穀物は石包丁(いしぼうちょう)で収穫し高床倉庫にたくわえられた。

問2　空欄　ア　に入る語句をA群から，それと最も関係のある図をB群から選び，その組合せとして正しいものを，下の①～⑧のうちから一つ選べ。（ただし，図の縮尺は一定ではない。）

A　群
　a　石刃　　　　b　弓矢　　　　c　尖頭器(せんとうき)　　　d　握槌(にぎりつち)

B　群

Ⅰ	Ⅱ	Ⅲ	Ⅳ

　①　a－Ⅰ　　　②　a－Ⅱ　　　③　b－Ⅲ　　　④　b－Ⅳ
　⑤　c－Ⅱ　　　⑥　c－Ⅲ　　　⑦　d－Ⅰ　　　⑧　d－Ⅳ

（センター試験日本史1996追試改）

2 下の四つの図版a〜dは，弥生時代の遺跡から発掘された遺物である。それらについて述べた文として**誤っ**ているものを，次の①〜④のうちから一つ選べ。（ただし，図の縮尺は一定ではない。）

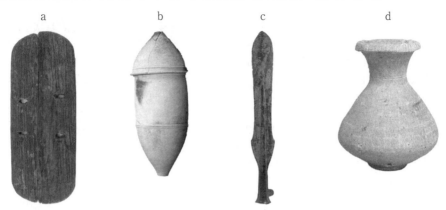

a   b   c   d

① aは，農作業をするときに，畦道（あぜみち）を歩くのに用いた田下駄（げた）である。
② bは，大きな甕（かめ）の口を合わせて作り，共同墓地に埋葬された甕棺である。
③ cは，祭祀（さいし）に用いられ，主に西日本各地から出土する青銅製の鉾（ほこ）である。
④ dは，主に水や酒などを溜める貯蔵用の壺（つぼ）型の土器である。

（センター試験日本史1992本試改）

3 文字や銘文が刻み込まれている次のⅠ〜Ⅲの文化財について，製作年代の古い順に正しく配列したものを，下の①〜⑥のうちから一つ選べ。

Ⅰ

（銘文の読み下し文）
左京四条四坊従四位下勲五等太朝臣安
万侶，癸亥の年の七月六日をもって
卒す。

　　　　　　　　養老七年十二月十五日乙巳（きのとみ）

Ⅱ

（印文）
漢委奴国王

Ⅲ

（光背銘文の読み下し文・部分）
癸未（みずのとひつじ）の年の三月中，願いのごとく釈
迦の尊像ならびに侠侍（きょうじ）及び荘厳具（しょうごんぐ）を
敬い造りおわんぬ。（中略）司馬鞍首止
利仏師をして造らしむ。

① Ⅰ－Ⅱ－Ⅲ   ② Ⅱ－Ⅰ－Ⅲ   ③ Ⅲ－Ⅰ－Ⅱ
④ Ⅰ－Ⅲ－Ⅱ   ⑤ Ⅱ－Ⅲ－Ⅰ   ⑥ Ⅲ－Ⅱ－Ⅰ

（センター試験日本史Ｂ2000追試）

4 1世紀，3世紀，5世紀における中国諸王朝の領域が示された次の地図Ⅰ～Ⅲ（模様のある部分が中国諸王朝の領域である）について，古いものから年代順に正しく配列したものを，下の①～⑥のうちから一つ選べ。

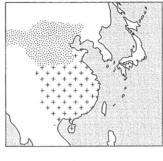

| 地図Ⅰ | 地図Ⅱ | 地図Ⅲ |

①　Ⅰ－Ⅱ－Ⅲ　　　②　Ⅰ－Ⅲ－Ⅱ　　　③　Ⅱ－Ⅰ－Ⅲ
④　Ⅱ－Ⅲ－Ⅰ　　　⑤　Ⅲ－Ⅰ－Ⅱ　　　⑥　Ⅲ－Ⅱ－Ⅰ

（共通テスト日本史B 2021本試）

5 下の江田船山古墳出土鉄刀の銘文（史料）について授業で取り上げた際，人名表記の仕方に注目し，渡来人と考えられる「張安」のみ，姓（張）＋個人名（安）となっており，他の倭人とは表記方法が違うことを発表した。この史料に関して述べた下の文X・Yについて，その正誤の組合せとして正しいものを，下の①～④のうちから一つ選べ。

史料（下線を付した箇所は人名）
　天の下治らしめしし獲□□□鹵^{（注1）}大王の世，典曹に奉事せし人^{（注2）}，名は无利弖。八月中，大鉄釜を用い，四尺の廷刀を幷わす^{（注3）}。（中略）刀を作る者，名は伊太和，書する者は張安也。

（注1）　獲□□□鹵：稲荷山古墳出土鉄剣銘の「獲加多支鹵」と同一人物とされる。
（注2）　典曹に奉事せし人：文官として大王に仕えてきた人。
（注3）　大鉄釜を用い，四尺の廷刀を幷わす：「鉄刀の材料として大鉄釜を使用し，その鉄を混合して4尺の刀を製作する」という意味とされる。

X　「无利弖」「伊太和」は，漢字の音を借用した表記である。
Y　この史料は，稲荷山古墳出土鉄剣銘と合わせて，当時のヤマト政権の勢力が関東地方から九州地方まで及んでいたことを示す。

①　X　正　　　Y　正
②　X　正　　　Y　誤
③　X　誤　　　Y　正
④　X　誤　　　Y　誤

（共通テスト日本史B 2021本試）

6 下の「外国の襲来を想定した施設」について述べた文Ⅰ・Ⅱと，地図中に示した場所a～eの組合せとして正しいものを，下の①～⑥のうちから一つ選べ。（なお地図中の破線は現在の県境を示している。）

Ⅰ 白村江の戦いに敗れたため，大宰府のすぐ北に，貯水によって敵の侵入を防ぐ施設として築かれた。
Ⅱ 8世紀前半の天平年間に，蝦夷支配の拠点の一つとして出羽国に設置された。

① Ⅰ-a   Ⅱ-c
② Ⅰ-a   Ⅱ-d
③ Ⅰ-a   Ⅱ-e
④ Ⅰ-b   Ⅱ-c
⑤ Ⅰ-b   Ⅱ-d
⑥ Ⅰ-b   Ⅱ-e

（センター試験日本史B2001本試）

7 下の史料1～3から読み取れる内容について述べた文として正しいものを，後の①～④のうちから一つ選べ。

史料1
　行方郡。（中略）癸丑の年（注1），茨城の国造小乙下壬生連麿，那珂の国造大建壬生直夫子等，総領（注2）高向の大夫・中臣幡織田の大夫等に請いて，茨城の地の八里と那珂の地の七里とを合わせて七百余戸を割きて，別けて郡家を置けり。

（『常陸国風土記』）

（注1）　癸丑の年：653年。以下の記述は，常陸国行方郡成立の経緯を説明している。
（注2）　総領：現在の関東地方を広域的に統轄するため，朝廷から派遣された官人。

史料2
　（天武13年10月）伊勢王等を遣わして，諸国の堺を定めしむ。

（『日本書紀』）

史料3
　（養老2年5月）陸奥国の石城・標葉・行方・宇太・曰理と常陸国の菊多（注3）との六郡を割きて石城国を置く。（中略）常陸国多珂郡の郷二百一十烟（注4）を割きて名けて菊多郡と曰いて石城国に属く。

（『続日本紀』）

（注3）　陸奥国の石城・標葉・行方・宇太・曰理と常陸国の菊多：現在の宮城県・福島県の一部。
（注4）　烟：戸のこと。

① 国郡の設定や分割は，地方豪族の話し合いで決定した。
② 石城国は，既存の一か国を分割して作られた。
③ 常陸国行方郡は，大化改新より前に国造の支配領域を分割して作られた。
④ 国郡の行政区画の変更は，大宝律令の制定以降にも行われた。

（共通テスト日本史B2023本試）

8 下の史料に関して述べた下の文 a ～ d について，正しいものの組合せを，下の①～④のうちから一つ選べ。

史料
　　小錦下坂合部連石布 (注1)（中略）を遣わして，唐国に使せしむ。よりて道奥 (注2) の蝦夷男女二人をもちて，唐天子 (注3) に示せたてまつる。伊吉連博徳 (注4) が書に曰く，「（中略），天子問いて曰く，『その国 (注5) に五穀有りや』とのたまう。使人謹み答えて，『無し。肉を食いて存活う (注6)』という。天子問いて曰く，『国に屋舎有りや』とのたまう。使人謹み答えて，『無し。深山の中にして樹本 (注7) に止住う』という。（中略）」という。

（『日本書紀』斉明天皇5（659）年7月戊寅（3日）条）

（注1）　小錦下坂合部連石布：このときに派遣された遣唐使の一人。「小錦下」は冠位の一つ。
（注2）　道奥：陸奥のこと。
（注3）　唐天子：唐の皇帝高宗。
（注4）　伊吉連博徳：このときの遣唐使に随行した一人。
（注5）　その国：蝦夷の居住地。
（注6）　存活う：生活する。
（注7）　樹本：木の下。樹下。

　　a　遣唐使が，蝦夷を連れて唐に渡ったことが読み取れる。
　　b　遣唐使が，唐の皇帝に質問をする様子が読み取れる。
　　c　蝦夷について，肉を食べ，山の中で樹木の下に居住していると説明されている。
　　d　蝦夷について，穀物を食べ，建物に居住していると説明されている。

　　①　a・c　　　　②　a・d　　　　③　b・c　　　　④　b・d

（センター試験日本史B2020本試）

9 次の問い（問1～3）に答えよ。
　　古代の文献史料の多くが，都を中心とした中央の歴史を伝えるのに対し，金石文は，それが残された地域の歴史を伝える資料としても重要である。
　　群馬県高崎市に所在する山上碑は，681年に立てられた石碑で，「佐野三家」をめぐる現地の豪族層の動向を読み取ることができる。碑文に登場する「放光寺」は，11世紀に，上野国の⒜国司の交替に際して作成された文書にもその名を確認することができる。さらに，群馬県前橋市の寺院の遺跡からは，「放光寺」と記された瓦が出土し，その場所に「放光寺」があったと推定されている。
　　また，栃木県大田原市に現存する⒝那須国造碑は，那須直韋提という現地の豪族の死後，彼の一族によって造られたものと考えられ，律令体制形成期の那須地方の様子や，地方行政制度の展開の一端を伝えている。
　　さらに，熊本県宇城市にある浄水寺寺領碑は，826年頃の石碑で，浄水寺の所有する田地の所在地や用途，面積などが記載されており，⒞平安時代の地方社会における田地の実態を考えるうえで重要な手がかりとなる。

問1　下線部⒜に関連して，古代の国司制度に関して述べた次の文Ⅰ～Ⅲについて，古いものから年代順に正しく配列したものを，下の①～⑥のうちから一つ選べ。

　　Ⅰ　律令制にもとづく地方統治の拠点として，国府が設置されはじめた。
　　Ⅱ　国司の交替の際の引継ぎを厳しく監督するため，新たに勘解由使が設置された。
　　Ⅲ　赴任する国司の最上席者が，大きな権限と責任を負い，受領とよばれるようになった。

　　①　Ⅰ－Ⅱ－Ⅲ　　　　②　Ⅰ－Ⅲ－Ⅱ　　　　③　Ⅱ－Ⅰ－Ⅲ
　　④　Ⅱ－Ⅲ－Ⅰ　　　　⑤　Ⅲ－Ⅰ－Ⅱ　　　　⑥　Ⅲ－Ⅱ－Ⅰ

問2　下線部ⓑに関連して，次の史料は，那須国造碑に刻まれた碑文の一部である。この史料に関して述べた下の文X・Yについて，その正誤の組合せとして正しいものを，下の①～④のうちから一つ選べ。

史料

　　永昌元年己丑^(注1)四月，飛鳥浄御原の大宮^(注2)の那須国造，追大壱^(注3)那須直韋提，評督^(注4)を賜る。歳は庚子に次る年，正月二壬子の日^(注5)，辰節に殄る^(注6)。故に，意斯麻呂^(注7)等，碑銘を立て偲びて爾云う^(注8)。（後略）

（注1）　永昌元年己丑：「永昌」は唐の年号（元号）。年を干支による表記と組み合わせて示している。
（注2）　飛鳥浄御原の大宮：飛鳥浄御原宮の朝廷。
（注3）　追大壱：天武天皇の時代に定められた冠位。
（注4）　評督：評の長官のこと。
（注5）　歳は庚子に次る年，正月二壬子の日：年月日を干支による表記と組み合わせて示している。
（注6）　殄る：死去すること。
（注7）　意斯麻呂：韋提の一族で，その後継者。
（注8）　爾云う：「このように述べる」という意味。この後に続く内容を示す表現で，ここでは（後略）の部分を指す。

X　史料からは，那須地方の豪族層に，中国王朝にかかわる知識・情報が知られていたことを読み取ることができる。
Y　史料からは，大宝律令にもとづく官僚制や地方行政組織を読み取ることができる。

①　X　正　　　Y　正
②　X　正　　　Y　誤
③　X　誤　　　Y　正
④　X　誤　　　Y　誤

問3　下線部ⓒに関して述べた文として誤っているものを，次の①～④のうちから一つ選べ。
①　財政が悪化した朝廷は，公営田や官田（元慶官田）を設置して，財源確保をはかった。
②　班田収授を励行させるため，班田の期間を12年ごとに改めたが，班田の実施は困難になっていった。
③　開発領主たちの中には，国司の干渉から逃れるため，所領を中央の貴族や寺社に寄進するものがあった。
④　官物や臨時雑役などの税が，土地を対象に課されるようになったことで，戸籍にもとづく支配が強化された。

（センター試験日本史B2019本試）

❿　次の図は平城京の概略図である。この図について述べた文として誤っているものを，次の①～④のうちから一つ選べ。

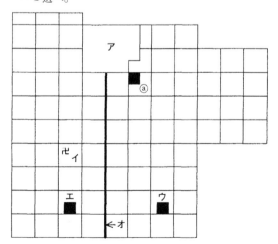

①　アは平城宮（大内裏）で，内裏や諸官庁などが置かれた。
②　イの寺院が位置するのは，左京の二条六坊である。
③　ウ・エは東西の市で，市司が管理にあたった。
④　オの道路は，京の中央部を南北に通る朱雀大路である。

（センター試験日本史B1999本試）

11 次の史料を読んで後の問い（問1〜2）に答えよ。

　　長子広世，(a)大学の南辺に私宅を以て　イ　を置く。内外の経書^(注1)数千巻を蔵し，墾田四十町を永く学料^(注2)に充て，以て(b)父^(注3)の志を終ぐ。

（『日本後紀』延暦18年〔799年〕2月21日条）

　（注1）「内外の経書」とは，仏教や儒教の経典のこと。
　（注2）「学料」とは，学生の給食などの費用。
　（注3）「父」は，和気清麻呂をさす。

問1　下線部(a)に関連して述べた文として正しいものを，次の①〜④のうちから一つ選べ。
　①　皇族の子弟のために，大学の機関として綜芸種智院が設けられた。
　②　大学や国学では，仏教の経典を中心とする教育を行った。
　③　大学に付属した図書館として，淡海三船によって芸亭が開かれた。
　④　諸国には国学が置かれ，郡司などの地方豪族の子弟を教育した。

問2　A群は空欄　イ　に入る語句であり，B群は下線部(b)の人物について述べたものである。空欄　イ　に入る語句と下線部(b)の人物について述べた説明文の組合せとして正しいものを，下の①〜⑧のうちから一つ選べ。

A　群
　Ⅰ　弘文院　　　　Ⅱ　勧学院　　　　Ⅲ　学館院　　　　Ⅳ　奨学院

B　群
　a　藤原百川らとともに，僧侶を皇位につけようとする企てを阻止した。
　b　唐より帰国すると，橘諸兄の政権に参画した。
　c　藤原不比等の死後，政治の実権を握ったが，不比等の4子と対立した。

　①　Ⅰ－a　　　　②　Ⅰ－b　　　　③　Ⅱ－b　　　　④　Ⅱ－c
　⑤　Ⅲ－c　　　　⑥　Ⅲ－a　　　　⑦　Ⅳ－a　　　　⑧　Ⅳ－b

（センター試験日本史1996追試）

12 次の史料は，天皇の命令により，藤原緒嗣と菅野真道の間で政策についての議論が行われた内容を伝える記事である。この史料を読んで後の問い（問1〜3）に答えよ。

　　この日，中納言近衛大将従三位藤原朝臣内麻呂，殿上^(注1)に侍る。勅^(注2)有りて参議右衛士督従四位下藤原朝臣緒嗣と参議左大弁正四位下菅野朝臣真道とをして，天下の徳政^(注3)を相論せしむ。時に緒嗣，議して云く，方今^(注4)，天下の苦しむところは軍事と造作となり，此の両事を停めば百姓安ぜむと。真道，異議を確執して肯えて聴かず。帝，緒嗣の議を善しとし，即ち停廃に従ふ。

（『日本後紀』延暦24年〔805年〕12月7日条）

　（注1）「殿上」とは，内裏の殿舎である。
　（注2）「勅」とは，天皇の命令のことである。
　（注3）「徳政」とは，善政のことである。
　（注4）「方今」とは，まさに今の意味である。

問1　古代の軍事制度に関して述べた次の文Ⅰ〜Ⅲについて，古いものから年代順に正しく配列したものを，下の①〜④のうちから一つ選べ。

　Ⅰ　成年男子3〜4人に1人の割合で兵士を徴発し，諸国の軍団に配属した。
　Ⅱ　弓馬にたくみな郡司の子弟や有力農民などを健児として，国府の警備や国内の治安維持に当たらせた。
　Ⅲ　大伴氏や物部氏などが伴造として伴を率い，軍事を職務として分担した。

　①　Ⅰ－Ⅲ－Ⅱ　　　　②　Ⅱ－Ⅲ－Ⅰ　　　　③　Ⅲ－Ⅰ－Ⅱ　　　　④　Ⅲ－Ⅱ－Ⅰ

問2　下線部の内容を述べた文として正しいものを，次の①〜④のうちから一つ選べ。

①　この造作とは，東大寺の大仏を造立していることである。

②　この造作とは，平等院の鳳凰堂を造立していることである。

③　この造作とは，紫香楽宮を造営していることである。

④　この造作とは，平安京を造営していることである。

問3　史料から読み取れることがらとして**誤っているもの**を，次の①〜④のうちから一つ選べ。

①　藤原内麻呂は「軍事と造作」を天皇に提案し推進した。

②　藤原緒嗣は「軍事と造作」が民衆を苦しめているとして反対した。

③　菅野真道は「軍事と造作」を停止することに反対した。

④　天皇は「軍事と造作」の停止について藤原緒嗣の進言に従った。

（センター試験日本史 B 2007 追試）

⓭　次の史料1・2を踏まえ，古代社会における暦の影響に関して説明した後の文 X・Y について，その正誤の組合せとして正しいものを，後の①〜④のうちから一つ選べ。

史料1

国務条事

一，任国に赴く吉日時の事

　新任の吏^(注1)，任国に赴くの時，必ず吉日時を択び，下向^(注2) すべし。

一，吉日時を択びて，館^(注3) に入る事

　着館の日時は，在京の間，陰陽家において撰定せしむ。

一，吉日を択びて，交替政^(注4) を始め行う事

（『朝野群載』）

（注1）　新任の吏：新たに任命された国司。

（注2）　下向：京から任国へ下ること。

（注3）　館：任国に設けられた国司の居館。

（注4）　交替政：新任国司が前任国司と交代する手続き。行政事務の一つ。

史料2

遺誡^(注5) 幷に日中行事

　先ず起きて，（中略）次に鏡を取りて面を見，暦を見て日の吉凶を知る。（中略）次に昨日のことを記せ。次に粥を服す。次に頭を梳り^(注6) 次に手足の甲を除け。次に日を択びて沐浴せよ。（中略）年中の行事は，ほぼ件の暦に注し付け，日ごとに視るの次に先ずその事を知り，兼ねてもって用意せよ。

（「九条殿遺誡」）

（注5）　遺誡：ここでは藤原師輔（道長の祖父）が子孫に残した訓戒。

（注6）　頭を梳る：髪をとかす。

X　中央や地方の政務には，暦に書かれたその日の吉凶が利用されていた。

Y　貴族の日常生活は，具注暦に記入された暦注に影響を受けていた。

①　X　正　　　Y　正

②　X　正　　　Y　誤

③　X　誤　　　Y　正

④　X　誤　　　Y　誤

（共通テスト日本史 B 2023 本試）

14 後の問い（問１〜２）に答えよ。

問１　リツさんは，庚午年籍が，最初の本格的な戸籍とされていることを知った。そこで，日本古代の戸籍や計帳について調べてみた。次の史料は，正倉院に残る古代の計帳である。この史料に関して述べた後の文a〜dについて，最も適当なものの組合せを，後の①〜④のうちから一つ選べ。

史料

戸主於伊美吉子首戸手実（注1）　天平五年（七三三）
去年の計帳に定むる良賤の口十五人　男六人　奴五人（注2）
今年の計帳に現に定むる良賤の大小口十五人　女四人　婢一人
不課口十四人（注3）
　男五人　一人六位　四人小子
　女四人
　賤口五人　奴四人　婢一人
課口一人
　現に輸す　一人　正丁

戸主従六位上於伊美吉子首　年七十九　下野国薬師寺造司工
嫡子於伊美吉豊人　年十四　小子
男於伊美吉伊賀麻呂　年四十七　正丁　左下唇黒子
女於伊美吉酒刀自売　年三十二　正女　左頬黒子
（中略）
戸主の奴大伴　年六十三　和銅七年逃
奴尼麻呂　年六十一
奴黒栖　年六十
奴小黒栖　年七
婢平売　年七十三
天平五年七月十二日文を進むるは伊賀麻呂

（注１）　手実：各戸から提出する申告書。
（注２）　奴・婢：賤民。奴は男性，婢は女性。
（注３）　不課口：調・庸等を負担する人を課口といい，負担しない人を不課口という。

a　この戸で，調・庸を納めるのは５人であることが分かる。
b　計帳からは，年ごとの戸の人数の変動が分かる。
c　逃亡した奴や婢は，計帳から削除されており，解放されたと考えられる。
d　黒子の位置が記されているのは，本人を特定するためと考えられる。

①　a・c　　　　②　a・d
③　b・c　　　　④　b・d

問２　リツさんは，先生から，日本古代の法に規定された内容の具体例として，税に関わる条文の一部を紹介してもらった。次の文章Ⅰ〜Ⅲは，それぞれ憲法十七条・養老令・延喜式のいずれかの一部である。法整備の過程を考えて，古いものから年代順に正しく配列したものを，後の①〜⑥のうちから一つ選べ。

Ⅰ　凡そ調の絹・絁・糸・綿・布は，並びに郷土の所出に随えよ。
Ⅱ　国司・国造，百姓に斂る（注1）ことなかれ。国に二の君なし，民に両の主なし。
Ⅲ　凡そ諸国の調・庸の米・塩は，令条の期（注2）の後，七箇月の内に納め訖えよ。

（注１）　斂る：税をとる。
（注２）　期：期限。調・庸の納入期限は，都からの距離によって定められていた。

①　Ⅰ−Ⅱ−Ⅲ　　　　②　Ⅰ−Ⅲ−Ⅱ　　　　③　Ⅱ−Ⅰ−Ⅲ
④　Ⅱ−Ⅲ−Ⅰ　　　　⑤　Ⅲ−Ⅰ−Ⅱ　　　　⑥　Ⅲ−Ⅱ−Ⅰ

（共通テスト日本史B2022本試）

15　リョウタさんとリツコさんは，歴史の授業で，古代には様々な雑穀が栽培され，食べられていたことを知った。そこで，粟と麦についてそれぞれ調べ，授業で発表することにした。二人の発表要旨A・Bを読み，後の問い（問１〜５）に答えよ。（資料は，一部省略したり，書き改めたりしたところもある。）

A　リョウタさんの発表要旨
　日本の主要な穀物栽培と言えば，稲作を思い浮かべる人が多い。確かに，日本のことを「瑞穂（水穂）国」とも呼ぶように，水田稲作が重要な位置を占めていた。
　しかし実際には，稲以外にも，様々な◯a穀物が栽培されていた。特に，粟は縄文時代には一部で栽培が始まっていたという説もある。粟は古代の人々にとって身近な作物だったようで，蒸したり粥にしたりして食べられていた。
　粟はやせた土地でも育つのに対し，稲は旱ばつや風水害・虫害などの影響を受けやすく，秋に不作になると食糧不足や飢饉に結びついた。それもあって，◯b古代国家は飢饉に備えて，粟を貯えさせた。また，国司を通じて百姓に粟の栽培を奨励し，稲の代わりに粟を税として出すことを許可する法令を出した。

問1　下線部ⓐに関連して，原始・古代の穀物栽培に関して述べた文として正しいものを，次の①〜④のうちから一つ選べ。
　　①　稲作が日本に伝わると，狩猟や採取による食糧確保は行われなくなった。
　　②　弥生時代，稲穂は石包丁で刈り取られ，木臼と竪杵を使って脱穀された。
　　③　古墳時代，鍬や鋤などの青銅製農工具が用いられ，生産力が向上した。
　　④　律令制下の百姓は口分田が与えられ，収穫高の３割を租として納めた。

問2　下線部ⓑに関連して，リョウタさんの発表に対して，他の生徒から質問X・Yが出た。リョウタさんは先生にアドバイスをもらいながら，史料a〜dを探してきた。質問X・Yに対する回答の根拠となる史料の組合せとして最も適当なものを，後の①〜④のうちから一つ選べ。

　　質問
　　X　飢饉対策として，粟が貯えられた理由はどこにあるのだろうか。
　　Y　貯蓄する粟は誰から集めたのだろうか。

　　史料
　　a　凡そ雑穀相博えん（注1）には，粟・小豆 各 二斗を稲三束に当て，大豆一斗を稲一束に当てよ。
　　（『延喜式』）
　　b　凡そ粟の物とあるは，支うる（注2）こと久しくして敗れず，諸 の穀の中に於て，最も是れ精好なり。
　　（『続日本紀』）
　　c　凡そ一位以下，及び百姓・雑色の人等は，皆戸の粟を取り，以て義倉とせよ。上上の戸（注3）に二石，（中略）下下の戸に一斗。
　　（『養老令』）
　　d　三の君の夫は，（中略）大名の田堵なり。（中略）薗 畠 に蒔くところは麦・大豆・大角豆・小豆・粟・黍・稗・蕎麦・胡麻（後略）。
　　（『新猿楽記』）

　　（注1）　相博えん：交換する。（注2）　支うる：保存する。
　　（注3）　上上の戸：資財などをもとに，各戸を上上から下下まで九等に分けたうちの最上位の戸。

　　①　X−a　　　　　Y−c　　　　②　X−a　　　　　Y−d
　　③　X−b　　　　　Y−c　　　　④　X−b　　　　　Y−d

B　リツコさんの発表要旨
　　小麦は，飢饉や夏の食糧不足を補うだけではなく，日常の食料や調味料の原材料としての需要もあった。古代国家は，ⓒ諸国の百姓から調・庸として様々な物資を都へ納入させたが，それ以外にも，必要な物資を諸国で調達させて，都へ納入させていた。小麦が諸国から都へ納入されたことは，木簡や『延喜式』から分かる。小麦の加工品には，ヒヤムギのようなものや，縄状の団子を胡麻油で揚げたものなどがあった。
　　古代国家は，ⓓ農業政策の一環として麦の栽培を奨励したが，百姓が収穫前に刈り取り，馬の飼料として売却してしまうこともあった。そのため国家は，収穫前の麦を売買することを禁止し，雑穀として食用とすることの利点を国司が百姓に教え諭す法令を出した。こうして国家は，農業に基盤を置いていた百姓の生活を維持することに努めたのである。

問3 下線部ⓒに関連して，次の表1は，『延喜式』で小麦を納入するように指定されていた国の一覧，表2は
それらの国の調として指定されていた全品目の一覧である。表1・2に関して述べた後の文X・Yについて，
その正誤の組合せとして正しいものを，後の①〜④のうちから一つ選べ。

表1　小麦の全納入国

国　名	小麦の納入量
山　城	30石
大　和	11石7升3合
河　内	35石
和　泉	25石
摂　津	35石1斗
阿　波	70石
壱　岐	20石2斗

表2　各国の調の全品目

国　名	調の品目
山　城	ムシロ・コモ^(注1)，銭
大　和	箕，鍋，土師器の食器等，銭
河　内	ムシロ・コモ，筥，筍^(注2)，土師器の食器類，銭
和　泉	笠，筍，須恵器の壺や食器等，銭
摂　津	ムシロ・コモ，櫃，筍，須恵器の食器類，銭
阿　波	錦，羅^(注3)，綾，絹，糸，アワビ，カツオ
壱　岐	大豆，小豆，小麦，海石榴の油^(注4)，薄アワビ

（注1）　ムシロ・コモ：マコモや竹など植物で編んだ敷物。　（注2）　筍：容器の一種。
（注3）　羅：高級織物の品目の一つ。　（注4）　海石榴の油：植物のツバキから採れる油。

X　調の品目の中には，繊維製品，海産物，銭貨があった。
Y　畿内諸国では，小麦は調として都へ納入されていた。

① X　正　　　Y　正
② X　正　　　Y　誤
③ X　誤　　　Y　正
④ X　誤　　　Y　誤

問4 下線部ⓓに関連して，古代の農業や土地所有について述べた次の文Ⅰ〜Ⅲについて，古いものから年代
順に正しく配列したものを，後の①〜⑥のうちから一つ選べ。

Ⅰ　服属した地方豪族の領域内などに大王の政治的・経済的基盤として直轄地と直轄民が設定され，その田
地を田部と呼ばれる部民が耕作した。
Ⅱ　都の貴族や大寺院は，国司・郡司の協力のもと，地方に所有する荘園を，付近の農民や浮浪・逃亡した
農民に耕作させた。
Ⅲ　有力農民たちは，国司に対抗するために，有力な皇親や貴族の保護を求め，自らが開墾・耕作した土地
を荘園として寄進した。

① Ⅰ－Ⅱ－Ⅲ　　　② Ⅰ－Ⅲ－Ⅱ　　　③ Ⅱ－Ⅰ－Ⅲ
④ Ⅱ－Ⅲ－Ⅰ　　　⑤ Ⅲ－Ⅰ－Ⅱ　　　⑥ Ⅲ－Ⅱ－Ⅰ

問5　リョウタさんとリツコさんの発表を踏まえ，クラス全員で古代の雑穀栽培についてまとめ，それぞれ意見を発表した。出された次の意見 a～d について，正しいものの組合せを，後の①～④のうちから一つ選べ。

　　a　雑穀は飢饉対策として栽培されたので，日常的な食用は禁止された。
　　b　古代国家は，雑穀栽培について，国司の勧農（農業の奨励）に期待した。
　　c　古代の百姓は，国家が麦の栽培を奨励した意図を理解し遵守していた。
　　d　古代の百姓は，租を粟で納めることを認められるようになった。

　　①　a・c　　　　　②　a・d　　　　　③　b・c　　　　　④　b・d

（共通テスト日本史Ｂ2022追試）

16　醍醐天皇は，914年，官人に政治についての意見を提出させた。次の史料は，これに応じて三善清行が提出した「意見封事十二箇条」の序論の一部である。この史料を読み，下の問い（問1～4）に答えよ。（史料は，一部省略したり，書き改めたりしたところもある。）

史料
　　すでにして欽明天皇の代に，仏法初めて本朝に伝え，推古天皇より以後，この教え盛んに行わる。上は群公卿士^(注1)より，下は諸国の黎民^(注2)に至るまで，寺塔を建立つることなき者は，人数に列せず。故に資産を傾け尽くし，浮図^(注3)を興し造る。（中略）降りて天平に及びて，弥 尊重を以てす。遂に田園を傾けて，多く大寺を建つ。（中略）また七道諸国をして国分二寺を建てしむ。造作の費え，各その国の正税^(注4)を用いたりき。ここに天下の費え，十分にして五^(注5)。
　　桓武天皇に至りて，都を長岡に遷したまうに，製作すでに畢りて，更に上都^(注6)を営む。（中略）皆土木の巧みを究め，尽く調・庸の用を賦す。ここに天下の費え，五分にして三。

　　（注1）　群公卿士：貴族や官人たち。　（注2）　黎民：庶民。一般の人々。
　　（注3）　浮図：仏塔。
　　（注4）　正税：諸国で管理した稲。租と，出挙の利息の稲を，諸国の正倉に蓄えたもの。
　　（注5）　天下の費え，十分にして五：「国家全体の資産の10分の5を失った」という意味。
　　（注6）　上都：都。

問1　史料の内容について述べた文として正しいものを，次の①～④のうちから一つ選べ。
　　①　日本に初めて仏教が伝わったのは，推古天皇の時代である。
　　②　聖武天皇の時代になって，初めて仏教が広まった。
　　③　国分寺・国分尼寺の建立には，人々の資産が使い尽くされた。
　　④　桓武天皇は，平安京を造営するために調・庸を用いた。

問2 次の表は，史料で三善清行が批判している仏教の問題を検証するために，古代の仏教と文化・政治について まとめたものである。空欄 ア ～ ウ に入る，各文化の特色を述べた下の文a～cの組合せとして 正しいものを，下の①～⑥のうちから一つ選べ。

表

文化の区分	主な寺院・美術作品と文化の特色	仏教と政治との関わり
飛鳥文化	飛鳥寺・法隆寺 玉虫厨子 ア	先進文化として，蘇我氏や王族が積極的に受容。仏教を重んじることを説く憲法十七条が制定された。
白鳳文化	薬師寺 興福寺仏頭 イ	天皇が大寺院を建立し，地方豪族も多く寺院を建立。律令制が施行され，僧侶は国家の統制を受けた。
天平文化	東大寺・唐招提寺 正倉院宝物・鑑真像 ウ	疫病の流行や飢饉が生じたなかで，天皇が仏教の信仰を深め，国分寺建立や大仏造立の事業を進めた。

a 平城京を中心に発展した，国際色豊かな貴族文化である。
b 遣唐使によって伝えられた初唐の文化の影響を強く受けている。
c 高句麗・百済・新羅や中国南北朝の文化の影響を強く受けている。

① アーa 　　イーb 　　ウーc
② アーa 　　イーc 　　ウーb
③ アーb 　　イーa 　　ウーc
④ アーb 　　イーc 　　ウーa
⑤ アーc 　　イーa 　　ウーb
⑥ アーc 　　イーb 　　ウーa

問3 史料・表と，6～8世紀における政治や社会の状況を踏まえ，この時期の仏教と文化・政治・社会との 関わりについて述べた文として波線部の誤っているものを，次の①～④のうちから一つ選べ。
① 三善清行は，仏教について国家財政の窮乏をもたらしたと批判しているが，6世紀から7世紀前半における積極的な仏教文化の受容は，中国や朝鮮半島などの先進的な知識・技術の摂取に貢献した。
② 三善清行は，仏教について国家財政の窮乏をもたらしたと批判しているが，7世紀後半から8世紀初めに天皇の主導によって大寺院建立などの事業が遂行され，中央集権国家の建設が進展した。
③ 三善清行は，仏教について国家財政の窮乏をもたらしたと批判しているが，8世紀初めに施行された大宝律令により僧侶の活動が厳しく統制されて，僧侶が政治に介入することはなくなった。
④ 三善清行は，仏教について国家財政の窮乏をもたらしたと批判しているが，8世紀中頃に疫病が流行したり飢饉が起きたりした際には，仏教は社会不安を鎮めるための手立てとされた。

問4　次のレポートは，三善清行が「意見封事十二箇条」を提出した背景について，史料と表を検討した結果を踏まえて論じたものである。このレポートを読み，以下の問い(1)・(2)に答えよ。

レポート

　醍醐天皇の治世は，天皇親政の理想的な時代として，後に村上天皇の治世とあわせて「延喜・天暦の治」と賛美されたが，この頃は，現実には旧来の律令制に基づく天皇主導の国家統治が終焉（しゅうえん）に近づいた時代であった。中央では，　エ　。また，地方では，　オ　。そのようななかで醍醐天皇の求めに応じ「意見封事十二箇条」を提出した三善清行の行為は，律令制的な政治の維持を図ろうとした官人による懸命な意思の表明であったと言えるであろう。

　清行が史料で述べた事柄のなかには，正確な史実に基づいていない誇張された部分があり，特に仏教については，国家財政の窮乏をもたらしたと批判するばかりである。だが，それは，備中介となり地方官人の実務に携わった自らの経験から@当時の政治や社会における問題の深刻さを実感していた清行が，説得力を強めるためにあえて用いた表現方法と見ることもできるのではないだろうか。

(1)　空欄　エ　　オ　に入る次の文 a〜d について，正しいものの組合せを，下の①〜④のうちから一つ選べ。

　　a　醍醐・村上両天皇の親政の合間に藤原忠平が摂政・関白となり，この後，忠平の子孫が摂関政治を行う端緒を開いた
　　b　幼少の天皇が即位し，藤原良房が摂政に，ついで藤原基経が摂政・関白となって，藤原氏北家の勢力が強まった
　　c　朝廷から任命された征夷大将軍が，抵抗を繰り返す蝦夷の鎮圧に当たっていた
　　d　朝廷から任命された押領使や追捕使が，各地で盗賊・海賊の逮捕や反乱の鎮圧に当たっていた

　　①　エ − a　　　オ − c
　　②　エ − a　　　オ − d
　　③　エ − b　　　オ − c
　　④　エ − b　　　オ − d

(2)　下線部@に関して，当時の地方における政治や社会の問題について述べた次の文X・Yについて，その正誤の組合せとして正しいものを，下の①〜④のうちから一つ選べ。

　　X　女性の数が多い，実態に基づかない戸籍が作成され，調・庸の徴収が困難になっていた。
　　Y　違法な荘園が停止され，班田の励行が命じられて，律令制の維持が図られた。

　　①　X　正　　　Y　正
　　②　X　正　　　Y　誤
　　③　X　誤　　　Y　正
　　④　X　誤　　　Y　誤

（共通テスト日本史B 2021本試第2日程）

17 以下の文章を読み，後の問い（問１〜３）に答えよ。

　律令国家成立当初の@東北地方以北や九州南部以南の地域は，いまだ中央政府の支配下に組み込まれておらず，辺境と位置づけられた。辺境の人々は東北地方では蝦夷，九州南部では隼人などとよばれ，中央政府との対立を経ながら徐々にその支配下に組み込まれていった。

　8世紀初め，中央政府は隼人の抵抗を抑え，九州南部に薩摩国，ついで　ア　を設置した。　ア　では，720年に隼人が国司を殺害するという反乱が起きたが，それが鎮圧された後は，隼人の大きな抵抗はみられなくなった。

　一方，東北地方に対しても，大化改新後，中央政府による支配領域拡大の動きが本格化した。東北地方の太平洋側では，改新後に陸奥国が設置されたと推測され，蝦夷支配を進めるために城柵が設けられた。その一つが724年に設置された多賀城で，ここには陸奥国府と　イ　がおかれた。⑤8世紀から9世紀にかけて造られた城柵については，発掘調査の成果から，東北地方以外の国府との違いや共通点がわかってきている。

問１　空欄　ア　　イ　に入る語句の組合せとして正しいものを，次の①〜④のうちから一つ選べ。
　①　ア　肥後国　　　イ　大宰府
　②　ア　肥後国　　　イ　鎮守府
　③　ア　大隅国　　　イ　大宰府
　④　ア　大隅国　　　イ　鎮守府

問２　下線部@に関して述べた次の文a〜dについて，正しいものの組合せを，下の①〜④のうちから一つ選べ。

　a　東北地方では，縄文時代の遺跡として三内丸山遺跡が発見されている。
　b　北海道では，弥生時代になると水稲耕作が行われるようになった。
　c　南西諸島では，弥生文化とは異なる貝塚文化が展開した島々があった。
　d　種子島・屋久島は，10世紀になってから中央政府の支配領域に組み込まれた。

　①　a・c　　　　　②　a・d　　　　　③　b・c　　　　　④　b・d

問３　下線部⑤に関連して，国府と城柵の遺構を描いた次の図１・２に関して述べた下の文X・Yについて，その正誤の組合せとして正しいものを，下の①〜④のうちから一つ選べ。なお，図１・２はほぼ同じ縮尺である。

　X　図からは，下野国府にも徳丹城にも，政庁とは別に，役人が執務する施設が配置されていることがわかる。
　Y　図からは，徳丹城は，下野国府とは異なり，政庁と役所などを囲む外郭を備えていることがわかる。

　①　X　正　　　　Y　正
　②　X　正　　　　Y　誤
　③　X　誤　　　　Y　正
　④　X　誤　　　　Y　誤

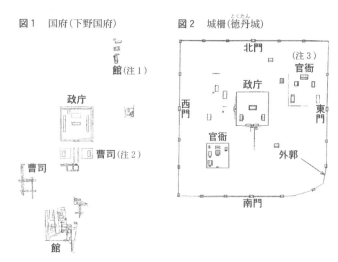

図１　国府（下野国府）　　図２　城柵（徳丹城）

（注１）　館：国司の居館。
（注２）（注３）　曹司・官衙：役人が執務をする建物。役所。

（センター試験日本史B 2020本試）

18 次の史料に記された寺院について，その伽藍配置の推定復元図として正しいものを，次の①～④のうちから一つ選べ。なお，図はすべて上が北である。

史料
金堂一宇^(注1)，（中略），瓦葺き，（中略）。
講堂，（中略），瓦葺き，（中略）。
東塔一基，七重瓦葺き，（中略）。この塔は金堂の巽方^(注2)にあり。（中略）。
西塔跡，礎石なお存す。
（『七大寺巡礼私記』）

（注1）　宇：宇は建物を数える単位。
（注2）　巽方：南東方向。

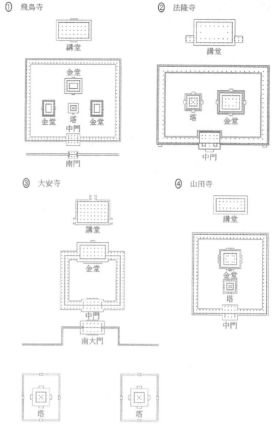

（センター試験日本史B 2019追試）

19 次の史料は埼玉県の稲荷山古墳から出土した鉄剣銘の一部である。この史料に関して述べた下の文X・Yについて，その正誤の組合せとして正しいものを，下の①～④のうちから一つ選べ。

史料
　（前略）其の児，名は乎獲居の臣。世々^(注1)，杖刀人の首と為り^(注2)，奉事し^(注3)来り今に至る。獲加多支鹵の大王の寺^(注4)，斯鬼の宮に在る時，吾^(注5)，天下を左治し^(注6)，此の百練の利刀^(注7)を作らしめ，吾が奉事の根原を記す也。　　　（「稲荷山古墳出土鉄剣銘（裏面：部分)」）

（注1）　世々：代々の大王の治世。また（前略）とした部分には，「乎獲居の臣」に至る代々の先祖の名が記されている。
（注2）　杖刀人の首と為り：「杖刀人」という大王の親衛隊の中心をつとめ。
（注3）　奉事し：大王に奉仕し。　　　　　　　　（注4）　寺：役所（朝廷）。
（注5）　吾：「乎獲居の臣」のこと。　　　　　　（注6）　左治し：統治を助け。
（注7）　百練の利刀：何回も鍛えたよく切れる刀剣。

　X　史料には，「獲加多支鹵の大王」の役所（朝廷）が「斯鬼の宮」にある時，「乎獲居の臣」は，大王が天下を治めることを助けたことが記されている。
　Y　史料にある「獲加多支鹵の大王」は，熊本県の江田船山古墳から出土した鉄刀銘にある人物と同一とみなされる。

①　X　正　　　Y　正
②　X　正　　　Y　誤
③　X　誤　　　Y　正
④　X　誤　　　Y　誤

（センター試験日本史B 2018本試）

⓴ 次の史料に関して述べた下の文X・Yについて，その正誤の組合せとして正しいものを，下の①～④のうちから一つ選べ。

史料
兼金 $^{(注1)}$ また 重裘 $^{(注2)}$
鷹馬 $^{(注3)}$ 相共に市ふ
何れの処にか市ふことを得たる
多くはこれ辺鄙 $^{(注4)}$ より出でたり
（中略）
古 より夷の民の変
交関に 不軌を成すなり $^{(注5)}$
邂逅 $^{(注6)}$ に事なきときに当りては
贏 $^{(注7)}$ を兼すこと 意の指すがごとし
　　　　　　　　　　　　　　　　　　　　　　　　　　　　　　　　　（『菅家後集』 $^{(注8)}$）

（注１）　兼金：通常の倍の価値をもつ良質な金。
（注２）　重裘：貴重な獣類の毛皮の衣。
（注３）　鷹馬：鷹と馬。
（注４）　辺鄙：都からはなれた辺境の地。ここでは主として陸奥国のこと。
（注５）　交関に不軌を成すなり：交易に起因して反逆する。
（注６）　邂逅：たまたま。
（注７）　贏：利益。
（注８）　『菅家後集』：菅原道真が自身の詩を編んだ漢詩集。上の史料は，道真が陸奥国守である知人の死を悼んで詠んだ漢詩の一部である。

　　X　道真は，金や毛皮，鷹，馬が東北地方の産物であると詠んでいる。
　　Y　道真は，蝦夷との交易は，危険な上に利益がないと詠んでいる。

①　X　正　　　　Y　正
②　X　正　　　　Y　誤
③　X　誤　　　　Y　正
④　X　誤　　　　Y　誤

（センター試験日本史B2018追試）

❶ 下の文章を読み，次の問い（問1〜4）に答えよ。

　11世紀後半以降，中国との民間貿易が盛んになり，大量の銭貨がわが国にもたらされた。京都の貴族も銭を求めるようになり，その中には，貿易航路を整備したり，(a)港湾を修築したりする者もいた。12世紀末ごろから，(b)次の表のように，土地売買の証文である売券にも，売価が銭の単位である貫文で表示される傾向が現れた。このころから各地に銭貨を利用する(c)定期市が開かれ，やがて年貢の代銭納がはじまった。また，(d)決済手段としてある種の手形さえ使用され，主要都市には(e)金融業者が登場した。

売券にみられる土地価格表示の推移

	1185年−1202年		1203年−1220年		1221年−1235年	
	米その他	銭	米その他	銭	米その他	銭
山　　　城	23件	7件	10件	33件	5件	60件
大　　　和	52（布1）	0	75	1	73	4
その他畿内	5（布1）	1	7	5	17	20
東　海　道	5（布2）	0	18（布5）	0	16（布7）	8
東　山　道	0	0	0	0	2	2
南　海　道	15（布1馬1）	0	15（布1）	1	28（馬2）	7
西　海　道	2	2	2（布1）	0	0	1
計	102	10	127	40	141	102
百　分　比	91.1%	8.9%	76.0%	24.0%	58.0%	42.0%

（『鎌倉遺文』より作成）

（注1）　1185年から1235年までを3期に分け，各期ごとに米その他による表示と銭による表示の売買件数を地域別に集計した。

（注2）　米と銭以外の表示例は（　）内に示した。布は絹布・麻布を含む。

問1　下線部(a)の港湾に関して，その修築者名と所在地（次の地図a〜d）の組合せとして正しいものを，下の①〜④のうちから一つ選べ。

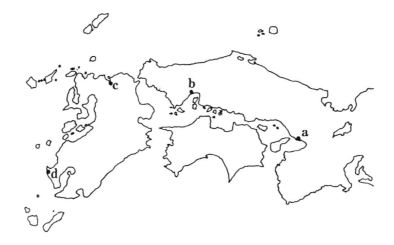

① 藤原道長−c
② 平忠盛−d
③ 平清盛−a
④ 藤原頼通−b

問2　下線部(b)に関連して，上の表を読み取って述べた文として**誤っている**ものを，次の①～④のうちから一つ選べ。
① 畿内では山城でまず銭貨が普及し，普及率も最も高かった。
② 大和は京都に程近く，山城に次いで銭貨が普及した地域であった。
③ 東海道では銭の普及以前に，布も交換手段として使用された。
④ 東海道・南海道では，承久の乱後，ようやく銭の普及が目立ちはじめた。

問3　下線部(c)の定期市について述べた文として正しいものを，次の①～④のうちから一つ選べ。
① 財貨を扱う市場は，盗難の恐れなどもあって，交通不便な山間僻地に多く設けられた。
② 寺社は，民衆の雑踏が宗教活動の妨げになるのを嫌い，その門前を市場には使わせなかった。
③ 市場の開設日は，7日に一度のところが多く，月に4回以上，市が立つのが普通であった。
④ 荘官・地頭は，農民から収納した米穀を，市場で銭貨や特産物などと交換した。

問4　下線部(d)の決済手段と(e)の金融業者の組合せとして正しいものを，次の①～⑥のうちから一つ選べ。
① 為　替－借　上　　　② 両　替－借　上　　　③ 勘合符－土　倉
④ 藩　札－土　倉　　　⑤ 頼母子－土　倉　　　⑥ 為　替－蔵　元

（センター試験日本史1994本試）

2 「倭寇の活動」に関連する次のグラフを読み取った文として正しいものを，下の①～④のうちから一つ選べ。

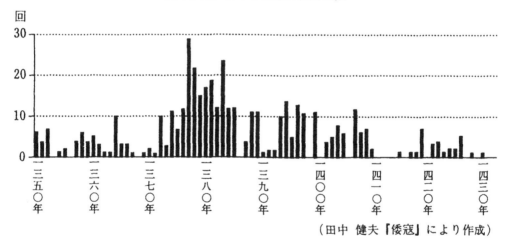

朝鮮半島における倭寇の行動回数

（田中　健夫『倭寇』により作成）

① 高麗を服属させていた元が滅亡すると，それ以降，倭寇の活動はしだいに活発化し，最盛期を迎えた。
② 日本で南北朝が合一した直後，一時的に倭寇の活動がみられなくなった。
③ 観応の擾乱とよばれる争乱が日本国内で起こっていたころ，倭寇の活動が最も活発になっている。
④ 朝鮮半島で新しい王朝が成立したころ，倭寇の行動回数はピークに達した。

（センター試験日本史B1997追試）

3 下の文章を読み，次の問い（問1～3）に答えよ。

　ある法が過去の法からどのような影響を受けて成立したかを知るには，それぞれの法の条文を比較・検討してみる方法がある。たとえば次にあげる『御成敗式目』と『塵芥集』の各条文を読みくらべてみると，後者が前者の強い影響を受けていることが理解できるであろう。

『御成敗式目』第13条
一，殴人の咎の事
　　右，打擲^{（注1）}せらるるの輩はその恥を雪がんがため定めて害心を露すか^{（注2）}。殴人の科，はなはだもって軽からず。よって侍においては所帯^{（注3）}を没収せらるべし。所領なくば流罪に処すべし。郎従以下に至ってはその身を召し禁ぜしむ^{（注4）}べし。

『塵芥集』第40条
　　一，人を打擲する事，侍においては所帯を取り放すべし。無足^{（注5）}の族は他国へ追い払うべし。_(a)しかるに成敗を待たず，自分として打ち返し^{（注6）}する事有るべからず。しかのごときの族，所帯を召し上ぐべし。無足の輩は他国へ追い払うべきなり。

（注1）　「打擲」とは，殴ったり，たたいたりすること。
（注2）　「定めて害心を露すか」とは，きっと殺意を抱くにちがいないの意。
（注3）　「所帯」は，「所領」に同じ。
（注4）　「召し禁ぜしむ」とは，拘禁刑に処すること。
（注5）　「無足」とは，所領のないこと。
（注6）　「打ち返し」とは，仕返しのこと。

問1　『塵芥集』第40条は，『御成敗式目』第13条を基礎としながら，そこにいくつかの修正や省略も行っている。それについて述べた文として正しいものを，次の①～④のうちから一つ選べ。
①　立法の理由を述べた部分がより詳細になった。
②　侍は所領没収に処するとした規定が消えた。
③　所領のない者に対する処罰が流罪から死罪に修正された。
④　郎従以下は拘禁刑に処するとした規定が消えた。

問2　下線部(a)について述べた文として**誤っている**ものを，次の①～④のうちから一つ選べ。
①　この部分は『御成敗式目』第13条にはまったくみられない規定である。
②　裁判に頼らず，自力で復讐を果たそうとする風潮は，鎌倉時代にはまだみられなかった。
③　ここには勝手な仕返しを禁止し，大名の裁判によって紛争を解決しようとする戦国大名の意図が読み取れる。
④　勝手に仕返しした者に対しては，殴打した側と同等の刑罰を課している。

問3　中世における『御成敗式目』の受容のあり方について述べた文として**誤っている**ものを，次の①～④のうちから一つ選べ。
①　鎌倉幕府は『御成敗式目』を基本法典とし，その後は必要に応じて『御成敗式目』に対する追加法という形で新たな立法を行った。
②　鎌倉幕府は御家人どうしの争いだけでなく，御家人と荘園領主の争いにも『御成敗式目』を適用した。
③　室町幕府は『御成敗式目』にかわって『建武式目』を基本法典としたので，その追加法は『建武以来追加』とよばれた。
④　戦国時代，『御成敗式目』は法典としてだけでなく，読み書きの手本としても読まれた。

（センター試験日本史B1998本試）

4 1240年に出された幕府法の一つである史料1と，飢饉への幕府の対応を記した史料2に関して述べた後の文 a～dについて，正しいものの組合せを，後の①～④のうちから一つ選べ。

史料1
　飢饉の境節，或いは子孫を沽却^(注1)し，或いは所従を放券^(注2)して，活命の計に充つるの間，禁制せらるれば還って人の愁歎たるべきにより，この沙汰なし。今世間本復の後，（中略）早くこれを停止せしむべし。

（『新編追加』）

（注1）　沽却：売却すること。
（注2）　放券：売却・譲与すること。

史料2
　今年世上飢饉，百姓多く以て餓死せんと欲す。（中略）出挙米^(注3)を施し，その飢えを救うべきの由，倉廩^(注4)を有するの輩に仰せ聞かさる。

（『吾妻鏡』）

（注3）　出挙米：利息付きで貸与された米。
（注4）　倉廩：米や穀物類を納めておく倉。

a　幕府は，飢饉時においては人々の救命のために人身売買を容認していた。
b　幕府は，飢饉時においても乱れた世相を正すために人身売買を禁止した。
c　幕府は，飢饉に苦しむ人々を救済するため，米を貸し与えるように，富裕な者たちに命じた。
d　幕府は，飢饉に苦しむ人々を救済するため，幕府の倉に備蓄してある米を施し与えた。

①　a・c　　　　②　a・d　　　　③　b・c　　　　④　b・d

（共通テスト日本史B 2022追試）

5 次の史料は，1260年に仏教思想をもとにさまざまな危難を予見したある人物が当時の権力者に提出した書物である。この史料に関して述べた後の文a～dについて，正しいものの組合せを，後の①～④のうちから一つ選べ。

史料
　若し先づ国土を安んじて，現当^(注1)を祈らんと欲せば，速やかに情慮を廻らし，いそいで対治^(注2)を加へよ。所以は何ん。薬師経の七難の内，五難忽ちに起り二難猶残せり。所以「他国侵逼^(注3)の難，自界叛逆の難」なり。大集経の三災の内，二災早く顕はれ一災未だ起らず。所以「兵革の災」なり。金光明経の内，種種の災禍一々起ると雖も，「他方の怨賊国内を侵掠する。」此の災未だ露れず，この難未だ来らず。仁王経の七難の内，六難今盛にして一難未だ現ぜず。所以「四方の賊^(注4)来つて国を侵すの難」なり。

（注1）　現当：現世と来世のこと。
（注2）　対治：煩悩を減すること。
（注3）　侵逼：侵入・侵略のために攻め入ること。
（注4）　四方の賊：周囲の敵。

a　史料によれば，書物の提出先の権力者はすでに筆者の説く教えに帰依していたことが考えられる。
b　史料によれば，さまざまな経典の内容を総合すると，他国による侵略が起こる可能性が高いと考えられる。
c　この書物が提出されたあと，幕府の有力御家人が時の執権に排除される戦いが起こった。
d　この書物が提出されたあと，時の執権の外戚である御家人が執権の家臣によって滅ぼされる戦いが起こった。

①　a・c　　　　②　a・d　　　　③　b・c　　　　④　b・d

（本書オリジナル）

6　次の史料１は1500年に室町幕府が京都で発布した撰銭令である。また，後の史料２は1485年に大内氏が山口で発布し，1500年においても有効だった撰銭令である。史料１・２によって分かることに関して述べた後の文a～dについて，最も適当なものの組合せを，後の①～④のうちから一つ選べ。

史料１
　商売人等による撰銭の事について
　近年，自分勝手に撰銭を行っていることは，まったくもってけしからんことである。日本で偽造された私鋳銭については，厳密にこれを選別して排除しなさい。永楽銭・洪武銭・宣徳銭は取引に使用しなさい。

（『建武以来追加』大意）

史料２
　利息付きの貸借や売買の際の銭の事について
　永楽銭・宣徳銭については選別して排除してはならない。さかい銭^(注1)・洪武銭・うちひらめ^(注2)の三種類のみを選んで排除しなさい。

（『大内氏掟書』大意）

（注１）　さかい銭：私鋳銭の一種。
（注２）　うちひらめ：私鋳銭の一種。

a　使用禁止の対象とされた銭の種類が一致していることから，大内氏は室町幕府の規制に従っていたことが分かる。
b　使用禁止の対象とされた銭の種類が一致していないことから，大内氏は室町幕府の規制に従ってはいなかったことが分かる。
c　永楽通宝は京都と山口でともに好んで受け取ってもらえ，市中での需要が高かったことが分かる。
d　永楽通宝は京都と山口でともに好んで受け取ってもらえず，市中での需要が低かったことが分かる。

①　a・c　　　　②　a・d　　　　③　b・c　　　　④　b・d

（共通テスト日本史B2023本試）

7　次の史料３は，荘園領主の九条政基が，和泉国日根野荘の現地に下向して直接経営にあたった時の日記の一部である。史料３について述べた文として正しいものを，後の①～④のうちから一つ選べ。

史料３
　地下より申して云く，「去年，不熟^(注1)の故，御百姓等，繁多餓死し了んぬ。よって蕨を掘りて存命せしむるのところ，件の蕨，（中略）去る夜，盗み取る者あり。追い懸くるのところ，（中略）母も子も三人とも，もって殺害し了んぬ。盗人の故也」と云々。（中略）地下沙汰の次第，証人一人も生かし置かず，母まで殺害するは，甚だ乱吹^(注2)か。但し悪行の儀は，連々風聞^(注3)の条，地下沙汰人すでにかくの如き沙汰の由，注進^(注4)の上は，無人の時分^(注5)是非に及ばず。盗人たるにおいては，これまた自業の致す所也。南無阿弥陀仏，南無阿弥陀仏。

（『政基公旅引付』文亀４（1504）年２月16日条）

（注１）　不熟：作物の出来が悪いこと。
（注２）　乱吹：乱暴。
（注３）　風聞：噂。
（注４）　注進：報告すること。
（注５）　無人の時分：ここでは「犯人や関係者がすべて殺害されてしまった今となっては」という意味。

①　村は，村人の食糧となる蕨を自主的に備蓄する地下請を行っている。
②　犯人を含む母子の殺害は，自検断による取り締まりの結果である。
③　村人らは念仏を唱え，自分たちが処刑した犯人らの往生を祈っている。
④　沙汰人らは寄合を開き，飢饉が早く終息するよう祭礼を行っている。

（共通テスト日本史B2022追試）

8 朝鮮王朝の使節であった宋希璟（ソンヒギョン）が著した次の史料に関して述べた以下の文 a 〜 d について，正しいものの組合せを，次の①〜④のうちから一つ選べ。

史料

　この日申の時，可忘家利^(注1)に到泊す。この地は群賊^(注2)の居る所にて王令^(注3)及ばず，統属^(注4)なき故に護送船^(注5)もまたなし。衆皆疑い懼る。たまたま日暮れて過ぎ帰くを得ず，賊^(注6)の家を望みて船を泊せり。その地に東西の海賊あり。東より来る船は，東賊一人を載せ来らば，則ち西賊害せず。西より来る船は，西賊一人を載せ来らば，則ち東賊害せず。故に宗金^(注7)，銭七貫^(注8)を給いて東賊一人を買い^(注9)載せ来る。その賊倭^(注10)此に到り，小舟に乗りて来りて曰く，「吾れ来る，願わくは官人安心せよ」と。

（『老松堂日本行録』）

（注1）　可忘家利：蒲刈。安芸国の上蒲刈島・下蒲刈島のこと。
（注2）　群賊：ここでは海賊のこと。
（注3）　王令：ここでは足利将軍の命令を指す。
（注4）　統属：ここでは室町幕府の統制下にあること。
（注5）　護送船：外国使節が乗る船を護送する船。足利将軍が，使節が通過する各国の守護らに命じて用意させた。
（注6）　賊：ここでは海賊のこと。
（注7）　宗金：博多の商人。宋希璟一行に同行した。
（注8）　銭七貫：銭一貫は銭1000文（1文は銭1枚）。
（注9）　買い：ここでは雇うこと。
（注10）　賊倭：ここでは海賊のこと。

a　蒲刈のあたりは危険な海域だったが，足利将軍の命令がおよばなかったため，宋希璟一行を護送する船が用意されなかった。

b　蒲刈のあたりには足利将軍の命令がおよばなかったが，危険な海域だったため，宋希璟一行を護送する船が用意された。

c　宗金は，西の海賊による被害を避けるため，東の海賊一人を乗せた。

d　宗金は，西の海賊による被害を避けるため，西の海賊一人を乗せた。

①　a・c　　　　②　a・d　　　　③　b・c　　　　④　b・d

（センター試験日本史B 2006追試）

9 戦国時代の京都の景観を描いた『洛中洛外図屏風』に関する次の文章A・Bを読み，下の問い（問1～6）に答えよ。（資料は，一部省略したり，書き改めたりしたところもある。）

A

次の図1は，京都の市街地の北部に当たる上京を描いた部分である。現代の地図（図2）を参考にしながら，この絵の中を歩くつもりでながめてみよう。

X地点から北に向かって出発すると，左手に将軍邸（室町幕府）が現れる。たくさんの武士たちが門を出入りしている。このあたりの　　ア　　という町名は将軍邸に由来する地名である。やがて右前方に相国寺の大きな瓦_{かわらぶ}葺きの屋根が見えてくる。

当時の上京には，天皇の政治・生活の場である内裏（朝廷）もあり，やはり多くの人が集まっている様子が，同じ屏風の別の部分に描かれている。(a)武家と天皇がならびたつ情勢を反映しているといえるだろう。

次に，Y地点から北に向かってたどってみる。この通りは，上京のメインストリートである室町通で，道路の両側に見世棚を出して商品を販売する町屋がならんでいる。ここの町屋の屋根は　　イ　　である。

上京のあたりには戦国時代の寺院や公家の邸宅に由来する町名もたくさん残っているから，現代の地図を参考にしながら絵の中をたどってみると，(b)将軍邸とその周辺の空間の広がりを実感することができる。

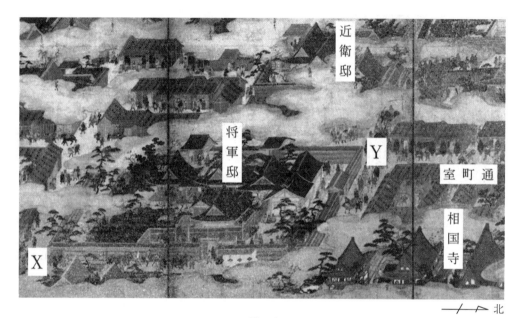

図　1

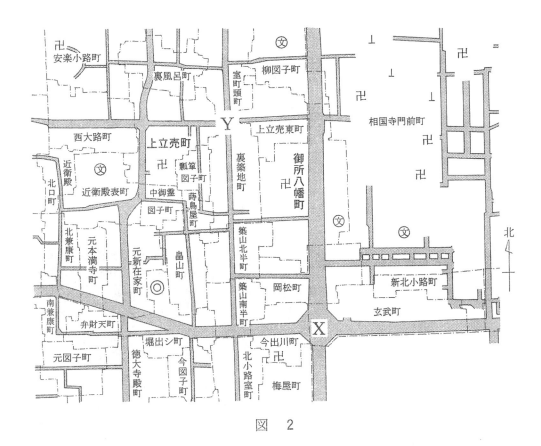

図　2

問1　空欄　ア　・　イ　に入る語句の組合せとして正しいものを，次の①〜④のうちから一つ選べ。
　①　ア　御所八幡町　　　イ　瓦葺き
　②　ア　御所八幡町　　　イ　板葺き
　③　ア　上立売町　　　　イ　瓦葺き
　④　ア　上立売町　　　　イ　板葺き

問2　下線部(a)について述べた文として**誤っているもの**を，次の①〜④のうちから一つ選べ。
　①　保元の乱では，武士が京都を主戦場として戦った。
　②　承久の乱では，鎌倉幕府軍が京都に攻め入った。
　③　織田信長は，京都に聚楽第を建てた。
　④　江戸幕府の支援で，閑院宮家が創設された。

問3　下線部(b)について述べた文として**誤っているもの**を，次の①〜④のうちから一つ選べ。
　①　将軍邸には天守閣や高い石垣は見られない。
　②　将軍邸を守るため，家臣の屋敷が西側や北側の門前に建っている。
　③　町屋が将軍邸の近くに建ちならんでいる。
　④　寺院や，近衛家などの公家邸があちこちに建っている。

B

次の図3は，京都の市街地の南部に当たる下京を描いた部分である。この図と現代の地図（図4）を比較しながら，歴史と伝統の意味について考えてみよう。

京都には，古いものや伝統がよく残っているといわれる。四方を道路で囲まれた図3のαの範囲は平安京の一つの区画に当たり，平安時代にはここに貴族の邸宅があった。しかし，戦国時代には町屋が建ちならび，町人たちは，図3のβのように道路をはさんだ両側の町並みで一つの町をつくった。(c)人々の住み方や暮らし方に応じて，市街地の姿は変化してゆく。

また伝統は，人々の生活のなかに息づいてはじめて後世に伝わる。図3の上部に描かれた祇園祭（祇園御霊会）山鉾巡行は，現在にも引き継がれている。これは，図4の中に見える長刀鉾町，月鉾町などが，(d)自治組織として，今でも山鉾を守っているからである。

(e)歴史を学ぶことを通じて，先人の歩みを振り返るとともに，それを未来にいかすための努力が必要なのである。

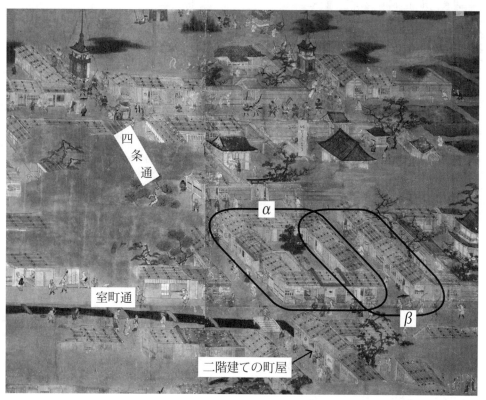

図　3

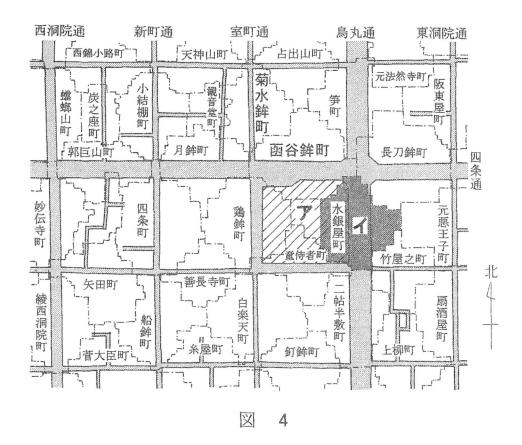

図　4

問4　下線部(c)に関連して述べた次の文a〜dについて，正しいものの組合せを，下の①〜④のうちから一つ選べ。

a　図3のαの範囲は，図4のアの範囲に当たる。
b　図3のβの範囲は，図4のイの範囲に当たる。
c　図3では，菊水鉾町（きくすいぼこ）に小川が流れている。
d　図3では，函谷鉾町（かんこぼこ）に二階建ての町屋が建っている。

①　a・c　　　　②　a・d　　　　③　b・c　　　　④　b・d

問5　下線部(d)に関連して述べた次の文Ⅰ〜Ⅲについて，古いものから年代順に正しく配列したものを，下の①〜④のうちから一つ選べ。

Ⅰ　町年寄などの代表が，町法にもとづいて町を運営した。
Ⅱ　町内会・隣組が設置された。
Ⅲ　『耶蘇会士日本通信』に町衆の自治の具体像が描かれた。

①　Ⅰ－Ⅱ－Ⅲ　　　　②　Ⅰ－Ⅲ－Ⅱ　　　　③　Ⅲ－Ⅰ－Ⅱ　　　　④　Ⅲ－Ⅱ－Ⅰ

問6　下線部(e)に関連して，身近な地域の歴史を学習するための方法について述べた文として**適当でないもの**を，次の①〜④のうちから一つ選べ。
①　発掘調査地で催される現地説明会に参加し，新しい成果を実見する。
②　祭礼など地域の伝統的な行事に参加し，その組織のあり方について学ぶ。
③　地元の遺跡や博物館などを訪れ，それぞれの時代の生活や社会の仕組みを知る。
④　高齢者の体験談や古くからの伝承などは，歴史と無関係なので参考にしない。

（センター試験日本史B2006追試）

10 次の荘園絵図から読み取れることについて述べた文として**誤っているもの**を，下の①〜④のうちから一つ選べ。

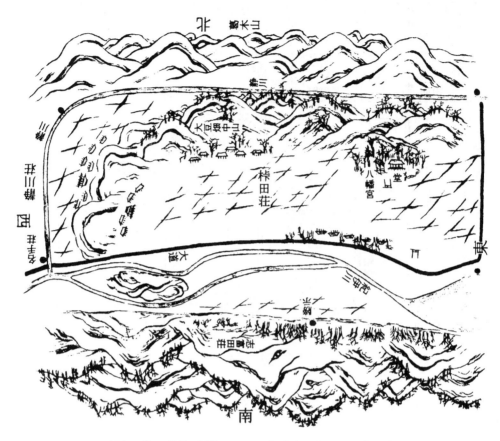

紀伊国桛田荘絵図（模写図。一部改めたところがある。）

① 荘域内には信仰・宗教にかかわる施設がある。
② 黒い丸印は，いずれも灌漑^{かんがい}用水の取り入れ口を示している。
③ 荘域の南部に「紀伊川」，北部から西部にかけて「静川」が流れている。
④ 荘域内の北部にある山のすそ，および東西に走る道沿いに民家がある。

（センター試験日本史A2005追試）

11 次のdは，中国に渡って絵画を学んだ人物の作品，またeは，15世紀の日本と中国の貿易に関する地図である。

d

e

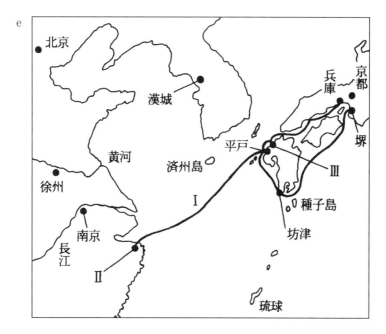

問1　dの絵画に関連して述べた文として正しいものを，次の①～④のうちから一つ選べ。
　①　この絵画の作者尾形光琳は，清の絵画の影響を受けた水墨画を大成した。
　②　この絵画の作者尾形光琳は，明に渡って水墨画を学んだ。
　③　この絵画の作者雪舟は，宋・元の絵画の影響を受けた水墨画を大成した。
　④　この絵画の作者雪舟は，宋に渡って水墨画を学んだ。

問2　eの地図中のⅠは航路，Ⅱ・Ⅲは港湾都市を示す。この地図中のⅠ～Ⅲにあてはまる語句の組合せとして正しいものを，次の①～④のうちから一つ選べ。
　①　Ⅰ　日清貿易の主要航路　　　Ⅱ　寧　波　　　Ⅲ　敦　賀
　②　Ⅰ　日明貿易の主要航路　　　Ⅱ　天　津　　　Ⅲ　敦　賀
　③　Ⅰ　日清貿易の主要航路　　　Ⅱ　天　津　　　Ⅲ　博　多
　④　Ⅰ　日明貿易の主要航路　　　Ⅱ　寧　波　　　Ⅲ　博　多

（センター試験日本史A2001本試）

12　室町時代の運送業者を示した次の図に関して述べた後の文X・Yについて，その正誤の組合せとして正しいものを，後の①～④のうちから一つ選べ。

図

『石山寺縁起絵巻』（石山寺所蔵，部分）

X　図に描かれたような運送業者は，馬の背に荷物を載せて陸路を往来し，ときには徳政を求めて蜂起した。
Y　図に描かれたような運送業者は，近江国の大津や坂本など水陸交通の要衝を活動拠点としていた。

①　X　正　　　Y　正
②　X　正　　　Y　誤
③　X　誤　　　Y　正
④　X　誤　　　Y　誤

（共通テスト日本史B 2022本試）

13　次の史料は16世紀の朝鮮王朝内で当時の日本と朝鮮との貿易について述べられた一節である。この史料を踏まえて，当時の貿易に関して述べた後の文a～dについて，正しいものの組合せを，後の①～④のうちから一つ選べ。

史料
　日本国使，通信を以て名と為し，多く商物を齎し，銀両八万に至る。銀は宝物と雖も，民，之を衣食すべからず。実に無用たり。我国，方に綿布を以て行用 (注1) し，民，皆此に頼りて生活す。民の頼る所を以て，其の無用の物に換え，利は彼に帰し，我れ其の弊を受く。甚だ不可たり。況んや倭使の銀を齎すこと，在前 (注2) になき所なり。今若し貿を許さば，則ち其の利の重きを楽み，後来 (注3) の齎す所，必ずや此に倍せん。

（『朝鮮王朝実録』）

（注1）　行用：行使。用いること。
（注2）　在前：以前。事前。
（注3）　後来：こののち。将来。

a　銀は日本の輸入品で，その多くは朝鮮からもたらされて，流通量が大幅に増加した。
b　綿布は日本の輸入品で，その多くは朝鮮からもたらされて，衣類などの材料として普及した。
c　朝鮮は，現在の貿易をそのまま続ければ，未来に大きな利益をもたらすと主張している。
d　朝鮮は，現在の貿易をそのまま続ければ，未来に大きな弊害を及ぼすと主張している。

① 　a・c　　　② 　a・d　　　③ 　b・c　　　④ 　b・d

（共通テスト日本史B 2022本試）

14 次の文ア～エと地図は，15～17世紀初頭の対外関係に関するものである。

ア　フランシスコ・ザビエルが，大内氏の城下でキリスト教を布教した。
イ　この港を含めて，三つの港が日本との貿易港として選定され，倭館が設けられた。
ウ　支倉常長ら慶長遣欧使節が出発した。
エ　貿易の主導権をめぐって大内氏と細川氏が衝突した。

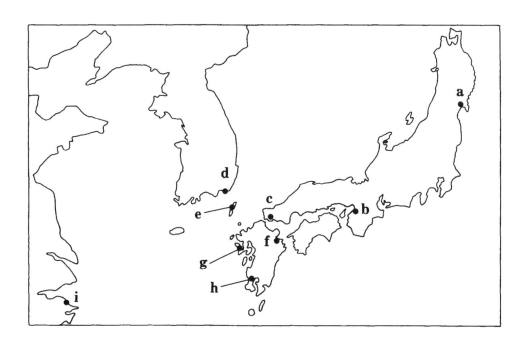

問1　ア～エの出来事と地図上の記号 a ～ i の組合せとして正しいものを，次の①～⑥のうちから一つ選べ。
　　① ア－h　　　イ－i　　　ウ－a　　　エ－b
　　② ア－f　　　イ－d　　　ウ－c　　　エ－b
　　③ ア－c　　　イ－e　　　ウ－g　　　エ－i
　　④ ア－f　　　イ－i　　　ウ－g　　　エ－d
　　⑤ ア－h　　　イ－e　　　ウ－c　　　エ－d
　　⑥ ア－c　　　イ－d　　　ウ－a　　　エ－i

問2　ア～エを古いものから年代順に正しく配列したものを，次の①～④のうちから一つ選べ。
　　① エ－ア－イ－ウ　　　② ア－ウ－エ－イ
　　③ イ－エ－ア－ウ　　　④ ウ－イ－エ－ア

（センター試験日本史A1998追試）

15 次の文ア～エに述べられた「この地」と，次の地図の a ～ d との組合せとして正しいものを，下の①～④のうちから一つ選べ。

ア　この地の商人が東南アジア・中国・朝鮮・日本をつなぐ中継貿易に活躍し，この地は東アジアの重要な貿易港となった。
イ　勘合貿易の実権を握った大内氏がこの地の商人と結び付き，この地は日明貿易の拠点となった。
ウ　この地に中国へ向かうポルトガル人の乗った船が漂着したことを契機に，ヨーロッパ人が日本にくるようになった。
エ　倭寇の活動が活発化したので，1419年（応永26年）朝鮮軍は倭寇の本拠地とみなしたこの地を攻撃した。

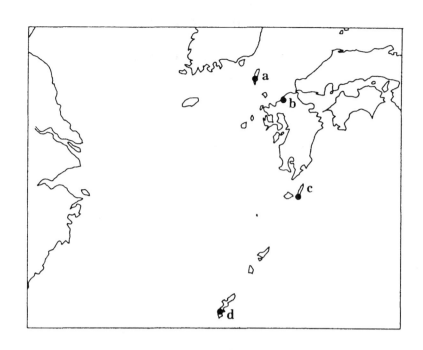

① ア－a　　　イ－c　　　ウ－b　　　エ－d
② ア－b　　　イ－a　　　ウ－d　　　エ－c
③ ア－c　　　イ－d　　　ウ－a　　　エ－b
④ ア－d　　　イ－b　　　ウ－c　　　エ－a

（センター試験日本史1995追試）

16　紀伊国那賀郡神野真国荘の成立に当たって作成された史料と図について，下の問い（問１〜２）に答えよ。

問１　次の史料に関して述べた下の文X・Yについて，その正誤の組合せとして正しいものを，下の①〜④のうちから一つ選べ。

史料

　　紀伊国留守所（注１）が，那賀郡司に符す（注２）

　　このたび院庁下文のとおり，院の使者と共に荘園の境界を定めて膀示（注３）を打ち，山間部に神野真国荘を立券し（注４），紀伊国衙に報告すること。

　　康治二（1143）年二月十六日

　　　　　　　　　　　　　　　　　　　　　　　　　　　　　　　　　（早稲田大学所蔵，大意）

　（注１）　留守所：国司が遙任の場合に，国衙に設置された行政の中心機関。
　（注２）　符す：上級の役所から下級の役所へ文書を下達すること。
　（注３）　膀示：領域を示すために作られた目印のこと。杭が打たれたり，大きな石が置かれたりした。
　（注４）　立券：ここでは膀示を打ち，文書を作成するなど，荘園認定の手続きを進めることを指す。

　X　史料は，院庁の命を受けて，紀伊国衙が那賀郡司に対して下した文書である。
　Y　史料では，那賀郡司に対し，院の使者とともに現地に赴き，荘園認定のための作業をするよう命じている。

　　①　X　正　　　　Y　正
　　②　X　正　　　　Y　誤
　　③　X　誤　　　　Y　正
　　④　X　誤　　　　Y　誤

問2　次の図を読み解く方法について述べた以下の文X・Yと，その方法で分かることについて述べた文a～dとの組合せとして最も適当なものを，以下の①～④のうちから一つ選べ。

図　紀伊国那賀郡神野真国荘絵図

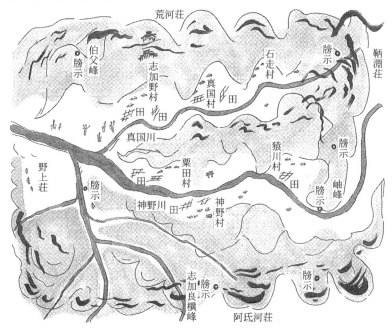

（神護寺所蔵，トレース図）

X　牓示が設置された場所を見つける。
Y　牓示と牓示とを線でつないでみる。

a　牓示は，田や村の中心に設置されている。
b　牓示は，山の中（図の色地）や川沿いに設置されている。
c　この荘園の領域が見えてくる。
d　この荘園内の各村の境界が見えてくる。

①　X－a　　　Y－c
②　X－a　　　Y－d
③　X－b　　　Y－c
④　X－b　　　Y－d

（共通テスト日本史B 2021本試第1日程）

17 次の史料は，管領斯波義将が出家後の応永 4（1397）年に，大山崎の油神人に関して出した室町幕府の命令状である。この史料に関して述べた下の文 a〜d について，正しいものの組合せを，下の①〜④のうちから一つ選べ。

史料

　　石清水八幡宮大山崎神人等，公事ならびに土倉役の事，免除せらるる所なり。将又，摂州道祖小路，天王寺木村，住吉遠里小野^(注1)ならびに江州小秋^(注2)散在の土民等，恣^(注3)に荏胡麻を売買せしむと云々。向後^(注4)，彼の油器^(注5)を破却すべきの由，仰せ下さるる所なり。よって下知くだんの如し。
　　応永四年五月二十六日
　　　　沙弥（花押）^(注6)

（離宮八幡宮文書）

（注1）　摂州道祖小路，天王寺木村，住吉遠里小野：摂津国の地名。
（注2）　江州小秋：近江国の地名。
（注3）　恣に：勝手に。
（注4）　向後：今後。
（注5）　油器：荏胡麻から油を絞りとるための器具。
（注6）　沙弥（花押）：「沙弥」はここでは出家した斯波義将のこと。「（花押）」はそのサインが記されていることを示す。

　　a　幕府は，北野社から保護を受ける大山崎神人への土倉役の賦課を承認した。
　　b　幕府は，石清水八幡宮から保護を受ける大山崎神人への土倉役の賦課を免除した。
　　c　天王寺木村などには，勝手に荏胡麻の売買を行う者がいた。
　　d　大山崎神人は，この命令状により，荏胡麻の特権的な売買が禁じられた。

　　①　a・c　　　　②　a・d　　　　③　b・c　　　　④　b・d

（センター試験日本史Ｂ2019追試）

18 中世の農耕が描かれた次の図に関して述べた下の文 a〜d について，正しいものの組合せを，下の①〜④のうちから一つ選べ。

『大山寺縁起絵巻』（部分）

　　a　牛に耕具を引かせた農作業の様子が描かれている。
　　b　牛と竜骨車を用いた灌漑の様子が描かれている。
　　c　苗を植える作業のそばで，踊念仏が行われている。
　　d　苗を植える作業のそばで，田楽が行われている。

　　①　a・c　　　　②　a・d　　　　③　b・c　　　　④　b・d

（センター試験日本史Ｂ2018本試）

19 1232年，鎌倉幕府の執権北条泰時の弟重時は(a)六波羅探題の任についていた。この年，7月に泰時らによって御成敗式目が制定される。その約2か月後，(b)京都に滞在していた重時に泰時が送った書状には，式目を制定するにあたっての考え方として，次のようなことが記されていた。

史料
　　さて，この式目をつくられ候事は，なにを本説（注1）として注し載せらるるの由，人さだめて誹難（注2）を加ふる事候か。まことにさせる本文（注3）にすがりたる事候はねども，ただ　ア　のおすところを記され候者也。……　イ　の人への計らひのためばかりに候。これによりて，京都の御沙汰，　ウ　のおきて，聊かもあらたまるべきにあらず候也。……
　　（注1）　本説：根拠
　　（注2）　誹難：非難
　　（注3）　本文：典拠になった文。

問1　空欄　ア　～　ウ　に入る語句の組合せとして正しいものを，次の①～④のうちから一つ選べ。
　　①　ア　律　令　　　　　　イ　公　家　　　ウ　どうり（道理）
　　②　ア　律　令　　　　　　イ　武　家　　　ウ　どうり（道理）
　　③　ア　どうり（道理）　　イ　公　家　　　ウ　律　令
　　④　ア　どうり（道理）　　イ　武　家　　　ウ　律　令

問2　下線部(a)に関して述べた次の文a～dについて，正しいものの組合せを，下の①～④のうちから一つ選べ。

　　a　六波羅探題は，朝廷の監視や西国御家人の統轄を担った。
　　b　鎌倉幕府は，正中の変を機に六波羅探題を設置した。
　　c　宝治合戦で台頭した三浦氏は，六波羅探題の任につくようになった。
　　d　御家人の足利高氏（尊氏）は，六波羅探題を攻め落とした。

　　①　a・c　　　　②　a・d　　　　③　b・c　　　　④　b・d

問3　下線部(b)に関連して，中世の京都に関して述べた次の文X・Yについて，その正誤の組合せとして正しいものを，下の①～④のうちから一つ選べ。

　　X　鎌倉時代の京都では，同業者の団体である座が結成されていた。
　　Y　京都で起きた天文法華の乱では，一向一揆が延暦寺により攻撃された。

　　①　X　正　　　　Y　正　　　　②　X　正　　　　Y　誤
　　③　X　誤　　　　Y　正　　　　④　X　誤　　　　Y　誤　　　　（センター試験日本史B 2015本試）

20 次の年表に示したa～dの時期のうち，守護の権力が大きく拡大する契機となった半済令が，はじめて出された時期として正しいものを，下の①～④のうちから一つ選べ。

1192年	源頼朝が征夷大将軍に任じられた。
a	
1221年	承久の乱が起こった。
b	
1333年	鎌倉幕府が滅亡した。
c	
1391年	将軍が有力守護大名の山名氏清を滅ぼした。
d	
1441年	将軍が赤松満祐に暗殺された。

　　①　a　　　　②　b　　　　③　c　　　　④　d

（センター試験日本史B 2016追試）

❶ 江戸城に登城した大名は，本丸御殿の玄関を入ると，定められた部屋で待機した。この待機する部屋を殿席^{でんせき}という。次の図は，江戸城本丸御殿の模式図と，殿席の説明である。この図に関して述べた次の文X・Yについて，その正誤の組合せとして正しいものを，下の①〜④のうちから一つ選べ。

図　江戸城本丸御殿の模式図

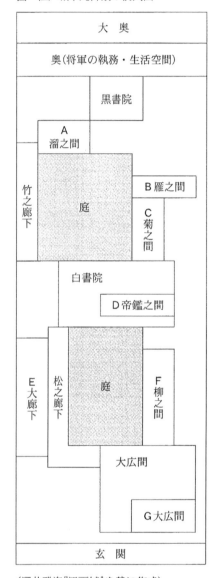

＜殿席の説明＞

A 溜之間

　家門大名(主に松平を名乗る)と譜代大名に与えられた最高の殿席。会津藩松平家，彦根藩井伊家など。

B 雁之間・C 菊之間

　主に幕府が開かれてから取り立てられた譜代大名の殿席。

D 帝鑑之間

　主に幕府が開かれる以前から仕えている古来からの譜代大名の殿席。

E 大廊下

　将軍家ゆかりの大名に与えられた特別待遇の殿席。三家(御三家)など。

F 柳之間

　位階が五位の外様大名の殿席。

G 大広間

　位階が四位以上の家門大名と外様大名の殿席。

（深井雅海『江戸城』を基に作成）

　（注）　空白部分には部屋などがあるが省略している。

X　大名の殿席は，外様大名よりも譜代大名のほうが，奥に近い場所を与えられていた。

Y　日米修好通商条約調印のときに大老をつとめた人物の家と，徳川斉昭の家とは，同じ殿席だった。

① X　正　　　Y　正
② X　正　　　Y　誤
③ X　誤　　　Y　正
④ X　誤　　　Y　誤

（共通テスト日本史B 2021本試第1日程）

2 朱印船貿易に関連して，次の史料に関して述べた下の文X・Yについて，その正誤の組合せとして正しいものを，下の①〜④のうちから一つ選べ。

史料

 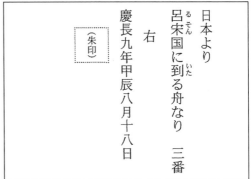

X　このような渡航許可証は，天皇から与えられた。
Y　史料で示された渡航先は，現在のフィリピンである。

① X　正　　　Y　正
② X　正　　　Y　誤
③ X　誤　　　Y　正
④ X　誤　　　Y　誤

（センター試験日本史B 2015本試）

3 次の図に描かれている19世紀に起きた事件の名称として正しいものを，下の①〜④のうちから一つ選べ。

（注）中央に掲げられた旗には「救民」と書かれている。

① 池田屋事件　　　② 禁門の変　　　③ 大塩の乱　　　④ 由井正雪の乱

（センター試験日本史B 2011追試）

4 図 a〜c は，戦国時代から江戸時代にかけて建設された城下町の概略図である。後の問い（問1〜4）に答えよ。

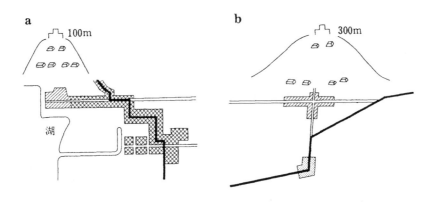

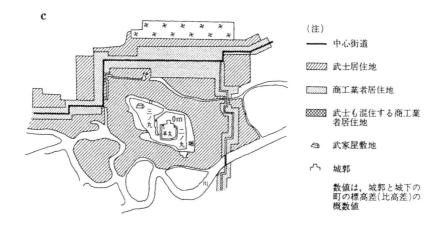

(注)
—— 中心街道
▨ 武士居住地
▨ 商工業者居住地
▨ 武士も混住する商工業者居住地
⌂ 武家屋敷地
⌂ 城郭

数値は，城郭と城下の町の標高差（比高差）の概数値

問1　図 a〜c の城下町の建設年代について，古い順に正しく配列したものを，次の①〜④のうちから一つ選べ。
　　① a−b−c　　　　② a−c−b　　　　③ b−a−c　　　　④ b−c−a

問2　図 a は，自治都市の堺を屈服させた人物が建設した城下町である。a の地名として正しいものを，次の①〜⑤のうちから一つ選べ。
　　① 高田　　　② 博多　　　③ 豊後府内　　　④ 名古屋　　　⑤ 安土

問3　織豊政権の時期の城下町と城郭に関連して述べた文として正しいものを，次の①〜④のうちから一つ選べ。
　　① 信長は，関所を撤廃し，城下町の商業活動が円滑にいくようにした。
　　② 城郭には，尾形光琳の「紅白梅図屛風」などの桃山文化の作品が飾られた。
　　③ 秀吉は，石山本願寺の跡地に，城郭風邸宅である聚楽第を造営した。
　　④ 千利休は，中国から茶の湯を移入し，城下町の町人に広めた。

問4　江戸時代の城下町の町人町に関連して述べた文として誤っているものを，次の①〜④のうちから一つ選べ。
　　① 職人の家には，徒弟が住み込みで働いている場合があった。
　　② 大きな商家では，丁稚に商売をまかせ，手代に雑用をさせた。
　　③ 町人町の中には，同じ職業の人だけで住む町もあった。
　　④ 町年寄などの町役人は，町政の運営をまかされた。

（センター試験日本史1994本試）

5 次の絵は，近世の蝦夷地（北海道）において，アイヌと和人の交易が，松前藩の役人の立会いのもとに行われている様子を示したものである。後の問い（問1～3）に答えよ。

問1　上の絵に関連して述べた文として**誤っているもの**を，次の①～④のうちから一つ選べ。

①　アイヌとの交易の独占を許された松前氏は，その交易権を家臣に分与した。その後，交易は商人が請け負うようになった。

②　アイヌのおもな交易品は，鮭や鰊，昆布などの海産物であった。和人側は，本州から米や酒を持ちこんだ。

③　この絵が描かれた以前の17世紀半ば，シャクシャインの戦いが起こった。この事件は，交易条件の悪化を原因の一つとしていた。

④　交易を行う商人たちは，高田屋嘉兵衛など関東や東海地方の人が多かった。蝦夷地との交易によって，航路も整備された。

問2　アイヌと和人の交易の舞台であった蝦夷地に関連して述べた文として**誤っているもの**を，次の①～④のうちから一つ選べ。

①　松前氏の先祖は，15世紀半ばに発生したコシャマインの戦いをしずめて勢力を伸ばした蠣崎氏である。

②　近世において，蝦夷地は，渡島半島南部のアイヌの居住地と，それ以外の和人の居住地に分けられていた。

③　19世紀初め，ゴローウニン事件ののちに，ロシアとの緊張が緩和され，幕府は蝦夷地の直轄化政策を見直した。

④　幕府にかわった明治政府は，蝦夷地という呼称を改めて北海道とし，屯田兵制度をしいて士族の移住を奨励した。

問3　上の絵に描かれたアイヌと和人の交易のように，近世には，いくつかの国や民族との交流があった。しかし他方，日本人が海外に渡航することや，新たな国と関係を持つことは，厳しく制限された。近世の対外関係について述べた文として**正しいもの**を，次の①～④のうちから一つ選べ。

①　幕府は18世紀前半に長崎貿易を制限するとともに，輸入品の代金のうち金と銀で支払う分を増やした。

②　幕府は18世紀前半に朝鮮通信使の待遇を改善し，従来より手厚いものとした。

③　19世紀前半，渡辺崋山が幕府の対外政策を批判して，『戊戌夢物語』を著した。

④　19世紀前半，シーボルトが最新の日本地図を国外に持ち出そうとした事件で，幕府の役人高橋景保が処罰された。

（センター試験日本史1996追試）

6 次に示した図がある。この図は，歌川（安藤）広重によって描かれた「木曽海道六拾九次之内　御嶽」であるが，これについて述べた文として正しいものを，下の①〜④のうちから一つ選べ。

① 安価で旅人を泊める施設を描いたもの。
② 公用の通行者への人馬継ぎ立てを行う施設を描いたもの。
③ 街道沿いに一里ごとに設けられた一里塚を描いたもの。
④ 幕藩領主が通行人の身元確認を行う施設を描いたもの。

（センター試験日本史B 2002本試）

7 次の図版は，江戸で出版された蘭徳斎春童作『やれでたそれ出た亀子出世』の一部である。この作品は，松平定信が幕政の改革を開始する直前に起こった民衆運動を描いたものである。民衆運動をそのまま描くのではなく，亀を買い占めた悪徳商人をスッポンたちが襲い，俵から亀を逃がしてやるという話にして，痛快に社会風刺を行っている。後の問い（問1〜2）に答えよ。

問1　この図版で描かれた民衆運動について説明した文として正しいものを，次の①〜④のうちから一つ選べ。
① 「ええじゃないか」と連呼しながら乱舞した宗教的形態の運動である。
② 国訴と呼ばれる，特権商人の流通独占に対する運動である。
③ 米価の高騰に対する，都市の下層民を中心にした運動である。
④ 代官に対して年貢の減額を訴願した運動である。

問2　当時，このような社会風刺や滑稽さを織りまぜた大人向けの絵入りの作品がさかんに作られた。このような作品のジャンルの名称として正しいものを，次の①〜⑤のうちから一つ選べ。
① 黄表紙　　　② 洒落本　　　③ 人情本　　　④ 浮世草子　　　⑤ 読本

（センター試験日本史1995本試）

8 次の図と江戸時代の織物業について述べた文a～dについて，正しいものの組合せを，下の①～④のうちから一つ選べ。

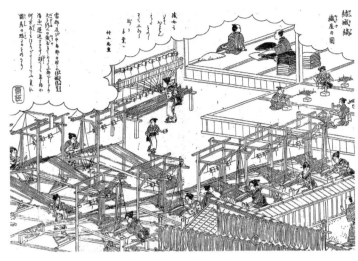

『尾張名所図会』から

a この図は，問屋制家内工業の様子を描いたものである。
b この図は，工場制手工業の様子を描いたものである。
c 綿織物業は北関東，絹織物業は大坂周辺で特に発展した。
d 絹織物業は北関東，綿織物業は大坂周辺で特に発展した。

① a・c   ② a・d   ③ b・c   ④ b・d

(センター試験日本史A2004追試)

9 地域における繁栄と荒廃は表裏の関係にあり，自然災害などともあいまって，各地域の人口の推移にも反映された。それは下のグラフからも読みとれる。商品経済のさらなる発展は，<u>為政者に新たな政治課題を認識させる</u>こととなった。

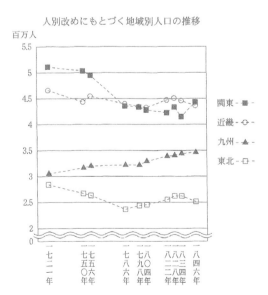

人別改めにもとづく地域別人口の推移

百万人

関東 - ■
近畿 - ○
九州 - ▲
東北 - □

(関山直太郎『近世日本の人口構造』より作成)
(注) 武士・公家・無宿等の人口は除く。西暦は，人別改めが行われた年。

下線部に関連して，グラフも参考にしながら，近世後期の各地域の状況について述べた次の文a～dについて，正しいものの組合せを，下の①～④のうちから一つ選べ。

a 19世紀前半，大坂周辺では，数か国の村々が連合して，株仲間による流通独占に反対する訴願を幕府に起こした。
b 19世紀前半，関東では，水呑百姓の人口が激増したため，関東取締出役がおかれた。
c 人別改めによると，東北の人口は，享保の改革のころに比べ，天明の飢饉のころには減少している。
d 人別改めによると，九州の人口は，寛政の改革のあと，天保の改革のころまで減少が続いた。

① a・c   ② a・d
③ b・c   ④ b・d

(センター試験日本史B2011追試)

❿ 近代以降の祝日や祭日は，国家の行う儀式や儀礼と深く関わっている。しかし江戸時代の休日は，それとは大きく違っていた。次の史料１・２を読み，下の問い（問１～２）に答えよ。

問１　史料１は，休日について定めた1814年の町法である。この史料１について述べた文として**誤っているもの**を，下の文①～④のうちから一つ選べ。

史料１
　一，年中定まり休日^{（注１）}は格別，流行休日^{（注２）}決して致すまじく候。よんどころなく休日致したき節は，町役人へ申し出で，御支配様^{（注３）}へお願い申し，一同遊び申すべく候。まちまちに遊び日致すまじき事。
　　附けたり^{（注４）}，休日は，若輩者ども無益の光陰^{（注５）}送り申すまじく，手習い・算^{（注６）}など相励み申すべく候。

（「須坂町法取締規定書」長野県須坂市浦野茂八家文書）

　（注１）　年中定まり休日：村や町があらかじめ定めておいた休日。
　（注２）　流行休日：一時的に広まる臨時の休日。
　（注３）　御支配様：領主のこと。ここでは須坂藩主のこと。
　（注４）　附けたり：以下は付言であることを示す。
　（注５）　光陰：時間のこと。
　（注６）　算：そろばん，もしくは算術のこと。

　①　休日は，遊び日とも呼ばれている。
　②　臨時の休日は，全国で一律に制定すると定められている。
　③　休日が新たに必要であれば，町の住民たちから申し出るよう定められている。
　④　休日には，手習いや算をするよう奨励されている。

問２　史料２は，1868年８月に出された布告である。この史料２に関して述べた下の文ａ～ｄについて，最も適当なものの組合せを，下の①～④のうちから一つ選べ。

史料２
　一，九月二十二日は，聖上^{（注１）}御誕辰相当り候につき，毎年此の辰を以て，群臣に醴宴^{（注２）}を賜い，天長節^{（注３）}御執行相成り，天下の刑戮^{（注４）}差し停められ候。偏えに衆庶と御慶福を共に遊ばさせられ候思し食しに候間，庶民に於いても，一同御嘉節^{（注５）}を祝い奉り候様仰せ出され候事。

（『幕末御触書集成』第１巻）

　（注１）　聖上：天皇のこと。
　（注２）　醴宴：天皇が臣下のために開いた宴席。
　（注３）　天長節：天皇の誕生日のこと。特にここでは，天皇の誕生日を祝うための儀式や儀礼のこと。
　（注４）　刑戮：刑罰のこと。
　（注５）　御嘉節：めでたい日。

ａ　史料２によれば，天長節には，刑罰の執行が停止された。
ｂ　史料２によれば，天長節は，この年１回限りの行事とされた。
ｃ　史料２の布告は，庶民に天長節を祝うことを促して，天皇の存在を意識させようとしたものだったと考えられる。
ｄ　史料２の布告は，庶民に天長節を祝うことを禁じて，天皇の権威を高めようとしたものだったと考えられる。

　①　ａ・ｃ　　　　②　ａ・ｄ　　　　③　ｂ・ｃ　　　　④　ｂ・ｄ

（共通テスト日本史Ｂ2021本試第１日程）

11 18世紀後半の知識人の主張Ⅰ・Ⅱと人物名a～cの組合せとして正しいものを，下の①～⑥のうちから一つ選べ。

Ⅰ　当時長崎に厳重に石火矢の備え有りて，かえって安房・相模の海港にその備えなし。この事はなはだ不審。細かに思えば，江戸の日本橋より唐・阿蘭陀まで境なしの水路なり。然るをここに備えずして長崎にのみ備うるは何ぞや。

Ⅱ　オロシヤと交易の事おこらば，この力を以って開発ありたき事なり。この開発と交易の力をかりて，蝦夷の一国を服従せしめば，金銀銅に限らず，いっさいの産物，皆我が国の用を助くべし。

a　林子平　　　b　本多利明　　　c　工藤平助

① 　Ⅰ－a　　　　Ⅱ－b
② 　Ⅰ－b　　　　Ⅱ－a
③ 　Ⅰ－a　　　　Ⅱ－c
④ 　Ⅰ－c　　　　Ⅱ－a
⑤ 　Ⅰ－b　　　　Ⅱ－c
⑥ 　Ⅰ－c　　　　Ⅱ－b

（センター試験日本史B1998追試）

12　次の二つの史料は，いずれも近世の中・後期の社会を改革するために，経済の仕組みを変えようとする考えを述べたものである。史料ア・イを読み，後の問い（問1～3）に答えよ。

ア　天下の国産を，渡海（注1）・運送・交易をもって有無を通じたらば，国中の産物に盈闕（注2）もなくなり，（中略）天文・(a)地理・渡海の法をもって今日の急務とし，是に仕向けすれば，其器に当たる者（注3）何程も出来，国家の要用に達する也。

（『西域物語』）

（注1）　渡海とは，外国への渡航のこと。
（注2）　盈闕とは，過不足のこと。
（注3）　器に当たる者とは，ふさわしい才能のある者のこと。

イ　それ国を富ましむるの経済は，まづ下民を賑はし，而して後に領主の益となるべき事をはかる成るべし。（中略）定まれる作物の外に余分に得ることを教えさとしめば，一国潤ふべし。

（『広益国産考』）

問1　史料ア・イについて述べた文として正しいものを，次の①～④のうちから一つ選べ。
① 　史料アでは，海外貿易などの必要と学問や技術の重要性が説かれている。
② 　史料アでは，鎖国政策を強化するために，学問を盛んにすることが説かれている。
③ 　史料イでは，武士が農民を支配する身分制社会を否定し，封建制度が批判されている。
④ 　史料イでは，年貢を増加して領主の財政を安定させることが何よりも必要であると説かれている。

問2　史料ア・イの著者名の組合せとして正しいものを，次の①～④のうちから一つ選べ。
① 　ア　太宰春台　　　イ　富崎安貞
② 　ア　太宰春台　　　イ　大蔵永常
③ 　ア　本多利明　　　イ　宮崎安貞
④ 　ア　本多利明　　　イ　大蔵永常

問3　史料アの下線部(a)の学問的な発展について述べた文として**誤っているもの**を，次の①～④のうちから一つ選べ。

① 西川如見は，中国・東南アジア・ヨーロッパなど世界各地域の産物を記した『華夷通商考』を著した。

② 新井白石は，潜入したイタリア人宣教師シドッチを尋問し，『西洋紀聞』を著した。

③ 大黒屋光太夫は，漂着してロシアから送還された後に，『赤蝦夷風説考』を著した。

④ 伊能忠敬は，全国の沿岸の測量を行い，『大日本沿海輿地全図』の作成にあたった。

（センター試験日本史B1997本試）

🔢13 次の史料１，史料２に関して述べた下の文ａ～ｄについて，正しいものの組合せを，下の①～④のうちから一つ選べ。

史料１

　鯡は他国「鰊」と唱う魚なり。この所^{（注1）}にてはニシンとよび鯡の字を用ゆ。子は数の子と称して国々のこらず行き渡る。外に白子というものあり。田畠の養いになる。この鯡むかしは北国のみにて用いけるよし，今は北国はいうに及ばず，若狭，近江より五畿内，西国筋は残らず田畠の養いとなる。干鰯よりは理方よし^{（注2）}という。関東はいまだこの益ある事をしらず。

（平秩東作『東遊記』）

史料２

　青魚^{（注3）}は皆粕にしめて北国辺より上方筋へ廻る。田の肥しには最上のものなり。関東にては総房^{（注4）}より出る所の鰯を用いる故，多くこのことをしらず。

（大内余庵『東蝦夷夜話』）

（注１）　この所：ここでは蝦夷地のこと。
（注２）　理方よし：理にかなっている。
（注３）　青魚：ここでは鰊のこと。
（注４）　総房：上総国・下総国と安房国。

ａ　史料１では，鰊を肥料として用いているのは畿内だけだと述べている。
ｂ　史料１では，鰊の肥料としての有用性は，関東において認識されていないと述べている。
ｃ　史料２では，鰊の〆粕は田の肥料として最上のものであると述べている。
ｄ　史料２では，関東においては，上方でとれた鰯を使った肥料を使用していると述べている。

① ａ・ｃ　　　② ａ・ｄ　　　③ ｂ・ｃ　　　④ ｂ・ｄ

（センター試験日本史B2020追試）

14 近世後期になると，写本や，瓦版，貸本など各種の出版物によって情報が伝達され，また商業や金融関係の寄合や講，俳諧などの結社が，情報の収集と伝達の場としても機能するようになった。そのため，政治情報や(a)外国に関する情報までもが，上層農民をはじめとする庶民階層や女性の間に広く共有されていった。かれらは，時にはそれらの情報に基づいた政治批判を行う場合もあった。次のアの史料は，旗本の家に生まれた女性によって記された19世紀前半の日記の一部である。またイの史料は，関東の農村の名主の日記の一部で，取引相手の浦賀の商人からの手紙を書き写した部分である。史料ア・イを読んで，後の問い（問1～3）に答えよ。

ア　1843年（天保14年）6月

　　武蔵はいうべくもあらず，隣に付きたる国々，大城(注1)より四方へかけ十里四方御領(注2)になし給う御定め出でぬ。されば御旗本の人々の知る所(注3)，田畑の実りよろしき辺り皆召して，かわりの地は後に給わるべしと仰せ下りたるにぞ，かの人々おもほえず(注4)浅ましうあきれつつ打ちわぶる人数しらず。

（『井関隆子日記』）

（注1）「大城」とは，ここでは江戸城のこと。
（注2）「御領」とは，ここでは幕府の領地のこと。
（注3）「知る所」とは，知行地のこと。
（注4）「おもほえず」とは，思いがけずということ。

イ　1846年（弘化3年）閏5月

　　二十七日巳の刻(注5)また異国船二艘渡来，右に付き当湊(注6)・房総・相模辺り大騒動，ことにこの度は軍船に紛れこれ無く，すなわち亜墨利加船一艘，長さ四十七間，人数七百九十四人乗り，（中略）大筒・石火矢・小筒，そのほか武具数知れず，およそ二万石積。同じく小船一艘。

（鈴木平九郎『公私日記』）

（注5）「巳の刻」とは，午前10時前後のこと。
（注6）「当湊」とは，ここでは浦賀のこと。

問1　史料アは，天保の改革の時期に出されたある法令について，著者が批判的に記したものである。その法令の説明として正しいものを，次の①～④のうちから一つ選べ。
①　江戸への流入者を強制的に帰村させることで，農村の復興をはかろうとしたものである。
②　札差らからの借金を整理させ，窮乏する旗本や御家人たちを救おうとしたものである。
③　金銭貸借についての訴訟を受理せずに，当事者間で解決させようとしたものである。
④　幕府の直轄地を江戸や大坂周辺に集中させることで，幕府の収入の増加や対外防備の強化などをはかろうとしたものである。

問2　史料イに記された事件の説明として正しいものを，次の①～④のうちから一つ選べ。
①　オランダ船を追って軍艦が港内に進入した事件で，その後責任を取って担当の奉行が自殺した。
②　東インド艦隊司令官のビッドルが来航した事件で，幕府はその通商要求を拒絶した。
③　日本の漂流民をともなった商船が日本側に砲撃された事件で，その後，幕府の政策を批判した蘭学者が処罰された。
④　大統領の命によりペリーが開国を求めて来航した事件で，幕府はペリーが持参した国書を正式に受け取った。

問3　下線部(a)に関連して，近世後期の海外情報とその受容について述べた文として**誤っているもの**を，次の①～④のうちから一つ選べ。
①　司馬江漢は，西洋画の技法を取り入れた「西洋婦人図」を描くとともに，エレキテルを製作した。
②　杉田玄白らは，西洋医学の解剖書『ターヘル＝アナトミア』を翻訳した。
③　志筑忠雄は，『暦象新書』を著して，ニュートンの力学やコペルニクスの地動説を紹介した。
④　大槻玄沢は，『蘭学階梯』を著すなど，蘭学の普及につとめた。

（センター試験日本史B 1999追試）

次の問い（問1〜2）に答えよ。

問1　ナツさんとアキさんは次の史料1とその解説を読んだ。史料1は，1860年に江戸で刊行された『安政文雅人名録』という文化人名簿の一部である。この史料1に関して述べた後の文X・Yについて，その正誤の組合せとして正しいものを，後の①〜④のうちから一つ選べ。

史料1

解説
　　上段の「梧潤」などは彼らが文化人として名乗った名前であり，右肩には，「書」など彼らの得意とする文化ジャンルが小さく書かれている。中段の記載からは，仕えている藩の名前なども確認できる。下段の「小松彌七」などは文化活動以外の場における名前であり，右肩には「小傳馬町三丁目」など彼らの居住する江戸の地名が書かれている。

X　史料1に載る文化人は，江戸を居所としていたので，関東以外の場所に領地を有する大名には仕えることができなかった。

Y　史料1に載る文化人の中には，書画などを得意とする者だけでなく，西洋の学術・文化を研究している者もいた。

① X　正　　　Y　正
② X　正　　　Y　誤
③ X　誤　　　Y　正
④ X　誤　　　Y　誤

問2　ナツさんとアキさんは次の史料2を読んだ。史料2は，日本の船が漂流して，1751年に中国に漂着した件について，後に長崎でまとめられたものである。この史料2に関して述べた後の文a〜dについて，最も適当なものの組合せを，後の①〜④のうちから一つ選べ。

史料2

　この者ども^(注1)，（中略）厦門（アモイ）に送られ，官所^(注2)において吟味これ有り。（中略）寧波府鄞県（ニンポー ギン）^(注3)の信公興という商人に申し付けられ，船頭鄭青雲，財副^(注4)林栄山，外に童天栄・黄福，この二人は日本に渡海馴れたる者にて，少々日本詞（ことば）を覚えたる由にて，通弁^(注5)・介抱のため差し添え，十一月六日，寧波より出船，（中略）同二十日，当湊（みなと）に着船せり。右の厦門海防庁^(注6)許氏より咨文^(注7)一通，寧波府鄞県黄氏より咨文一通差し送り，（中略）菅沼氏より回咨（かいし）^(注8)二通，両所に相渡さる。

（『長崎実録大成』）

（注1）　この者ども：日本からの漂流民。
（注2）　官所：中国の役所。
（注3）　寧波府鄞県：現在の中国・寧波市にあった行政区域・行政機関。
（注4）　財副：会計を担当する副船長格の船員。
（注5）　通弁：通訳。
（注6）　海防庁：海岸部の防衛に当たった役所。
（注7）　咨文：公文書。
（注8）　菅沼氏より回咨：長崎奉行菅沼定秀の返書。

a　史料2によれば，漂流民の送還に当たって，中国の役人と日本の役人との間で公文書がやりとりされた。
b　史料2によれば，漂流民の送還に当たって，中国の役人が日本まで同行して漂流民を送還した。
c　この漂流事件が起きた当時，中国と日本との間に正式な外交使節の往き来はなかった。
d　この漂流事件が起きた当時，中国から日本に来航する貿易船の数や貿易額はまだ制限されていなかった。

①　a・c　　　　②　a・d　　　　③　b・c　　　　④　b・d

（共通テスト日本史B2023本試）

16　江戸時代に流通した小判の重量と金の成分比率の推移を示す次の図2を参考にして，江戸時代の小判について述べた文として**誤っているもの**を，下の①〜④のうちから一つ選べ。なお金の成分比率（％）は，幕府が公定した品位による。

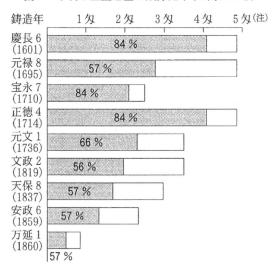

図2　小判の重量と金の成分比率（1両につき）

①　新井白石の意見により，幕府が鋳造した正徳小判は，重量も成分比率も，慶長小判と同じ水準に戻された。
②　幕府は必要に応じ，鋳造小判における金の成分比率を変化させたが，50％以下となることはなかった。
③　元文小判の金の成分比率は，正徳小判よりは低く，後の時代よりは高かった。
④　国内と海外の金銀比価が違ったため，開国後，幕府は小判の金の成分比率を減らして対応した。

（共通テスト日本史B2021本試第1日程）

（桜井英治・中西聡編『新体系日本史12　流通経済史』により作成）
（注）　匁（もんめ）：重量の単位。1匁＝3.75g

17 江戸時代にも人びとは多くの地震に苦しめられていた。下の表は1707年に起こった宝永大地震の被害状況を記したものである。この表から読み取れることとして**適当でないもの**を，後の①〜④のうちから一つ選べ。

地域	死亡（人）	全潰（軒）	半潰（軒）	流失（軒）
甲斐	24	7,651		
信濃	10	590	801	
美濃		666	473	
駿河・伊豆・遠江	121	15,115	10,170	2,611
尾張・三河	25	6,448	4,613	294
近江		136	1,306	
山城		12	162	
大和	83	5,301	4,807	
大坂町中	534			
摂津・河内・和泉	44	5,762	10,035	64
紀伊	689	690	619	1,896
伊予	26	946	578	333
土佐	1,844	6,843		11,170
豊後		400	273	409
肥後		470		

倉地克直『江戸の災害史』より抜粋

① この表によれば，この地震の被害は内陸地域にも及んでいる。
② この表によれば，沿岸部での津波と思われる家屋の流失の被害も読み取れる。
③ この表によれば，もっとも死者数が多かった国は西海道に所属していた。
④ この表によれば，豊後水道の両側でも被害が及んでいる。

（本書オリジナル）

18 支配の動揺をもたらした動きについて記した次の史料1・2に関して述べた後の文X・Yについて，その正誤の組合せとして正しいものを，後の①〜④のうちから一つ選べ。

史料1
　今般（天保七年）八月大風にて麦米高値，（中略）他国は知らず，国中一統難渋につき，露命[注1]もつなぎ難し。よって今日一千余人相談のため，石御堂[注2]に相集まり罷りあり候。十五以上六十以下の男子，取り急ぎ罷り越し，帳面に名を記すべし。もし不承知の村は，一千人の者ども押し寄せ，家々残らず打ち崩し申すべし，もし遅参の村は，真っ先に庄屋を打ち砕き候趣，申し次ぎにて言い送りける。

（『鴨の騒立』）

（注1）　露命：はかない命。　　（注2）　石御堂：三河国滝脇村にある。

史料2
　天明七丁未年五月（中略），こわしたる跡を見たるに，破りたる米俵，家の前に散乱し，米ここかしこに山をなす。その中にひき破りたる色々の染小袖，帳面の類，破りたる金屏風，こわしたる障子唐紙，大家なりしに内は見え透くやうに残りなく打ちこわしけり。後に聞けば，はじめは十四・五人なりしに，追々加勢して百人計りなりしとぞ。（中略）諸方の蜂起，米屋のみにあらずとも富商人は手をくだせり。

（『蛛の糸巻』）

X　史料1によれば，一揆に加わらない村へ制裁を加えるとしている。
Y　史料2は，百姓たちが結集して庄屋や米屋を襲撃した世直し一揆について述べている。

① X　正　　　Y　正
② X　正　　　Y　誤
③ X　誤　　　Y　正
④ X　誤　　　Y　誤

（共通テスト日本史B 2022本試）

19 ユウキさんは，1836年に江戸の町奉行所が，配下の者に提出させた報告書を読んだ。次の史料はその一部である。史料と幕府の政策に関して述べた後の文 a ～ d について，最も適当なものの組合せを，後の①～④のうちから一つ選べ。

史料
　一，御当地場末^(注1)の町家に住居候其日稼ぎの者ども，給続けも相成り兼ね，其上店賃^(注2)等相払い候儀も致し難く，余儀なく店仕舞い無宿に成り，野非人同様物貰い致し居り候者も多分これある由。
　（中略）
　右の通り御座候て，御当地非人頭ども，日々（中略）狩り込み，手下に致し候^(注3)ても（中略）働き方難儀につき居付き申さず，立ち出^(注4)，元の如く野非人に打ち交り居り候ゆえ，野非人ども多く相成り候。

（「野非人之儀ニ付風聞書」旧幕府引継書）

（注1）　場末：町はずれ。
（注2）　店賃：借家の家賃。
（注3）　狩り込み，手下に致し候：捕まえて，非人頭の配下に置くこと。
（注4）　立ち出：立ち去る。

a　史料によれば，江戸の場末の町家には，物乞いをするその日稼ぎの人々が多数住んでいたと考えられる。
b　史料によれば，幕府には，江戸の非人組織を通じて，無宿となった人々を捕まえ，野非人を減らそうとする意図があったと考えられる。
c　幕府はこの後，改革を行い，石川島に人足寄場を新設して，無宿人を収容した。
d　幕府はこの後，改革を行い，江戸へ流入した人々を帰郷させる人返しの法（人返し令）を出した。

①　a・c　　　　②　a・d　　　　③　b・c　　　　④　b・d

（共通テスト日本史B 2022本試）

20 次の甲・乙の図に関して述べた下の文 a ～ d について，正しいものの組合せを，下の①～④のうちから一つ選べ。

甲

1854年の神奈川海岸を描いた図

乙

1877年ごろの社会を風刺した図

a　甲の囲み部分「異船見物無用」の異船とは，四国連合艦隊を指している。
b　甲の囲み部分「異船見物無用」の異船とは，アメリカの艦船を指している。
c　乙の囲み部分「不平おこし」には，士族の不満が示されている。
d　乙の囲み部分「不平おこし」には，農民の不満が示されている。

①　a・c　　　　②　a・d　　　　③　b・c　　　　④　b・d

（センター試験日本史A 2011追試）

21 高校生のメイさんが作成した下のメモを参照して，後の問いに答えよ。

メモ
　疑問　火山の噴火が人々にどのような影響を与えたか。

　メイさんは疑問について学習を進め，1707年に富士山が噴火し，火山灰などによる深刻な被害が発生したことを知った。次の史料1・2は，富士山噴火について記したものである。史料1・2に関して述べた後の文a〜dについて，最も適当なものの組合せを，後の①〜④のうちから一つ選べ。

史料1　1708年閏正月「覚」
　近年御入用の品々^(注1)これ有る処，去る冬，武州・相州・駿州^(注2)三ヶ国の内，砂^(注3)積り候村々御救い旁^(注4)の儀に付，今度，諸国高役金御料・私領^(注5)共に高百石に付，金二両宛の積り，在々^(注6)より取り立て上納有るべく候。且又，領知遠近これ有る故，在々より取り立て候迄は延々^(注7)たるべく候間，一万石以上の分は領主より取り替え候て，当三月を限り江戸御金蔵へ上納有るべく候。

（『御触書寛保集成』）

（注1）　御入用の品々：幕府が必要とする品々。
（注2）　武州・相州・駿州：武蔵国・相模国・駿河国のこと。
（注3）　砂：火山灰のこと。
（注4）　御救い旁：救済もあって。
（注5）　御料・私領：御料は幕府直轄領のこと。私領は大名や旗本の所領のこと。
（注6）　在々：村々のこと。
（注7）　延々：はかどらないこと。

史料2
　今重秀^(注8)が議り申す所は，（中略）只今，御蔵にある所の金，わずかに三十七万両にすぎず。此内，二十四万両は，去年の春，武・相・駿三州の地の灰砂を除くべき役を諸国に課せて，凡そ百石の地より金二両を徴れしところ，凡そ四十万両の内，十六万両をもって其用に充られ，其余分をば城北の御所^(注9)造らるべき料に残し置かれし所也。これより外に，国用に充らるべきものはあらず（後略）。

（『折たく柴の記』）

（注8）　重秀：勘定奉行荻原重秀のこと。
（注9）　城北の御所：江戸城に建設予定の御殿のこと。

a　史料1によると，諸国高役金は，できるだけ早く金を集めるために，大名による立て替えが行われた。
b　史料2によると，集められた諸国高役金はわずかなものであり，灰砂を除く費用に充てるべき金40万両の半分にも満たなかった。
c　史料1を踏まえ，史料2を読むと，諸国から各国の人口に応じて集めた金を被災地の救済費用に充てたと勘定奉行が述べたことが分かる。
d　史料1を踏まえ，史料2を読むと，諸国から集めた金の一部を江戸城の御殿造営費として残したと勘定奉行が述べたことが分かる。

①　a・c　　　　②　a・d　　　　③　b・c　　　　④　b・d

（共通テスト日本史B 2022追試）

㉒ 次のホワイトボードは，享保の改革と寛政の改革とにはさまれた時期をテーマとする授業において，生徒がこの時期の事柄を調べて書き出したものである。これを見て，下の問い（問1～5）に答えよ。（資料は，一部省略したり，書き改めたりしたところもある。）

ホワイトボード

- ⓐ幕府の権力を握った人物の名前をとって，田沼時代と呼ばれる。
- 商人の力を利用する経済政策が採られ，経済が発展した。
- ⓑ海外の影響を受けた新しい画風の絵画が作成されるようになった。
- 西洋の学術が取り入れられ，医学や天文学の研究が進んだ。
- ⓒ蝦夷地の開発が計画された。
- ⓓ百姓一揆や打ちこわしが発生した。また，ⓔ村方騒動が各地で頻発した。

問1　このホワイトボードに書き加えることが最も適当な事柄を，次の①～④のうちから一つ選べ。
① 朝鮮からの国書にある将軍の呼称を「日本国王」に改めさせた。
② 幕府を批判した山県大弐が処刑された。
③ 由井正雪の乱（慶安の変）が発生した。
④ イギリス軍艦のフェートン号が長崎の港に侵入した。

問2　下線部ⓐに関連して，江戸幕府の支配の仕組みについて述べた文として**誤っているもの**を，次の①～④のうちから一つ選べ。
① 老中には複数名が任じられ，幕府の政務を統轄した。
② 大名を監察する役職として，大目付が置かれた。
③ 武家伝奏に任じられた大名が，朝廷を監視した。
④ 諸社禰宜神主法度を制定して，神社・神職を統制した。

問3　下線部ⓑに興味を持った生徒の一人は，画集でいろいろな絵を見ていく中で，亜欧堂田善の銅版画（図）を見つけた。この作品に関して述べた下の文a～dについて，最も適当なものの組合せを，下の①～④のうちから一つ選べ。

図　亜欧堂田善『三囲眺望之図<ruby>（みめぐり）</ruby>』

a　この作品が用いた技法は，細かくて正確な表現が求められる地図や解剖図などに用いられた。
b　この作品が用いた技法は，陰影をつけずに表情や仕草を強調する美人画などに用いられた。
c　この作品のように，西洋の技術や知識を積極的に取り入れようとする姿勢がうかがえる書籍として，志筑忠雄の『暦象新書』がある。
d　この作品のように，西洋の技術や知識を積極的に取り入れようとする姿勢がうかがえる書籍として，会沢安（正志斎）の『新論』がある。

① a・c　　　② a・d　　　③ b・c　　　④ b・d

問4　下線部ⓒに興味を持った生徒の一人は，さらに調べていく中で，次の史料1を見つけた。史料1を説明
　　した下の文X・Yについて，その正誤の組合せとして正しいものを，下の①～④のうちから一つ選べ。

史料1
　　日本の力を増すには，蝦夷の金山を開き，ならびにその出産物を多くするにしくはなし。（中略）然るに，先
　に言う所のヲロシア(注1)と交易の事起こらば，この力を以て開発有りたき事也。この開発と交易の力をかり
　て，蝦夷の一国を伏従(注2)せしめば，金，銀，銅に限らず一切の産物，皆我が国の用を助くべし。（中略）ま
　た，このままに打ち捨て置きて，カムサスカ(注3)の者共，蝦夷地と一緒になれば，蝦夷もヲロシアの下知に附
　きしたがう故，最早我が国の支配は受けまじ。

　　　　　　　　　　　　　　　　　　　　　　　　　　　　　　　　　　　　　（工藤平助『赤蝦夷風説考』）

　　（注1）　ヲロシア：ロシアのこと。　　（注2）　伏従：服従のこと。
　　（注3）　カムサスカ：カムチャツカ半島のこと。

X　ロシアとの交易を行い，この力によって蝦夷地の開発を行うべきだと主張している。
Y　蝦夷地がロシアの支配下に置かれることを恐れ，どこの国にも属さない地域として，蝦夷地を自立させる
　べきだと主張している。

　　①　X　正　　　　Y　正
　　②　X　正　　　　Y　誤
　　③　X　誤　　　　Y　正
　　④　X　誤　　　　Y　誤

問5　この学習の最後に，先生が史料2を提示して，この時期がどのような時期だったか，ホワイトボードの
　　情報も合わせて各自で考えるよう指示した。これに対する生徒の考察である次の文a～dについて，最も適
　　当なものの組合せを，以下の①～④のうちから一つ選べ。

史料2
　　すでに町かた人別の改め(注1)というものも，ただ名のみに成りければ，いかなるものにても，町にすみがた
　きものはなく，（中略）実に放蕩無頼の徒，すみよき世界とは成りたりけり。さるによりて，在かた(注2)人別
　多く減じて，いま関東のちかき村々，荒地多く出来たり。（中略）天明午のとし(注3)，諸国人別改められし
　に(注4)，まえの子のとし(注5)よりは，諸国にて百四十万人減じぬ。この減じたる人，みな死にうせしにはあら
　ず，ただ帳外れ(注6)となり，（中略）または江戸へ出て人別にも入らず，さまよいあるく徒とは成りにける。

　　　　　　　　　　　　　　　　　　　　　　　　　　　　　　　　　　　　　（松平定信『宇下人言』）

　　（注1）　人別の改め：一般に，村・町に属する人を，宗門改帳（宗旨人別帳）に登録する作業のことを指す。
　　（注2）　在かた：都市（町かた）に対する農村の意味。
　　（注3）　天明午のとし：天明6（1786）年。
　　（注4）　諸国人別改められしに：幕府によって，6年に1度行われた全国の人口調査のことを指す。
　　（注5）　まえの子のとし：安永9（1780）年。
　　（注6）　帳外れ：宗門改帳（宗旨人別帳）の登録から外れること。

a　史料2では，諸国人別改めで把握された人数が大きく減少したことについて，都市の人口が，周辺の荒地
　へと流出したことが，要因の一つだと述べている。
b　史料2では，諸国人別改めで把握された人数が大きく減少したことについて，農村の人口が，都市へと流
　出したことが，要因の一つだと述べている。
c　この時期には西洋の学術が取り入れられた。ホワイトボードの下線部ⓓを合わせて考えると，西洋で生ま
　れた人権意識に基づいて，幕府を打倒しようとする動きが各地で生じた時期と言える。
d　この時期には商品経済が発展した。ホワイトボードの下線部ⓔを合わせて考えると，経済の発展に伴って
　貧富の差が広がり，不満を持った百姓による村役人の不正の追及が各地で起きた時期と言える。

　　①　a・c　　　　②　a・d　　　　③　b・c　　　　④　b・d

　　　　　　　　　　　　　　　　　　　　　　　　　　　　　　　（共通テスト日本史B 2021本試第2日程）

23 次の史料は，安房国（現在の千葉県南部）の川名村と金尾谷村での，採草地をめぐる争論（紛争）に関し，1830年に作成された和解の文書である。この史料に関して述べた下の文X・Yについて，その正誤の組合せとして正しいものを，下の①〜④のうちから一つ選べ。

史料
　　川名村・金尾谷村両村堺^(注1)，金堀山頂上秣場^(注2)争論に及び，既に御公訴^(注3)に及び申すべきところ，隣村舟形村名主九右衛門・那古村寺領名主武兵衛・深名村組頭市郎右衛門・白坂村組頭長左衛門取り扱い^(注4)立ち入り，双方へ異見仕り^(注5)，承知納得の上，（中略），四ヶ村立ち入り，争論相預かり^(注6)，両邑^(注7)永々入会の秣場に熟談^(注8)仕り候。

（『千葉県の歴史』資料編近世2）

（注1）　村堺：村の境。
（注2）　秣場：肥料や飼料を採取するための採草地。
（注3）　公訴：おおやけ（ここでは幕府）に訴え出ること。
（注4）　取り扱い：仲裁すること。
（注5）　異見仕り：意見すること。忠告すること。
（注6）　争論相預かり：紛争の処置を一任してもらうこと。
（注7）　邑：村。
（注8）　熟談：よく話し合って示談すること。

X　この紛争は，近隣の名主2人と組頭2人によって仲裁された。
Y　この紛争の対象となった採草地は，当事者の両村で共同利用することで合意した。

① X　正　　　Y　正
② X　正　　　Y　誤
③ X　誤　　　Y　正
④ X　誤　　　Y　誤

（センター試験日本史B 2019本試）

❶ 次の史料は「船中八策」であり，後のメモは，アカネさんとタケルさんが，この史料について気になった点をまとめたものである。この史料及びメモについて述べた後の文X・Yについて，その正誤の組合せとして正しいものを，後の①〜④のうちから一つ選べ。

史料
　一，天下の政権を朝廷に奉還せしめ，政令宜しく朝廷より出ずべき事。
　一，上下議政局を設け，議員を置きて万機を参賛せしめ，万機宜しく公議に決すべき事。
　一，有材の公卿諸侯及び天下の人材を顧問に備え，官爵を賜い，宜しく従来有名無実の官を除くべき事。
　一，外国の交際広く公議を採り，新に至当の規約を立つべき事。
　一，古来の律令を折衷し，新に無窮の大典を選定すべき事。
　一，海軍宜しく拡張すべき事。
　一，御親兵を置き，帝都を守衛せしむべき事。
　一，金銀物貨宜しく外国と平均の法を設くべき事。

（『坂本龍馬全集』）

メモ
　・「船中八策」は1867年6月9日作成とされるが，その時に作成された原本は確認されておらず，坂本龍馬に同行していた海援隊書記の長岡謙吉が記した日誌にも，「船中八策」に関する記載はない。
　・1883年に『土陽新聞』紙上で連載が始まった坂崎紫瀾の小説「汗血千里の駒」では，「船中八策」の存在について触れていない。
　・1896年に弘松宣枝が著した坂本龍馬の伝記『阪本龍馬』(注)では，「船中八策」に文言も内容もよく似た文章が初めて紹介されたが，条文の数や細かい文章表現は，上の史料と異なる部分がある。
　（注）『阪本龍馬』：表記は原典通り。

X　史料では，議会の設置や法典の整備が求められており，実際に明治新政府は，政体書によって将来的な議会設置と立憲政体確立とを宣言した。
Y　メモからは，「船中八策」は1867年6月の時点で作成されておらず，龍馬の死後に，龍馬の史料として作成された可能性がうかがえる。

① X　正　　　Y　正
② X　正　　　Y　誤
③ X　誤　　　Y　正
④ X　誤　　　Y　誤

（共通テスト日本史B 2022追試）

2 次の写真 a の高札および図 b の『官報』は，法令を人々に知らせるために作られたものである。後の問い（問1〜2）に答えよ。

a

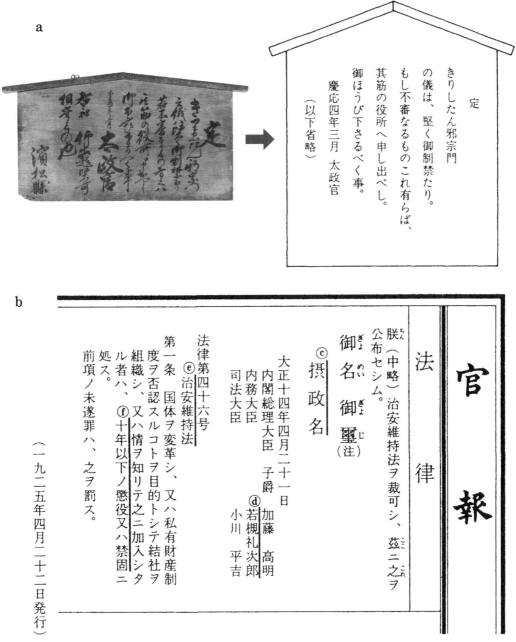

定

きりしたん邪宗門
の儀は、堅く御制禁たり。
もし不審なるものこれ有らば、
其筋の役所へ申し出べし。
御ほうび下さるべく事。

慶応四年三月　太政官

（以下省略）

b

官報

法律

朕（中略）治安維持法ヲ裁可シ、茲ニ之ヲ
公布セシム。

御名　御璽（注）

ⓒ摂政名

大正十四年四月二十一日
内閣総理大臣　子爵　加藤　高明
内務大臣　　　　　ⓓ若槻礼次郎
司法大臣　　　　　　小川　平吉

法律第四十六号
ⓔ治安維持法
第一条　国体ヲ変革シ、又ハ私有財産制
度ヲ否認スルコトヲ目的トシテ結社ヲ
組織シ、又ハ情ヲ知リテ之ニ加入シタ
ル者ハ、ⓕ十年以下ノ懲役又ハ禁固ニ
処ス。
前項ノ未遂罪ハ、之ヲ罰ス。

（一九二五年四月二十二日発行）

（注）御名御璽とは、天皇の署名と印のこと。

問1　写真 a は，五榜の掲示と呼ばれる5枚の高札の1枚である。この高札に関連して述べた文として**誤って**いるものを，次の①〜④のうちから一つ選べ。
①　高札は，町や村の人の集まるところや通行人の多いところに立てられた。
②　この高札は，江戸幕府のキリスト教禁止政策を継承して立てられた。
③　この高札を含む五榜の掲示は，明治新政府の民衆統治の基本政策とされた。
④　この高札は，大日本帝国憲法で信教の自由が認められるまで掲げられた。

問2 『官報』は，法令の公布を一つの目的として発行される政府の機関紙である。図bの『官報』中の傍線部ⓒ〜fについて述べた文として正しいものを，次の①〜④のうちから一つ選べ。

① 傍線部ⓒの摂政は，後に天皇になった。
② 傍線部ⓓの人物は，後に立憲政友会を基盤とする内閣を組織した。
③ 傍線部ⓔの治安維持法の公布に先立って，治安警察法は廃止された。
④ 傍線部fに示された最高刑は，この法律の廃止まで変わらなかった。

（センター試験日本史1994本試）

❸ かずこさんとたけしさんは，「日本社会における戦士の歴史」について考えてきて，近代初めにそれをまとめた文書「徴兵告諭」（史料）があることを知った。史料の内容と徴兵に関して述べた後の文a〜dについて，最も適当なものの組合せを，後の①〜④のうちから一つ選べ。

史料
　我朝上古の制，海内 ^(注1) 挙て兵ならざるはなし。有事の日，天子之が元帥となり，丁壮 ^(注2) 兵役に堪うる者を募り，以て不服を征す。役を解き家に帰れば，農たり工たり又商賈 ^(注3) たり。（中略）保元・平治以後，朝綱頽弛 ^(注4) し，兵権終に武門の手に墜ち，国は封建の勢を為し，人は兵農の別を為す。（中略）然るに太政維新，列藩版図を奉還し，辛未の歳 ^(注5) に及び遠く郡県の古に復す ^(注6)。世襲坐食 ^(注7) の士は其禄を減じ，刀剣を脱するを許し，四民漸く自由の権を得せしめんとす。是れ上下を平均し，人権を斉一にする道にして，則ち兵農を合一にする基なり。

（「徴兵告諭」）

（注1）　海内：国内。
（注2）　丁壮：壮年の男子。
（注3）　商賈：商人。
（注4）　朝綱頽弛：朝廷の規律が崩れたこと。
（注5）　辛未の歳：1871年。
（注6）　郡県の古に復す：廃藩置県のこと。
（注7）　坐食：働かずに食うこと。

a　史料によれば，徴兵の理想は，保元・平治の乱前のように，天皇が兵権を握った兵農合一の社会であった。
b　史料によれば，徴兵の理想は，保元・平治の乱後のように，武門が軍事を担った兵農分離の社会であった。
c　徴兵への反発から血税一揆が起こった。
d　徴兵令では，18歳に達した男子に兵役の義務が課された。

① a・c　　　② a・d　　　③ b・c　　　④ b・d

（共通テスト日本史B2022追試）

4 次の史料は日本とハワイ王国との修好通商条約の条文の一部である。この史料に関して述べた後の文 a ～ d について，正しいものの組合せを，後の①～④のうちから一つ選べ。

史料

　ここに条約を結べる両国の臣民は，他国の臣民と交易するを許せる総（すべ）ての場所，諸港，及び河々に，其（そ）の船舶及び荷物を以て自由安全に来り得べし。故に，両国の臣民，右諸港諸地に止り，且つ住居を占め，家屋土蔵を借用し，又これを領する事妨げなく，諸種の産物，製造物，商売の法令に違背せざる商物を貿易し，他国の臣民に已（すで）に許せし，或いは此の後許さんとする別段の免許は，何（いず）れの廉（かど）にても，他国へ一般に許容するものは両国の臣民にも同様推及（すいきゅう）（注）すべし。

（『大日本外交文書』）

　（注）　推及：おし及ぼすこと。

a　この条文では，両国の国民が相手国の国内を場所の制限なく往来したり，滞在・居住・商売したりすることができる，ということが定められている。
b　この条文では，通商に関して他国の国民に認めたことを，日本とハワイ両国の国民にも適用する，ということが定められている。
c　この条約と同じ年に結ばれた日清修好条規には，台湾での琉球漂流民殺害事件の賠償金の規定が含まれた。
d　この条約と同じ年に結ばれた日清修好条規は，相互の領事裁判権を認めるなど，対等な条約内容であった。

①　a・c　　　　②　a・d　　　　③　b・c　　　　④　b・d

（共通テスト日本史B 2022本試）

5 ミキさんとカズさんは，なぜ1885年から多くの日本人がハワイに渡航したのか，その理由や背景について興味を持ち，それに関する史料1・2を収集した。史料1・2の内容に関して述べた後の文X・Yについて，その正誤の組合せとして正しいものを，後の①～④のうちから一つ選べ。

史料1　ハワイ領事館で書記官を務めた藤田敏郎の回顧録
　（当時の外務卿は）我が農民を送り，欧米式農業法を実習し，秩序的労働法を覚へ，且つ相応の貯蓄を携へ帰国せしめ，（中略）十数年の後には我が農村の労働方法，大いに改良せらるべしと思惟し（中略），長防二州（注1）ならびに広島熊本県下において出稼人を募集せしめる。

（『海外在勤四半世紀の回顧』）

　（注1）　長防二州：現在の山口県のこと。

史料2　山口県によるハワイへの海外渡航者の分析
　労働出稼者の増加するは（中略）内国に於ては労働者賃金の薄利なるのみならず，世上一般事業の不振なるに従ひ，労働者就業の困難に迫らるるに依るもの，蓋（けだ）し（注2）多きに在らん。

（山口県「県政事務功程」）

　（注2）　蓋し：思うに。

X　史料1によると，当時の外務卿はハワイに欧米式農業の技術を伝え，移民たちがその対価を得て帰国することを期待していたと考えられる。
Y　史料2によると，ハワイに渡航した人々の中には，日本での賃金の低さや不況により生活苦に陥っていた人が少なくなかったと考えられる。

①　X　正　　　Y　正
②　X　正　　　Y　誤
③　X　誤　　　Y　正
④　X　誤　　　Y　誤

（共通テスト日本史B 2022本試）

6 「国境の画定」に関連して，次の地図上の地域X・Yに関して述べた下の文a〜dについて，正しいものの組合せを，下の①〜④のうちから一つ選べ。

a　Xには，琉球の漂流民が殺害された事件を理由に，日本が出兵を行った。
b　Xには，日本の植民地となった際，関東都督府が設置された。
c　Yは，日露和親条約によってロシアの領土となった。
d　Yは，日露戦争の講和条約によって日本の領土となった。

　　① a・c　　　　② a・d　　　　③ b・c　　　　④ b・d

（センター試験日本史B2012本試）

7　次の図と表を参考にして，選挙の様子を述べた文Ⅰ〜Ⅳについて，正しいものの組合せを，下の①〜④のうちから一つ選べ。

（『続ビゴー日本素描集』）

総　人　口	39,902,000 人(注1)
有権者数	450,852 人(注2)
投票者数	423,400 人

（『日本近現代史辞典』により作成）
(注1)　1890年1月1日現在の人口。
　　　　千人未満は切捨て。
(注2)　1890年7月1日現在(総選挙当
　　　　日)の有権者数。

Ⅰ　人物aは，「直接国税10円以上を納入する者」という，選挙権資格を満たしている。
Ⅱ　人物bは，投票の立会いをする警察官である。
Ⅲ　この時の有権者は総人口の1.1％にすぎなかった。
Ⅳ　この時の投票率は60％に満たなかった。

　　① Ⅰ・Ⅲ　　　　② Ⅰ・Ⅳ　　　　③ Ⅱ・Ⅲ　　　　④ Ⅱ・Ⅳ

（センター試験日本史B2003本試）

8 次の図はある官営模範工場の様子を描いた錦絵の一部であるが，この工場について述べた文として**誤っている**ものを，下の①〜④のうちから一つ選べ。

① この工場は製糸工場である。
② この工場にはフランスの技術が導入された。
③ この工場には，技術伝習を目的に士族の子女などが集められた。
④ この工場は，欧米から大量に輸入されていた製品の国産化を目的として設立された。

（センター試験日本史B 2000追試）

9 次の史料は，明治期前半の国際関係に関するものである。史料を読み，後の問い（問1～3）に答えよ。

a 第一条 こののち大日本国と大清国はいよいよ和誼をあつくし，天地とに窮まり無かるべし。また両国に属したる封土も 各 礼を以て相待ち，いささかも侵越する事なく，永久安全を得せしむべし。

b 第一款 朝鮮国は自主の邦にして，日本国と平等の権を保有せり。

c 第一款 大日本国皇帝陛下はその後胤に至るまで，現今樺太島の一部を所領するの権理及び君主に属する一切の権理を，全魯西亜国皇帝陛下に譲り而今而後樺太全島は 悉 く魯西亜帝国に属し，「ラペルーズ」海峡（宗谷海峡）を以て両国の境界とす。

（『日本外交年表並主要文書』）

問1 上の史料a～cは，それぞれある条約の一部である。史料a～cと条約名の組合せとして正しいものを，次の①～③のうちから一つ選べ。
① a 日清修好条規　　b 下関条約　　　　c ポーツマス条約
② a 日清修好条規　　b 日朝修好条規　　c 樺太・千島交換条約
③ a 下関条約　　　　b 日朝修好条規　　c 樺太・千島交換条約

問2 次の地図Ⅰには，bの条約に関連の深い場所を示してある。また，地図Ⅱには，cの条約で確定した国境線を示してある。それぞれ適切な場所と国境線を選び，その地名と国境線の組合せとして正しいものを，下の①～⑤のうちから一つ選べ。

Ⅰ

Ⅱ

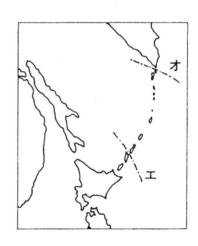

① アーエ　　　② アーオ　　　③ イーエ　　　④ イーオ　　　⑤ ウーエ

問3 日本の北方の国境線の確定と前後して，北海道の開拓は急速に進められた。北海道の開拓に関連して述べた文章として**誤っているもの**を，次の①～④のうちから一つ選べ。
① 政府は，北海道開拓を管轄する機関として，開拓使をおいた。
② 政府は，札幌農学校を設けたほか，ロシア式の大農法を移入した。
③ 官有物を不当に安い価格で政商に払い下げようとする事件が起こった。
④ 開拓政策によりアイヌの人々は生活の場を追われ，窮乏化した。

（センター試験日本史1994追試）

10 次の史料は，天皇大権のうち対外関係に関する権限を定めた大日本帝国憲法の第13条について伊藤博文らが記した解説文である。この史料に関して述べた下の文 a ～ d について，正しいものの組合せを，下の①～④のうちから一つ選べ。

史料
第十三条　天皇ハ戦ヲ宣シ和ヲ講シ 及 諸般ノ条約ヲ締結ス
　　恭 て按ずるに，外国と交戦を宣告し，和親を講盟し(注1)，および条約を締結するの事は，すべて至尊(注2)の大権に属し，議会の参賛を仮らず(注3)。（中略）諸般の条約とは，和親，貿易，および連盟の約を謂うなり。
（附記）（中略）今日，国際法において，慶弔の親書(注4)を除くほか，各国交際条約の事，すべてみな執政大臣を経由するは，列国の是認するところなり。本条の掲ぐるところは，専ら議会の関渉(注5)によらずして，天皇，その大臣の輔翼(注6)により，外交事務を行うを謂うなり。

（『帝国憲法皇室典範義解』）

　（注1）　講盟し：講和や盟約を行い。
　（注2）　至尊：天皇。
　（注3）　参賛を仮らず：助力を借りない。参賛は協翼参賛，つまり協賛。
　（注4）　慶弔の親書：お祝いやお悔やみを伝える，君主の署名のある文書。
　（注5）　関渉：干渉。
　（注6）　輔翼：君主を補佐すること。輔弼や翼賛。

　a　憲法第13条の天皇大権には，宣戦布告が含まれていた。
　b　憲法第13条の天皇大権には，貿易に関する条約の締結が除かれていた。
　c　史料によると，条約の締結には，大臣の輔翼が不要とされている。
　d　史料によると，条約の締結には，議会の協賛が不要とされている。

　　①　a・c　　　　②　a・d　　　　③　b・c　　　　④　b・d

（センター試験日本史B2020追試）

11 景山英子は1901年に角筈女子工芸学校を新たに設立した理由について，次の史料のように記している。この史料の内容及び時代背景に関して述べた以下の文 a ～ d について，最も適当なものの組合せを，以下の①～④のうちから一つ選べ。

史料
　現時一般女学校の有様を見るに，その学科はいたずらに高尚に走り，そのいわゆる工芸科(注1)なるものも，また優美を旨とし（中略）実際生計の助けとなるものあらず，以て権門勢家の令閨(注2)となる者を養うべきも，中流以下の家政を取るの賢婦人を出すに足らず。（中略） 妾 (注3)らのひそかに憂慮措くあたわざる所以なり。

（『妾の半生涯』）

　（注1）　工芸科：ここでは，主に刺 繍 や裁縫の技術を教える学科のこと。
　（注2）　権門勢家の令閨：権力や勢力のある家の妻の尊称。令夫人。
　（注3）　妾：女性の自称のへりくだった言い方。わらわ。

　a　史料によれば，英子は新設の学校で，女性に優美な技術を教えたかったと考えられる。
　b　史料によれば，英子は新設の学校で，女性に生計の助けになる技術を教えたかったと考えられる。
　c　この学校が設立された後で，教育勅語が出され忠君愛国の精神が強調された。
　d　この学校が設立された後で，義務教育の期間が4年から6年に延長された。

　　①　a・c　　　　②　a・d　　　　③　b・c　　　　④　b・d

（共通テスト日本史B2021本試第1日程）

12 次の史料に関して述べた後の文X・Yについて，その正誤の組合せとして正しいものを，後の①〜④のうちから一つ選べ。

史料

　　帝王将相の像を民間常用の郵便切手，若くは他の種の品類に印刻するが如きは，欧米に於る慣習にして，彼の俗に於ては敢て奇とするに足らずと雖も，我国に於ては未だ嘗て此の如きの挙あるを見ず。（中略）政府たるもの徒に欧風を模倣して国体の如何を弁ぜず，皇室の尊厳を冒瀆するを顧みず。是何等の失体ぞや。

（鬼哭子（杉浦重剛）「社説」『東京朝日新聞』1896年7月23日）

X　史料によれば，帝王像を切手に印すのは欧米に実例がないことが分かる。
Y　史料の社説は，欧化（西洋化）を批判する国粋主義に基づく主張である。

① X　正　　　Y　正
② X　正　　　Y　誤
③ X　誤　　　Y　正
④ X　誤　　　Y　誤

（共通テスト日本史A 2023本試）

13 次の史料は，1901年に井上馨が総理大臣になる条件として渋沢栄一の入閣を求めた際の新聞記事である。史料を参照して，この時期の政治に関して述べた下の文a〜dについて，正しいものの組合せを，下の①〜④のうちから一つ選べ。

史料

　　政局は井上伯を中心として，（中略）此一両日来，伊藤侯と山県侯^(注)とは各別々に渋沢氏を招き寄せて（中略）大蔵大臣たらんことを勧誘したるも，氏は其以前既に井上伯自身より勧誘を受けて之を固辞したる程なれば，一昨日午前と午後に伊藤侯と山県侯より説き勧められし時も断然受任し難き旨を答え置き，（中略）渋沢氏の辞退により（中略）井上伯いよいよ総理を固辞するに至れば，時局は更に逆転して，其収拾の程も測り難きが故に，此処伊藤・山県及び其他の元老に於て最も苦心の存する所なるべく（後略）。

（『時事新報』1901年5月23日）

（注）　伊藤侯と山県侯：伊藤博文と山県有朋のこと。

a　史料によると，渋沢栄一は要請に応えて大蔵大臣就任を承諾した。
b　史料によると，伊藤や山県は元老として新しい内閣づくりに関与した。
c　この時期の総理大臣は，その就任に議会による承認が不要であった。
d　この時期の総理大臣は，陸海軍の統帥権を有していた。

① a・c　　　② a・d　　　③ b・c　　　④ b・d

（共通テスト日本史B 2021本試第2日程）

14 次の表は，1885年から1930年までの鉄道（国鉄・民営鉄道）の旅客輸送と営業距離の推移を表したものである。表に関して述べた文として**誤っているもの**を，後の①～④のうちから一つ選べ。

表

	旅客輸送（千人）		営業距離（km）	
年	国鉄	民営鉄道	国鉄	民営鉄道
1885	2,637	1,409	360	217
1890	11,265	11,411	984	1,365
1900	31,938	81,766	1,626	4,674
1910	138,630	25,909	7,838	823
1920	405,820	116,007	10,436	3,172
1930	824,153	428,371	14,575	6,902

（近代日本輸送史研究会編『近代日本輸送史』により作成）

① 1890年に民営鉄道の旅客輸送と営業距離が，国鉄の旅客輸送と営業距離を追い越した主な要因として，官営事業の払下げを受けた日本鉄道会社が設立されたことが挙げられる。

② 1900年から1910年にかけて，国鉄の旅客輸送と営業距離が増加する一方，民営鉄道の旅客輸送と営業距離が減少した要因として，鉄道の国有化政策が挙げられる。

③ 1910年から1930年にかけて，民営鉄道の旅客輸送が増加した要因として，大都市と郊外を結ぶ鉄道の発達や沿線開発の進展が挙げられる。

④ 1920年から1930年にかけて，国鉄の営業距離が増加したきっかけの一つとして，立憲政友会内閣による鉄道の拡大政策が挙げられる。

（共通テスト日本史B 2022本試）

15 次の図は，官営鉄道（官鉄）と民営鉄道（民鉄）の営業キロ数の推移を示したものである。この図を参考にしながら，鉄道業に関して述べた文として**誤っているもの**を，下の①〜④のうちから一つ選べ。

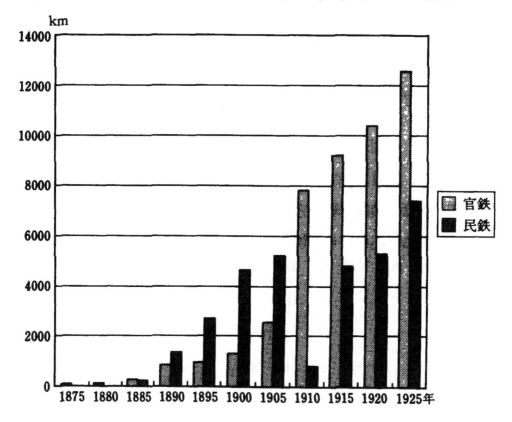

（安藤良雄編『近代日本経済史要覧』により作成）

（注） 1875 年の数値は官鉄 62 km 民鉄 0 km，1880 年の数値は官鉄123 km 民鉄 0 km。

① 明治初期には，日本最初の鉄道として，東京（新橋）・横浜間の官営鉄道が開通した。

② 日本鉄道会社の成功をうけて，民営による幹線鉄道敷設が進み，1890年代には民鉄が官鉄を大きく上回るようになった。

③ 日露戦争後に，東海道線が全通するなど官営による幹線鉄道の建設が大きく進展したため，再び官民の比重が逆転した。

④ 第一次世界大戦中から大戦後にかけて，都市化の進展を背景に大都市圏に郊外電車が発達し，都市近郊に住む人々の通勤の足となった。

（センター試験日本史Ｂ2000本試）

16 次のグラフを参考にしながら，下の文a～dについて，正しいものの組合せを，下の①～④のうちから一つ選べ。

綿糸生産高および輸出入高

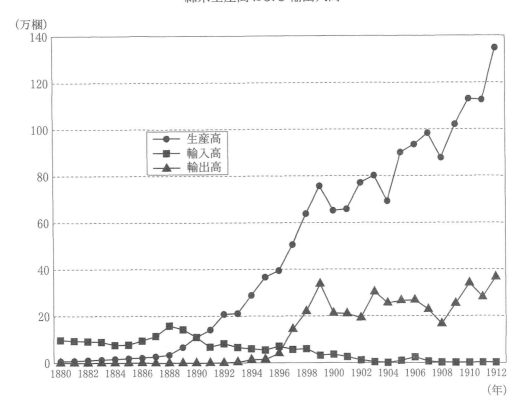

（『日本経済統計総観』より作成）
（注）　梱：包装した貨物の個数・量を示す単位

a　松方財政の開始以前から，綿糸の生産高が輸入高を上回っていた。
b　日清戦争ののち数年間，戦争以前に比べて綿糸の輸出高が急増した。
c　日露戦争ののち，綿糸の生産高は増加傾向にあった。
d　関税自主権の完全回復にともない，綿糸の輸出高が輸入高を上回るようになった。

　①　a・c　　　　②　a・d　　　　③　b・c　　　　④　b・d

（センター試験日本史B 2010追試）

17 「外国人の特許取得」に関連して，特許登録件数を示す次のグラフと表に関して述べた下の文X・Yについて，その正誤の組合せとして正しいものを，下の①～④のうちから一つ選べ。

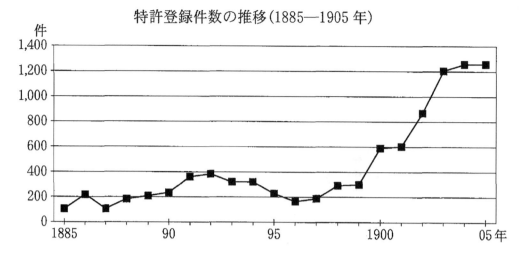

特許登録件数の推移（1885—1905年）

日本人・外国人の特許登録件数上位5分類（1905年）

日 本 人			外 国 人		
順位	分 類	登録件数	順位	分 類	登録件数
1	農 具	53	1	鉄 砲	37
2	点 灯 具	47	2	車 両	25
3	文 具	38	2	化学薬品・製品	25
4	織 機	37	4	蒸 気 機 関	23
5	養 蚕 具	32	5	伝 動 装 置	19

（特許庁編『工業所有権制度百年史』により作成）
（注）　特許の分類とその表記は，一部省略し，書き改めた。

X　日英通商航海条約に調印した翌年から，外国人の出願も加わり，特許登録件数が上昇に転じた。
Y　1905年の特許登録件数をみると，日本人が取得した特許は，武器や重工業に関する発明が上位を占めている。

① X　正　　Y　正
② X　正　　Y　誤
③ X　誤　　Y　正
④ X　誤　　Y　誤

（センター試験日本史B 2013本試）

18 「日本の貿易は大幅な輸出超過」に関連して，グラフに関して説明した次の文X～Zについて，その正誤の組合せとして正しいものを，下の①～④のうちから一つ選べ。

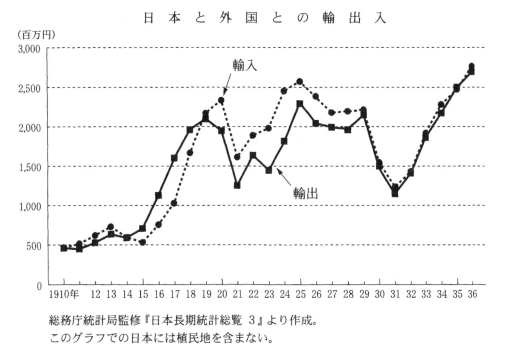

日　本　と　外　国　と　の　輸　出　入

総務庁統計局監修『日本長期統計総覧 3』より作成。
このグラフでの日本には植民地を含まない。

X　1910～13年の貿易収支は赤字だった。
Y　1920年代の貿易収支は黒字だった。
Z　1930～31年に輸出額が落ち込んでいるのは世界恐慌の影響である。

　①　X　正　　　　Y　正　　　Z　誤
　②　X　正　　　　Y　誤　　　Z　正
　③　X　誤　　　　Y　正　　　Z　誤
　④　X　誤　　　　Y　誤　　　Z　正

（センター試験日本史B2006本試）

19 アキコさんは，1915年に行われた中国政府への二十一か条の要求に関して，吉野作造が書いた次の史料を紹介した。この史料に関して述べた後の文X・Yについて，その正誤の組合せとして正しいものを，後の①〜④のうちから一つ選べ。

史料
・予一己の考では，仮に我国が第五項の要求事項を削らなかつたとしても，英国は別段八釜しい異議は唱へなかつたらうと思ふ。(中略)之等の点を合せ考ふると，英国が多少の譲歩を日本に致すといふことは，決して望み得ないことではない。
・予は今度の対支要求は，皮相的に見れば，或は支那^(注)の主権を侵害し，或は支那の面目を潰したやうな点もあるが，帝国の立場から見れば，大体に於て最小限度の要求である。

(『日支交渉論』)

(注) 支那：当時用いられた中国の呼称。

X　吉野作造は「今度の対支要求」に否定的ではない。
Y　吉野作造はイギリスの日本に対する不信感が高まることを心配している。

① X　正　　　Y　正
② X　正　　　Y　誤
③ X　誤　　　Y　正
④ X　誤　　　Y　誤

(共通テスト日本史B 2022追試)

20 次の史料に関して述べた以下の文a〜dについて，正しいものの組合せを，以下の①〜④のうちから一つ選べ。

史料
　記紀の上代の部分^(注1)の根拠となっている最初の帝紀・旧辞は，六世紀の初めごろの我が国の社会状態に基づき，当時の官府^(注2)者の思想を以て皇室の由来を説き，またいくらかの伝説や四世紀の終りごろからそろそろ世に遺しはじめられた記録やを材料として^(注3)，近い世の皇室の御事跡を語ったものであって，民族の歴史というようなものでは無い。そうして，其の中でも特に上代の部分は，約二世紀の長い間^(注4)に幾様の考を以て，幾度も潤色^(注5)せられ変改せられて，今に遺っている記紀の記載となったのである。(中略)記紀の上代の物語は歴史では無くして寧ろ詩である。そうして詩は歴史よりも却ってよく国民の内生活^(注6)を語るものである。

(津田左右吉『古事記及び日本書紀の新研究』1919年)

(注1)　記紀の上代の部分：ここでは，神武天皇以後の時代のこと。
(注2)　官府：政府・朝廷のこと。
(注3)　伝説や…記録やを材料として：伝説や記録などを材料として。
(注4)　約二世紀の長い間：津田が帝紀・旧辞が成立したと考える6世紀初めから，記紀が成立した8世紀初めまでの約200年間のこと。
(注5)　潤色：文章上で事実を誇張したり，とりつくろったりすること。
(注6)　内生活：思想のこと。

a　津田は，記紀の上代の記述には，記紀が編纂された時代の人々の手が加わっていないので，史実とみなすことができると主張している。
b　津田は，記紀の上代の記述には，記紀が編纂された時代の思想がよく表れていると主張している。
c　史料の書籍が刊行された大正期には，吉野作造が民意を政治に反映させるべきだと主張した。
d　史料の書籍が刊行された大正期には，三宅雪嶺らが『日本人』を創刊し，国粋(国粋保存)主義を唱えた。

① a・c　　　② a・d　　　③ b・c　　　④ b・d

(共通テスト日本史B 2020本試)

21 次の表は，第一次世界大戦末期から太平洋戦争開始までの歳出総額に占める総軍事費の割合の推移を示したものである。後の問い（問1～2）に答えよ。

時　期	年　度	歳出総額（a） ［百万円］	総軍事費（b） ［百万円］	b／a ［％］
イ	1918	1,143	580	51
	1919	1,319	856	65
	1920	1,549	932	60
	1921	1,599	838	52
ロ	1922	1,515	690	46
	1923	1,550	528	34
	1924	1,645	497	30
	1925	1,527	448	29
	1926	1,579	437	28
	1927	1,766	495	28
	1928	1,815	517	28
	1929	1,736	498	29
	1930	1,558	444	28
	1931	1,477	461	31
ハ	1932	1,950	702	36
	1933	2,255	854	38
	1934	2,163	952	44
	1935	2,206	1,043	47
ニ	1936	2,282	1,089	48
	1937	4,742	3,278	69
	1938	7,766	5,963	77
	1939	8,803	6,468	73
	1940	10,983	7,947	72
	1941	16,543	12,503	76

（注）　歳出総額は一般会計と臨時軍事費特別会計との合計額，総軍事費は陸
　　　　海軍省費（経常費と臨時軍事費）と徴兵費との合計額を指す。
（山田朗『軍備拡張の近代史』により作成）

問1　イ～ニの各時期の軍事費に関して述べた文として**誤っているもの**を，次の①～④のうちから一つ選べ。
　①　イの時期は，アメリカとの建艦競争が続いたこともあり，総軍事費の割合は50％台から60％台の高い水準にあった。
　②　ロの時期は，ワシントン体制下で陸軍・海軍双方の軍備縮小が進み，総軍事費の割合はほぼ30％前後に低下した。
　③　ハの時期は，一貫して緊縮財政政策がとられる一方で，総軍事費が増加したため，総軍事費の割合は次第に上昇した。
　④　ニの時期は，ワシントン・ロンドン両海軍軍縮条約の失効に加え，日中全面戦争に突入したため，総軍事費は急激に増加した。

問2　イ～ニの各時期について述べた文として正しいものを，次の①～④のうちから一つ選べ。
　①　イの時期に，石橋湛山は雑誌『種蒔く人』において，小日本主義の立場から軍備縮小を主張した。
　②　ロの時期に，浜口雄幸内閣はロンドン海軍軍縮条約に調印したが，軍部や右翼はこれを激しく攻撃した。
　③　ハの時期に，滝川幸辰の天皇機関説が右翼・軍部の攻撃を受け，政府は国体明徴声明を出した。
　④　ニの時期に，反ファッショ人民戦線の結成を企図したとして，矢内原忠雄らが検挙された人民戦線事件がおこった。

（センター試験日本史A 2000本試）

22 「日本人の海外移住」に関して，日本人の海外移住者数を示す次のグラフの説明として正しいものを，下の①〜④のうちから一つ選べ。

日本人の海外移住者数(1901 年 〜 1945 年，5 年ごとの集計)

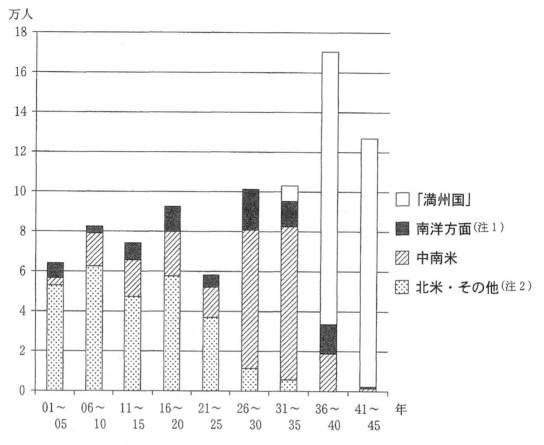

(外務省・国際協力事業団『海外移住の意義を求めて』により作成)
(注1) **南洋方面**：東南アジア・オセアニア諸国，英領香港，ポルトガル領マカオ，英領インドなど。
(注2) **北米・その他**：米国(ハワイを含む)，英領カナダ，ロシア・ソ連など。

① 北米・その他への移住者は，1920年代までの累計では，全体の半分に満たなかった。
② 中南米への移住者は，北米・その他への移住者とともに減少し続けた。
③ 「満州国」への移住者は，満州事変から敗戦までの累計では，全体の半分以上を占めた。
④ 南洋方面への移住者は，英米との開戦以後，大幅に増加した。

(センター試験日本史B 2015本試)

23 以下の史料と同時期の情勢について記した史料として正しいものを，次の①〜④のうちから一つ選べ。

史料
 あゝをとうとよ君を泣く 君死にたまふことなかれ（中略） 旅順の城はほろぶとも ほろびずとても何事か（後略）

① 吾等ハ無責任ナル軍国主義ガ世界ヨリ駆逐セラルルニ至ル迄（まで）ハ，平和，安全及（および）正義ノ新秩序ガ生ジ得ザルコトヲ主張スル
② 戦争に狂喜する者よ，（中略）今回日露の戦争は汝（なんじ）のために果して何物を持ち来すべきか
③ 洋学者と貿易商人とを除くの外は（中略）攘夷論に反対して開国貿易こそ日本の利益なれと明言したるものは一人も見るべからず
④ 蒙古人襲来すべきの由，その聞こえ有るの間，御家人等を鎮西に下し遣わすところなり

（共通テスト日本史 B 2021 本試第 2 日程）

24 「さまざまな物資の日本への移入」に関連して，大正期から昭和期にかけての朝鮮からの米の移入に関する次のグラフの説明として**誤っているもの**を，下の①〜④のうちから一つ選べ。

朝鮮米の移入高と価格の推移

（いずれも 1917 年度を 100 とする指数）

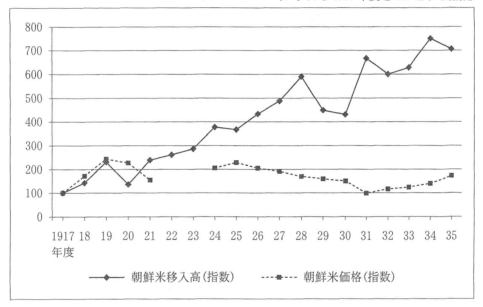

（農林省農務局『昭和三年版 米穀統計年報』，農林省米穀局『米穀摘要 昭和十一年九月』より作成）
 （注） 価格は東京深川正米市場の 1 石あたりの玄米（中等米）相場にもとづく月別米価の年度平均。朝鮮米価格の 1922・1923 年度は不明。
 （注） 年度は，前年の 11 月からその年の 10 月までの「米穀年度」。

① 第一次世界大戦末期には，朝鮮米の価格は上昇した。
② 昭和恐慌から立ち直るにつれて，朝鮮米の価格は上昇傾向に転じた。
③ 1920 年代の前半には，朝鮮米の移入高は増加傾向にあった。
④ 1920 年代末には，朝鮮米の移入高が低下し，価格が上昇に転じた。

（センター試験日本史 B 2012 本試）

25 米穀供給の推移に関する次のグラフの説明として**誤っているもの**を，下の①〜④のうちから一つ選べ。

米穀供給の推移

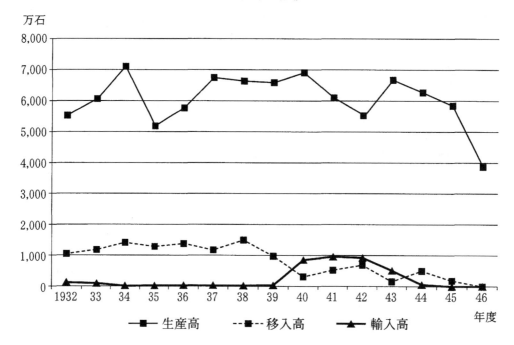

（原朗編『日本の戦時経済』，食糧管理局編『食糧管理統計年報　昭和23年度版』により作成）
（注）　年度は，前年の11月からその年の10月までの米穀年度を指す。
（注）　生産高は，日本本土で生産された量。
（注）　移入高は，植民地で生産され，日本本土にむけて販売された量。

① 　日中戦争の開戦前に，移入高は1000万石を上回っていた。
② 　対米英開戦前に，輸入高が移入高を上回った。
③ 　対米英開戦から敗戦までの間，輸入高が移入高を一貫して上回っていた。
④ 　敗戦の翌年度の生産高は，前年度の約3分の2まで大きく減少した。

（センター試験日本史B 2014追試）

26 第二次世界大戦に敗戦した後の，日本人の引揚げに関する次の図を見て，以下の問いに答えよ。

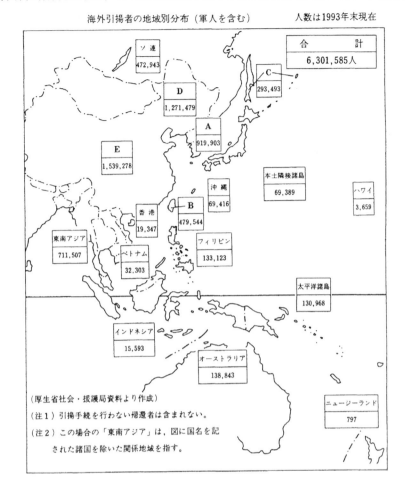

海外引揚者の地域別分布（軍人を含む）　　人数は1993年末現在

ソ連	472,943
合　　計	6,301,585人
C	293,493
D	1,271,479
A	919,903
E	1,539,278
本土隣接諸島	69,389
ハワイ	3,659
沖縄	69,416
B	479,544
香港	19,347
フィリピン	133,123
東南アジア	711,507
ベトナム	32,303
太平洋諸島	130,968
インドネシア	15,593
オーストラリア	138,843
ニュージーランド	797

（厚生省社会・援護局資料より作成）

（注1）引揚手続を行わない帰還者は含まれない。

（注2）この場合の「東南アジア」は，図に国名を記された諸国を除いた関係地域を指す。

問　次の文章の空欄ア〜エに入れる語句の組合せとして適当なものを，下の①〜⑤のうちから一つ選べ。

　民間人の引揚者はA〜E地域に集中している。Bは近代日本最初の植民地であり，［　ア　］で割譲された。この地域では以後50年にわたる日本の支配が続き，敗戦時の民間人引揚者数は30万人を超えた。C・D地域の一部は，［　イ　］の結果，日本の支配地域となった。Aに対しては［　ウ　］後，支配権を確立し，1910年の併合で植民地化した。この地域からの民間人引揚者数は70万人を超えるが，日本からの故国帰還者も約140万人に達した。

　D全域の支配は［　エ　］以降である。「満州国」建国後，日本人が増え，国策の移民によって在住者は100万人を超えた。E地域は1937年以降の主戦場であり大量の兵力動員を反映して軍関係の引揚者が多いが，民間人引揚者も約50万人に上る。

（注）　ここでの民間人とは，軍人以外の日本人をさす。

①　ア　下関条約　　イ　ロンドン条約
　　ウ　日露戦争　　エ　満州事変
②　ア　天津条約　　イ　ポーツマス条約
　　ウ　日清戦争　　エ　盧溝橋事件
③　ア　下関条約　　イ　第一次日露協約
　　ウ　日露戦争　　エ　満州事変
④　ア　天津条約　　イ　ロンドン条約
　　ウ　日清戦争　　エ　盧溝橋事件
⑤　ア　下関条約　　イ　ポーツマス条約
　　ウ　日露戦争　　エ　満州事変

（センター試験日本史1996追試）

27 キリコさんとハルタさんは，切手の絵柄が同時代の歴史と結びついていることを学んだ。そこで，二人は，日本で発行された記念印入り絵はがきがどのような歴史的事実を表しているのかを考えた。次の絵はがきX・Yと，それに関して述べた後の文a〜dとの組合せとして最も適当なものを，後の①〜④のうちから一つ選べ。

X

Y

教育勅語渙発^(注)五十年記念

(注) 渙発：発布すること。

a　Xは，敗戦後に軍国主義的な教育から解放された学校の様子を表していると考えられる。
b　Xは，日中戦争下で子どもたちに国家主義が影響を及ぼしている学校の様子を表していると考えられる。
c　Yに表された事実により，蒋介石は重慶に移り，日本への抗戦を続けた。
d　Yに表された事実をきっかけに，中国では西安事件が発生した。

① X−a　　　Y−c　　　② X−a　　　Y−d
③ X−b　　　Y−c　　　④ X−b　　　Y−d

（共通テスト日本史A 2023本試）

28 後の問い（問1〜2）に答えよ。
問1　タクさんとユキさんは，図書室で調べるなかで，男女同権を求めて活動した1863年生まれの岸田（中島）俊子に注目した。次の史料は，岸田が1884年に発表した文章の一部である。この史料に関して述べた後の文X・Yについて，その正誤の組合せとして正しいものを，後の①〜④のうちから一つ選べ。

史料
　男子たるものは，（中略）大抵教えを受けざるはなし。よしや^(注1)教えを受けざるも，男子は世の中に奔走して弘く人と交るが故に，女子の閨閻^(注2)の中にとじこもりて，人交りも得せぬ様に^(注3)せられぬるものとは，其の知識の進みも大なる差異あらねばならぬ訳なるべし。然ればむかしより，男子のすぐれたるもの女子よりも多かるの理は，教うると教えざるとの差い，又世に交ることの広きと狭きとに依るものにて，自然に得たる精神力に於て差異あるものにははべらぬぞかし。

（『自由燈』9号）

（注1）　よしや：たとえ。
（注2）　閨閻：部屋。
（注3）　得せぬ様に：できないように。

X　史料によれば，岸田俊子は，男性と女性との知識の差は，教育や人的交流の機会の差によって生じたものだと述べている。
Y　史料が書かれた当時の女性は，小学校で国定教科書に基づく義務教育を受けていた。

① X　正　　　Y　正　　　② X　正　　　Y　誤
③ X　誤　　　Y　正　　　④ X　誤　　　Y　誤

問2 タクさんとユキさんは，図書室で調べた岸田俊子の生涯を参考に，演劇の主人公である牧野りん（1860～1910）の生涯を次のように設定した。その上で，同じ演劇部員のカイさんとともに時代考証を行うことにした。次の生涯の設定を読み，3人の時代考証に関する発言の波線部について述べた文として正しいものを，後の①～④のうちから一つ選べ。

生涯の設定（時代考証前の文章で，史実に照らして修正すべき点がある。）
　明治になり，りんの父は屯田兵として，りんたちを連れて札幌近郊に移住した。しかし病におかされ，りんが16歳の時に亡くなる。その後，りんは親族をたよって東京に移り，自由民権運動に携わった。20歳の時に，りんは自由民権運動を通じて知り合った憲政党の男性と結婚し，21歳から8年間，夫とともにドイツで暮らした。欧米で展開されていた女性の権利拡大の運動に感銘を受けたりんは，帰国後，女子教育の発展に生涯をささげた。

発言
タ　ク：設定上，りんの父が屯田兵となっているけど，史実として，りんの父が亡くなる前に屯田兵に応募できたのは平民だけだよね。この設定は修正したほうがいいと思う。
ユ　キ：史実として，憲政党の結成は，りんが設定上で結婚した年よりも後のことだよね。この設定は修正したほうがいいと思う。
カ　イ：設定上で，りんがドイツに滞在していた期間に，史実として，明治政府の要人がドイツで憲法調査を行っているよね。劇の背景に，こうした日本とドイツとの関係を追加できるね。

①　3人とも正しい。　　　　②　3人とも間違っている。
③　ユキさんのみ正しい。　　④　タクさんのみ間違っている。

（共通テスト日本史B 2023本試改）

29 ハルカさんとナツキさんは，税が経済や社会に与えた影響をテーマに調べ学習を進めている。二人の会話を読み，後の問い（問1～5）に答えよ。（資料は，一部省略したり，書き改めたりしたところもある。）

ハルカ：1875年から1915年までの主な国税の収入金額と，それぞれの税が合計金額に占める割合について，表にまとめてみたよ。どのような税が課されていて，金額や割合はどのように変化したのかな。

表　主な国税収入額と合計に占める割合　　　　　（単位：万円）

年	地租		酒税（酒造税）		関税		合計
1875	5,034	85%	255	4%	171	3%	5,919
1880	4,234	77%	551	10%	262	5%	5,526
1885	4,303	82%	105	2%	208	4%	5,258
1890	3,971	60%	1,390	21%	439	7%	6,573
1895	3,869	52%	1,774	24%	678	9%	7,469
1900	4,671	35%	5,029	38%	1,700	13%	13,392
1905	8,047	32%	5,909	24%	3,675	15%	25,127
1910	7,629	24%	8,670	27%	3,994	13%	31,728
1915	7,360	24%	8,464	27%	3,216	10%	31,274

（『明治大正財政詳覧』により作成）
（注）　%は国税収入の合計に占める割合を示す。%は小数点以下を四捨五入して算出した。
（注）　国税収入額は千の位以下を切り捨てている。
（注）　合計には，地租・酒税（酒造税）・関税以外の税項目の金額も含む。そのため，割合の合計は100%にならない。

ナツキ：明治維新期の改革では，地租改正が有名だよね。地租については，　ア　と分かるね。

問1　表を見て，会話文中の空欄　ア　に入る文として最も適当なものを，次の①〜④のうちから一つ選べ。

①　1875年と1880年を比べると，地租改正反対一揆の影響で，地租の税率を下げたことも一因となり，政府の税収合計額は減った

②　1875年から1915年にかけて，地租の収入金額を酒税の収入金額が上回ることはなかった

③　1885年から1895年にかけて，地租の収入金額は減少しているが，これは民党が衆議院で一度も多数派を形成することができず，地主の利益を代弁できなかったためだ

④　1890年と比べると，1910年には地租の収入金額は増加しているが，ほかの税も増加したため，地租が国税収入に占める割合はわずかな上昇にとどまった

問2　二人は地租改正がもたらした変化やその影響について調べるうちに，政府の興味深い構想があったことを知り，次のメモのように整理した。このメモの空欄　イ　ウ　に入る語句と文の組合せとして最も適当なものを，後の①〜④のうちから一つ選べ。

メ モ
地租改正による変化
＝地租は，物納ではなく，定額を現金で納めることが原則となった。
→納税のために，土地を所有する農民は，農作物を売却して現金を手に入れる必要が生じた。
　しかし1880年，政府内に**地租を米で徴収しようという意見（米納論）が現れる。**
⇒なぜだろう？
時代背景：西南戦争の戦費をまかなうための紙幣発行で　イ　が発生。
→米納論の意図：政府自らが　ウ　と考えたのではないか。

①　イ　デフレーション
　　ウ　米を売却すれば政府の収入を増やせる
②　イ　インフレーション
　　ウ　米を売却すれば政府の収入を増やせる
③　イ　デフレーション
　　ウ　米を蓄積すれば物価の上昇を抑制できる
④　イ　インフレーション
　　ウ　米を蓄積すれば物価の上昇を抑制できる

問3　次の史料1は1876年に現在の三重県で暴動を起こした農民の主張である。この史料1に関して述べた後の文X・Yについて，その正誤の組合せとして正しいものを，後の①〜④のうちから一つ選べ。

史料1
封建の世，諸侯，禄を士卒に給して以（もっ）て兵となす。故に農民をして武事に煩（わずら）わしめず，（中略）方今（注）一変して郡県に就（い）き，諸侯及士卒の禄を廃し，兵に庶民を取ると雖（いえど）も，租額敢（あえ）て減ぜず，而（しこう）して諸税ますます加う。

（『伊勢片田村史』）

（注）　方今：ただ今。

X　史料1からは，かつて武士ではなかった人々が新たに軍隊に入ることになったのに，税負担が軽減されないのはおかしい，という考えが読み取れる。

Y　史料1からは，秩禄処分により土地を奪われ困窮した農民たちが一揆に身を投じたことが読み取れる。

①　X　正　　　Y　正
②　X　正　　　Y　誤
③　X　誤　　　Y　正
④　X　誤　　　Y　誤

問4　二人は日露戦争に対する国民の反応を調べるため，与謝野晶子の詩「君死にたまふことなかれ」を読んだ。次の史料2はその一部である。この史料2に関して述べた文として最も適当なものを，後の①〜④のうちから一つ選べ。

史料2
　堺の街のあきびと（商人）の
　老舗を誇るあるじ（主）にて，
　親の名を継ぐ君なれば，
　君死にたまふことなかれ。
　旅順の城はほろぶとも，
　ほろびずとても，何事ぞ，
　君は知らじな，あきびとの
　家の習ひに無きことを。

① 史料2が掲載された文芸雑誌『キング』には，情熱的な短歌が掲載され，当時の文学界に衝撃を与えた。
② 史料2からは，出征した家族の安否への心配が読み取れるが，同様の関心が広く見られたため，開戦論を展開していた『万朝報』は非戦論に転じた。
③ 史料2からは，老舗の跡継ぎの人物が兵役免除の対象になっていたことが読み取れる。
④ 史料2は，戦争を疑問視する詩として知られているが，老舗の存続を願う気持ちも読み取ることができる。

問5　二人は表に即して考察を行った。税額の変化と選挙権の関係について述べた文章として最も適当なものを，次の①〜④のうちから一つ選べ。
① 帝国議会開設以降，1910年まで収入額が増加していく酒税は，直接税ではなく間接税であった。そのため，酒税の税率を上げても，有権者数の増加にはつながらなかったと考えられる。
② 帝国議会開設以降，国税収入額全体に占める地租の割合は次第に低下していった。そのため，選挙権を失う地主が多かったと考えられる。
③ 日清戦争で賠償金を得たため，減税が行われ，政府の税収合計額が減少した。この影響で有権者が減少したため，第2次山県有朋内閣は選挙資格を拡大したと考えられる。
④ 選挙権の納税資格は，第1次加藤高明内閣により撤廃される。このことから，共産主義の政治的台頭を，同内閣は警戒していなかったと考えられる。

（共通テスト日本史A 2023本試改）

30 次の表と史料に関して述べた後の文a〜dについて，正しいものの組合せを，後の①〜④のうちから一つ選べ。

表　炭鉱労働者の出身地別・勤続年数別の比率（小数点以下は四捨五入）

炭　鉱	他府県出身比率（％）	勤続年数別比率（％）			
		1年未満	2年未満	3年未満	3年以上
A	49	61	29	8	3
B	35	64	23	6	8
C	48	55	21	12	12
D	63	56	19	10	15
E	51	36	28	18	17
F	56	48	17	14	21

（農商務省鉱山局編『鉱夫待遇事例』により作成）

史料　炭鉱における家族労働

　亭主は一足先に入坑し切羽^(注1)に挑んでおる。女房は（家事の）あと始末をして，いとけない十才未満の倅（せがれ）に幼児をおわせ，四人分の弁当（中略）担げて^(注2)ワレも滑らず，うしろも転ばぬ様に気を配りつつさがり行く。此の場合大人がおんぶすれば安全だが何分坑道が低く，幼児が頭を打ちつける，他人に幼児を預けると十銭（中略）いるから大変，よって学校は間欠^(注3)長欠になるわけであった。

（山本作兵衛「入坑（母子）」）

（注1）　切羽：堀り進めている坑道の先端。切場（きりば）。
（注2）　担げて：肩にのせて。かついで。
（注3）　間欠：一定の期間休むこと。

a　表によると，いずれの炭鉱においても労働者の3分の2以上が勤続年数3年未満であり，1年未満が最も多かった。
b　表によると，他府県出身の労働者が多ければ多いほど，勤続年数が短くなる傾向があった。
c　史料によると，炭鉱内に女性は入ることができず，炭坑労働者の妻は夫の弁当を男の子に届けさせなければならなかった。
d　史料によると，子供の教育よりも家計を優先する炭鉱労働者がいたことが分かる。

①　a・c　　　　②　a・d　　　　③　b・c　　　　④　b・d

（共通テスト日本史B2023本試改）

31　後の問い（問1〜4）に答えよ。
問1　史料1は，伝単（宣伝ビラ）の一つである。次の史料1の内容に関して述べた後の文a〜dについて，最も適当なものの組合せを，後の①〜④のうちから一つ選べ。

史料1

> 日本国民に告ぐ!!
> "即刻都市より退避せよ"
>
> このビラに書いてあることは最も大切なことでありますから良く注意して読んでください。
> 日本国民諸君は今や重大なる時に直面してしまったのである。
> 軍部首脳部の連中が，三国共同宣言の十三ケ条よりなる寛大なる条項をもって此の無益な戦争を止めるべく機会を与えられたのであるが，軍部はこれを無視した。
> そのためにソ連は日本に対して宣戦を布告したのである。
> また米国は今や何人もなし得なかった恐ろしい原子爆弾を発明しこれを使用するに至った。（中略）
> この恐るべき事実は，諸君が広島にただ一個だけ投下された際如何なる状態を惹起したかはそれを見れば判るはずである。（中略）米国は，この原子爆弾が多く使用されないうち，諸君が此の戦争を止めるよう天皇陛下に請願される事を望むものである。

（「日本国民に告ぐ!!」横浜市史資料室所蔵）

a　史料1は，自国の国民に危険を知らせて生命を守ることを呼びかけることを目的に，日本が作成した伝単である。
b　史料1は，日本の国民の戦意を低下させることなどを目的に，アメリカが作成した伝単である。
c　史料1で言及されている三国共同宣言は，アメリカ・イギリス・ソ連の首脳が会談して決定した対日戦の方針にもとづいている。
d　史料1は，1945年8月6日以前に散布された伝単である。

①　a・c　　　　②　a・d　　　　③　b・c　　　　④　b・d

問2　史料2は，1945年8月1日の空襲で亡くなった市内の学童を慰霊するための平和像を建設する際の趣意書（意図を述べた文書）である。次の史料2の内容に関して述べた後の文X・Yについて，その正誤の組合せとして正しいものを，後の①～④のうちから一つ選べ。

史料2

　一九四五年八月一日，あの運命の日，あれから既に五年有余の歳月が流れ去りました。（中略）日々の新聞は，第三次世界大戦への危機を報じております。世界情勢が緊迫すればする程，われわれ一人一人の心の中に，牢乎^{（注）}たる平和を守る決意をうちたてることが，絶対必要であると，確信するものであります。

（『長岡市史　資料編』）

　（注）　牢乎：しっかりしてゆるぎないさま。

　X　史料2で「第三次世界大戦の危機」と記される世界情勢には，ビキニ環礁で行われた水爆実験が含まれると考えられる。
　Y　史料2の平和像の建設が計画された背景には，『経済白書』に「もはや戦後ではない」と記されるほどの経済復興を遂げたことがあった。

　①　X　正　　　　Y　正
　②　X　正　　　　Y　誤
　③　X　誤　　　　Y　正
　④　X　誤　　　　Y　誤

問3　史料3は，東京空襲を記録する会結成の中心になった人物の一人が新聞に投書し掲載された文章である。次の史料3の内容と同時代の対外関係に関して述べた文として正しいものを，後の①～④のうちから一つ選べ。

史料3

　三月十日といっても，今ではピンとこない人が多いだろう。無理もない。あれから，二十五年もすぎてしまったのだから。しかし，私は忘れない。（中略）頭上すれすれにのしかかってきたB29の大群を。それは地上の業火のてりかえしをうけて，まるで翼から血のしたたるようにギラギラと深紅に輝いて見えたものだ。（中略）あの空襲を体験した私たちは，せめて今日の一日ぐらいは「かっこいい」戦争，「イカす」戦争しかしらない子どもたちに，戦争の真実と実態を，切実に語ってきかせたい。そして，おなじ爆撃が，いまベトナムの頭上に無差別におこなわれていることも。　　　　　　　　（『朝日新聞』1970年3月10日）

　①　史料3では，戦後25年を経ても，子どもたちも含めて広く東京大空襲の実態が認識されていることが評価されている。
　②　史料3で言及されているベトナム戦争では，日本国内に置かれたアメリカ軍基地もこの戦争のための拠点となっていた。
　③　史料3が新聞に掲載されたのと同時代の1970年代前半には，アメリカの日本防衛義務を明確に示した新安全保障条約の調印が行われた。
　④　史料3で言及されるB29爆撃機の多くは，東京大空襲が行われる直前にアメリカ軍が占領した沖縄本島から飛来した。

問4　次の表は，『東京大空襲・戦災誌』のうち第1巻から第4巻の構成と，収録されている資料の概要を示したものである。この資料集を活用して探究できる内容について述べた後の文X・Yと，それぞれの探究に際して最も参照すべき資料集2冊の巻号を示す語句a～dとの組合せとして最も適当なものを，後の①～④のうちから一つ選べ。

表 『東京大空襲・戦災誌』第1巻～第4巻の構成と収録されている資料の概要

巻　号	副　　題	収録されている主な資料
第1巻	都民の空襲体験記録集　3月10日篇	1945年3月9日から10日の東京大空襲について，都内地域別に配列された体験記
第2巻	都民の空襲体験記録集　初空襲から8・15まで	1942年4月18日の初空襲及び1944年11月から敗戦まで続いた空襲について，日付順，都内地域別に配列された体験記
第3巻	軍・政府（日米）公式記録集	初空襲以降，空襲が行われた各日の被害状況（焼失地域・死傷者）に関する警視庁など日本政府の調査記録　空襲に関するアメリカ軍の記録
第4巻	報道・著作記録集	1942年4月18日の初空襲及び1944年11月から敗戦まで続いた空襲に関する同時代の新聞報道　空襲に関する戦後の新聞・雑誌記事

（『東京大空襲・戦災誌』第1巻～第4巻により作成）

X　1945年1月に空襲を受けた都民の体験記と，その空襲に関する新聞報道とを比較し，その共通点と相違点について探究する。

Y　1945年3月9日から10日の東京大空襲の体験記が確認される都内の地域を把握し，その地域に関する日本政府の被害状況認識について探究する。

a　第1巻と第2巻　　　　b　第1巻と第3巻
c　第2巻と第4巻　　　　d　第3巻と第4巻

（共通テスト日本史A2023本試改）

	①	②	③	④
X	a	c	c	d
Y	b	a	b	a

32 後の問い（問1～2）に答えよ。

問1　工場労働者と「細民」の家計をまとめた表1・2に関して，その内容と要因について述べた文章として最も適当なものを，後の①～④のうちから一つ選べ。

表1　工場労働者の家計
（1か月あたり）

	1916年	1919年	1921年
	円（%）	円（%）	円（%）
実収入計	28.51（100.0）	64.37（100.0）	115.19（100.0）
実支出計	26.41（100.0）	60.49（100.0）	110.40（100.0）
飲食物費	11.55（43.7）	34.21（56.6）	41.00（37.1）
住居費	4.90（18.5）	6.10（10.1）	15.04（13.6）
光熱費	1.71（6.5）	4.30（7.1）	6.27（5.7）
その他	8.27（31.3）	15.88（26.2）	48.09（43.6）

表2　「細民」の家計
（1か月あたり）

	1921年
	円（%）
実収入計	57.93（100.0）
実支出計	56.66（100.0）
飲食物費	34.84（61.5）
住居費	4.48（7.9）
光熱費	4.30（7.6）
その他	13.04（23.0）

（表1・2は中川清『日本の都市下層』により作成）
（注）細民：貧しい都市住民がこう呼ばれた。

①　1919年の工場労働者の家計は，1916年に比べて，実支出中の飲食物費の割合が増加した。その要因は，1916年から1919年の間に米価が急騰したためと考えられる。

②　1921年の工場労働者の家計は，1919年に比べて，実収入，実支出ともに増加した。その要因は，1919年から1921年にかけて大戦景気があったためと考えられる。

③　1921年の工場労働者の家計は，同年の「細民」の家計に比べて，実支出中の飲食物費の割合が高い。その要因は，1916年から1919年の間に米価が急騰したためと考えられる。

④　1921年の工場労働者の家計は，同年の「細民」の家計に比べて，実支出中の住居費の割合が低い。その要因は，1919年から1921年にかけて大戦景気があったためと考えられる。

問2　じゅんさんは，1918年から1941年にかけての労働組合数・小作組合数，労働争議件数・小作争議件数の推移を調べて次のグラフを作った。全体の推移を示したメモを読み，このグラフのa〜dに該当するものの正しい組合せを，後の①〜④のうちから一つ選べ。

グラフ

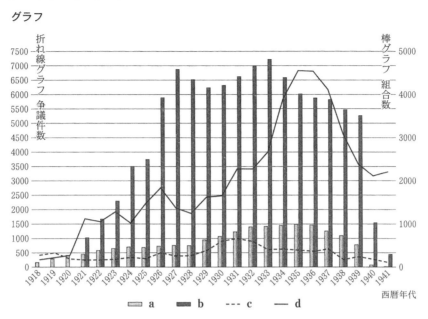

（『日本長期統計総覧』，『昭和七年小作年報』，『昭和十六年農地年報』により作成）

メモ
・労働組合数は大戦景気を受けて増え，1935年がピークであった。
・小作組合数は1933年にピークをむかえた。
・労働争議件数は不況で賃金引下げや倒産，人員整理があったため，1920年代後半から上昇し，1931年以降，減少傾向を示した。
・小作争議件数は主に土地の貸借をめぐって1930年代前半に急増した。

①　a　労働組合　　　b　小作組合　　　c　労働争議　　　d　小作争議
②　a　労働組合　　　b　小作組合　　　c　小作争議　　　d　労働争議
③　a　小作組合　　　b　労働組合　　　c　労働争議　　　d　小作争議
④　a　小作組合　　　b　労働組合　　　c　小作争議　　　d　労働争議

（共通テスト日本史A 2022本試改）

33 次の史料は，1872年に出された改暦を定めた詔書と同年に開通した新橋－横浜間の9月の時刻表の一部である。この史料に関して述べた後の文a～dについて，正しいものの組合せを，後の①～④のうちから一つ選べ。

史料

新橋	品川	川崎	鶴見	神奈川	横浜
午前八時	八時八分	八時三十六分	八時三十四分	八時四十五分	八時五十三分
九時	九時八分	九時三十六分	九時三十四分	九時四十五分	九時五十三分
十時	十時八分	十時三十六分	十時三十四分	十時四十五分	十時五十三分
十一時	十一時八分	十一時三十六分	十一時三十四分	十一時四十五分	十一時五十三分
午後二時	二時八分	二時三十六分	二時三十四分	二時四十五分	二時五十三分
三時	三時八分	三時三十六分	三時三十四分	三時四十五分	三時五十三分
四時	四時八分	四時三十六分	四時三十四分	四時四十五分	四時五十三分
五時	五時八分	五時三十六分	五時三十四分	五時四十五分	五時五十三分
六時	六時八分	六時三十六分	六時三十四分	六時四十五分	六時五十三分

九月十日より旅客の列車、此表に示す時刻の発着にて日々、新橋・横浜各「ステイション」の間を往復する。

乗車を欲する者は、遅くとも表示の時刻より十分前に「ステイション」に来て、切符を買うこと。

発車時限を遅らせないため時限の三分前に「ステイション」の戸を閉める。

旧暦ヲ廃シ太陽暦ヲ用ヒ天下永世之ヲ遵行セシメン

明治五年壬申十一月九日

（左：国立公文書館所蔵「汽車運転時限 幷（ならびに） 賃金表上達」　右：「太陽暦頒行ノ詔（はんこう）」）

a　史料のような分刻みの時刻表は，太陽暦が採用される前から作られていた。
b　史料の時刻表が出された当時は，太陽暦が採用されていた。
c　動力源である電気の供給が安定しなかったため，この鉄道の定時での運行は困難を極めた。
d　乗客に対して規律ある行動を求めることで，定時での運行を厳守しようとしていた。

　① a・c　　　② a・d　　　③ b・c　　　④ b・d

（共通テスト日本史B 2022本試）

34 後の問い（問1～2）に答えよ。
　問1　トモさんは第17，18回総選挙の結果を次の表にまとめた。無産政党の動向に関連して述べた後の文X・Yについて，その正誤の組合せとして正しいものを，後の①～④のうちから一つ選べ。

表

第17回総選挙（1930年2月）	
政　党	当選者数
立憲民政党	273
立憲政友会	174
国民同志会	6
革新党	3
社会民衆党	2
日本大衆党	2
労働農民党	1
無所属	5
総　数	466

第18回総選挙（1932年2月）	
政　党	当選者数
立憲政友会	301
立憲民政党	146
革新党	2
社会民衆党	3
全国労農大衆党	2
無所属	12
総　数	466

（『日本長期統計総覧』により作成）
（注）第16回総選挙が最初に普通選挙制度で行われた総選挙である。

212

X　第16回総選挙で無産政党から当選者が複数人出た後，日本共産党員に対する一斉検挙が行われた。
Y　第17回と第18回の総選挙では，無産政党から当選者は出なかった。

① X　正　　　　Y　正
② X　正　　　　Y　誤
③ X　誤　　　　Y　正
④ X　誤　　　　Y　誤

問2　トモさんは新聞記事を調べ，五・一五事件の減刑運動に関する次の史料1・2をみつけた。五・一五事件とこれらの史料について述べたトモさんの発言a〜dのうち，正しいものの組合せを，後の①〜④のうちから一つ選べ。

史料1
（前略）その他全国各地の愛国思想団体によつて猛然減刑請願運動が起され，なかには地方民より署名調印を取りまとめつつあるのに，内務省警保局では事件の性質上成行きを重視し，三日重要府県警察部に対して慎重なる内偵査察を厳命した。

（『読売新聞』1932年8月4日）

史料2
歴史的な陸軍の判決を前にして全国的に減刑嘆願の運動が更に炎をあげてゐるが，（中略）石光真臣中将夫人の鶴子さんと令嬢富喜子さん（中略）等東京の将校婦人を中心の減刑運動が突風的に起され，この母子が十五日一日だけで五百名の署名を集め，（中略）十六日午後荒木陸相の手許に提出した。

（『東京朝日新聞』1933年9月17日）

a　史料によると，減刑嘆願は愛国思想団体などによって行われ，全国各地で展開されたことが分かるね。
b　史料によると，減刑嘆願は全国各地で展開されたけれど，その動きは三か月で終わっており，事件への関心は短期的なものであったようだね。
c　この事件では，高橋是清大蔵大臣が殺害されたよね。
d　この事件では，首相官邸で犬養毅が殺害されたよね。

① a・c　　　　② a・d　　　　③ b・c　　　　④ b・d

（共通テスト日本史A 2022本試改）

35 1922年に東京市社会局が行った調査をまとめた『職業婦人に関する調査』がある。『職業婦人に関する調査』の内容に関する次の語句X・Yと，その内容について述べた後の文a〜dとの組合せとして正しいものを，後の①〜④のうちから一つ選べ。

表　　　　　　　　　　　　　　　　　（単位：人）

	対象者合計	未婚者	既婚者	既婚者のうち		既婚者のうち	
				配偶者有り	離婚者・寡婦（注）	子ども有り	子ども無し
教　師	132	38	94	78	16	63	31
事務員	292	263	29	26	3	6	23
店　員	168	155	13	4	9	8	5
看護婦	40	35	5	2	3	3	2

（注）　寡婦：夫と死別した女性。

X　家庭外で仕事に就く女性が増えた理由について
Y　タイピストについて

a　中流婦人の間に次第に勢を加えて来る職業の要求は，婦人に対する経済上の圧迫と共に，独立自立の抑え難き欲求の発現であると見なければならぬ。

b　女子が女子挺身隊に依り為す勤労協力は，国，地方公共団体または厚生大臣もしくは地方長官の指定する者の行う命令を以て定むる総動員業務に付，これを為さしむるものとす。

c　会社の重役や社長の話を直ちに英文に訳して打てるという重宝な事がある故，よく頭の働く手腕のあるものは，七八十円から百円位の収入を得て居るものもかなりある。

d　志願者も多いが，日々の激務と通話者の罵詈雑言に堪えずどしどし退職して行くので，よほどの努力をしても欠員の補充に骨が折れる有様である。

① X－a　　　Y－c　　　② X－a　　　Y－d

③ X－b　　　Y－c　　　④ X－b　　　Y－d　　　（共通テスト日本史A2022追試）

36　国際連盟脱退に関する史料1・2に関して述べた次の文a〜dについて，正しいものの組合せを，下の①〜④のうちから一つ選べ。

史料1
　本日横浜着帰朝する松岡全権は，恐らく空前的な歓迎を国民から受けることであろう。（中略）国民の意思が（中略）この方針を決せしめたとも言える。　　　　　　　　　　　『東京日日新聞』1933年4月27日）

史料2
　国民がこれ程熱心に迎えているに拘わらず，松岡全権自身は深く責任を感じているようである。（中略）日本を出発する時に強かった松岡全権が，今故国に帰って必ずしも「強く」ないのみならず，その声には国際主義（注）的調子のあることが，むしろ国民に意外の感を与えるのである。同氏は（中略）国際連盟もまた正しいといっている。　　　　　　　　　　　　　　　　　　　　　　　　　　　　　　（『報知新聞』1933年4月27日）

（注）　国際主義：国家相互の協調や連帯を重んじる立場。

a　史料1は，国際連盟からの脱退を国民の意思に背くものと報じている。
b　史料1は，国際連盟からの脱退を国民の意思に沿うものと報じている。
c　史料2は，松岡洋右が帰国にあたり，国際主義を強く批判したと報じている。
d　史料2は，松岡洋右が帰国にあたり，国際主義に理解を示す発言をしたと報じている。

① a・c　　　　② a・d　　　　③ b・c　　　　④ b・d　　（共通テスト日本史A2021本試）

37　以下の史料を読み，後の問い（問1〜4）に答えよ。
史料1
・今上皇帝の位は，第一嫡皇子及び其の統に世伝（注1）す。（中略）以上統なきときは，嫡皇女及び其の統に世伝す。
・日本の人民は，何等の罪ありと雖も生命を奪われざるべし。
・日本人民は如何なる宗教を信ずるも自由なり。

　　　　　　　　　　　　　　　　　　　　　　　　　　　　　　（「東洋大日本国国憲按」抜粋）

（注1）　世伝：代々継承。

史料2
・皇族中男無きときは，皇族中当世の国帝に最近（注2）の女をして帝位を襲受（注3）せしむ。但し女帝の配偶は，帝権（注4）に関与することを得ず。
・凡そ日本国民は何宗教たるを論ぜず，之を信仰するは各人の自由に任す。しかれども政府は何時にても国安（注5）を保し，および各宗派の間に平和を保存するに応当なる処分を為すことを得。

　　　　　　　　　　　　　　　　　　　　　　　　　　（「日本帝国憲法（五日市憲法）」抜粋）

（注2）　最近：もっとも血縁の近い。　　（注3）　襲受：継承。
（注4）　帝権：国帝の権限。　　　　　　（注5）　国安：国の安寧。

問1　私擬憲法の条文である史料1・2およびこの時期の私擬憲法に関して述べた次の文a～dについて，正しいものの組合せを，下の①～④のうちから一つ選べ。

a　史料1では，凶悪な犯罪に限り，死刑を認めている。
b　史料2では，信仰の自由を条件付きで認めている。
c　政府は民間の個人や結社に委託して，私擬憲法を作らせた。
d　民間の個人や結社のなかには，自ら私擬憲法を作成するものが現れた。

①　a・c　　　　②　a・d　　　　③　b・c　　　　④　b・d

問2　私擬憲法に関連して，自由民権運動の時期に起きた出来事について述べた文として**誤っているもの**を，次の①～④のうちから一つ選べ。
①　幸徳秋水らが天皇暗殺計画に関わったとされて検挙された。
②　困窮した秩父地方の農民たちが蜂起し，軍隊によって鎮圧された。
③　福島県令三島通庸が命じた土木工事に対し，自由党員や農民が抵抗した。
④　開拓使の官有物払下げをめぐって，世論の批判が起きた。

問3　1889年に大日本帝国憲法が制定されたが，その制定過程に関して述べた次の文X・Yについて，その正誤の組合せとして正しいものを，下の①～④のうちから一つ選べ。

X　憲法の起草作業は，ドイツ人顧問ロエスレルの助言を得て進められた。
Y　天皇の諮問機関として枢密院が設置され，憲法の内容を審議した。

①　X　正　　　　Y　正
②　X　正　　　　Y　誤
③　X　誤　　　　Y　正
④　X　誤　　　　Y　誤

問4　第一展示室には，私擬憲法のほかに，大日本帝国憲法の条文（史料3）と日本国憲法の条文も展示されていた。次の史料3に関して述べた下の文a～dについて，正しいものの組合せを，下の①～④のうちから一つ選べ。

史料3
・皇位は皇室典範の定むる所に依り，皇男子孫之を継承す。
・日本臣民は安寧秩序を妨げず，及び臣民たるの義務に背かざる限りにおいて，信教の自由を有す。

a　史料3は，「信教の自由」を認めていることから，日本国憲法ではなく，大日本帝国憲法だと判断できる。
b　史料3は，条文に「臣民」の語があることから，日本国憲法ではなく，大日本帝国憲法だと判断できる。
c　女性による皇位継承については，史料2の私擬憲法では認めているが，史料3の大日本帝国憲法では認めていない。
d　女性による皇位継承については，史料1の私擬憲法も，史料3の大日本帝国憲法も，ともに認めている。

①　a・c　　　　②　a・d　　　　③　b・c　　　　④　b・d

（共通テスト日本史A2021本試第2日程）

38 米不足にかかわる次の新聞記事Ⅰ～Ⅲが報道している出来事について，古いものから年代順に正しく配列したものを，下の①～⑥のうちから一つ選べ。

Ⅰ　米の消費規正を強化するため，農林省では搗減り^(注)を少くした黒い配給米を実施する一方，（中略）節米と栄養とを兼ねた戦時代用食「芋パン」が登場，各方面への普及が図られることになった。
　（注）搗減り：玄米をつき，外皮（ぬか）を取り除くことで，分量が減ること。

Ⅱ　貧民は，生活難の一揆を惹起さんとて（中略）魚津町内^(注)各米穀商店に殺到し，此際，米を他へ輸出して我々を困却せしめなば竹槍を以て突き殺すから左様心得よ，と恐ろしき権幕に（中略）数名の警官直に駈付け，一同をして説諭の上，解散せしめた。
　（注）魚津町内：魚津町は，富山県の地名。

Ⅲ　この朝広場中央には二重橋を背に三台のトラックを並べた無造作な演壇が設けられ，その上に五脚の裸机とマイクを置いて登壇者が突立つという俄作り，頭上に横に掲げられた「飯米獲得人民大会」の墨書が映えている。

①	Ⅰ－Ⅱ－Ⅲ	②	Ⅰ－Ⅲ－Ⅱ	③	Ⅱ－Ⅰ－Ⅲ
④	Ⅱ－Ⅲ－Ⅰ	⑤	Ⅲ－Ⅰ－Ⅱ	⑥	Ⅲ－Ⅱ－Ⅰ

（センター試験日本史A2020追試）

39 次の暦の図（写真の主な部分を，矢印の先に示した）に関して述べた以下の文X・Yについて，その正誤の組合せとして正しいものを，以下の①～④のうちから一つ選べ。

図

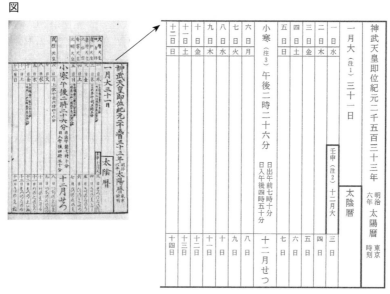

（注1）　大：「太陽暦」では「大」は31日，「小」は30日以下の日数の月を表す。「太陰暦」では「大」は30日，「小」は29日の月を表す。
（注2）　壬申：ここでは明治5年を表す。
（注3）　小寒：1年を，季節にしたがって15日ずつの期間に分けて，24種の時期とした「二十四節気」の一つ。

X　この図では，「太陽暦」の1月1日は，「太陰暦」の12月3日にあたる。
Y　この図では，1週を7日とする1週7日制（七曜制）が用いられている。

①	X	正	Y	正	②	X	正	Y	誤
③	X	誤	Y	正	④	X	誤	Y	誤

（共通テスト日本史B2022本試）

40 日中戦争期からアジア太平洋戦争（太平洋戦争）敗戦後までの，京都府内のいくつかの小学校に残されていた日誌の記事である次のⅠ～Ⅲについて，古いものから年代順に正しく配列したものを，下の①～⑥のうちから一つ選べ。

Ⅰ　十五日午後七時五十分，シンガポール陥落をしたこと。近く入城式もあること。その時には，お祝いの旗行列の催しもあること。

Ⅱ　南京の総攻撃開始せられ，陥落も時間の問題となった。祝賀の方法準備など，話題となる。

Ⅲ　新憲法実施記念式典，（中略）中学校開校式，祝宴。和気，堂に溢れ，新日本・新中学の前途・発足を祝福す。

（田中仁『ボクらの村にも戦争があった』）

① 　Ⅰ－Ⅱ－Ⅲ　　　　② 　Ⅰ－Ⅲ－Ⅱ　　　　③ 　Ⅱ－Ⅰ－Ⅲ
④ 　Ⅱ－Ⅲ－Ⅰ　　　　⑤ 　Ⅲ－Ⅰ－Ⅱ　　　　⑥ 　Ⅲ－Ⅱ－Ⅰ

（共通テスト日本史B2019追試）

41　次の史料は，日本が行った外交政策を『ニューヨーク・タイムズ』が報じた記事である。この史料に関して述べた下の文ａ～ｄについて，正しいものの組合せを，下の①～④のうちから一つ選べ。

史料
　北京側が発表したリストは非常に恐るべきものだ。日本は中国に対し，山東において日本がドイツから奪った膠州の租借地を含む「すべての権利」の移行を承認するように求め，（中略）中国政府が「行政，財政，軍事の運営の顧問として有力な日本臣民を雇用」するよう要求した。（中略）世界がヨーロッパの戦争に強く気を取られているのに乗じ，中国と西洋諸国の権利を無視して，永遠に中国という偉大な国の運命の支配者であり続けられるように中国に対する管理を確固たるものにしようとする日本の意図を示しているというものだ。

（『国際ニュース事典　外国新聞に見る日本』 4）

ａ　この新聞記事は，三国干渉について述べたものである。
ｂ　この新聞記事は，二十一か条要求について述べたものである。
ｃ　この新聞記事は，日本の政策を歓迎している。
ｄ　この新聞記事は，日本の政策を警戒している。

① 　a・c　　　　② 　a・d　　　　③ 　b・c　　　　④ 　b・d

（センター試験日本史A2018本試）

42 「政府のインフレーションへの対応」に関連して，次のグラフを参考に，敗戦後の金融政策に関して述べた下の文 a ～ d について，正しいものの組合せを，下の①～④のうちから一つ選べ。

日本銀行券発行高・物価水準の推移（1945 年 10 月～1950 年 6 月）

(左軸＝日銀券発行高：単位＝億円，右軸＝東京小売物価指数：1914 年 7 月＝100)

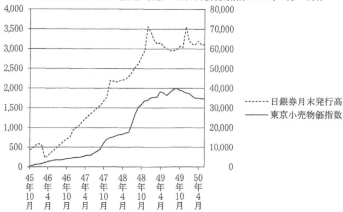

(大蔵省財政史室編『昭和財政史―終戦から講和まで』第 19 巻（統計），日本銀行統計局『金融統計月報』より作成)

a　1946 年 2 月に金融緊急措置令が出されると，日銀券が大幅に増加して，インフレーションは加速した。
b　1946 年 2 月に金融緊急措置令が出されると，日銀券は一時的に減少したが，インフレーションはなかなか止まらなかった。
c　ドッジ＝ラインにともない，インフレーションはさらに加速した。
d　ドッジ＝ラインにともない，インフレーションはほぼ収束に向かった。

　　① a・c　　　② a・d　　　③ b・c　　　④ b・d

(センター試験日本史 B 2011 本試)

43 「生活物資の極端な欠乏と以上な価格騰貴」に関連して，次のグラフを参考にして，占領期の物価動向について述べた文として正しいものを，下の①～④のうちから一つ選べ。

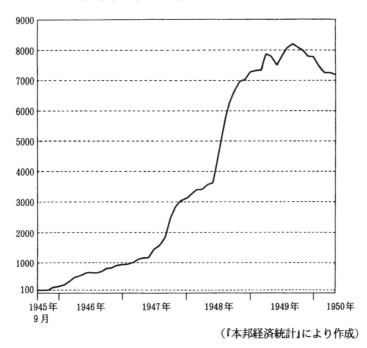

戦後東京の小売物価指数（1945年9月＝100）

（『本邦経済統計』により作成）

① 1948年後半までの激しい物価上昇を招いた要因の一つは，朝鮮戦争の勃発に伴う特需の発生であった。

② 政府は，金融緊急措置令を出したが，猛烈なインフレを食い止めることはできなかった。

③ 1949年に入って物価騰貴がおさまったのは，この年から傾斜生産方式が採用され，生産が回復に向かったためであった。

④ 敗戦直後に米穀配給制度が廃止されたため，都市住民の農村への買い出しが激増し，農産物価格の騰貴を招いた。

（センター試験日本史B 2001追試）

44 次のグラフは，東京府（都）・大阪府・愛知県の人口の推移を，1920年から1960年までの40年間について整理
したものである。以下の問い（問1〜2）に答えよ。

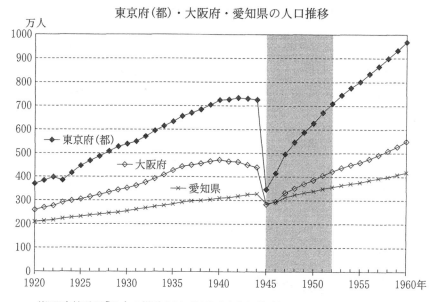

東京府（都）・大阪府・愛知県の人口推移

（総理府統計局『日本の推計人口』〈1970年〉より作成）
（注）　東京府は1943年から東京都となった。

問1　このグラフに関して述べた文として**誤っているもの**を，次の①〜④のうちから一つ選べ。
①　1945年における人口減少の背景には，戦災による都市の破壊がある。
②　1945年における東京都の人口減少は，1920〜44年の増加分に匹敵する。
③　太平洋戦争期の大阪府の人口は，減少傾向にある。
④　東京都・大阪府は，1950年代を通じて戦前の人口水準を回復していない。

問2　グラフに示した■■■■の占領期の出来事に関して述べた次の文X・Yについて，その正誤の組合せとし
て正しいものを，下の①〜④のうちから一つ選べ。

X　引揚者の帰国があいついだ。
Y　農村の過疎化と都市の過密化が進んだ。

①　X　正　　　Y　正
②　X　正　　　Y　誤
③　X　誤　　　Y　正
④　X　誤　　　Y　誤

（センター試験日本史B 2007本試）

45 「エネルギー革命」に関連して，戦後の日本のエネルギー供給の変化を示す次のグラフについて説明した文として正しいものを，下の①～④のうちから一つ選べ。なお，Ⅰ，Ⅱ，Ⅲは，石油，石炭，原子力のいずれかである。

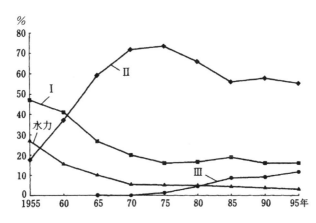

(『総合エネルギー統計』により作成)

① 主要なエネルギーが，ⅠからⅡに転換するなか，三池争議がおきた。
② Ⅰの供給確保のために，池田勇人内閣は列島改造論を発表した。
③ Ⅱは1960年代初頭まではもっぱら国内で産出された。
④ Ⅲを利用した発電所の建設をきっかけに，公害対策基本法が制定された。

(センター試験日本史B 2000追試)

46 産業構造の変化に関連して，産業別就労者の構成比の推移に関する次のグラフの説明として正しいものを，下の①～④のうちから一つ選べ。

産業別就労者の構成比

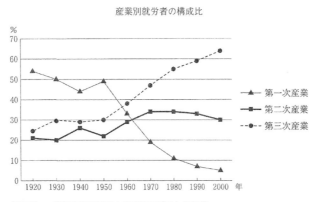

(三和良一・原朗編『近現代日本経済史要覧』により作成)

① 朝鮮戦争が勃発した当時，第三次産業の構成比は第一次産業の構成比を上回っていた。
② 大阪で日本万国博覧会が開催された当時，第二次産業の構成比は第一次産業の構成比を上回っていた。
③ 三池争議（三池闘争）が発生した当時，第二次産業の構成比は第一次産業の構成比を上回っていた。
④ 大日本産業報国会が結成された当時，第三次産業の構成比は第一次産業の構成比を上回っていた。

(センター試験日本史B 2014本試)

47 次のグラフは労働組合の組織率の推移を示している。以下の問い（問1～2）に答えよ。

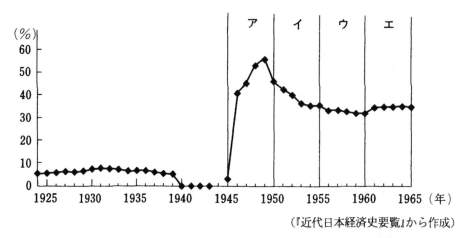

（『近代日本経済史要覧』から作成）

（注）「労働組合の組織率」とは，労働組合員数を労働者数で除したものである。

問1 労働組合の組織率の推移について述べた文として**誤っているもの**を，次の①～④のうちから一つ選べ。

① 第二次世界大戦前において低迷しているのは，国家による労働運動に対する取締り・弾圧が大きな要因の一つである。

② 太平洋戦争開始の前に減少したのは，産業報国会の結成によるところが大きい。

③ 敗戦の翌年に急増したのは，戦後の民主化，特に労働組合法の制定によるところが大きい。

④ 組織率がピークに達したのは，安保闘争にともなう労働運動の高揚によるところが大きい。

問2 グラフのア～エの時期における労働運動に関して述べた文として正しいものを，次の①～④のうちから一つ選べ。

① アの時期には，日本労働組合総同盟（総同盟）と全日本産業別労働組合会議（産別会議）が結成された。

② イの時期には，二・一ゼネストが計画されたが，占領軍により禁止された。

③ ウの時期には，国鉄にからんだ怪事件が続発し，労働運動は大きな打撃を受けた。

④ エの時期には，後に春闘を指導することになる日本労働組合総評議会（総評）が結成された。

（センター試験日本史B 1998本試）

48 次の表1は，戦後の耐久消費財の価格と世帯ごとの普及率，大卒男性の初任給をまとめたものである。この表1に基づいて戦後の生活について述べた文として正しいものを，後の①～④のうちから一つ選べ。

表1 大卒男性の平均初任給と耐久消費財の価格・世帯普及率

(単位：円)

	1955年	1960年	1965年	1970年	1975年
大卒男性の平均初任給（月額）	12,907	16,115	24,102	40,961	91,272
電気洗濯機	25,500 (－)	24,800 (45)	53,000 (69)	38,600 (88)	68,500 (98)
白黒テレビ	89,500 (－)	58,000 (55)	73,800 (90)	－ (90)	－ (49)
カラーテレビ	－	500,000 (－)	198,000 (－)	165,000 (26)	132,000 (90)
電気冷蔵庫	－	62,000 (16)	57,800 (51)	63,500 (85)	113,500 (97)

（『物価の文化史事典』により作成）
（注） （ ）内の数字は普及率（％）。
（注） 表中の初任給は，事務系大卒男性の全産業平均値（日経連調査）。
（注） 表中の耐久消費財価格は，メーカー主力機種の標準価格。

① いざなぎ景気が始まる前年には，カラーテレビが，大卒男性の平均初任給6か月分で購入できるようになっていた。
② 大阪で万国博覧会が開催された年には，電気洗濯機・電気冷蔵庫が，世帯の9割以上に普及していた。
③ 自衛隊が発足した翌年には，白黒テレビは，大卒男性の平均初任給6か月分で購入できるようになっていた。
④ 最初の先進国首脳会議（サミット）が開催された年には，カラーテレビの普及率が白黒テレビの普及率を超えていた。

（共通テスト日本史A 2022本試）

49 次の史料に関して述べた下の文a～dについて，正しいものの組合せを，下の①～④のうちから一つ選べ。

史料
　今や日ソ間の貿易協定は着々成果をあげつつあるが，中国との国交の打開をも速やかに実現すべきである。（中略）全人類の四分の一にも達する隣の大国が，今ちょうど日本の明治維新のような勢いで建設の途上にある。それをやがて破綻するだろうと期待したり，また向こうから頭を下げてくるまで待とうとするような態度が，はたして健康な外交であろうか。戦後十五年を経て，すでに戦後の時代は去ったようにいう人もあるが，今次大戦の中心は中国にあったのであり，その日中戦争を終息せしむることこそ戦争終結のための最大の課題ではないか。しかも相手は暴虐の限りをつくした日本に対して，仇を恩で返すことを国是とし，一切の報復主義を排して逆に手を差し伸ばして来ている。

（石橋湛山「池田外交路線へ望む」1960年）

a　この文章で石橋は，日本政府の外交姿勢に疑問を呈している。
b　この文章で石橋は，日本政府の外交姿勢を高く評価している。
c　この文章が書かれた当時，日本はすでに中華民国と平和条約を結んでいた。
d　この文章が書かれた当時，日本はすでに中華人民共和国と平和条約を結んでいた。　　　[　]

① a・c　　　　② a・d　　　　③ b・c　　　　④ b・d

50 米軍基地の影響を示す例として，1945〜55年に強制接収され，1987年に全面返還された米軍基地である牧港住宅地区（沖縄県）があげられる。次の図1・2と以下の表を参考にして，同地区に関して説明した次の文a〜dについて，最も適当なものの組合せを，以下の①〜④のうちから一つ選べ。

図1
（1973年）

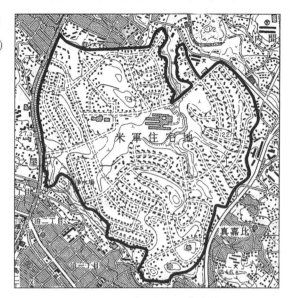

図1は返還前の牧港住宅地区，図2は返還後の同地区（那覇新都心地区）の地図。

地図中の太線の内側が同地区の範囲である。

図1の━はそれぞれ建物を表す。

図1の▨は建物の密集地を表す。

図2
（2017年）

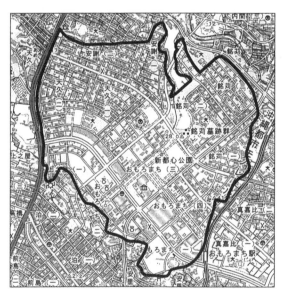

表　牧港住宅地区（那覇新都心地区）での「活動による直接経済効果」

返還前（1982−86年平均）	返還後（2013年）
52億円／年	1634億円／年
「活動による直接経済効果」は，それぞれ以下の項目を合計したもの。 返還前：地代収入，軍雇用者所得，米軍等への財・サービスの提供額，基地周辺整備費等，基地交付金 返還後：卸・小売業，飲食業，サービス業，製造業の売上高，不動産（土地，住宅，事務所・店舗）賃貸額	

（沖縄県「駐留軍用地跡地利用に伴う経済波及効果等に関する検討調査」2015年1月により作成）

a　図1をみると，1973年時点の米軍基地内の建物の密集度は，基地周辺にある市街地と比べて低いことがわかる。

b　図1・2を比較すると，1973年時点の米軍基地内の道路は，返還後にも引き続き利用されていることがわかる。

c　表によれば，都市部に設置されていた米軍基地が返還されたことで，同地区の地域経済に悪影響が生じている。

d　表によれば，返還後に同地区の再開発が行われたことで，米軍基地だった時期よりも「直接経済効果」が増えている。

　① a・c　　　② a・d　　　③ b・c　　　④ b・d

（共通テスト日本史A2021本試第2日程）

51 次の史料は労働基準法第1条の条文である。労働基準法の内容と史料について述べた下の文a～dについて，正しいものの組合せを，下の①～④のうちから一つ選べ。

史料
（第1項）
　労働条件は，労働者が人たるに値する生活を営むための必要を充たすべきものでなければならない。
（第2項）
　この法律で定める労働条件の基準は最低のものであるから，労働関係の当事者は，この基準を理由として労働条件を低下させてはならないことはもとより，その向上を図るように努めなければならない。

a　労働基準法では，8時間労働制が定められた。

b　労働基準法では，団結権・団体交渉権・争議権が保障された。

c　史料によれば，法律の内容は最低の基準を定めたものであるから，それ以上の内容を実現する必要はない，と規定されている。

d　史料によれば，法律の内容は最低の基準を定めたものであるから，それ以上の内容を実現するよう努力する必要がある，と規定されている。

　① a・c　　　② a・d　　　③ b・c　　　④ b・d

（センター試験日本史A2019追試）

52 農林業と非農林業の就業者数の推移を示した次の表に関して述べた下の文 a ～ d について，正しいものの組合せを，下の①～④のうちから一つ選べ。

就業者数の推移（単位：万人）

	甲			乙			就業者総数
	自営業者	雇用者	小 計	自営業者	雇用者	小 計	
1955 年	1,404	74	1,478	908	1,704	2,612	4,090
1965 年	987	59	1,046	867	2,817	3,684	4,730
1975 年	589	29	618	980	3,617	4,605	5,223
1985 年	436	28	464	1,039	4,285	5,343	5,807
1995 年	307	34	340	875	5,229	6,116	6,457
2005 年	223	36	259	709	5,356	6,097	6,356

（三和良一・原朗編『近現代日本経済史要覧　補訂版』により作成）
（注）　自営業者は，自営業主と家族従業者の合計。
（注）　雇用者は，被雇用者と会社・団体の役員の合計。
（注）　各項目の数値は出典によるものであり，集計の数値とは一致しないところがある。

a　　甲 は農林業，　乙 は非農林業である。
b　　甲 は非農林業，　乙 は農林業である。
c　　1955年と1985年を比較すると，農林業・非農林業を合わせて，自営業者の数は増加している。
d　　1955年と2005年を比較すると，農林業・非農林業を合わせて，自営業者の方が多い社会から，雇用者の方が多い社会に変わっている。

①　a・c　　　　②　a・d　　　　③　b・c　　　　④　b・d

（センター試験日本史A 2019追試）

53　次の史料に関して述べた下の文 a ～ d について，正しいものの組合せを，下の①～④のうちから一つ選べ。

史料
（この法令は，）購買力の主なる源泉である預貯金の払出しを制限し，潜在購買力の浮動化を抜本的に封鎖せんとする非常措置である。（中略）要点は下のごとくである。
一，現存の預貯金その他を本十七日限り封鎖され，その後は毎月世帯主三百円，世帯員一人百円を限って引出し得る。

（『朝日新聞』）

a　　史料で説明されている措置は，幣原喜重郎内閣が実施した。
b　　史料で説明されている措置は，片山哲内閣が実施した。
c　　史料で説明されている措置は，預貯金の引出しを制限することでインフレーションを引き起こそうとしたものである。
d　　史料で説明されている措置は，預貯金の引出しを制限することで貨幣流通量を減少させようとしたものである。

①　a・c　　　　②　a・d　　　　③　b・c　　　　④　b・d

（センター試験日本史B 2018本試）

54 日本における一次エネルギー供給（石油，石炭，水力）の構成比の推移を示した次のグラフに関して述べた下の文 a～d について，正しいものの組合せを，下の①～④のうちから一つ選べ。

一次エネルギー供給（石油，石炭，水力）の構成比

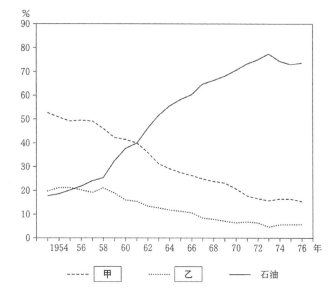

a 石炭の比率は甲である。
b 石炭の比率は乙である。
c 1974年に石油の比率が低下したのは，石油危機（石油ショック）の影響である。
d 1974年に石油の比率が低下したのは，プラザ合意の影響である。

① a・c   ② a・d   ③ b・c   ④ b・d

（センター試験日本史A2016本試）

令和7年度大学入学共通テスト試作問題「歴史総合，日本史探究」

第1問 歴史総合の授業で，「人やモノの移動とその影響」という主題を設定し，環太平洋地域を取り上げて，各班で発表をまとめた。二つの班の発表について述べた次の文章A・Bを読み，後の問い（問1～9）に答えよ。（資料には，省略したり，改めたりしたところがある。）

A　上原さんの班は，19世紀の交通革命による世界の一体化の進行に関心を持ち，太平洋がそれとどう関わったかに着目して，調べたことを**パネル1**にまとめた。

パネル1

◇**交通革命とは何か**
　・主に1850年代から1870年代にかけて進行した，世界の陸上・海上の交通体系の一大変革を指す。
　・船舶・鉄道など交通手段の技術革新と，新しい交通路の開発とによって，移動の時間・距離の大幅な短縮と定期的・安定的な移動・輸送の確立とが実現した。
◇**海路における交通革命の主役＝蒸気船**
　〈強み〉快速で，帆船と違って風向や海流などの自然条件に左右されにくい。
　〈弱み〉燃料の　ア　の補給ができる寄港地が必要。
◇**交通革命と太平洋**
　・18世紀以来，ⓐ北太平洋には，欧米の船が海域の調査や物産の獲得，外交・通商の交渉などを目的として進出していた。しかし，19世紀半ばまで，蒸気船を用いて太平洋を横断する定期的な交通は確立していなかった。
　・ⓑアメリカ合衆国は，中国貿易の拡大を目指して太平洋への進出を図った。後の**図1**を見ると，代表的な貿易港である　イ　まで，アメリカ合衆国から蒸気船で最短距離で行くには，必ず日本周辺を経由することが分かる。ⓒアメリカ合衆国が，航路の安全を確保し，かつ蒸気船が往復の航海で必要とする　ア　を入手するためには，日本と関係を結ぶ必要があった。

図1　当時考えられていた太平洋横断航路

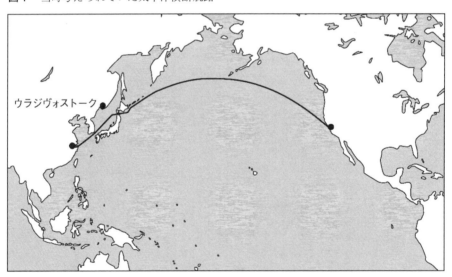

　→1867年，日米間の太平洋横断定期航路が開設される。
まとめ：世界周回ルートの成立で，ⓓ1870年代には世界の一体化が大きく進展。

問1　文章中の空欄　ア　に入る語句あ・いと，下線部ⓒを目的になされた出来事X～Zとの組合せとして正しいものを，後の①～⑥のうちから一つ選べ。

　ア　に入る語句
あ　石油　　　　　い　石炭

下線部ⓒを目的になされた出来事
X　モンロー教書（モンロー宣言）の発表
Y　日本に対するハル＝ノートの提示
Z　日米和親条約の締結

① あ－X　　　　② あ－Y　　　　③ あ－Z
④ い－X　　　　⑤ い－Y　　　　⑥ い－Z

問2　下線部ⓐに関連して，上原さんの班は，ロシアがアロー戦争（第2次アヘン戦争）の際に清から沿海州を獲得して，そこに図1中のウラジヴォストークを築いて拠点としたことを知り，ロシアの太平洋方面への進出に関する資料を集めた。ロシアによる**沿海州の獲得**時期と**資料1・2**に書かれている内容とについて，古いものから年代順に正しく配列したものを，後の①〜⑥のうちから一つ選べ。

資料1

> 一　今後，樺太全島はことごとくロシア帝国に属し，宗谷海峡を両国の境界とする。
> 二　ロシア国皇帝陛下は，引き換えに千島列島の全ての権利を日本国皇帝陛下に譲り，今後は千島全島は日本に属する。

資料2

> 　ロシアから使節が派遣されてきたのは，女帝エカチェリーナ2世の使節ラクスマンが遣わされ，幕府に漂流民を送り届けるために来航してきたことなどが始まりであった。

① 資料1　－　資料2　－　沿海州の獲得
② 資料1　－　沿海州の獲得　－　資料2
③ 資料2　－　資料1　－　沿海州の獲得
④ 資料2　－　沿海州の獲得　－　資料1
⑤ 沿海州の獲得　－　資料1　－　資料2
⑥ 沿海州の獲得　－　資料2　－　資料1

問3　上原さんの班は下線部ⓑに興味を持ち，当時アメリカ合衆国政府を代表した軍人の報告書である**資料3**を見つけた。文章中の空欄　イ　に入る語句あ・いと，**パネル1**及び**資料3**から類推できる事柄X・Yとの組合せとして正しいものを，後の①〜④のうちから一つ選べ。

資料3

> 　アメリカ合衆国とメキシコとの戦争終結の条約によって，カリフォルニア地方は合衆国に譲渡された。同地方が太平洋に面する地の利から，人々の関心は自然と商業分野の拡大に向けられた。（中略）もし，東アジアと西ヨーロッパとの間の最短の道が（この蒸気船時代に）アメリカ合衆国を横切るならば，わが大陸が，少なくともある程度は世界の交通路となるに違いないことは十分明白であった。

　イ　に入る語句
あ　上海　　　　　い　広州

パネル1及び資料3から類推できる事柄
X　アメリカ合衆国は，自国がヨーロッパから東アジアへの交通路になることを警戒している。
Y　アメリカ合衆国の見通しが実現するためには，大陸横断鉄道の建設と太平洋横断航路の開設との両方が必要である。

① あ－X　　　② あ－Y　　　③ い－X　　　④ い－Y

問4　上原さんの班は，発表内容をさらに深めるため，下線部⑥の内容に当てはまる歴史上の事柄について調べた。その事柄として最も適当なものを，次の①～④のうちから一つ選べ。

① ドルを基軸通貨とする国際通貨体制の成立

② 自由貿易のための世界貿易機関（WTO）の設立

③ ヨーロッパ各国の東インド会社が主導したアジア貿易

④ 海底電信ケーブルの敷設が進んだことによる通信網の拡大

B　佐藤さんの班は，環太平洋地域における人の移動に関心を持ち，沖縄県からの移民・出稼ぎがどのように広がっていったのかに着目して，調べたことを**パネル2～4**にまとめた。

パネル2

> **移民・出稼ぎの始まり**
> ・沖縄県からの海外移民は1899年のハワイ移民が最初。その後，中南米諸国や東南アジアなどへも広がった。
> ・第一次世界大戦後の不況で沖縄経済は大打撃を受け，移民が急増。その主要な行先は南洋諸島。大阪など本土への出稼ぎも急増した。
> ・沖縄からの移民先と重なるように，⑥大阪商船の定期航路が南北アメリカ大陸へも拡大。沖縄から大阪への定期航路は，1925年には大阪商船が独占した。

パネル3

> **太平洋戦争（アジア太平洋戦争）の影響**
> ・⑦移民先である南洋諸島や東南アジアが戦場となった。多くの沖縄県出身者が犠牲となったが，生き残った移民の多くは，戦後沖縄へと⑧引き揚げた。
> ・ハワイや中南米諸国への移民の多くは，そのまま現地にとどまった。
> ・本土への出稼ぎ者は，阪神間・京浜間などに集住地域を形成しており，定住する人たちも多かった。

パネル4

> **米軍による占領と新たな移民・集団就職**
> ・沖縄戦によって沖縄は日本本土と切り離され，米軍に占領された。⑨南洋諸島も，戦後アメリカ合衆国の統治下に置かれ，数々の核実験が実施された。その際，島民たちは自分たちの住む島から移住を強いられた。
> ・1950年代には，米軍が，占領下の沖縄で基地を拡張。強制的に土地を接収された人々の一部は，南米などに移民した。1960年代には，日本本土に向けて，日本復帰前の沖縄からも集団就職が実施された。

問5　佐藤さんの班は，海外への航路の拡大に興味を持ち，下線部ⓔについて，大阪商船の主な定期航路を時期別に示した**図2**を見つけた。**図2**について述べた文として最も適当なものを，後の①～④のうちから一つ選べ。

図2

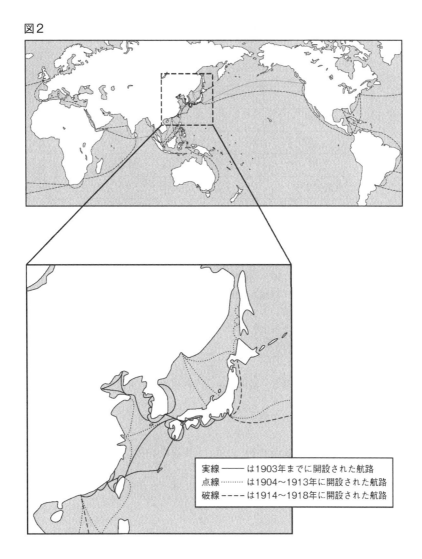

実線 ―――― は1903年までに開設された航路
点線 ……… は1904～1913年に開設された航路
破線 ----- は1914～1918年に開設された航路

① 1903年までの定期航路は，当時の日本が領有していた植民地の範囲にとどまっていたと考えられる。
② 南樺太は，日本の領土となったので，定期航路に加えられたと考えられる。
③ 1913年以前の中南米諸国への移民は，移民先まで定期航路を利用していたと考えられる。
④ 第一次世界大戦中にスエズ運河が開通したことによって，ヨーロッパまで定期航路を延ばしたと考えられる。

問6　佐藤さんの班は，移民先となった地域の歴史にも興味を持った。下線部ⓕの地域の歴史に関して述べた次の文**あ・い**について，その正誤の組合せとして正しいものを，後の①～④のうちから一つ選べ。

あ　ドイツ領南洋諸島は，カイロ会談の結果，日本の委任統治領となった。
い　フィリピンは，太平洋戦争が始まった時，アメリカ合衆国の植民地であった。

① **あ**－正　　　**い**－正
② **あ**－正　　　**い**－誤
③ **あ**－誤　　　**い**－正
④ **あ**－誤　　　**い**－誤

問7　佐藤さんの班は，下線部⑧に関連する資料として，太平洋戦争（アジア太平洋戦争）後における，日本本土への国・地域別の復員・引揚げ者数をまとめた表を見つけた。この表について述べた文として適当でないものを，後の①〜④のうちから一つ選べ。

表　日本本土への国・地域別の復員・引揚げ者数（単位：千人）

国・地域	軍人・軍属の復員	民間人の引揚げ
ソ連	454	19
満洲	53	1,219
朝鮮	207	713
中国	1,044	497
台湾	157	322
東南アジア	807	85
オーストラリア	130	8
沖縄	57	12
総計	3,107	3,190

（2015年3月現在，厚生労働省まとめ）

（注）いずれの国・地域も，99.7％以上が1956年までに復員・引揚げを終えている。

（注）一部の国・地域を省略したため，各欄の合計と「総計」の数字とは一致しない。

①　シベリアに抑留された者の復員数と，満洲・中国からの復員数を合わせると，復員数全体の3分の2を超えていることが読み取れる。

②　引揚げ者数が復員数を上回っている国・地域は，日本が植民地としたり事実上支配下に置いたりしたところであることが読み取れる。

③　東南アジアからの復員が中国に次いで多いのは，太平洋戦争中に日本軍が占領したからであると考えられる。

④　沖縄から日本本土への引揚げ者がいたのは，沖縄がアメリカ合衆国の軍政下に置かれたからであると考えられる。

問8　下線部ⓗに関連して，南洋諸島の一つであるマーシャル諸島では，戦後にアメリカ合衆国によって水爆実験が行われた。佐藤さんの班は，この実験をきっかけに科学者たちによって1955年に発表された「ラッセル＝アインシュタイン宣言」にも興味を持った。その一部である資料4から読み取れる事柄あ〜えについて，正しいものの組合せを，後の①〜④のうちから一つ選べ。

資料4

　そのような爆弾が地上近く，あるいは水中で爆発すれば，放射能を帯びた粒子が上空へ吹き上げられます。これらの粒子は死の灰や雨といった形で次第に落下し，地表に達します。日本の漁船員と彼らの漁獲物を汚染したのは，この灰でした。（中略）

　軍備の全般的削減の一環として核兵器を放棄するという合意は，最終的な解決に結び付くわけではありませんが，一定の重要な目的には役立つでしょう。

　第一に，緊張の緩和を目指すものであるならば何であれ，東西間の合意は有益です。第二に，核兵器の廃棄は，相手がそれを誠実に履行していると各々の陣営が信じるならば，真珠湾式の奇襲の恐怖を減じるでしょう。（中略）それゆえに私たちは，あくまで最初の一歩としてではありますが，そのような合意を歓迎します。

あ　核の平和利用を推進していこうとする姿勢が読み取れる。
い　核兵器の放棄という合意が，軍備の全般的削減に役立つと考えていることが読み取れる。
う　第二次世界大戦の経験を基に，対立する相手陣営側の核兵器の廃棄を一方的に先行させようとする姿勢が読み取れる。
え　第五福竜丸の被曝を，事例として取り上げていることが読み取れる。

①　あ・う　　　　②　あ・え　　　　③　い・う　　　　④　い・え

問9　上原さんの班と佐藤さんの班は，環太平洋地域における人やモノの移動とその影響についての発表を踏まえ，これまでの授業で取り上げられた観点に基づいて，さらに探究するための課題を考えた。課題**あ・い**と，それぞれについて探究するために最も適当と考えられる資料**W～Z**との組合せとして正しいものを，後の①～④のうちから一つ選べ。

さらに探究するための課題

あ　自由と制限の観点から，第二次世界大戦後における太平洋をまたいだ経済の結び付きと社会への影響について探究したい。
い　統合と分化の観点から，海外に移住した沖縄県出身者と移住先の社会との関係について探究したい。

探究するために最も適当と考えられる資料

W　アメリカ合衆国における，日本からの自動車輸入台数の推移を示した統計と，それを批判的に報じたアメリカ合衆国の新聞の記事
X　アジア太平洋経済協力会議（APEC）の参加国の一覧と，その各国の1人当たりGDPを示した統計
Y　沖縄県出身者が海外に移住する際に利用した主な交通手段と，移住に掛かった費用についてのデータ
Z　移民が移住先の国籍を取得する条件と，実際に移住先で国籍を取得した沖縄県出身者の概数

①　あ－W　　　い－Y　　　　②　あ－W　　　い－Z
③　あ－X　　　い－Y　　　　④　あ－X　　　い－Z

第2問　次の文章は，学びの歴史に関する大学生によるオンライン上の会話である。この文章を読み，後の問い（問1～5）に答えよ。（資料には，省略したり，改めたりしたところがある。）

ひ　ろ：自宅でデジタル図書館を利用したり，海外の大学の講義も受けられる時代になったけど，学びのあり方には時代ごとの特徴がありそうだね。

さ　と：そうだね。「国立国会図書館デジタルコレクション」で「湯島聖堂の図」を見つけたよ。そこに**資料1**のような説明書きが添えられていた。

ひ　ろ：ⓐ資料1の筆者がそれまでの学問の歴史をどのように振り返ったのかが読み取れるね。でも，この湯島聖堂に設立された昌平坂学問所で学べたのは，武士に限られていたよ。

さ　と：資料1の波線部の奨学院・勧学院は，大学で学ぶ人たちのための施設だけど，この時代の大学への入学資格は，ほぼ貴族の子弟に限られていたね。でも，ⓑ上級貴族の子弟はほとんど入学せず，大学は下級官僚の養成機関になったみたい。

ひ　ろ：大学という呼称は同じでも，「国立公文書館デジタルアーカイブ」で見つけた**資料2**は別の時代の大学だね。

さ　と：資料1が作られた後，　**ア**　によって西洋の学問が学びやすくなった。資料2は，欧米の制度を参考にして高等教育の充実を目指すようになった時代のものだよね。

ひ　ろ：資料2からは，当時の政府が大学設置に込めた意味が読み取れて興味深いよ。その後の学問と，国家や社会との関わり方について見てみると，第二次世界大戦の反省を踏まえて　**イ**　が戦後に発足している。

さ　と：一方で，一般の人々の学びについて考える場合は，**資料3**の時代から**資料4**の時代までの間の変化は大事かもね。**資料3**からは，集まった人々が僧侶の講釈を聴いて仏教的な教養を学ぶ様子が見て取れ，**資料4**では，小学生が単に聴くだけではない学びをしている様子が見て取れる。

ひ　ろ：学問の進展と人々の学びの変化には，どのような関係があるのかな？

問1　下線部ⓐに関して**資料1**から読み取れる次の事柄**あ〜え**について，正しいものの組合せを，後の①〜④のうちから一つ選べ。

資料1　湯島聖堂を描いた図にある説明書き（大意）

> 文武天皇の時に至ってますます聖賢を崇め，初めて釈奠^(注1)を行ったので，延喜・天暦の世に及んで学問がないところはなかった。（その後，年月が経過すると）奨学院・勧学院・足利の読書堂^(注2)，その名を知る者は希となった。
> 北条氏が天下に執権すると，文庫を金沢に建てて儒仏の書を収蔵したが，（中略）十世にならずしてその権を失い，文庫もまた無くなった。今や治教が立派になり，儒学の道は将軍とともに，この学問を助けている。ここに聖堂を建てるのは，実に一人の心は千万人の心である。将軍が儒学の古典を大切にし，人々もまたその教えを学ぶ。どうして我が国の幸いでないことがあろうか。
>
> （注1）釈奠：孔子を祭る行事。　　（注2）足利の読書堂：足利学校のこと。

あ　筆者は，湯島聖堂の建立を歓迎している。
い　筆者は，金沢文庫の消滅後に足利学校ができたと考えている。
う　筆者は，江戸幕府が儒学を重んじていることを述べている。
え　筆者は，院政期から江戸時代末までの学問の盛衰について述べている。

①　あ・う　　　②　あ・え　　　③　い・う　　　④　い・え

問2　下線部ⓑについて，上級貴族の子弟が大学に入学しなかった理由を述べた文として最も適当なものを，次の①〜④のうちから一つ選べ。
①　朝廷から大連などの氏姓を与えられて，身分を保障されていたから。
②　蔭位の制によって，高い政治的地位とそれに伴う収入を得られたから。
③　閑谷学校や懐徳堂などで，優れた学問を学べるようになったから。
④　文官任用令の自由任用制によって，高級官吏になることができたから。

問3　**資料2**から読み取れることを述べた文として**誤っているもの**を，後の①〜④のうちから一つ選べ。

資料2　「台北帝国大学官制ヲ定ム」に付された理由書

> 台湾は，これら東洋・南洋・太平洋方面の学術研究に最も便なる位置にある（中略）近時，台湾在住者は一般に向学心が大いに進み，その子弟に大学教育を受けさせる者が著しく増加する傾向がある。そうしてハワイや香港等は言うまでもなく，対岸中国の各地においてさえ少なくない大学を有するのに，独り台湾においてこれを有さないために，大学教育を受けようとする者は去って内地に赴き，または米国及び中国に行く者がだんだん多くなっている。（中略）本大学は帝国の学術的権威を樹立し，統治上の威信を確保しようとするために，既設官立総合大学の例により，これを帝国大学となすものとする。

（「台北帝国大学官制ヲ定ム」国立公文書館所蔵）

①　台湾在住者の間に，高度な教育を求める動きが高まっている。
②　台湾の地の利を生かして帝国大学を設置しようとしている。
③　台湾から欧米や中国の大学への進学を，さらに促進しようとしている。
④　学術研究拠点を設けることが，日本の台湾統治に有効である。

問4　文章中の空欄　ア　・　イ　に入る語句の組合せとして正しいものを，次の①〜④のうちから一つ選べ。
①　ア－奉書船制度の導入　　　　　イ－理化学研究所
②　ア－奉書船制度の導入　　　　　イ－日本学術会議
③　ア－漢訳洋書輸入の禁の緩和　　イ－理化学研究所
④　ア－漢訳洋書輸入の禁の緩和　　イ－日本学術会議

問5　**資料3・資料4**に関して述べた次の文**あ・い**について，その正誤の組合せとして正しいものを，後の①
〜④のうちから一つ選べ。

資料3　法然上人絵伝

（「法然上人絵伝（模本）第34巻」東京国立博物館所蔵 Image：TNM Image Archives）

資料4　小学校の授業風景（大正期）

（福井県立歴史博物館所蔵，『福井県史　通史編5　近現代一』口絵）

あ　**資料3**と**資料4**では，学んでいる人々は特定の身分や性別に限定されていた。
い　**資料3**の時代から**資料4**の時代に至るまでに，庶民の間に読み書きや計算の能力が広まった。

①　あ−正　　　　い−正　　　　②　あ−正　　　　い−誤
③　あ−誤　　　　い−正　　　　④　あ−誤　　　　い−誤

第3問 修学旅行で藤原宮跡の資料館を訪れ，展示されていた木簡の解説シートをもらった。そこで，旅行後の日本史探究の授業でグループ学習を行い，木簡を手掛かりにして，前後の時代と比較した藤原京の時代の特徴について考察し，発表することになった。アキラさん・ラナさん・カオリさんのグループは，次の**解説シート**の木簡を担当した。これを読み，後の問い（**問1～4**）に答えよ。

解説シート

> 展示番号2　藤原宮跡出土木簡
>
> 【木簡に書かれている文字】
> ・（表）□於市□遣糸九十斤 ᵗᵉᵗ⁶ᵖ^{蝮王 猪使門}
> ・（裏）□月三日大属従八位上津史岡万呂
> 　　　（注）□は欠損により読めない文字，〔沽カ〕は墨の跡により「沽」と推定されることを示す。
>
> 【解説】
> 　「沽」は「売る」という意味であり，この木簡は，ある月の3日に，ある役所の大属（役所に属（主典）が複数いる場合，その上位の者）であった津史岡万呂という人物が，市において糸90斤（約54kg）を売るように担当者に指示したものと推測される。奈良時代の古文書によれば，役所が市で必要なものを調達していたことが分かるので，この場合も，糸を売却して他の物品を入手していたのだろう。年の記載がないが，官職と位階の表記から，この木簡は大宝令の施行後に書かれたものであることが分かる。大宝令では，京に官営の市が設けられ，市司がそれを監督した。
> 　「蝮王」は門の名で，蝮王門と猪使門はいずれも藤原宮の門である。おそらく担当者はこれらの門を通って藤原宮内の役所から糸を運び出し，京内の市で売ったのであろう。

（「藤原宮木簡一　解説」奈良文化財研究所所蔵より作成）

問1　発表の準備のために，アキラさんは次のような図とメモを用意した。これらに関して述べた後の文**あ**・**い**について，その正誤の組合せとして正しいものを，後の①～④のうちから一つ選べ。

図　古代の都城と交通路

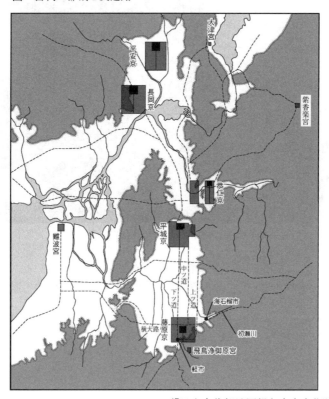

（「日中古代都城図録」奈良文化財研究所所蔵より作成）

【調べたこと】
　藤原京の前後の時代には，物品の売買や流通はどうなっていたのか。
　・飛鳥の近郊には，藤原京が造られる前から上ツ道・中ツ道・下ツ道・横大路という道があり，それらの道沿いに海石榴市・軽市などがあった。
　・難波宮の近隣には難波津があり，西日本を中心に，時には中国大陸・朝鮮半島からも物が集まった。
【疑問点】
　物品の売買・流通と交通路はどのように関わるのか。また，藤原京はなぜこの場所に造営されたのだろうか。

あ　海石榴市の近くを流れる初瀬川は，難波宮方面へ通じている。
い　藤原京と平安京とでは，水運に利用される河川の水系が異なっている。

① あ－正　　　い－正　　　② あ－正　　　い－誤
③ あ－誤　　　い－正　　　④ あ－誤　　　い－誤

問2　発表の準備のために，ラナさんは次のような**メモ**を作成した。この**メモ**を読み，後の問い(1)・(2)に答えよ。

ラナさんのメモ

【調べたこと】
　解説シートにある津史岡万呂は，どのような人物だったのか。
　・津氏は百済からの渡来人を先祖とする氏族。⒜百済からは，古墳時代以来，多くの人々が日本列島にやって来た。
　・史は，文筆を掌った渡来系の氏族に与えられた姓。
　・藤原京時代の役所では，木簡や紙の文書が仕事で多用されたため，岡万呂のような文筆の才能がある渡来人の子孫が役人になり，糸などの物品の管理をしていたのだろう。
【疑問点】
　渡来人の子孫は，どのような経緯で律令制下に役人として活躍するようになったのか。また，この役所の糸は，どのような経緯で藤原京にもたらされ，この役所は，糸を売る代わりに何を入手していたのだろうか。

(1)　ラナさんは，渡来人やその子孫について考えるため，下線部⒜について，さらに調べてみた。下線部⒜に関して述べた次の文Ⅰ～Ⅲについて，古いものから年代順に正しく配列したものを，後の①～⑥のうちから一つ選べ。

　Ⅰ　白村江の戦いの後，百済の亡命貴族の指導により朝鮮式山城が築かれた。
　Ⅱ　百済から五経博士が渡来し，儒教を伝えた。
　Ⅲ　飛鳥寺の建立には，百済が派遣した技術者が参加した。

① Ⅰ－Ⅱ－Ⅲ　　　② Ⅰ－Ⅲ－Ⅱ　　　③ Ⅱ－Ⅰ－Ⅲ
④ Ⅱ－Ⅲ－Ⅰ　　　⑤ Ⅲ－Ⅰ－Ⅱ　　　⑥ Ⅲ－Ⅱ－Ⅰ

(2)　ラナさんたちは，この木簡に見える糸の売買について，**解説シート**を基に話し合い，意見を出し合った。次の意見あ～えについて，最も適当なものの組合せを，後の①～④のうちから一つ選べ。

　あ　この糸は，部民制によって諸国から藤原京に運ばれたのだろう。
　い　この糸は，大宝令制によって諸国から藤原京に運ばれたのだろう。
　う　役所で仕事に用いる紙や墨を入手するため，市で糸を売ったのだろう。
　え　役人に支給するための明銭を入手するため，市で糸を売ったのだろう。

① あ・う　　　② あ・え　　　③ い・う　　　④ い・え

問3　発表の準備のために，カオリさんは次のようなメモを用意した。カオリさんは，疑問点について，後の**あ・い**の事柄から考えてみることにした。**あ・い**と，それぞれに関連する文**W～Z**との組合せとして正しいものを，後の①～④のうちから一つ選べ。

カオリさんのメモ

【調べたこと】
　蝦王門・猪使門は，藤原宮のどこにあったのか。
・これらの門は，門の名の類似から，それぞれ平安宮の北側にあった「達智門（たっち）」「偉鑒門（いかん）」に相当するので，藤原宮の北側にあったと推定できる。
・平安宮の門の名は，嵯峨天皇の時に唐風に改められた。また嵯峨天皇は，天皇の権威を強化するため，宮廷の儀式を唐風の儀礼に基づいて整えた。
【疑問点】
　藤原京の時代以降の唐風化の進展はどのようなものだったのか。

事　柄

　あ　橘逸勢は，平安宮の門に掲げられた門の名を記した額を書いたとされる。
　い　外国使節を接待するための鴻臚館が平安京に設けられていた。

関連する文

　W　唐風の書が広まり，後に三筆と称される能書家が登場した。
　X　平安宮の門は，唐から伝わった大仏様の建築様式で建てられた。
　Y　渤海から使節がたびたび来日し，使節を迎える場で貴族が漢詩を作った。
　Z　高句麗から使節がたびたび来日し，使節を迎える場で貴族が漢詩を作った。

①　あ―W　い―Y　　　②　あ―W　い―Z　　　③　あ―X　い―Y　　　④　あ―X　い―Z

問4　アキラさんたちは，考察した内容を**ポスター**にまとめて発表することにしたが，事前に内容を確認したところ，誤っている部分が見つかった。発表の内容として**誤っているもの**を，**ポスター**内の下線部①～④のうちから一つ選べ。

ポスター

◎前後の時代と比較した藤原京の時代の特徴
　⇒律令制の施行により，中央集権的な国家の建設が進んだ時代

●都城の立地について【前掲の図参照】
　藤原京は，幹線道路や河川が利用できる交通の要地を選んで造営されている。①交通の要地を選んだ点は，藤原京の後に造営された平城京・長岡京・平安京にも共通する。
●商品の流通について
　藤原京には官営の市が設けられ，役所も市で必要なものを入手した。②官営の市で売買される商品は，鎌倉時代の定期市とは異なり，運脚と呼ばれる輸送業者が各地から運んできた。
●渡来人について
　③朝鮮半島などから多くの人が渡来し，先進的な文化が伝えられてきたが，渡来人が持つ高度な知識や技術は伝承され，その子孫たちは藤原京の時代にも政務の運営に貢献した。
●中国文化の影響について
　④藤原京は，中国の都城制に倣って造営された都であった。平安時代初期には一段と唐風化が進み，天皇の権威を強化するため，中国的な宮廷儀式の整備が進んだ。

第4問　日本史探究の授業で，中世社会における様々な権力と，それらによる対立・紛争の解決方法について，A班とB班に分かれて，資料を基に追究した。次の文章A・Bを読み，後の問い（問1～5）に答えよ。（資料には，省略したり，改めたりしたところがある。）

A　A班では，授業での発表に向けて，中世における新しい権力の登場を示す資料や，対立・紛争の解決方法に関わる資料を準備し，班内で話し合った。

資料1　『天狗草紙』

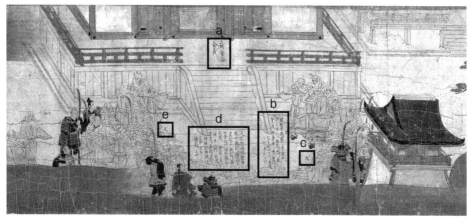

（「天狗草紙」東京国立博物館所蔵より作成 Image：TNM Image Archives）

資料2　御成敗式目23条
　一　女人養子の事
　　右，法意(注1)の如くんば之を許さずと雖も，大将家の御時以来，当世に至るまで，其の子無きの女人ら，所領を養子に譲与する事，不易(注2)の法，勝計すべからず(注3)。加之，都鄙の例，先蹤(注4)惟れ多し。評議の処，尤も信用に足るか。

　（注1）法意：朝廷の法律家による法解釈。　　（注2）不易：変わらないこと。
　（注3）勝計すべからず：数え切れない。　　（注4）先蹤：先例。

資料3　北条泰時書状
　この式目はただ仮名を知れる者の世間に多く候如く，あまねく人に心得やすからせんために，武家の人へのはからひのためばかりに候。これによりて京都のいささか御沙汰，律令のおきて聊もあらたまるべきにあらず候也。

高　木：**資料1**は，鎌倉時代の絵だよ。ａの部分に，比叡山延暦寺の僧侶たちによる合議の場面であると書いてあるね。
井　澤：覆面姿で，輪を作って集まっているね。鎧や甲を身に着けた人たちもいる。まさに，　ア　と呼ばれる人たちを描いた絵なんだね。
菊　田：ｂの部分では，自分たち延暦寺と対等の立場に立とうとしている園城寺を非難しているよ。
高　木：ｄの部分では，「私たちの山は，仏法が栄えている地勢の優れた地であり，　イ　の霊場です。」と言っているね。そして，訴訟の際には道理によらないことを主張しても認められるとして，「もし朝廷の判決が滞った場合には，神輿を内裏周辺まで担ぎ込もう」と言っているよ。
菊　田：ｃとｅの部分では，ｂやｄの意見に賛成して「尤」と言っている。
井　澤：訴訟の準備の様子を描いた絵なんだね。自分たちの寺を国家の安泰を祈る「　イ　の霊場」と述べている点に，古代との連続性を感じるよ。
菊　田：それでも，ｄのような主張をしている点は，中世ならではの新しい動きだよね。僧侶の中に，　ア　のような武装した人々が含まれているところも，中世ならではだと思うよ。
高　木：中世ならではの新しい動きといえば，私が見つけてきた**資料2**も，武家が新たに法を定めていることを示している点で重要だと思うよ。

井　澤：でも，冒頭部分に，わざわざ朝廷の法律家の解釈に配慮するような文章があるのは，少し気になるなあ。

高　木：なので，幕府の法令がどのような方針で定められたのかを考えるために，もう一つ，**資料3**を用意してみたよ。

菊　田：中世の法や訴訟を取り巻く環境は，なかなか複雑なんだね。発表するときは，教室のみんなが混乱しないよう整理して発表しよう。

問1　文章中の空欄　ア　・　イ　に入る語句の組合せとして正しいものを，次の①〜④のうちから一つ選べ。
　　①　ア－僧兵　　　　　イ－鎮護国家　　　②ア－僧兵　　　　イ－立正安国
　　③　ア－法華宗徒　　　イ－鎮護国家　　　④ア－法華宗徒　　イ－立正安国

問2　**資料2**に関して説明した次の文**あ〜え**について，正しいものの組合せを，後の①〜④のうちから一つ選べ。
　　あ　朝廷が定めていた法の内容を，幕府の法として制定した。
　　い　朝廷が定めていた法とは異なる内容を，幕府の法として制定した。
　　う　女性が養子を取って所領を譲る先例はなかった。
　　え　子供のいない女性が養子を取り，その養子に所領を譲ることを認めた。

　　①　あ・う　　　　②　あ・え　　　　③　い・う　　　　④　い・え

問3　**資料1〜3**に関連して，新しい権力が台頭した中世社会のあり方について述べた文として**誤っている**ものを，次の①〜④のうちから一つ選べ。
　　①　寺院が朝廷に対し訴訟をする際には，強訴も行われたため，朝廷は，武士の力を借りてこれに対応した。
　　②　鎌倉幕府成立後も，幕府に属さない武士が公家に組織されていたり，武装した僧侶が寺院に組織されていたりした。
　　③　鎌倉幕府が御成敗式目を定めたことによって，律令をはじめとする朝廷の法は効力を失い，朝廷が裁判を行うこともなくなった。
　　④　荘園支配をめぐって地頭と争う際には，公家や寺社などの荘園領主も鎌倉幕府に訴訟を提起した。

B　B班では，人々が対立・紛争を解決し秩序を構築するためにどのようなことを行ったかについて発表するため，資料を集めて先生に相談した。

資料4　1373年5月6日松浦党一揆契状写
　一　この一揆の構成員の中で所領支配に関する合戦を始めとする紛争が発生した時は，話し合いを行い，賛同者の多い意見によって取り計らう。
　一　この一揆の構成員の中で裁判を行う時は，兄弟・叔父甥（おい）・縁者・他人にかかわらず，道理・非儀についての意見を率直に述べるべきである。

先　生：みなさんが見つけてきた資料は，多くの人々が紛争の解決や秩序の構築のための方法について取り決め，それを守ることを連名で誓約した文書ですね。

鈴　木：**資料4**は（a）国人の一揆が作成したものです。国人は居住している所領の支配を強化した武士で，鎌倉時代の地頭の子孫も多く含まれていました。戦国時代の資料には，紛争解決について「同輩中での喧嘩については，殿様の御下知・御裁判に違背してはならない」と記されたものもありました。

鄭　　：**資料4**も戦国時代の資料も同じように多くの人々が紛争の解決方法について誓約していますが，南北朝時代と戦国時代とでは，紛争解決の方法が変化しているようです。権力のあり方が変化しているのではないかと思います。

先　生：時代の変化が捉えられそうですね。実際の紛争解決の事例も探してみるとよいと思います。

問4　**資料4**及び下線部ⓐに関して説明した次の文**あ～え**について，正しいものの組合せを，後の①～④のうちから一つ選べ。

あ　国人の一揆は自立性が強く，守護の支配に抵抗することもあった。
い　一揆内部での話し合いの結論は，年長者の意見によって決定された。
う　構成員間での紛争は，一揆外部の権力に依存して解決しようとした。
え　裁判の際は，個人的な人間関係によらない公正な態度が求められた。

①　あ・う　　　　②　あ・え　　　　③　い・う　　　　④　い・え

問5　B班ではさらに調査を行い，中世後半から近世への権力の変化についてまとめた。そのまとめの文章として**誤っているもの**を，次の①～④のうちから一つ選べ。
①　戦国大名の中には，法を定めて，当事者同士の私闘による紛争解決を禁止しようとするものも現れた。
②　戦国大名は，国力を増し軍事力を強化するため，領国内の産業の発展に努めた。
③　全国の統一を進めた織豊政権は，戦国大名だけでなく，寺社勢力をも従えていった。
④　戦国大名がキリスト教を警戒して海外との交流を禁じたことが，江戸時代のキリスト教禁止につながっていった。

第5問　日本史探究の授業で，江戸時代の政治や社会について考察することとなった。そこで青山さんと内藤さんは，幕府の直轄都市である大坂を事例に発表することにした。このことに関連する後の問い（**問1～5**）に答えよ。（資料は，省略したり，改めたりしたところがある。）

問1　青山さんは，当時の大坂を理解する手掛かりとして人口の問題に興味を持ち，発表の準備のために**表**と**メモ1**を用意した。**メモ1**中の空欄　ア　に入る文**あ・い**と，空欄　イ　に入るものとして適当な文**X・Y**との組合せとして正しいものを，後の①～④のうちから一つ選べ。

表　大坂菊屋町の住民の人数　　　　　　　　　　　　　　　　　　　（単位：人）

年	a 地主・家持	b 地借・借家	c 奉公人	d 住民全体（a＋b＋c）
寛永16（1639）	49	39	7	95
寛文元（1661）	48	86	16	150
天和2（1682）	73	246	86	405
正徳3（1713）	68	513	129	710
享保18（1733）	66	432	118	616
宝暦5（1755）	83	401	152	636
天明元（1781）	41	413	101	555
寛政12（1800）	33	429	146	608
文政2（1819）	35	380	182	597
天保12（1841）	28	363	178	569
慶応2（1866）	44	305	167	516

（『大坂菊屋町宗旨人別帳』より作成）

メモ1

【調べたこと】
　・江戸時代の都市は，人々が居住する多数の町により構成されていた。
　・それぞれの町には，a自分の持っている土地・家屋に住む地主・家持（とその家族），b借りた土地や家屋に住んでいる地借・借家（とその家族），c地主・家持や地借・借家のもとに住み込みで働く奉公人，の3種類の住民がいた。
　・表は，都市大坂を構成する町の一つである菊屋町の住民について，a・b・c及びd住民全体（a＋b＋c）の人数をおおむね20～30年ごとに整理したもの。

【表から分かること】
　・　　ア　　。
　・dの人数の増加率は1661～1682年の期間が最も高く，この期間にdの人数は2.7倍に増えている。

【考えたこと】
　・1661～1682年の期間にdの人数の増加率が最も高い背景としては，　　イ　　，大坂の経済が発展したことがあるのではないか。

　　ア　　に入る文
　　あ　dの人数は，17世紀に増加し，18世紀初頭にピークを迎える
　　い　dの人数に占めるaの人数の割合は，18世紀初頭にピークを迎える

　　イ　　に入る文
　　X　田沼意次が商業や商品生産を活発にするために積極的な政策を行い
　　Y　西廻り航路を河村瑞賢が整備し，全国の物資が集まるようになって

　　①　あ－X　　　　②　あ－Y　　　　③　い－X　　　　④　い－Y

問2　青山さんは，大坂の歴史を調べるうち，幕府から住民に様々な法令が出されていることを知った。そこで1735年に出された法令（資料1）を取り上げ，その内容を読み解いた。これについて述べた文として最も適当なものを，後の①～④のうちから一つ選べ。

資料1
　米値段次第に下値(注1)にあい成り，武家ならびに百姓難儀の事にて，町人・諸職人等に至るまで商い薄く，かせぎ事これなく，世間一統の困窮におよび候あいだ(注2)，当冬より江戸・大坂米屋ども，諸国払い米(注3)，（中略）大坂は米一石につき銀四十二匁以上に買い請け申すべく候。

　（注1）下値：安い値段。
　（注2）あいだ：～ので。～ゆえ。
　（注3）払い米：領主が売り払う米。

　①　この法令は，徳川家光が将軍であった時期に出されている。
　②　大坂では米の価格を主に金貨の単位で表した。
　③　この法令は，諸国からの米を大坂の米屋が購入する際の価格の上限を定めている。
　④　武士は米（石高）を基準に収入を得るため，米価が下落すると生活が苦しくなる。

問3　青山さんは，大坂とその周辺地域の名所・旧跡などを解説した1796～1798年刊行の『摂津名所図会』を図書館で見つけたが，そこには大坂の港の風景を描いた挿絵（資料2）が収められていた。そこで青山さんは，資料2について調べ，メモ2を作成した。メモ2中の空欄　ウ　・　エ　に入る語句の組合せとして正しいものを，後の①～⑥のうちから一つ選べ。

資料2　大坂の港の風景を描いた『摂津名所図会』の挿絵

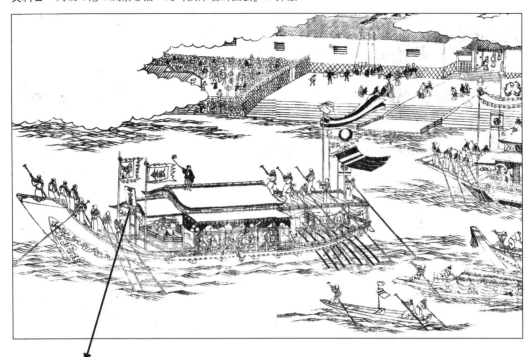

（注）王荷：王府と同じ。

メモ2

　　資料2は，西日本の諸大名などが船の乗り降りをした大坂の港の風景である。ここでは，将軍のもとへ
派遣された　ウ　の使節の乗る船が大坂の港に到着し，それを見物しようとしたと思われる多くの人々が
集まっている。また，船の正面に掲げられた額には，使節がどこから派遣されたかが記されている。
　　大坂に到着した　ウ　の使節は，1609 年以来支配を受ける　エ　藩の役人に先導され，東海道などを
通って江戸に向かった。

① 　ウ－清　　　　エ－対馬
② 　ウ－清　　　　エ－薩摩
③ 　ウ－朝鮮　　　エ－福岡
④ 　ウ－朝鮮　　　エ－対馬
⑤ 　ウ－琉球　　　エ－薩摩
⑥ 　ウ－琉球　　　エ－福岡

問4　内藤さんは，大塩平八郎らが大坂で蜂起した事件（大塩の乱）に着目した。大塩は蜂起に先立って，自
　らの考えを広く知らせる文書を大坂近郊の村々などへ配っていた。内藤さんは，この文書に見える大塩の主
　張の一部をメモ3にまとめた。メモ3の内容や事件の経過・背景について述べた文として最も適当なものを，
　後の①～④のうちから一つ選べ。

メモ3

> ・現在，米の値段がますます高くなっている。
>
> ・大坂町奉行やその部下の役人らが自分勝手な政治を行い，江戸へは廻米を行うのに，「天子」が所在する京都へは廻米をしていない。また，大坂にごくわずかな米を買いに来た者も捕まえている。
>
> ・このたび，志のある者らと申し合わせて，民衆を苦しめている役人たちやぜいたくをしている大坂の金持ちの町人らを成敗する。

① 大塩の乱が起きた理由の一つは米価の高騰で，それは浅間山の大噴火と関係があった。

② 大塩平八郎は，大坂町奉行らが将軍のいる場所に廻米をしなかったことを批判している。

③ 飢饉の際に，各地から大坂に持ち込まれた米の一部が，他の都市に輸送されることがあった。

④ 大塩平八郎は，飢饉などによって苦しむ貧民を救済するため，将軍を討つことを目的として蜂起した。

問5 内藤さんは，大塩の乱について調べるなかで，大塩平八郎が陽明学者であることを知った。そこで，陽明学に関して調査を進め，ノートに書き出した。その内容を記した次の文あ～えについて，正しいものの組合せを，後の①～④のうちから一つ選べ。

あ 陽明学では，知識と行為を一体のものとする知行合一説などから，実践が重視された。

い 陽明学では，日本古来の精神に立ち戻ることが重視され，復古神道などが説かれた。

う 陽明学者である熊沢蕃山は，幕政批判とも捉えられるような内容を含む『大学或問』を著し，処罰された。

え 陽明学者である熊沢蕃山は，モリソン号事件の対応など，幕府の対外政策を批判した『慎機論』を著し，処罰された。

① あ・う   ② あ・え   ③ い・う   ④ い・え

第6問 レイさんは，日本史探究の授業で地域の資料を通して日本の近現代史を学び，関東地方のα市の郷土博物館を訪ねてみた。その郷土博物館での展示や解説などに関連する後の問い（**問1～5**）に答えよ。（資料は，省略したり，改めたりしたところがある。）

問1 レイさんが「明治維新」の展示室に入ると，出征兵士の手紙が展示され，手紙の要旨を記した**パネル1**とその**解説文1**が置かれていた。**パネル1**と**解説文1**に関連して述べた文として**誤っているもの**を，後の①～④のうちから一つ選べ。

パネル1

> 九州の延岡より一里先にて八月十五日戦い，ついに私も負傷いたし，八月二十日大阪府の陸軍臨時病院十番舎に入り，養生致し居り候。追々宜しきようにも御座候あいだ，決してご心配下さるまじく候。

解説文1

> この手紙は，西南戦争の際に，東京の歩兵第一連隊に所属した農家の青年が，現在のα市にある故郷の実家に送ったものであり，封筒には切手が貼られ消印が押されている。なお，西南戦争を最後に士族反乱は収まった。

① 西南戦争には，士族・平民の区別なく徴兵された軍隊が政府軍として投入された。

② α市の郷土博物館は，「明治維新」の範囲を廃藩置県までと考えていることが分かる。

③ 戦地や入院先からの兵士の手紙は，飛脚に代わって成立した官営の郵便制度により兵士の家に届けられた。

④ α市の郷土博物館は，大久保利通の暗殺事件を「士族反乱」と考えていないことが分かる。

問2　現在のα市は，1889年の町村制施行でできたα町と周辺の村々が合併して生まれた。レイさんは，これらの町村の財政で，1920年代半ばまで教育費が最も高い割合を占め，おおむね増加し続けていたことに関心を持った。町村制施行から1920年代半ばまでの間に町村の教育費が増加した理由と考えられる文として最も適当なものを，次の①〜④のうちから一つ選べ。

①　義務教育の就学率が上昇し，その期間が6年間に延長された。
②　学校教育法に基づき，各町村に新制中学校が設立された。
③　大学令が制定され，私立の大学の設置が認められた。
④　忠君愛国を説く教育勅語が発布された。

問3　レイさんは，α市でも1918年に米騒動が起きたことを知った。そこでレイさんが博物館の学芸員に尋ねたところ，植民地を除く日本国内（内地）での米の供給量を示した**表**を渡された。**表**から読み取れる内容やこの米騒動について述べた後の文**あ〜え**について，正しいものの組合せを，後の①〜④のうちから一つ選べ。

表　内地における米供給量の変化　　　　　　　　　　　　　　　　（単位：万石）

年度	前年度持越量	内地米産出量	植民地からの移入量	外国からの輸入量	総供給量
1914	299	5,026	184	247	5,756
1915	585	5,701	257	52	6,594
1916	624	5,592	214	29	6,459
1917	581	5,845	198	52	6,677
1918	447	5,457	287	366	6,558
1919	236	5,470	407	543	6,656
1920	416	6,082	232	75	6,805
1921	551	6,321	394	82	7,347
1922	816	5,518	388	379	7,101
1923	731	6,069	459	162	7,421

（『米穀要覧』より作成）

（注）総供給量は，前年度持越量，内地米産出量，植民地からの移入量，外国からの輸入量の合計である。四捨五入のため，必ずしも合計が総供給量と一致しない。

あ　1914年度よりも1923年度の総供給量が増加したのは，植民地からの移入量が増えたことが最大の要因である。

い　1918年度は，前年度より内地米産出量が減少したが，植民地からの移入量と外国からの輸入量の合計が，前年度のそれの2倍以上に増えた。

う　大戦景気により工業が発展し，工業労働者数が増えたために米の購買層が増加したことが，米騒動の要因の一つである。

え　山東出兵を見越した米の投機や買い占めにより，米価が高騰したことが，米騒動の要因の一つである。

①　あ・う　　　②　あ・え　　　③　い・う　　　④　い・え

問4 第二次世界大戦直後の写真である**パネル2**と，**解説文2**についてのレイさんの疑問**あ・い**を検証したい。**あ・い**と，それぞれについて検証するために最も適当と考えられる方法W〜Zとの組合せとして正しいものを，後の①〜④のうちから一つ選べ。

パネル2

(National Archives photo no. 111-SC-215790)

解説文2

α市内を撮影した写真。背景には戦争で焼けたビルが見える。中央は占領軍の憲兵。丸太を運んでいる様子もうかがわれる。

疑　問

あ　向かって右端の人は日本の警察官で，占領軍の憲兵と協力して交通整理をしている。二人が同時にこれに従事しているのはなぜだろうか。

い　向かって左端の人は運搬に従事している。どうしてこのような手段で，なぜ丸太を運んでいるのだろうか。

最も適当と考えられる方法

W　マッカーサーを中心として実施された統治のあり方を，α市の実態に即して具体的に調べてみる。

X　日本の防衛に寄与するとされた条約に基づく，日米行政協定の実施のあり方を，α市の実態に即して具体的に調べてみる。

Y　当時，道路の舗装がどの程度行われていたか，α市とその周辺で公職追放がどの程度行われたかを調べてみる。

Z　当時，トラックなどの車両がどの程度使用されていたか，α市とその周辺の空襲による被害はどの程度だったかを調べてみる。

① あ－W　　い－Y　　② あ－W　　い－Z
③ あ－X　　い－Y　　④ あ－X　　い－Z

問5　レイさんは博物館でα市の産業史の展示を見た。その後、図書館に行き、書籍と展示のメモを見ながら、三つの時期について、世界経済と国内産業の状況がα市に及ぼした影響を**模式図**にまとめてみた。空欄 ア ・ イ に入る文あ～う、空欄 ウ に入る文X・Yの組合せとして正しいものを、後の ①～⑥のうちから一つ選べ。

模式図

	世界経済と国内産業の状況	α市の出来事
1900年代	ア	➡ 生産された物資を貿易港まで運ぶ鉄道が開通した。
1930年代	恐慌でアメリカの消費が落ち込み、日本の輸出産品にも影響が出た。	➡ ウ
1980年代	イ	➡ 絹織物工場の場所が、別の製品の工場として利用された。

ア ・ イ に入る文
あ　新興財閥が重化学工業に進出し、国内での生産や流通に影響が出た。
い　電気・電子製品の輸出が伸び、国内での生産や流通に影響が出た。
う　外貨獲得に有効な生糸の輸出が伸び、国内での生産や流通に影響が出た。

ウ に入る文
X　傾斜生産方式により、資源・資金が配分された。
Y　生糸の需要が減り、繭の価格が下落した。

① アーあ　　イーい　　ウーX
② アーあ　　イーう　　ウーY
③ アーい　　イーう　　ウーX
④ アーい　　イーあ　　ウーY
⑤ アーう　　イーあ　　ウーX
⑥ アーう　　イーい　　ウーY

●表紙写真

　国立国会図書館所蔵「東京汐留鉄道舘蒸汽車待合之図」

●写真提供

　飛鳥園　アフロ　磐田市　大阪歴史博物館　小美玉市玉里史料館

　共同通信社　国立国会図書館　国立歴史民俗博物館

　埼玉県立歴史と民俗の博物館　静岡市立登呂博物館

　相国寺　清浄光寺（遊行寺）　正倉院宝物　昭和館

　大東急記念文庫　東京大学史料編纂所　東北学院大学博物館

　ナカシャクリエイティブ株式会社　名古屋市蓬左文庫

　奈良県立橿原考古学研究所　日本銀行金融研究所貨幣博物館

　福岡市博物館　福岡市埋蔵文化財センター

　法政大学大原社会問題研究所　法隆寺　北海道大学附属図書館

　松本市文書館　明治大学博物館　毛利博物館　ユニフォトプレス

　米沢市（上杉博物館）　早稲田大学図書館

　ColBase（https://colbase.nich.go.jp／）

表紙デザイン
エッジ・デザインオフィス

本文基本デザイン
株式会社 Vision

**2025実戦攻略
歴史総合，日本史探究
大学入学共通テスト問題集**

QRコードは㈱デンソーウェーブ
の登録商標です。

2024年4月10日　第1刷発行

●編　　者——実教出版編修部
●発行者——小田良次
●印刷所——図書印刷株式会社

●発行所——実教出版株式会社

〒102-8377
東京都千代田区五番町5
電話〈営業〉（03）3238-7777
　　〈編修〉（03）3238-7753
　　〈総務〉（03）3238-7700
https://www.jikkyo.co.jp／

002402024②

ISBN 978-4-407-36324-1